Éditions Prise de parole
205-109, rue Elm
Sudbury (Ontario)
Canada P3C 1T4
www.prisedeparole.ca

La collection « Agora » publie des études en sciences humaines sur la francophonie, en privilégiant une perspective canadienne.
Nous remercions le gouvernement du Canada, le Conseil des arts du Canada, le Conseil des arts de l'Ontario et la Ville du Grand Sudbury de leur appui financier.

Regard sur la littérature acadienne (1972-2012)

Du même auteur

Théâtre l'Escaouette, 1977-2012. La petite histoire d'une grande compagnie de théâtre, Sudbury, Éditions Prise de parole, 2015.

Acadie 1972. Naissance de la modernité acadienne, Sudbury, Éditions Prise de parole, 2013.

Paroles d'Acadie. Anthologie de la littérature acadienne (1958-2009), Sudbury, Éditions Prise de parole, 2010.

Françoise Bujold, À toi qui n'es pas né au bord de l'eau, textes présentés et établis par David Lonergan, Trois-Pistoles, Éditions Trois-Pistoles, 2010.

Tintamarre. Chroniques de littérature dans l'Acadie d'aujourd'hui, Sudbury, Éditions Prise de parole, coll. «Agora», 2008, prix Antonine-Maillet/Acadie Vie 2008.

L'homme qui était sans couleurs, Moncton, Éditions Bouton d'or Acadie, 2003.

La création à cœur: l'histoire du théâtre l'Escaouette, Tracadie-Sheila, Éditions de la Grande Marée, 2000. (Épuisé)

Paroles de l'Est, anthologie de la littérature de l'Est du Québec, Rimouski, Éditeq, 1993. (Épuisé)

La Bolduc, la vie de Mary Travers, Montréal, Triptyque/Isaac-Dion Éditeur, 1992.

L'été des carcasses, Sainte-Anne-des-Monts, Isaac-Dion Éditeur, 1991.

Blanche, Montréal, Guérin Littérature, 1989. (Épuisé)

L'anthologie de Blanche Lamontagne-Beauregard, essai biographique, choix de textes et bibliographie complète, Montréal, Guérin Littérature, 1989. (Épuisé)

Les otages, Rimouski, Éditeq, 1987, prix littéraire des Associés. (Épuisé)

Sortie de secours, avec le Théâtre Petit à Petit, Montréal, VLB éditeur, 1987.

Regard sur la littérature acadienne (1972-2012)

David Lonergan

Collection Agora
Éditions Prise de parole
Sudbury 2018

Œuvre en première de couverture et conception de la couverture: Olivier Lasser

Édition: denise truax
Révision linguistique: Eva Lavergne et denise truax
Révision du contenu: Pénélope Cormier et Andrée Mélissa Ferron
Infographie: Camille Contré
Correction d'épreuves: Maude Bourassa Francoeur et Camille Contré

Tous droits de traduction, de reproduction
et d'adaptation réservés pour tous pays.
Imprimé au Canada.
Copyright © Ottawa, 2018

Diffusion au Canada: Dimedia

Catalogage avant publication de Bibliothèque et Archives Canada
Lonergan, David, auteur
Regard sur la littérature acadienne (1972-2012)/David Lonergan.
(Agora)
Comprend des références bibliographiques.
Publié en formats imprimé(s) et électronique(s).
   ISBN 978-2-89423-947-6 (couverture souple).
   – ISBN 978-2-89423-786-1 (PDF).
   – ISBN 978-2-89744-043-5 (EPUB)
1. Littérature acadienne–20e siècle–Histoire et critique. 2. Littérature acadienne–21e siècle–Histoire et critique. I. Titre. II. Collection: Collection Agora (Sudbury, Ont.)
   PS8131.M3L65 2017   C840.9'9715   C2017-905936-X
                                                          C2017-905937-8

À Marguerite Maillet
À Herménégilde Chiasson

REMERCIEMENTS

Si l'écriture est une aventure solitaire, tel n'est pas le cas de l'écriture d'un livre qui se fonde sur la recherche.

Entre le 26 octobre 1994 et le 15 juin 2013, *L'Acadie Nouvelle* m'a permis de publier 1 108 chroniques dont un bon nombre traitait de littérature. Là est l'origine du présent projet.

Au fil des ans, les maisons d'édition m'ont fourni les livres. Les Éditions d'Acadie et les Éditions Perce-Neige ont été particulièrement importantes pour ma recherche en ce qu'elles m'ont offert un exemplaire de chacun des titres qu'elles avaient publié depuis leur fondation.

Les auteurs de ces livres ont aussi discuté avec moi et je pourrais remercier tous ceux et celles qui s'y sont prêtés. « Faire » de la critique comme je la pratiquais dans *L'Acadie Nouvelle* impliquait un échange sur mes textes aussi bien avec les auteurs qu'avec les lecteurs.

Les universitaires ont également joué un grand rôle dans ma réflexion et dans l'articulation de ma pensée. Certains m'ont marqué plus que d'autres: James de Finney, Raoul Boudreau, Marie-Linda Lord et Marguerite Maillet.

Je remercie Eva Lavergne pour sa révision du texte, de même que Pénélope Cormier et Andrée Mélissa Ferron pour leurs commentaires.

Je remercie enfin denise truax, Stéphane Cormier et toute l'équipe des Éditions Prise de parole pour leur passion et leur appui.

En 2012, le Conseil des arts du Nouveau-Brunswick m'a accordé une Bourse A, qui a grandement facilité la rédaction de cet ouvrage.

AVANT-PROPOS

Une rivière en forme de coude qui se rappelle qu'elle a déjà été beaucoup plus vivante, beaucoup plus joyeuse, mais qui, lentement – trop lentement –, tente de revivre. Une tour qui se dresse pour afficher ses deux lunes à l'effigie de son propriétaire, Bell Aliant. Une cathédrale catholique qui domine orgueilleusement une multitude de petites églises protestantes, mais qui a besoin de l'aide financière de ses ouailles (pratiquantes ou non) pour espérer durer. Un immeuble rectangulaire qui se prend pour un gratte-ciel dans une ville où les bâtiments ne dépassent guère les trois étages et qui affiche fièrement son origine acadienne. Une ville de province, une ville où la Main ne s'anime que les vendredis et samedis soir. Une ville sans côte où l'on se promène à vélo sans trop craindre les automobiles. Une ville qui résonne en anglais, mais qui vibre en français. Ainsi est Moncton, Nouveau-Brunswick, Canada.

Curieuse ville en vérité, qui abrite sous ses dehors *canadian* la vitalité acadienne. Curieuse idée que d'avoir installé sur la seule maigre colline de la ville une université francophone et d'avoir donné à cette institution le nom de la ville, qui est aussi le nom du conquérant anglais.

Ainsi vont les Acadiens: déterminés et têtus mais silencieux et insaisissables. On n'échappe pas à une déportation en vain. On s'en souvient. On en garde des séquelles. On s'installe. On se construit un espace dans l'espace qui reste. On semble se fondre dans l'air ambiant. On ne brandit pas – ou plus, ou presque jamais – de pancartes contestataires et extrémistes. On ne *feele* pas provocateur. Non. Mais on peint les poteaux de téléphone de la compagnie anglophone aux couleurs du drapeau. Tous les poteaux. On colle des affiches dans ses fenêtres. On s'éduque. On garde son français, on laisse aller – un peu, beaucoup – sa foi. On développe ses institutions. On est dans la résistance, dans la persistance.

Et puis, tout d'un coup semble-t-il, on ouvre les rideaux, on sort sur le perron, on chante à tue-tête de vieux et de nouveaux chants. On exprime une modernité. On regarde devant sans cracher sur l'ancien temps, avec juste ce qu'il faut de colère retenue, histoire de ne pas oublier l'Histoire.

En écrivant « Acadie », j'ai une image territoriale qui me vient de mon expérience au Nouveau-Brunswick et qui a été nourrie par de nombreuses discussions, en particulier avec Herménégilde Chiasson: « Tout mon travail ici gravite autour de l'aménagement d'un territoire qui, dans mon esprit, n'a pas besoin d'une clôture à haute tension pour exister », écrit-il dans *Triptyque*, un essai inédit daté du 8 septembre 1992. Il ajoute: « Il nous restait à écrire le présent puisque le passé l'avait été. Notre projet littéraire allait se concentrer sur le réel, dont le territoire formait une composante inévitable. » Sans jamais l'affirmer ouvertement, il est clair que ce territoire se situe au sein du Nouveau-Brunswick. Ce qui ne nie pas l'existence d'autres régions acadiennes de l'Atlantique, mais constate que si espoir il y a, il dépend de la dynamique des Acadiens du Nouveau-Brunswick. Il est d'ailleurs intéressant de noter qu'il existe un mouvement voulant que tous les francophones de la province soient acadiens, peu importe leur origine ethnique.

Pour certains, l'Acadie est là où il y a un Acadien. Pour d'autres, elle s'incarne dans certaines régions de la Nouvelle-Écosse, de l'Île-du-Prince-Édouard, de Terre-Neuve, voire des Îles-de-la-Madeleine, de la Gaspésie ou encore dans ce que certains appellent les « petites Cadies » éparpillées dans différents coins du Québec. Si la situation démographique est fragile en Nouvelle-Écosse, à l'Île-du-Prince-Édouard et à Terre-Neuve, elle semble bonne ou pas si mauvaise au Nouveau-Brunswick.

Un regard sur le recensement canadien de 2011 permet de remarquer qu'au Nouveau-Brunswick 31,6% de la population déclare le français comme langue maternelle, contre 3,4% en Nouvelle-Écosse, 3,8% à l'Île-du-Prince-Édouard et 0,5% à Terre-Neuve-et-Labrador.

Au Nouveau-Brunswick, la Péninsule acadienne est un véritable bastion acadien tandis que le Madawaska est une zone franche – ou presque – brayonne. De plus, l'Acadie court le long de la baie des Chaleurs puis longe la mer du nord au sud de la province, et la rivière Petitcodiac sépare les anglophones, à l'ouest, des Acadiens de la vallée de la Renaissance memramcookienne, à l'est. Si Parlee Beach, la célèbre plage de Shédiac, s'affiche en anglais, elle se chante en français. Et certains persistent encore à appeler le détroit de Northumberland « la mer Rouge ».

C'est pour ces raisons – démographiques et linguistiques – que mon propos se centre sur les écrivains de l'Acadie du Nouveau-Brunswick et leurs institutions, en y intégrant toutefois les principaux écrivains des autres provinces atlantiques.

Du point de vue de l'espace, il y avait jusque dans les années 1990 trois types d'écrivains acadiens: ceux qui vivaient et publiaient « à l'extérieur », ceux qui vivaient à l'extérieur et publiaient en Acadie, et ceux qui vivaient et publiaient en Acadie. Le rapport à l'espace était lourd de sens et a longtemps créé des tensions entre les individus: la communauté littéraire étant restreinte, les relations étaient très « villageoises ». Aujourd'hui, la situation a changé et les écrivains passent d'une catégorie à l'autre sans que cela suscite de réaction. Les changements dans les moyens de communication y sont pour quelque chose – tout comme la faillite des Éditions d'Acadie, en 2000, qui a contraint plusieurs écrivains, en particulier ceux qui vivaient et étaient publiés en Acadie, à se tourner vers l'Ontario et le Québec –, mais la principale cause est la richesse et la diversité de la production littéraire néobrunswickoise.

Mon intérêt pour l'Acadie est apparu en 1994, alors que ma conjointe et moi avions décidé de retourner aux études. Elle, pour un baccalauréat en arts visuels, moi, pour une maîtrise – et pourquoi pas un doctorat – en littérature. Retour tardif puisque je venais de fêter mes 50 ans et elle, ses 39 ans. Pourquoi Moncton alors que nous étions installés en Gaspésie? Tout simplement parce que l'université y offre les diplômes que nous préparions et parce que Moncton est située à proximité de la mer. L'Université du Québec à Rimouski nous attirait, mais elle n'offrait pas de baccalauréat en arts visuels. Avec nos deux enfants, nous nous y sommes installés pour trois ans, durée prévue du baccalauréat de ma conjointe, et y sommes demeurés 20 ans. Nous sommes désormais de retour en Gaspésie, mais sans les enfants qui, devenus grands, ont fait de l'Acadie leur pays. Ainsi va la vie.

Ma thèse de maîtrise portait sur les pièces radiophoniques de l'artiste et poète gaspésienne Françoise Bujold, elle-même d'origine acadienne. J'avais publié des ouvrages sur Blanche Lamontagne-Beauregard et sur Mary Travers-Bolduc, deux autres Gaspésiennes célèbres. Je m'intéressais à ce que j'appelle encore la «littérature du golfe du Saint-Laurent». J'avais publié une anthologie sur la littérature du Bas-Saint-Laurent, de la Gaspésie et de la Côte-Nord. Il me restait à découvrir celle de l'Acadie, dont je ne connaissais que quelques auteurs.

Ma maîtrise à peine soutenue (les Éditions Trois-Pistoles l'ont publiée sous le titre *Françoise Bujold, À toi qui n'es pas né au bord de l'eau*, 2010), mes professeurs m'avaient «orienté» vers le «phénomène de la littérature» acadienne (comme le titre de l'ouvrage de Clément Moisan). Orientation qui coïncidait avec la chronique que je tenais depuis novembre 1994 dans le quotidien *L'Acadie Nouvelle*. Cette chronique commentait la production culturelle acadienne: le hasard avait fait de moi *le* critique acadien, rôle que j'ai tenu jusqu'à la décision de la direction du journal d'y mettre fin à l'été 2013, tout simplement parce qu'elle n'intéressait que 10% des lecteurs. J'aurai eu le temps d'écrire plus de 1 100 critiques et de remporter à deux reprises (1999 et 2012) le prix Éloizes pour la meilleure couverture artistique. Bien sûr, d'autres écrivaient sur la littérature acadienne, mais dans des revues universitaires ou spécialisées (*Lettres québécoises*, *Nuit blanche* ou *Liaison*), alors que j'écrivais dans l'unique quotidien acadien. D'où l'impression que les lecteurs de *L'Acadie Nouvelle* avaient de mon unicité.

J'ai finalement abandonné le doctorat après avoir suivi les cours et passé les examens de synthèse, tout en continuant à publier sur la littérature acadienne. C'est ainsi qu'ont paru aux Éditions Prise de parole *Tintamarre, chroniques de littérature dans l'Acadie d'aujourd'hui* (2008), *Paroles d'Acadie, anthologie de la littérature acadienne (1958-2009)* (2010) – ouvrage complémentaire à celui-ci –, *Acadie 72, naissance de la modernité acadienne* (2013) et *Théâtre l'Escaouette, 1977-2012* (2014), ainsi que différents articles dans des revues universitaires ou spécialisées.

Le présent ouvrage est le premier, depuis l'*Histoire de la littérature acadienne* de Marguerite Maillet publié en 1983 aux Éditions d'Acadie, à présenter un regard sur l'ensemble des œuvres littéraires acadiennes postérieures à 1972. En fait, le corpus de Maillet va principalement de 1604 à 1958. Une dernière partie, qu'elle a nommée «Regards sur la littérature acadienne depuis 1958», présente en moins de 20 pages la période de 1958 à 1980.

En 2012, les Éditions Prise de parole ont publié le *Dictionnaire des œuvres littéraires de l'Acadie des Maritimes (XXe siècle)*, sous la direction de Janine Gallant et Maurice Raymond, qui présente une bonne sélection d'œuvres selon un classement alphabétique, dont le corpus s'arrête en 2000. Or, la période 2000-2012 correspond à près de 50% de mon ouvrage. C'est dire la vitalité et la richesse de la production depuis l'an 2000!

Le titre du présent ouvrage n'est pas le fruit du hasard puisque je le dédie à Marguerite Maillet: il s'inscrit en continuité avec la dernière partie de son *Histoire*. De plus, je considère que *Regard sur la littérature acadienne* exprime au mieux mon intention, qui est de présenter mon point de vue sur les auteurs et leurs œuvres: le journaliste chroniqueur que je suis a pris la parole. Certes, la sélection des auteurs tient compte dans une large mesure de l'opinion des commentateurs, professeurs, chercheurs que ce sujet intéresse; après tout, ce sont ces essayistes qui m'ont fait découvrir cette littérature et en apprécier la richesse.

S'il fallait le définir en un mot, je dirais que cet ouvrage est une courtepointe, un ensemble de vignettes tissées ensemble. Il est divisé en quatre périodes temporelles, chacune à son tour découpée en quatre sections: la poésie; le roman (avec la nouvelle et le conte); la littérature jeunesse; le théâtre. Plusieurs auteurs reviennent donc d'une période à l'autre et peuvent également être présentés dans différentes sections.

Je centre ce travail sur les œuvres tout en donnant quelques indications biographiques. Comme je suis un journaliste plus qu'un universitaire, j'ai eu l'idée de vous inviter à m'accompagner dans ce voyage, qui, je l'espère, vous fera découvrir des auteurs et des œuvres.

Malheureusement, hormis un petit noyau dur, peu d'Acadiens connaissent leur littérature. Chaque année, je demandais à mes étudiants en journalisme à l'Université de Moncton, où j'ai enseigné durant une quinzaine d'années, de me nommer les auteurs acadiens dont ils avaient lu au moins une œuvre ou dont ils avaient entendu parler. Le résultat me désolait: c'est à peine s'ils nommaient Antonine Maillet, Herménégilde Chiasson, Gérald Leblanc, trois noms suivis d'un long silence que parfois Dyane Léger, Léonard Forest, Fredric Gary Comeau, Serge Patrice Thibodeau, Guy Arsenault, Raymond Guy LeBlanc, France Daigle venaient rompre. Quant aux lectures... elles étaient rares. Il est vrai qu'il s'agissait d'étudiants de première ou de deuxième année. Je ne pouvais qu'espérer que les années suivantes les introduiraient à leur littérature. La situation était tout autre dans le domaine de la chanson: ils connaissaient, écoutaient, allaient voir de nombreux artistes. Il est vrai que tant Radio-Canada Acadie que les radios communautaires ou privées leur font une belle place dans leur programmation.

Cela dit, cet ouvrage s'adresse à tous et à toutes, qu'ils soient acadiens ou non. J'espère qu'il saura se faufiler dans les salles de classe, apportant un (certain) éclairage sur une parole qui, pour être née dans « l'exiguïté » (comme l'écrit François Paré), n'en rayonne pas moins.

1. 1972 À 1978 : UN CRI DE TERRE EN ACADIE

INTRODUCTION

Les années 1960 et 1970 sont celles des transformations sociales en Acadie comme partout au Canada et dans le monde.

Au Nouveau-Brunswick, le changement commence avec l'élection, en 1960, du Parti libéral dirigé par Louis Joseph Robichaud. Celui-ci lance le programme « Chances égales pour tous » destiné à corriger l'écart entre les riches et les pauvres, qu'ils soient anglophones ou francophones. Déterminé à favoriser l'égalité linguistique entre les anglophones et la minorité acadienne – qui représente plus de 30 % de la population –, il fait adopter la *Loi sur les langues officielles* du Nouveau-Brunswick, qui fait de celle-ci la seule province bilingue du Canada. Pour les Acadiens, le point culminant de sa réforme du système d'éducation est la création de l'Université de Moncton en 1963. Robichaud transforme aussi le système de santé et met en place une véritable administration provinciale.

Les manifestations étudiantes qui ont secoué l'Université de Moncton en 1968 et 1969, et sont relatées dans le documentaire de Michel Brault et Pierre Perrault *L'Acadie, l'Acadie ?!?*, sont porteuses des revendications d'une certaine jeunesse acadienne. Ces revendications peuvent être factuelles (gel des frais de scolarité, investissement accru dans l'éducation supérieure, exigence de services en français et reconnaissance par les anglophones du fait français) et le discours décousu, mais la volonté de s'affirmer comme Acadien et d'inscrire l'Acadie dans les mouvements sociaux, politiques et culturels contemporains est claire. Les manifestations débordent de l'université et se cristallisent autour de la contestation du maire xénophobe de Moncton, Leonard Jones. Un petit groupe d'étudiants va même jusqu'à déposer une tête de cochon devant l'entrée de sa maison. Parallèlement, les Acadiens demandent la division du système scolaire, jusqu'alors bilingue, selon la langue.

Le Parti progressiste-conservateur de Richard Hatfield, qui prend le pouvoir en 1970, continue les réformes de Robichaud. Ainsi, en 1972, il cède aux pressions des Acadiens et sépare le système scolaire (aux niveaux primaire et secondaire) en deux entités linguistiques dans la région de Moncton. Deux ans plus tard, cette division est appliquée à l'ensemble de la province.

L'effervescence nationaliste culmine avec la fondation du Parti acadien en novembre 1972, calqué sur le modèle du Parti québécois, mais qui revendique, plutôt que l'indépendance, la création d'une province acadienne. Quelques mois plus tôt, le Congrès des francophones du Nouveau-Brunswick – 15e convention nationale depuis la première en 1881 – avait eu lieu à Fredericton. Ce congrès, qui réunissait près de 1 000 Acadiennes et Acadiens, avait posé les jalons qui ont mené, en juin 1973 à Shippagan, à la création de la Société des Acadiens du Nouveau-Brunswick (SANB), dont le mandat est de défendre les droits des Acadiens de la province, ce qui entraîne une modification de la Société nationale des Acadiens (SNA), qui devient une fédération supra-provinciale regroupant entre autres les associations acadiennes des quatre provinces de l'Atlantique. Les temps changent (il faut rendre compte des deux sexes dans le nom d'un organisme), la SANB deviendra la Société des Acadiens et des Acadiennes du Nouveau-Brunswick puis, en 2008, la Société de l'Acadie du Nouveau-Brunswick. La SNA, elle, deviendra en 1992 la Société nationale de l'Acadie (SNA). Quant au Parti acadien, il ne réussira jamais à s'imposer: il réalise sa meilleure performance à l'élection de 1978 alors qu'il recueille 8% du vote dans les 23 comtés où il présente des candidats, soit 4% du suffrage total.

Hatfield, qui, l'année précédente, avait obtenu du fédéral que la province ait le statut de gouvernement participant au sein de l'Agence de coopération culturelle et technique (aujourd'hui l'Organisation internationale de la francophonie), profite de l'élection pour annoncer qu'il complètera la *Loi sur les langues officielles* et créera un premier collège communautaire francophone. Le Parti acadien finira par disparaître dans l'indifférence en 1986.

Culture

À la fin des années 1960, l'Acadie voit émerger des écrivains qui veulent faire œuvre en Acadie, mais qui n'ont alors d'autre choix que d'être publiés au Québec, comme le sont Ronald Després et Antonine Maillet. Ceux-ci serviront de points de repère à la génération des années 1970. Certains écrivains ont d'ailleurs publié en 1969 dans le numéro de *Liberté* – la plus importante revue littéraire québécoise de l'époque –, consacré à l'Acadie. Mais ils sont réticents à soumettre leurs manuscrits aux maisons d'édition québécoises.

Durant l'année 1972-1973, plusieurs événements marquent le paysage culturel acadien : fondation, à l'Université de Moncton, du département d'arts visuels (ceux de musique et de théâtre suivront rapidement) et création du premier cours en littérature canadienne-française (donc autre que québécoise) donné par Marguerite Maillet; lancement du premier 45 tours d'Édith Butler; début de la carrière nationale de la Sagouine telle qu'incarnée par Viola Léger; construction du Village historique acadien dans la Péninsule acadienne; prix du Gouverneur général remis à Antonine Maillet pour son roman *Don l'Orignal*; création de la revue gauchiste *L'Acayen*; et, à l'été 1973, organisation du premier *frolic* acadien à Memramcook, une grande fête centrée principalement autour de la musique et qui marquera l'imaginaire populaire.

Le cinéma lui-même sert de stimulant avec la diffusion du documentaire controversé de Léonard Forest – qui vit à Montréal et travaille pour l'Office national du film –, *Un soleil pas comme ailleurs* (1972). Le film traite de la difficile situation économique de la Péninsule acadienne sous la forme du cinéma-vérité; il met l'accent sur les manifestations populaires et est ponctué de chansons militantes de Calixte Duguay, un des premiers chansonniers acadiens. Il s'offre comme un complément à *L'Acadie, l'Acadie?!?*: ce ne sont plus les étudiants, mais les travailleurs, en particulier les travailleurs saisonniers, qui sont au centre de l'action, avec l'emblématique Mathilda Blanchard en porte-étendard de la cause.

À la même époque, la publication de *L'anti-livre* aux éditions appelées, à juste titre, « l'Étoile magannée », est en soi symbolique de la situation de l'édition et du désir de publier des jeunes créateurs acadiens. Lancé le 11 septembre 1972 à l'Université de Moncton, « l'objet », réalisé par Herménégilde Chiasson (dessins, graphisme) et par les frères Jacques (poèmes) et Gilles Savoie (photos), est intrigant: une boîte en gros carton illustrée remplie de foin (constat dérisoire sur l'état de la « culture » en Acadie) et, emballés dans de la Cellophane, des textes, illustrations et photographies sur des feuilles mobiles, un mélange de photocopies, de gravures et de tirages argentiques. Les poèmes, montés comme des affiches ou calligraphiés, traitent de l'amour, du temps et des valeurs changeantes. Les photos représentent surtout de jeunes adultes et des enfants, et expriment le plaisir de vivre. Livre d'artiste vendu à un prix variant entre 10 et 15 dollars selon les circonstances, mais surtout symbole d'une situation qui ne peut plus durer, cette « étoile magannée » symbolise aussi la perception qu'ont les artistes d'une Acadie qu'ils veulent transformer.

Les Éditions d'Acadie

On pourrait affirmer que l'institution littéraire acadienne est née en 1972 en même temps que l'édition en Acadie. De fait, entre 1972 et 2000, les écrivains acadiens ont presque toujours été publiés par des éditeurs acadiens, et durant cette période aucun écrivain acadien majeur ne l'a été en premier à l'extérieur de l'Acadie, à l'exception de Ronald Després et d'Antonine Maillet, qui ont commencé à être publiés en 1958, bien avant que l'édition acadienne n'existe.

Créées en 1972 par des professeurs de l'Université de Moncton regroupés autour de Melvin Gallant, les Éditions d'Acadie deviennent le catalyseur d'une prise de parole qui avait débuté quelques années auparavant, mais qui ne bénéficiait pas de véritable diffusion, autre que dans des dossiers de revues (en particulier ceux de *Liberté* en 1969 et de la *Revue de l'Université de Moncton* en 1972) et lors de soirées de poésie. La première génération de poètes s'y retrouvera au complet.

Les fondateurs cherchent à se doter d'une structure légale moderne qui faciliterait l'implication des membres. La société à capital-actions s'impose d'autant plus rapidement qu'elle permet de constituer un petit capital de départ: en août 1973, ce sont 17 actionnaires qui auront acheté 244 actions à 10 dollars chacune. Durant l'automne, on définit ainsi le mandat de la maison, tel qu'énoncé dans le premier catalogue paru en 1978: «Promouvoir la création littéraire en Acadie et répondre aux besoins du milieu dans tous les domaines où le livre doit jouer un rôle indispensable: histoire et civilisation acadiennes, réalités sociales et politiques, éducation, recherche» et, pour s'assurer que l'on n'exclut rien, on ajoute un «etc.», en précisant que «les Éditions d'Acadie publient en priorité du matériel acadien, sans exclure la publication d'auteurs et d'œuvres non acadiens». La maison se construit lentement à partir du bénévolat des premiers actionnaires.

Les quatre premiers recueils de poésie que publient les Éditions d'Acadie forment le quatuor fondamental de la poésie acadienne: *Cri de terre* (1972) de Raymond Guy LeBlanc, *Saisons antérieures* (1973) de Léonard Forest, *Acadie Rock* (1973) de Guy Arsenault et *Mourir à Scoudouc* (1974) d'Herménégilde Chiasson. C'est à travers eux qu'on regardera le passé, c'est à partir d'eux que l'on inventera l'avenir.

Si les formes sont différentes, les premiers recueils de ces auteurs ont en commun de nommer l'Acadie et de chercher à en préciser la réalité et les contours géographiques, culturels, sociaux et politiques. On est face à une poésie d'un pays incertain qui s'apparente à la poésie québécoise des années 1960. De plus, ces quatre poètes apportaient quelque chose de fondamentalement nouveau: il était maintenant possible d'écrire, de publier et d'être lu à partir de l'Acadie et de rayonner dans un Québec qui demeure le principal bastion de la francophonie au Canada.

Regard sur Ronald Després et Antonine Maillet
Ronald Després

Ronald Després s'inscrit d'emblée dans la poésie contemporaine avec *Silences à nourrir de sang* (Éditions d'Orphée, 1958). Sa poésie n'est pas sans rappeler Verlaine et Éluard. Habitée par la mer, sombre dans ses thèmes, elle exprime la difficulté de vivre du poète. Il est né le 7 novembre 1935 à Lewisville, communauté maintenant intégrée à Moncton. Après des études en humanités classiques aux collèges Saint-Joseph de Memramcook, l'Assomption de Moncton et Sainte-Anne de Pointe-de-l'Église (Nouvelle-Écosse), il étudie la musique et la philosophie à Paris, où il obtient une licence en philosophie (1956). Il travaille ensuite pendant un an comme journaliste au quotidien *L'Évangéline*. Il entre comme traducteur des débats à la Chambre des communes, puis devient interprète. Occupant diverses responsabilités liées à la traduction, il fait toute sa carrière dans la fonction publique fédérale à Ottawa, où il demeure toujours.

Poète lyrique, il est aussi poète social. Il traite de l'amour, du sens de la vie, des abus et, peut-être plus que tout, de l'être. Ses images naissent de la mer, mais celle-ci n'est pas le centre du poème: elle en est atmosphère, en nourrit le vocabulaire, elle est métaphore. Musicien, il place la recherche de la musicalité des vers au cœur même de sa démarche d'écriture. En 1962, il publie *Le scalpel ininterrompu* (Éditions À la page), un roman qu'il qualifie de « sotie », ce qui donne une clé pour décoder ce qui est présenté comme le journal du docteur Jan von Fries, qui se propose de « purifier le monde par la vivisection » et qui réussira à faire disparaître, avec son accord enthousiaste, toute l'humanité. La même année, il publie le recueil *Les cloisons en vertige* (Éditions Beauchemin) – dont plusieurs poèmes étaient parus en 1961 dans le quotidien *L'Évangéline* –, et qui, comme le roman, propose une vision pessimiste du monde.

Bien accueillis au Québec, ces deux ouvrages suscitent une controverse en Acadie; ceux qui critiquent voire condamnent ces œuvres réussissent à dominer le débat. Després en sera blessé. Son dernier recueil, *Le balcon des dieux inachevés* (Éditions Garneau, 1968) semble indiquer un espoir. Les poèmes sont clairs, à la fois plus simples, plus limpides, plus sobres aussi. Vivant à l'extérieur de l'Acadie, ressentant profondément l'exil et ce qu'il perçoit être le rejet de son milieu face à ses textes, il demeure à l'écart de la mouvance littéraire acadienne, bien que les jeunes poètes le considéreront comme un pionnier. Les Éditions d'Acadie reconnaîtront son apport en publiant *Paysages en contrebande* (1974), qui regroupe un choix de poèmes de ses trois recueils, deux poèmes inédits et une étude de son œuvre.

Antonine Maillet
À l'opposé de la réception difficile qu'a connu Ronald Després, celle réservée à Antonine Maillet en fait immédiatement la porte-parole de l'Acadie. S'inspirant systématiquement de son vécu, l'auteure crée une œuvre profondément originale, enracinée dans son milieu natal et, en même temps, universelle.

Née le 10 mai 1929 à Bouctouche, Antonine Maillet obtient un baccalauréat du Collège Notre-Dame d'Acadie en 1950, une maîtrise en arts de l'Université de Moncton en 1959, une licence en lettres de l'Université de Montréal en 1962 et un doctorat en lettres de l'Université Laval en 1970 pour *Rabelais et les traditions populaires en Acadie* (Presses de l'Université Laval), qu'elle publie en 1971. Après son baccalauréat, elle entre chez les religieuses de la congrégation Notre-Dame-du-Sacré-Cœur et prend le nom de sœur Marie-Grégoire; elle quittera la congrégation au début des années 1960. Après avoir été institutrice une année à Richibouctou-Village, elle enseigne les lettres au Collège Notre-Dame d'Acadie (1954-1960), à l'Université de Moncton après la fermeture du collège (1965-1967), au Collège des Jésuites de Québec (1968-1969), à l'Université Laval (1971-1974) et à l'Université de Montréal (1974-1975).

Elle choisit de se consacrer principalement à l'écriture au début des années 1970.

Elle écrit ses premières pièces pour les élèves du Collège Notre-Dame d'Acadie, où elle enseigne. *Entr'acte* (1957) raconte l'histoire de six enfants (de 12 à 23 ans), dont le père est paralysé, et qui cherchent à sauver la maison familiale. Gentille, un peu fleur bleue, écrite en français standard, la pièce permet surtout à Maillet d'aborder le dialogue, vivant et amusant. *Poire-Âcre* (1958) annonce les principaux thèmes de son œuvre, qu'elle explore en même temps dans son premier roman, *Pointe-aux-Coques*, paru la même année. Dans la pièce, dont l'action se situe en 1900, la langue est encore standard alors que dans le roman, les dialogues font appel à cette langue qui s'imposera dans *Les Crasseux*, dix ans plus tard. Poire-Âcre, une adolescente, n'est pas sans évoquer Radi, que l'on rencontrera dans *On a mangé la dune* (Éditions Beauchemin, 1962). Elle s'oppose à son père, Camilien Maurice, marchand et maire du village de Pointe-à-Pierrot, qui tente de se faire réélire. Son adversaire, André Jean, cherche à mettre sur pied une union des cultivateurs, ce qui réduirait l'emprise de Maurice sur le village. S'apercevant qu'il risque de perdre l'élection et découvrant que Poire-Âcre et André Jean s'aiment, Maurice décide d'offrir Poire-Âcre à Jean, à la condition que celui-ci abandonne la mairie. Jean accepte, mais Poire-Âcre refuse ce marché de dupes et rompt avec Jean.

Pointe-aux-Coques (Fides, 1958, prix Champlain) met en scène une jeune institutrice, Mlle Cormier – patronyme de la mère de Maillet –, venue des « États » mais dont le père est originaire du village. L'action se déroule durant une année scolaire et est l'occasion de découvrir les habitants du village et de les accompagner dans leur quotidien et leur vécu. La jeune institutrice, narratrice du récit et dont on ne connaîtra pas le prénom, tombe amoureuse de Jean, un jeune pêcheur qui veut créer une coopérative. La fin semble annoncer leurs fiançailles alors que Jean vainc les obstacles et réussit à convaincre les pêcheurs de créer la coopérative. Avec ce roman, qui n'a rien perdu de sa fraîcheur, apparaît le pays d'Acadie et son peuple, qui seront au cœur de l'œuvre de Maillet.

Son deuxième roman, *On a mangé la dune*, lui permet d'évoquer de façon originale son enfance. Le lecteur accompagne Radi, une enfant d'une dizaine d'années – alter ego de Maillet qu'on retrouvera dans plusieurs de ses romans –, dans sa vie, ses rêves, ses inquiétudes et son imaginaire. Le roman présente pour la première fois ce qui deviendra le monde de Maillet: Bouctouche, l'Île-aux-Puces, la Dune, mais aussi les personnages Citrouille et la Catoune. Plus que l'histoire, somme toute élémentaire (18 mois dans la vie de Radi), le roman vaut pour l'atmosphère qu'il crée, mi-réaliste, mi-fantaisiste. Tout ce qui est raconté passe par la vision que Radi a du monde. La langue d'écriture est encore le français standard, légèrement enrichi d'expressions acadiennes. Mais le rythme de la phrase se rapproche de l'oral: courte, sautillante, elle est vivifiée par les verbes d'action.

Dans la pièce *Les Crasseux*, Maillet campe des personnages qu'elle développera dans ses œuvres subséquentes; elle utilise une langue inspirée par le vernaculaire acadien de sa région natale et qui caractérisera son écriture. Mise en lecture le 21 juillet 1968 par le Centre d'essai des auteurs dramatiques de Montréal, puis publiée dans la collection «Théâtre vivant» (n° 5), il faudra attendre le 23 novembre 1974 pour qu'elle soit portée à la scène par la Compagnie Jean-Duceppe dans une nouvelle version où plusieurs anecdotes sont modifiées, mais pas le sens du propos. L'intrigue se développe autour de l'opposition entre les personnages d'En-Haut et les personnages d'En-Bas. Ceux d'En-Haut veulent contraindre ceux d'En-Bas à quitter le village. Mais ces derniers ne l'entendent pas ainsi: ils résistent. Si l'intrigue est mince et ne s'appuie pas sur grand-chose, les personnages sont colorés et vivants, et plusieurs de ceux d'En-Bas reviendront dans les œuvres subséquentes de Maillet: Don l'Orignal, Michel-Archange, Noume, Citrouille, la Cruche, la Sainte et la Sagouine, qui a 45 ans dans cette pièce.

Deux ans plus tard, la Sagouine (mais est-ce la même?) a pris de l'âge, n'est plus mariée à Don l'Orignal, mais à Gapi, et est le personnage de deux textes de 15 minutes, «La mort» et «Nouël», qui sont présentés en novembre 1970 dans le cadre de l'émission *Sans maquillage* sur les ondes de Radio-Canada Atlantique. La réaction du public est si enthousiaste que Maillet développe le personnage et écrit une série de 16 monologues, qu'elle enregistre elle-même. Le 23 juillet 1971, Leméac lance à Moncton le livre *La Sagouine*, « pièce pour une femme seule ». Interprétée par Viola Léger dans une mise en scène d'Eugène Gallant pour le Théâtre Les Feux Chalins, une compagnie semi-professionnelle de Moncton, la pièce est reprise à Montréal avec la même interprète par le Théâtre du Rideau vert. *La Sagouine*, en réussissant à transposer l'âme et le parler de l'Acadie du Sud-Est dans une œuvre magistrale qui doit une bonne part de son succès à Viola Léger, crée une véritable commotion tant en Acadie qu'au Québec.

Les textes portent sur autant de thèmes: « Le métier », « La jeunesse », « Nouël », « La boune année », « La loterie », « Les prêtres », « La lune », « Les bancs d'église », « La guerre », « L'enterrement », « Le Bon Djeu est bon », « Les cartes », « Le printemps », « La résurrection », « Le recensement » et « La mort ». La Sagouine témoigne de son monde, prenant appui sur Gapi quand elle tient des propos plus osés. Elle parle de l'oppression qu'elle subit dans la langue frappée d'ostracisme qui est la sienne et, en quelque sorte, sa parole devient exorcisme: ce sont tous les opprimés du monde qui ont ainsi accès à la parole. La forme est simple, classique, et la théâtralité minimale: le personnage s'adresse directement au public. Les monologues sont tous construits de la même façon: une phrase clé qui sert d'amorce et crée l'ambiance tout en introduisant souvent un trait d'humour; un développement qui dérive du thème en joignant anecdotes et réflexions personnelles; une conclusion légèrement morale et pimentée par un trait d'esprit, tendre ou piquant. D'un texte à l'autre, on retrouve certains personnages: Gapi, la Sainte, Don l'Orignal, la Bessoune, la Cruche, Noume, Sarah Bidoche, la sage-femme, les Arvunes (Irving), Séraphine, Zélica, et bien d'autres. On les retrouvera aussi bien dans ses œuvres futures qu'au Pays de la Sagouine.

Une parole toute en images, une pensée complexe sous des couleurs naïves et, surtout, cette capacité de témoigner de la vie dans un verbe d'une beauté saisissante. Au centre des monologues se trouvent notamment la pauvreté, l'absence d'éducation et le constat qu'elle fait à l'occasion du recensement alors que les recenseurs refusent de l'inscrire comme Acadienne parce que l'Acadie n'est pas un pays. À Bouctouche, comme dans toute cette Acadie « réelle », la Sagouine apparaît comme un contrepoint à Évangéline. Curieux contrepoint tout de même: à la jeune vierge sacrifiée sur l'autel de la Déportation, née de la vision fantaisiste qu'avait un poète américain de l'Acadie, succède une vieille femme aux mœurs parfois douteuses, aux valeurs originales et pas toujours conformes aux règles de la Sainte Église, qui parle haut et fort de ce qu'elle est, et qui est déterminée à ne céder en rien sur ce qui lui paraît essentiel. De la victime éplorée à la femme affirmée, tant personnellement que socialement, la Sagouine se taille une place bien à elle, tout en semblant respecter les limites de son époque. Un peu floue malgré tout, cette époque. Contée par la Sagouine, la première moitié du XXe siècle devient une joyeuse fusion des années de crise économique (celle de 1929) et de guerres mondiales, de goélettes, de *steamers* et de cargos, dans un village qui prend des airs de centre du monde. Mais qu'importe: la Sagouine est aussi intemporelle. Les monologues deviennent ainsi la saga de ce peuple oublié, nié, confiné sur une pauvre terre en bordure de mer.

En 1972, le roman *Don l'Orignal* (Leméac) explore le même univers peuplé des mêmes personnages que celui des *Crasseux* et de *La Sagouine*. S'inspirant de Rabelais pour son sens du récit et de la démesure, Maillet trouve une tonalité à mi-chemin entre le conte et le roman, qu'elle utilisera dans à peu près tous ses romans. *Don l'Orignal* se voit couronné du prix du Gouverneur général, le plus important prix littéraire au Canada, une première pour un auteur acadien. Deux autres ouvrages complètent la production des premières années de cette décennie: *Par-derrière chez mon père* (Leméac, 1972), un recueil de doux et tendres récits fondés sur son enfance, et *L'Acadie pour quasiment rien* (Leméac, 1973), un guide touristique original par sa facture et son écriture, agrémenté des illustrations de son amie Rita Scalabrini.

La Sagouine a ouvert à Maillet les portes du Rideau vert à Montréal et elle va offrir à ce théâtre une dizaine de pièces, entre *Évangéline Deusse* en 1975 (Leméac) et *Margot la folle* en 1987 (Leméac). D'autres – principalement des adaptations et des traductions – suivront, toujours au Rideau vert. Ces pièces, si elles sont très inégales, attirent un public fidèle et nombreux.

Évangéline Deusse est sans doute la meilleure pièce de Maillet. Quatre personnes que rien ne lie se rencontrent dans un petit parc à Montréal: un vieux rabbin, un vieux Breton, un brigadier scolaire entre deux âges originaire du lac Saint-Jean et une vieille Acadienne. Toute la pièce repose sur les épaules de cette dernière, Évangéline, en exil chez un de ses enfants et loin, trop loin de son Acadie. La pièce pose la question suivante: un sapin du bord de mer peut-il être transplanté dans un autre milieu? Autrement dit, l'exil est-il supportable? Au début de la pièce, Évangéline plante ce sapin «acadien» au pied de l'arbre du petit parc, sous l'œil étonné des trois autres personnages. Ainsi naîtra la rencontre, ainsi se construira leur relation.

Toute la pièce est dans la conversation, dans ce que l'on dévoile de soi aux autres. Il y aura bien le délicat et doux rapprochement amoureux entre l'Acadienne et le beau Breton, mais c'est tout. Du brigadier, on ne saura à peu près rien. Du rabbin, on comprendra la douleur et, en même temps, la détermination à vivre et à exprimer sa joie malgré tout ce qu'il a eu à subir. Du Breton, on partagera le rêve qu'il a encore de son pays et du temps heureux de sa jeunesse alors qu'il naviguait, marin des mers du monde. Toutes les actions et à peu près toutes les scènes sont construites autour d'Évangéline et à partir d'elle: ses répliques sont tellement nombreuses que l'on a parfois l'impression d'être face à un soliloque, que les autres ne sont là que pour lui permettre de parler. Toute la richesse du texte réside dans les mots qu'elle dit, dans la façon qu'elle les dit, dans la vivacité de ses réparties et dans la vision sous-jacente du monde. Cette pièce reprend les thèmes chers à Antonine Maillet: difficulté de vivre l'exil d'autant plus qu'il est évocateur du premier exil que fut la Déportation, nécessité de faire face au destin et d'accepter de vivre ce que l'on a à vivre, thèmes auxquels s'ajoute plus spécifiquement une réflexion sur le vieillissement.

Maillet est meilleure romancière que dramaturge, en partie parce que ses pièces reposent sur des intrigues minces et que les conflits entre les personnages sont faibles et peu approfondis. Ainsi *Gapi* (1973) et *Gapi et Sullivan* (1976), s'ils permettent de faire connaître Gapi, le mari de la Sagouine, demeurent des «jasettes» théâtralement faibles. Dans les romans, la faiblesse de l'intrigue est compensée par la qualité du style. Ainsi le roman *Mariaagélas* (1973) est largement supérieur à *La contrebandière* (1981), la pièce qui en est tirée. Alors que le roman respire l'air du large et est porteur de la force marginale de l'héroïne tout en étant habité par la recréation d'une époque plus imaginaire que réelle, la pièce est un ensemble dont on ne sait trop s'il est réaliste ou fantaisiste. Il en va de même pour les deux «versions» d'*Emmanuel à Joseph à Dâvit* (1975 pour le roman, 1978 pour la pièce), une transposition de la nativité dans le petit monde de l'Île-aux-Puces en même temps qu'une critique de la politique d'urbanisation et de la fermeture de certains villages jugés trop isolés. Le succès de toutes ces pièces doit beaucoup à la qualité des interprètes et à la vigueur de la mise en scène.

Certes, les personnages de Maillet deviennent de plus en plus des archétypes, ce qui finit par devenir lassant. Toutefois, les éléments explorés dans les premiers romans trouvent dans *Les Cordes-de-Bois* (1977) leur aboutissement et leur achèvement. Une fois de plus, ceux d'En-Bas et ceux d'En-Haut s'opposent, les premiers étant représentés principalement par la Bessoune et les seconds, par Ma-Tante-la-Veuve. Le territoire des Cordes-de-Bois n'est pas sans évoquer l'Île-aux-Puces des *Crasseux*. Dans cette saga qui couvre la première partie du XXe siècle, ce n'est pas l'intrigue en tant que telle qui crée l'intérêt, mais la verve de la narration, la vivacité des dialogues et la sympathie que le clan des Mercenaire (la famille de la Bessoune) suscite. À cela s'ajoutent des personnages secondaires bien typés, une critique d'une certaine forme de la religion catholique, une défense des démunis et un grand éclat de rire. Ce roman «rate» le prix Goncourt par une voix, mais remporte comme consolation le prix des Quatre jurys 1978. Maillet aura sa revanche dès l'année suivante, avec *Pélagie-la-Charrette*...

REGARD SUR LA POÉSIE ET LE ROMAN
Raymond Guy LeBlanc

Première publication des Éditions d'Acadie, *Cri de terre* de Raymond Guy LeBlanc paraît en décembre 1972. Dans la publicité, on écrit: «Avec *Cri de terre*, Raymond [Guy] LeBlanc témoigne de la renaissance culturelle d'une Acadie qui fourmille en secret et refuse de se laisser mourir.» Non seulement ce recueil de poésie est-il le premier à être publié en Acadie, mais l'auteur vit au Nouveau-Brunswick. LeBlanc devient, par le fait même, le chantre d'une poésie issue du pays, vécue dans le pays, s'inspirant du pays, s'adressant à tous ceux qui cherchent à créer une Acadie moderne qui s'affirme et s'affiche.

Né le 24 janvier 1945 à Saint-Anselme (maintenant Dieppe), Raymond Guy LeBlanc obtient un baccalauréat en Beaux-arts (1966) et une maîtrise en philosophie (1974) de l'Université de Moncton, puis entame quelques années plus tard des études doctorales qu'il ne terminera pas (1984-1986). Musicien accompli, il participe à divers groupes et accompagne au piano différents chanteurs, dont Donat Lacroix. Il travaille tantôt dans le domaine social, tantôt dans le milieu culturel, tout en assumant de façon irrégulière, à partir de 1973, des charges de cours à l'Université de Moncton. Il a été, durant plusieurs années, agent de développement pour la Société des Acadiens et des Acadiennes du Nouveau-Brunswick.

Agrémenté de dessins d'Herménégilde Chiasson, *Cri de terre* dénonce tout ce qui contribue au défaitisme, au pessimisme et à la peur de s'affirmer des Acadiens. Sa poésie prend forme dans une lutte avec l'Histoire et s'inscrit ainsi dans la lignée des poètes québécois du pays. Par la modernité de sa forme, qui s'oppose à l'écriture plus fondée sur la tradition d'Antonine Maillet, mais qui n'est pas sans rappeler la démarche de Ronald Després, ce petit recueil prouve qu'une écriture contemporaine peut correspondre aux besoins d'un certain lectorat. Enfin, LeBlanc est le premier à inscrire son écriture dans Moncton.

Les poèmes de *Cri de terre* sont regroupés en quatre parties: «Silences», «Gestes», «Fontaines» et «Paroles». Les trois premières servent d'introduction à la quatrième; d'ailleurs, le recueil est divisé également entre ces deux blocs. L'amour ainsi que la conscience de l'autre et du monde sont abordés dans la première partie, comme si le narrateur ressentait le besoin d'explorer son intimité, ce qui le touchait de près afin de mieux saisir le manque qui l'habite. D'un poème à l'autre, il définit l'absence, la difficulté d'être, qui culmine une première fois avec l'émouvant texte éponyme, dans lequel la révolte se transforme en espoir par la simple force de la prise de parole. Puis, dans une suite de trois poèmes, il lance son «cri» en autant d'étapes. D'abord, il s'agit d'inventer l'avenir, de développer un pays dont le lecteur soupçonne qu'il est lié au destin du Québec – du moins, c'est ce qu'évoque le titre, «Projet de pays (Acadie – Québec)» –, mais le poème en lui-même est plus nuancé. Puis, le narrateur exprime son espoir dans «Petitcodiac», le texte le plus novateur du recueil, où les mots se heurtent à leur inadéquation à décrire la réalité, ce qui conduit LeBlanc à en créer d'autres, de manière à franchir la barrière de l'impuissance. Enfin, l'épilogue «Je suis Acadien» est une affirmation, à la fois tragique et porteuse de rupture, d'une volonté de surmonter tout ce qui empêche la venue de cette Acadie qu'il espère. Jamais on n'avait défini avec autant de force, de violence, le choix fondamental qui s'offrait à ce peuple.

Un silence suivra, comme si ce recueil pesait lourd sur la plume de Raymond Guy LeBlanc, qui publiera de nouveau à la fin des années 1980. Entretemps, le silence n'a été rompu que par des publications en revue et la réalisation de l'anthologie *Acadie/Expérience* avec Jean-Guy Rens. Publiée par Parti Pris en 1977, l'anthologie réunit complaintes, poèmes ainsi que chansons, et est animée d'une volonté politique qui prend position «pour une poésie acadienne» distincte de celle du Québec.

Léonard Forest

Le très beau et doux *Saisons antérieures* (Éditions d'Acadie, 1973) – qui s'intitulait d'abord *Mémoire en fête*, reprenant le titre de son documentaire consacré au séminaire de Québec (1964) –, s'inscrit dans un horizon aux couleurs d'une mer que Léonard Forest apprend à nommer. Habités par la nostalgie du pays qu'il n'habite plus, mais qui demeure sa principale source d'inspiration, les poèmes de Forest sont teintés d'un lyrisme qui s'exprime par des vers amples et imagés. Le recueil s'inscrit entre ceux de Ronald Després, d'Herménégilde Chiasson (*Mourir à Scoudouc*) et de Raymond Guy LeBlanc (*Cri de terre*). Sa poésie se distingue de celle de Després en ce qu'elle nomme spécifiquement la Déportation, chante le «pays» acadien et vibre d'espoir, tout en n'ayant pas le caractère militant des textes de Chiasson ou de LeBlanc, alors que plusieurs de ses films l'ont. Il y a beaucoup de tendresse et de douceur dans ce recueil: Forest écrit dans une langue soutenue, parfois même précieuse, hors des aspérités régionales, ce qui teinte sa poésie d'une modernité toute classique.

Léonard Forest est né le 17 janvier 1928 à Chelsea (Massachusetts) de parents acadiens. Sa famille s'installe à Moncton alors qu'il est âgé de 18 mois. Il découvre le cinéma lorsqu'il est en belles-lettres (l'équivalent de la 11e année) à l'Université Saint-Joseph de Memramcook. En septembre 1950, il décide de ne pas faire sa Philosophie II (année terminale du baccalauréat classique) et de devenir journaliste, en particulier critique de cinéma. Mais c'est l'Office national du film qui l'intéresse: il réussit à y entrer en 1953 et à y faire carrière comme réalisateur, scénariste, monteur et producteur, travaillant sur plus de 130 productions, dont une quinzaine de réalisations, parmi lesquelles *Les aboiteaux* (1955), *Pêcheurs de Pomcoup* (1956), *Les Acadiens de la dispersion* (1968), *La noce est pas finie* (1969) et *Un soleil pas comme ailleurs* (1972). En 1983, il prend sa retraite et s'installe à Moncton, où il se consacre à des projets personnels et à l'écriture. L'Université de Moncton lui décerne un doctorat honorifique en 1992 pour son œuvre de cinéaste et de poète. En 2006, l'ONF fait paraître *L'œuvre de Léonard Forest*, un coffret de quatre DVD réunissant ses films.

Saisons antérieures regroupe des poèmes de différentes époques, dont une suite écrite en 1961-1962 lors d'un séjour d'études à Paris et certains textes publiés dans des revues québécoises. Séparées par les illustrations pleine page de François X. Chamberland, les six parties d'inégale longueur qui composent le recueil cheminent selon les préoccupations et les sentiments du narrateur. La première partie, la seule à ne pas avoir de titre, aborde un éventail de sujets : amour, pays, religion, art, temps, le tout baigné par la mer, source d'inspiration, de respiration et symbole du pays à qui il donne le nom de Lachigan, à la fois village isolé et lieu ouvert sur le monde. « Saisons antérieures » rappelle, avec une pointe de nostalgie, les saisons de l'enfance. « Pour une Amérique engloutie » se situe principalement à Montréal, où habite le poète. Parsemée de références littéraires, la suite reprend des titres d'ouvrages connus (*Le temps des hommes* de Langevin; *L'aquarium* de Godbout; *L'étoile pourpre* de Grandbois, parmi d'autres) et dont la forme semble en partie inspirée par Saint-Denys Garneau. « Et j'ai rêvé d'un grand soleil noir » aborde le thème de la mort de manière parfois légère dans une volonté de l'exorciser et se clôt sur une sévère critique de la religion qu'on lui a imposée. « Pour une sœur allégorique » est un hymne à l'Acadie, qui prend la forme d'une sœur dont il a été séparé lors de la Déportation et qu'il retrouve. En arrière-plan, un double exil qui se termine par un retour : celui de ses parents au Massachusetts et le sien, à Montréal. Enfin, « Psaumes pour un dieu préalable », une méditation sur son rapport avec dieu, connaît son dénouement dans une sévère critique de l'Église perçue comme force réactionnaire. La chute du recueil est une boutade, le critique devenant pour le poète porteur du jugement, comme Dieu l'était.

En 1979, Forest publie *Comme en Florence* (prix France-Acadie), dans lequel il épure encore davantage sa poésie. La délicatesse des sentiments et la douceur de la tonalité s'expriment dans des vers habités par une musicalité qui rappelle le classicisme. Forest ne cherche pas à s'inscrire dans les courants littéraires, il se contente de chanter la vie en cherchant davantage à s'inspirer de ses maîtres, qu'ils soient symbolistes ou surréalistes, qu'à innover.

En 2001, les Éditions Perce-Neige rassembleront son œuvre poétique dans *Le pommier d'août*, où l'on retrouve ses deux recueils et de nombreux poèmes inédits, toujours habités par la même musicalité.

Guy Arsenault

En marge de LeBlanc et de Forest, qui appartiennent à l'élite culturelle en raison de leurs études et de leur formation, un jeune élève contestataire renvoyé de l'école secondaire, Guy Arsenault (né à Moncton le 21 février 1954), publie en 1973 *Acadie Rock*, un ensemble de poèmes écrits entre 16 et 18 ans. Premier recueil à faire du chiac – ce dialecte composé de français et d'anglais spécifique à la région de Moncton –, une langue littéraire, *Acadie Rock* a un immense impact, mais Arsenault ne réussira jamais à dépasser les meilleurs poèmes de cette époque. Il ne terminera jamais son secondaire. Avant d'être diagnostiqué schizophrène, il connaît une période durant laquelle drogues et dépression le conduiront plusieurs fois à l'hôpital.

Enrichi de dessins, de caricatures de l'auteur et d'André Arsenault, de photographies tirées de l'album familial et de collages, le recueil ressemble à un journal intime un peu brouillon, animé par la volonté d'inscrire les poèmes dans la réalité environnante. La puissance évocatrice des textes, la révolte qui les habite, l'humour qui atténue le pessimisme du propos, la présence quasi physique de Moncton – en particulier dans les trois longs poèmes («Nouvelle politique d'école», «Acadie expérience» et «Tableau de back yard») et le court texte éponyme –, font de ce petit recueil bourré de fautes, dont on ne sait pas si elles sont volontaires, un ouvrage unique dans les annales de la littérature acadienne.

«Nouvelle politique d'école» est signé «Guy Arsenault, n° 0080», un peu comme s'il témoignait de sa vie entre les murs d'une prison. Le portrait de la polyvalente est dévastateur: l'autorité y est abusive, l'enseignement se limite au bourrage de crâne, et la «machine» veut normaliser les jeunes qui y entrent.

Caricatures et dessins appuient le texte: surveillant en armure, étudiant crucifié, principal hurlant, élèves et enseignants transformés en marionnettes manipulées par l'administration. «Acadie expérience» trace le portrait de l'Acadie telle qu'il la perçoit. Davantage énumération que réflexion, Arsenault y dresse une liste d'activités, de métiers, d'entreprises, de lieux tout en mangeant son fricot et en attendant le soulèvement général par lequel les Acadiens affirmeront qui ils sont. «Tableau de back yard» fait défiler les événements marquants d'une année ordinaire avec ses fêtes, les cérémonies religieuses qui rythment les saisons, l'école, les amis et la famille. Un portrait saisissant de ce que le poète vivait dans son quartier de Parkton, à Moncton, au début des années 1970. À la suite de ce texte, une série de 14 poèmes d'inégale longueur adoptent le déroulement d'un chemin de croix – omettant deux des stations et ajoutant un prélude et une conclusion – et énumèrent tout le vécu d'Arsenault dans l'église, autour d'elle ou à cause d'elle; un brin de nostalgie habite ces textes. Quelques poèmes d'amour, joliment tournés, évocateurs de Prévert (manifestement une influence sur l'écriture d'Arsenault) et gentiment naïfs, ainsi qu'une suite de poèmes anglais complètent le recueil.

Il continue la démarche d'*Acadie Rock* dans *Y'a toutes sortes de personnes* (1989), mais la difficulté de dire, d'arracher les mots au néant semble s'accroître. Comme si le poète luttait contre le silence dans un combat qu'il sait perdu d'avance. Sa période d'écriture la plus productive demeure celle des années 1970 et, dans ce deuxième recueil comme dans *Jackpot de la pleine lune* (1997), on retrouve des poèmes inédits de cette époque; il est à peu près impossible de noter une évolution de son écriture, pas plus dans les thèmes fondamentaux que dans la façon d'écrire. Arsenault est le poète d'un unique recueil.

Herménégilde Chiasson

Quand Herménégilde Chiasson, né le 7 avril 1946 à Saint-Simon, publie *Mourir à Scoudouc* (1974), il est déjà connu. Féru d'études, il obtient un baccalauréat (concentration en arts visuels et en littérature) de l'Université de Moncton (1967) et un second en arts visuels de Mount Allison University (1972). Suivront un diplôme d'études avancées en esthétique à l'École nationale supérieure des arts décoratifs à Paris (1977), un Master of Fine Arts au Visual Studies Workshop de l'University of New York à Rochester (1981) et un doctorat sur la photographie américaine après 1950, à l'Université de Paris I (1983). Ses études se déroulent en même temps que de nombreuses activités professionnelles dans des domaines diversifiés: enseignant au secondaire, rédacteur reporter puis recherchiste, réalisateur à Radio-Canada Acadie ainsi que, à partir de 1973, chargé de cours à l'Université de Moncton. Mais ce sont ses nombreuses créations en arts visuels, en littérature, au cinéma et en théâtre qui, dès la fin des années 1970, constituent l'essentiel de son travail. Sa nomination comme lieutenant-gouverneur du Nouveau-Brunswick de 2003 à 2009 exprime tout le respect qu'il suscite et toute l'importance que l'on accorde à son œuvre.

Placé sous le signe de la mort rédemptrice, *Mourir à Scoudouc* met en place les grands thèmes de l'œuvre du poète: opposition entre modernité et folklorisation, angoisse face au destin, affirmation de l'identité acadienne, lutte contre l'assimilation, présence du pays physique dont il cherche à définir les contours, les frontières. La poésie prenante, dense et lourde de sens de Chiasson, cette poésie du bout du monde, a l'effet d'un révélateur. L'un des thèmes récurrents de Chiasson est cette volonté de donner à l'Acadie une réalité géographique, et qui le place en opposition, dès le début, avec l'idée que « l'Acadie est là où il y a un Acadien » et avec celle que tous ceux et celles qui ont un vague sang acadien sont Acadiens, notions que l'on retrouve par exemple dans la chanson « Grand Pré » d'Angèle Arsenault et dans certaines prises de parole d'Antonine Maillet. Dès lors, Chiasson se fait le « témoin » de l'Acadie, concept qu'il opposera aux artistes acadiens vivant au Québec, qu'il considère coupés de la « terre brûlée » qu'est l'Acadie, terre qu'il faut assumer en l'habitant, unique moyen de « naître à une autre Acadie » au passé marqué par la Déportation de 1755 durant laquelle les habitations des Acadiens ont été brûlées. Alors que Raymond

Guy LeBlanc crie, que Léonard Forest médite, Chiasson réfléchit et attaque.

Mourir à Scoudouc est divisé en cinq parties séparées par des photos soit prises par l'auteur (du moins c'est ce qu'on peut supposer), soit qui le mettent en vedette. Les deux poèmes d'«À» servent d'introduction en présentant le poète déchiré, puis en dédiant le recueil à une litanie de gens anonymes et à des éléments naturels qui caractérisent son environnement. Dérision, affirmation du *je*, envolée lyrique aussitôt étouffée, passage de la poésie à la prose: Chiasson étale ses cartes avec force et détermination. La photo qui précède «Entre la saison» donne la clé de la section: une femme et Chiasson s'embrassent, manifestement amoureux. Si les premiers poèmes traitent de la relation amoureuse avec une femme, l'Acadie s'introduit dans les textes suivants: l'amour est-il possible en l'absence de pays? «Acadie mon trop bel amour» tente de répondre à la question. Partie centrale au recueil, elle s'ouvre sur le doux et touchant poème «Eugénie Melanson». En visite au Musée acadien, Chiasson s'arrête devant la photo encadrée de cette jeune femme. Il lui imagine une vie, l'élargit en énumérant des artéfacts qui l'entourent et de là lui avoue son amour, à elle qui représente le passé de l'Acadie tandis qu'il espère en être le futur. Il y exprime tout son attachement pour cette Acadie, centre des poèmes suivants. Cette suite s'ouvre sur un texte qui prend la forme d'un questionnaire, qui porte sur la survivance ou la mort prochaine de l'Acadie et propose un choix de réponses (oui, non, indécis, autre). Chiasson répond indirectement aux questions dans les textes qui suivent, dont les titres nomment les couleurs du drapeau acadien, auxquelles il ajoute le noir. Le «bleu» pour la mer, mais aussi la domination de l'Anglais, le «blanc» pour la neige et l'isolement, le «rouge» pour la Déportation et pour le refuge qu'est la mer, le «jaune» pour l'humiliation et pour un soleil qui disparaît, le «noir» pour la fin. Toute cette section est pessimiste, mais en même temps l'expression d'une volonté de lutter, tandis que le dernier poème, «Le cœur en acier», laisse planer l'ambiguïté, un peu comme la photo qui présente cette section: une cour de ferme qui semble abandonnée; mais l'est-elle? La photo qui accompagne la section « Mourir à Scoudouc » complète la première partie. Au départ, un chemin droit enneigé entre deux rangées d'épinettes. Au milieu du chemin, un homme de dos qui semble regarder droit devant lui. Scoudouc, nom dérivé du micmac (les Micmacs étaient les alliés traditionnels des Acadiens avant la Déportation), est un petit village entre Moncton et Shédiac. Le narrateur sort de sa voiture dans la campagne qui entoure le village, creuse un trou, se couche dedans et se recouvre d'herbe. Puis il émerge, retourne dans la voiture en se demandant si ce siècle ne sera pas le dernier, tout en décidant de témoigner. L'expérience est initiatique : il meurt à une certaine Acadie et renaît à une autre qu'il lui restera à définir, à habiter, même si, pour l'heure, il ne sait trop comment. La dernière phrase de ce poème en prose se termine sur un murmure, comme en témoigne le lettrage, qui diminue pour n'être à la fin qu'une ligne minuscule. La dernière section du recueil, « La maison du silence », fait d'abord l'inventaire de ce qu'est l'Acadie pour lui, en un abécédaire qui se termine par « j » alors que dans un second poème il nomme certains des éléments d'un logement qui pourrait être le sien. La photo montre un personnage à l'extérieur qui regarde par la fenêtre d'une vieille maison. Il reste à l'habiter, tout comme il faut habiter le pays.

Rapport sur l'état de mes illusions (1976) est un recueil beaucoup plus pessimiste mais toujours porté par un impossible espoir. Il laisse place à la rage, à la colère. Les illustrations occupent la page de gauche et les textes leur font écho. L'ensemble dégage une impression brouillonne, accentuée par la typographie, qui reprend le caractère d'une machine à écrire et reproduit les nombreuses fautes d'orthographe. Chiasson critique l'immobilisme acadien et dénonce la folklorisation de sa société dans des textes en prose (poèmes, essais, récits, énumérations) en lien, en réaction ou en parallèle avec les illustrations qui dessinent un portrait critique de la société. Les illusions ont disparu, laissant un espace vide que le poète n'a pas encore les moyens d'habiter. Chiasson reviendra à la poésie en 1986. Entretemps, il aura obtenu son doctorat, commencé sa carrière de cinéaste, écrit plusieurs pièces, en particulier pour le théâtre l'Escaouette, et exposé ses tableaux à de nombreuses reprises.

Louis Haché

Quand il publie *Charmante Miscou*, son premier ouvrage, en 1974, Louis Haché a 50 ans. Cette entrée tardive en littérature peut s'expliquer en partie par l'absence de maisons d'édition en Acadie: Haché avait depuis longtemps le désir d'écrire et avait différents projets en cours, mais encore fallait-il que quelqu'un en veuille. Il deviendra l'un des auteurs vedettes des Éditions d'Acadie.

Né le 3 mai 1924 à Saint-Isidore, Haché obtient un baccalauréat en arts du Collège de Bathurst, un baccalauréat en éducation de l'Université Saint-Joseph, puis une maîtrise en études françaises de l'Université Laval (1959). Après avoir été instituteur dans différentes écoles publiques (dont celle de Miscou) durant dix ans, il devient professeur à l'École normale de Fredericton puis, lorsque l'institution y est transférée en 1968, à l'Université de Moncton. En 1973, il devient traducteur-réviseur au Bureau de traduction du Nouveau-Brunswick à Fredericton. Il prend sa retraite en 1984. Il vit à Moncton depuis 1991.

Pas tout à fait un roman ni un recueil de nouvelles ou de contes, *Charmante Miscou* invite le lecteur à découvrir le passé de cette île située au bout de la Péninsule acadienne, dans le golfe du Saint-Laurent. Les textes sont autonomes, mais les personnages partagent des valeurs communes, ce qui donne une unité à l'ensemble. La préoccupation de l'auteur est de rendre justice à l'histoire des gens ordinaires. Le style est classique et c'est uniquement dans les dialogues qu'on trouve des marques d'oralité.

Plus ambitieux, *Adieu, p'tit Chipagan* (1979) comprend un court roman suivi de quatre nouvelles. L'action se passe vers 1785, donc au tout début de la colonisation de la Péninsule acadienne, et met en scène deux familles: celles d'Alexis Landry et de l'Écossais John Campbell. En arrière-plan, les séquelles de la Déportation, les craintes de se voir déporter de nouveau et le rejet de l'autre qui n'est pas semblable à soi. Une histoire d'amour entre le fils de l'Acadien et la fille de l'Écossais – qui finira tragiquement – pose le problème de la nécessaire réconciliation entre les deux nations. Le travail sur la transcription écrite de la langue orale est remarquable et l'ouvrage est accompagné d'un glossaire des acadianismes. Ce roman est le premier récipiendaire du prix France-Acadie, que vient de fonder l'association française Les Amitiés acadiennes, dont le siège social est à Paris.

Avec ses deux premières œuvres, Haché ouvre la voie aux fort nombreux romans historiques qui suivront, qu'ils soient de lui ou d'autres.

Régis Brun
Publié par Victor-Lévy Beaulieu pour les Éditions du Jour en 1974, le roman *La Mariecomo* de Régis Brun pourrait être une Sagouine anticonformiste, sorcière de surcroît et amateure de messes noires dites par son complice Gros Pied. Comme Maillet, Brun s'est inspiré de personnes réelles, dont une Marie Comeau qui a vécu de 1838 à 1910.

Né en 1937 à Cap-Pelé, Régis Brun obtient un baccalauréat en histoire de l'Université de Moncton, en 1970. Il se rend ensuite à Londres, où il étudie l'archivistique. Il obtient une maîtrise en histoire de l'Université de Moncton en 1988. Il a travaillé à différents projets, souvent liés aux sociétés historiques acadiennes et au Centre d'études acadiennes. Brun a publié de nombreux articles et ouvrages sur l'histoire acadienne. Il décède le 14 juillet 2015.

Écrit dans la langue vernaculaire de la région de Cap-Pelé en utilisant un code qui rend compte de la prononciation (il faut le lire à haute voix), *La Mariecomo* est un assemblage de contes et d'histoires plutôt qu'un roman. Lors d'une soirée chez la Grosse Zelda, on fête et l'on se raconte, différents personnages prenant la parole à tour de rôle. Il en ressort un portrait saisissant du « petit » peuple de Lés Borgitte au tournant du XXe siècle, une modeste communauté qui défend son mode de vie contre les assauts des habitants du Village-de-l'Église, les bien nantis. Pour faciliter la compréhension, un « petit lexique » complète l'ouvrage. Le Théâtre populaire d'Acadie l'adapte à la scène en 1980.

Cap-Lumière (1986) raconte le passage de l'enfance à la fin de l'adolescence de Mathias, un garçon qui n'aime pas la pêche, mais qui aime les livres. Nous sommes dans les années 1950, dans un village de bord de mer. Contrairement à *La Mariecomo*, la langue populaire n'est présente que dans les dialogues sans que l'auteur tente de la transcrire phonétiquement. Le récit est linéaire et habité par une douce nostalgie. Manifestement, Brun s'est inspiré de sa propre enfance pour raconter les petites aventures de Mathias et décrire la vie quotidienne de l'époque.

Claude Le Bouthillier

Claude Le Bouthillier maniait la plume comme d'autres les armes. L'écriture, qu'elle soit romanesque ou poétique, était pour lui l'occasion de défendre ses idées et sa vision de l'Acadie. C'est ce qui donne une pulsion à ses textes et un sens à l'ensemble de son œuvre.

Né le 30 juin 1946 à Bas-Caraquet, Claude Le Bouthillier obtient un baccalauréat en arts du Collège de Bathurst (1966), une maîtrise en psychologie de l'Université de Moncton (1971) et fera sa scolarité de doctorat en psychologie sociale à l'Université Paris Nanterre (1982). Il travaille comme psychologue, tour à tour en milieu scolaire et universitaire, puis en clinique et en bureau privé. Il vit et travaille au Québec pendant quelques années, avant de revenir dans la Péninsule acadienne. Il est décédé à Caraquet le 2 mars 2016 des suites d'un cancer.

Son premier roman, *L'Acadien reprend son pays* (1977), donne le ton de son œuvre. Nous sommes dans un proche futur. Le Québec est indépendant et une cellule révolutionnaire acadienne a décidé d'enlever le pape Jos premier pour qu'éclate au grand jour la situation des Acadiens et celle du monde, qui est au bord d'une guerre totale. Construit sur le mode du thriller, mais avec beaucoup de naïveté, le roman comporte de multiples péripéties, toutes agrémentées de réflexions sur la société acadienne, ce qui alourdit l'ouvrage: la thèse est plus importante que l'intrigue. L'enlèvement réussit néanmoins: le pape comprend la motivation des «terroristes» et prononce un discours relayé partout sur la planète qui mènera à l'instauration d'un ordre nouveau, tandis que les Acadiens organiseront un référendum sur leur avenir. Curieux roman qui fait des Acadiens les sauveurs du monde en s'appuyant sur la papauté. Laval Goupil en fera une adaptation théâtrale sous le titre *Jour de grâce*, que publieront les Éditions La Grande Marée en 1995, mais qui ne sera jamais montée professionnellement.

Dans ses œuvres subséquentes, Le Bouthillier reviendra avec détermination sur le thème de l'indépendance de l'Acadie et sur le destin particulier de son peuple.

REGARD SUR LA LITTÉRATURE POUR LA JEUNESSE
Le lent développement de la littérature pour la jeunesse

Avec *Pointe-aux-Coques* (1958) d'Antonine Maillet naît la littérature pour la jeunesse en Acadie, même si le fait de classer l'ouvrage comme roman pour la jeunesse vient de l'éditeur québécois plutôt que de l'auteure. Le charmant *Christophe Cartier de la Noisette dit Nounours* (1981) sera la seule réelle incursion volontaire de Maillet dans le genre, à l'exception de ses premières pièces, écrites pour ses étudiantes, mais qui n'ont jamais été publiées ni produites professionnellement.

Ti-Jean (1973), un recueil de contes de Melvin Gallant, est le premier livre pour la jeunesse publié en Acadie. Mais alors que pour le Théâtre populaire d'Acadie et le théâtre l'Escaouette, les publics enfants et adolescents sont extrêmement importants, il n'en a pas été de même pour les Éditions d'Acadie, chez qui la littérature jeunesse n'a jamais été une priorité. Si la maison a publié régulièrement des livres pour cette clientèle, elle semble avoir plutôt réagi à ce qu'on lui soumettait que s'être donné une vision claire dans ce domaine. Néanmoins, elle aura publié des œuvres importantes.

Melvin Gallant

Animateur hors pair de la scène littéraire acadienne, Melvin Gallant a publié dans plusieurs genres, auxquels il faut ajouter le bestseller *La cuisine traditionnelle en Acadie* (1975), réalisé en collaboration avec Marielle Cormier Boudreau, un ouvrage qui lie recettes de cuisine avec quelques notations historiques. Une volonté d'animation est au centre de son écriture de fiction. On a moins l'impression d'être face à un poète, un romancier ou un conteur que devant un écrivain déterminé à dire son milieu en le réinterrogeant.

Melvin Gallant est né le 24 mai 1932 à Urbainville (Île-du-Prince-Édouard). Il obtient un baccalauréat en sciences commerciales de l'Université Saint-Joseph de Memramcook, un diplôme en sciences politiques de l'Université de Paris (1960), une maîtrise en arts de l'Institut catholique de Paris (1964) et un doctorat en lettres de l'Université de Neuchâtel, en Suisse (1970). Il est professeur de littérature à l'Université de Moncton de 1964 à 1993, année de sa retraite. Depuis, il se consacre à l'écriture, tout en continuant à s'impliquer dans certains organismes culturels.

Ti-Jean, contes acadiens (1973) relatent les aventures de ce personnage légendaire. Le recueil connaît un vif succès, est réédité en 1984 et *Ti-Jean le fort* suit en 1991. Tous les contes de ces deux volumes, à peine retouchés et enrichis de quelques nouveaux contes, sont publiés par Bouton d'or Acadie dans *Ti-Jean-le-Brave* (2005), *Ti-Jean-le-Rusé* (2006), *Ti-Jean-l'Intrépide* (2007) et *Ti-Jean-Tête-d'Or* (2010). Gallant a manifestement du plaisir à mettre en scène les aventures de son personnage fétiche. Nous sommes dans le domaine du merveilleux et Ti-Jean doit accomplir de multiples exploits, souvent malgré lui, mais toujours avec fougue et détermination.

Ti-Jean, brave, intelligent, rusé, juste ce qu'il faut de ratoureux, se démène dans des aventures qui lui permettront, dans *Ti-Jean-le-Brave*, de tuer deux méchants géants (sacrifiant au passage une pauvre vieille servante, qui finira comme souper d'un géant), de donner une bonne leçon à un roi avare et mesquin, de rouler qui croyait l'avoir roulé, de retrouver la princesse de ses rêves malgré une vilaine et fort laide (évidemment) sorcière et un fort méchant sorcier. Le texte est vif, tout en actions. Phrases courtes, paysages et personnages à peine esquissés, péripéties nombreuses: ainsi va la vie de Ti-Jean, de défi en défi, de difficultés en problèmes. Le style est nettement familier, tout en respectant rigoureusement le français standard. Ça se lit tout seul et ça donne une excellente idée de ce que l'on racontait aux enfants pour les distraire, mais aussi pour les éduquer; après tout, Ti-Jean est un « bon » héros qui ne cherche pas à tirer un profit personnel de ses succès.

Contrairement aux autres volumes de la série, les cinq aventures de Ti-Jean dans *Ti-Jean-Tête-d'Or* sont liées en un tout. Sans changer le caractère du personnage ni même la façon dont il accomplit ses exploits, Gallant introduit des éléments qui font de ce pur héros un être aux valeurs parfois troubles. On perçoit ici et là que Ti-Jean n'est pas toujours le plus honnête des héros: il est matelot pour des pirates, ne se formalise pas de leur « travail » et les quitte en toute amitié quand il n'accepte pas qu'ils tuent ceux qu'ils volent. De même, il vole les biens les plus précieux d'un géant uniquement pour l'argent que lui promet le roi. Ce caractère légèrement amoral de Ti-Jean éloigne le personnage de sa version traditionnelle et met de l'avant le désir d'aventures plutôt que la quête initiatique.

Jean Péronnet

Jean Péronnet est né le 16 avril 1943 à Lyon (France). Il obtient une licence en lettres moderne de l'Université de Lyon (1965) suivie d'un diplôme d'études supérieures (1967). Plutôt que de faire son service militaire au sein de l'armée, Péronnet choisit la voie de la coopération. À l'époque, les jeunes français conscrits pouvaient aller travailler dans une des anciennes colonies françaises et au Canada français en vertu d'accords bilatéraux qui précisaient les métiers et les professions autorisées; par contre ce service durait plus longtemps que le régulier. De 1967 à 1970, Péronnet enseigne le français à l'Université de Moncton. Après un bref retour en France, il choisit de s'établir à Moncton. Formé à l'art des marionnettes alors qu'il était en France, il fonde un théâtre de marionnettes qui utilise la technique de la marotte au sein du Théâtre Les Feux Chalins. Le personnage de Pépère Goguen naît lors d'une série d'ateliers qu'il donne à des enfants. Entre 1971 et 1978, il crée huit spectacles de tournée dont *La drôle de chasse de Pépère Goguen* (1971), *Le père Noël a la grippe* (1972), *Le bonhomme de neige a disparu* (1973),

Le perroquet de Kouchibouguac (1973) et *Pépère Goguen en ville* (1976). De petites histoires qui s'inspirent des traditions, mais qui viennent aussi commenter l'actualité, comme dans *Le perroquet de Kouchibouguac*, qui rappelle les expropriations dont ont été victimes les habitants de cette région pour faire place à un parc national.

À la suite du succès remporté par ces pièces, les Éditions d'Acadie proposent à Péronnet d'adapter *Pépère Goguen et les ratons voleurs*, sa plus récente, en album. Celui-ci paraît en 1975, premier album publié en Acadie. Le dessin est fortement marqué par le style des marionnettes à marotte: on ne montre jamais les jambes des personnages, qui sont habillés d'une tunique qui permet à la main de s'y cacher à l'intérieur. Les mains sont des mitaines: seul le pouce est esquissé. Les dessins sont en aplat, le décor très stylisé (les arbres sont un tronc et une grosse boule, le camion ressemble aux jouets en bois) et les couleurs pastel. L'histoire est naïve, le texte est imprimé en grosses lettres, la mise en page est bien aérée. Une «édition renouvelée» paraîtra en 1990.

Jean Péronnet publiera d'autres albums dans les années 1980.

Regard sur le théâtre

Les débuts du théâtre professionnel: Le Théâtre populaire d'Acadie

En 1974, Réjean Poirier est convaincu qu'il est grand temps de créer une compagnie de théâtre professionnel en Acadie: avec Laval Goupil et Maurice Arseneault, il établit les Productions de l'Étoile à Caraquet, dans la Péninsule acadienne. Celles-ci se donnent pour objectif de travailler à l'avancement des arts et du théâtre. Poirier avait découvert le théâtre au sein des Feux Chalins (où œuvraient également Arseneault et Goupil), une compagnie fondée à Moncton en 1969 par le père Jean-Guy Gagnon, qui animait une petite salle de 80 places où se produisaient également des spectacles de chansonniers.

Pour lancer les Productions de l'Étoile, le groupe choisit de présenter la pièce *Tête d'eau*, créée par Les Feux Chalins, que

Laval Goupil a écrite et montée, dont il interprète le rôle principal. Une création collective, *Cérémonie*, suit, toujours en 1974, dans laquelle on retrouve des comédiens amateurs du Théâtre des Élouèzes de Maisonnette (petit village situé à proximité de Caraquet), compagnie fondée et animée par le dramaturge Jules Boudreau. Puis vient *Le Djibou* (1975) de Laval Goupil, mis en scène par Réjean Poirier.

En 1975, les Productions de l'Étoile connaissent une véritable consécration avec la création du drame musical *Louis Mailloux*, une collaboration entre Jules Boudreau (pour le texte) et Calixte Duguay (pour les chansons). Si l'on exclut *La Sagouine* de Maillet, *Louis Mailloux* demeure le plus grand succès théâtral en Acadie. Ce drame musical a été présenté par la compagnie en 1975, 1976, 1978 et 1981, puis repris en 1992 avant de connaître de nouvelles incarnations lors du Congrès mondial acadien de 1994 et des saisons estivales de 2010 et 2011 (dans une production de la Compagnie Viola Léger). Deux disques, le premier produit en 1980 et le second en 1994, ont popularisé les chansons de la pièce sur les ondes radiophoniques.

En 1976, les Productions de l'Étoile deviennent le Théâtre populaire d'Acadie (TPA). Ce changement signale le désir des membres de rendre compte de la réalité de l'Acadie et d'offrir à l'ensemble de la population, un peu à l'image du Théâtre national populaire de Jean Vilar et du Théâtre populaire du Québec, une programmation dans laquelle alternent pièces de répertoire et créations.

Le TPA aménage, dans un hangar désaffecté situé en bord de mer en plein centre de Caraquet, une salle qu'il nomme « la Boîte-Théâtre » et qui lui permet de présenter des pièces durant l'été. Il fait aussi systématiquement tourner ses productions dans les différentes villes du Nouveau-Brunswick. De 1974 à 1978, la compagnie offre 12 productions, dont la moitié sont des créations. En plus des quatre déjà nommées, on crée *L'amer à boire*, première œuvre pour adultes d'Herménégilde Chiasson, et *Cochu et le soleil*, l'un des textes les plus importants de Jules Boudreau. Le TPA a prouvé qu'une compagnie professionnelle pouvait se développer en Acadie tout en accordant une part importante à la création.

Laval Goupil

Né à Shippagan le 15 juillet 1945, Laval Goupil a obtenu un baccalauréat en pédagogie de l'Université de Sherbrooke (1966), puis un baccalauréat en arts (1970) suivi d'une maîtrise en français (1975) de l'Université de Moncton. Il quitte l'enseignement au secondaire au bout d'un an pour se consacrer au théâtre. Il y œuvre comme auteur, comédien et metteur en scène, et travaille pour différents organismes culturels jusqu'à son décès, le 29 mars 2000, des suites d'un cancer.

Tête d'eau (1974) est une longue envolée déchirante qui fait éclater aussi bien les valeurs que la structure dramatique. D'une certaine façon, la pièce répond à *La Sagouine*. La recherche d'Antonine Maillet porte sur le rapport à l'oralité, une oralité qui contient l'histoire de son peuple. Goupil ouvre un nouveau champ de recherche: celui de la culture contemporaine, ensemble hétéroclite qui s'exprime dans *Tête d'eau* par l'appel au cinéma, à la télévision, à la bande dessinée. La langue n'est plus ce vieil acadien chantant mais la langue française standard que Goupil veut s'approprier sans pour autant nier la langue qui l'a bercé. Et dans *Tête d'eau*, la langue s'hybridera avec l'apparition de mots inventés, de nouvelles sonorités, de nouveaux sens à donner aux êtres, aux choses et à la vie, ce qui n'est pas sans évoquer la démarche de Raymond Guy LeBlanc dans *Cri de terre*. Onil, le personnage central de la pièce, n'arrivera pas à rassembler en un tout cohérent les forces qui l'habitent. La pièce se déroule dans un espace clos, l'appartement dans lequel Onil s'est enfermé. Or, comme si cet espace était encore trop vaste, il se réfugie dans son réfrigérateur. Mais – et ce sera le drame de toutes les œuvres subséquentes de Goupil –, la pièce n'arrive pas à donner vie au riche univers dont elle est porteuse.

Le Djibou (1975), qui remporte un vif succès, surprend par la crudité de sa langue, qui plonge dans les racines acadiennes, et par des personnages porteurs d'un drame inavoué. Six personnages (re)vivront l'enfer qu'est leur vie: la mère, le père et les quatre enfants, jeunes adultes. Animé par les «enfants», le premier acte s'articule autour de leur vie quotidienne et des rapports de force qui les enchaînent les uns aux autres. La mère dort et le père, comme à son habitude, travaille dans son atelier. Les enfants se disputent, le père se parle tout seul, la mère n'intervient que pour hurler des ordres aux enfants. Atmosphère sombre, voire écrasante, qui est allégée par l'humour des échanges. Mais rien ne se passe qui permette d'approfondir le drame. Le brio du dialogue en évacue le contenu. Le second acte tourne autour de deux pôles: un monologue de la mère et la confrontation dramatique préparée par une scène humoristique. Le rire tournera jaune. Le monologue de la mère, qui raconte sa vie d'«évéreuse» de morue et qui, accessoirement, explique sa relation avec les siens, est un petit bijou du genre, à la fois drôle et tragique.

Manifestement, Laval Goupil a mis l'accent sur la langue des personnages, la précision du vocabulaire, la rythmique de la phrase. Mais par rapport à *Tête d'eau*, cette pièce marque un recul sur le plan thématique.

La production est semi-professionnelle: le passage vers le professionnalisme s'effectue en fonction des ressources humaines du milieu.

Laval Goupil devient, en 1978, l'auteur de *Ti-Jean*, la première création du théâtre l'Escaouette nouvellement fondé.

Jules Boudreau

Quand il écrit *Louis Mailloux*, Jules Boudreau a déjà quelques pièces à son actif, dont *L'agence Belœil Inc.* (1972), un vaudeville sans prétention, et *La Bringue* (1973), qu'il avait créée avec le théâtre communautaire de Maisonnette, Les Élouèzes, fondé en 1971 et dont il est l'animateur. Il est né le 12 mai 1941 à Maisonnette, où il vit toujours. Il obtient un baccalauréat en arts (1961) et un baccalauréat en éducation (1966) de l'Université Sacré-Cœur de Bathurst, puis exerce divers métiers: enseignant d'histoire, maquettiste et chroniqueur littéraire à l'hebdomadaire de la Péninsule acadienne, *Le Voilier* (1974-1982), auteur-compositeur-interprète, auteur de théâtre, et parmi d'autres tâches liées à l'écriture, recherchiste et rédacteur pour le Festival acadien de Caraquet, et enfin, responsable des activités historiques au Village historique acadien de 1999 à 2013, année où il prend sa retraite.

Louis Mailloux raconte la révolte, en 1875, des Acadiens de Caraquet contre la loi provinciale du Nouveau-Brunswick qui supprimait les octrois aux écoles confessionnelles, ce qui signifiait, pour les Acadiens, les écoles francophones. Cet événement avait déjà été traité par James Branch dans *Vivent nos écoles catholiques! ou la résistance de Caraquet* (1932). Lors de l'émeute, le jeune Louis Mailloux tue un milicien avant d'être abattu. Cette pièce avait remporté un vif succès à sa création, mais elle était tombée dans l'oubli. Calixte Duguay (né le 15 juillet 1939 à Sainte-Marie-sur-Mer) se souvient du personnage et en a fait une chanson. Comme la chanson suscite un grand intérêt en Acadie, Duguay a l'idée d'en faire un drame musical. Il contacte alors Boudreau. En 1974, Duguay avait remporté le Grand Prix du Festival international de la chanson de Granby et, en 1975, publié *Les stigmates du silence*, qui regroupe des poèmes et des textes de chansons. On doit à Duguay certaines des plus belles chansons de l'Acadie, dont *Les aboiteaux*, *Lady Doriane*, *Pierre à Jean-Louis* et *Encore debout*.

Boudreau structure l'intrigue autour du désormais mythique Louis Mailloux, qui ne l'était pas à l'époque de Branch. Écrite dans l'esprit du jeune théâtre revendicateur des années 1970, la pièce a une orientation franchement militante: l'histoire n'est là que pour susciter la fierté acadienne et montrer que c'est par la lutte, fût-elle tragique, que les Acadiens réussiront à faire reconnaître leurs droits. L'ombre de Jones, le maire de Moncton, n'est pas loin et si d'immenses progrès ont été accomplis, la situation demeure fragile, comme en témoigne à la même époque la lutte de Jackie Vautour, qui se bat contre les expropriations menées par le gouvernement en vue de l'établissement du parc national de Kouchibouguac. Les chansons jouent un rôle de mobilisation qui n'est pas sans évoquer Brecht. Mais la pièce n'est pas que l'histoire de la lutte des habitants de Caraquet pour assurer la survie de leur école, des premières réunions à l'émeute. C'est aussi une belle histoire d'amour entre Louis Mailloux et Jeanne Lanteigne, deux jeunes à l'aube de leur vie d'adulte. Cet amour se voit compliquer par le flirt de l'anglophone Bob Young avec Jeanne et la réaction négative de sa mère, qui n'apprécie pas la façon d'être de Louis. Cette seconde trame humanise le personnage de Louis, l'inscrit dans son milieu et en fait l'archétype de l'Acadien déterminé, valeureux et un peu aventurier, mais maladroit dans ses sentiments. Jeanne représente le changement chez les femmes; contrairement à sa mère, dont le mariage a été de raison, elle aime Louis et entend bien s'affirmer tout en lui laissant l'espace dont il a besoin. Dans l'esprit du théâtre populaire, Boudreau introduit un personnage clownesque, Tit-Œil, dont l'humour donne une nécessaire respiration à ce qui aurait pu être une pièce sombre. Les personnages sont attachants et l'interaction entre le dialogue et les chansons, réussie.

Cochu et le soleil, qu'avait créé le théâtre des Élouèzes en 1976 et que reprend le TPA en 1977, apporte un regard différent sur la Déportation et ses conséquences. Pièce réaliste, elle raconte l'histoire de la famille Cochu, qui, revenue de la Déportation, s'est installée dans la vallée du fleuve Saint-Jean, mais comme squatteuse. Arrive une famille de Loyalistes qui s'est vu attribuer « leur » terre, ce qui contraint les Cochu à quitter ce qu'ils ont construit depuis une dizaine d'années. En partant, Cochu met le feu à la maison, ce qui entraîne la mort du couple de Loyalistes. Leur fils, Leonard, rattrape les Cochu, qui réussissent à le désarmer et en font leur prisonnier. La famille, accompagnée du coureur de bois Jacques Cormier, tente alors de rejoindre la Péninsule acadienne. Le cœur de la pièce se déroule durant ce périple. Se pose alors le problème de l'assimilation: Sophie, l'une des deux filles de Cochu, et Leonard développent une relation amoureuse, tandis qu'Isabelle – l'autre fille de Cochu – et Jacques font de même. La « trahison » de Sophie aurait complètement détruit le père si le choix d'Isabelle n'avait pas été porteur de la survie de la famille Cochu et, de là, du peuple acadien. La pièce est écrite dans une langue qui évoque la tradition. Dans l'avertissement de l'édition, Boudreau précise qu'il n'a pas voulu employer le parler archaïque – qu'il n'avait d'ailleurs pas utilisé dans *Louis Mailloux* –, choisissant plutôt le parler «habituel» de sa région, se distinguant ainsi de Maillet, dont le parti-pris est devenu la référence obligée, mais que les dramaturges de l'époque refuseront de suivre même quand l'action de la pièce se déroule durant les siècles antérieurs.

Boudreau continue à collaborer avec le TPA durant les années 1980.

Germaine Comeau

En marge de la mouvance acadienne du Nouveau-Brunswick, Germaine Comeau contribue à animer la scène culturelle de la baie Sainte-Marie, en Nouvelle-Écosse. En 1974, elle publie, aux Éditions Lescarbot (une aventure de très courte durée), *Les pêcheurs déportés*, que monte le Théâtre amateur de Moncton en 1976. Elle écrira quelques autres pièces, certaines produites par des troupes communautaires de la baie Sainte-Marie, d'autres pour la radio.

Comeau est née le 14 juin 1946 à La Butte (Nouvelle-Écosse). Après un baccalauréat en arts de l'Université Sainte-Anne (1967), elle obtient un baccalauréat en pédagogie de l'Université d'Ottawa (1968), enseigne à l'École secondaire de Clare puis, en 1971, retourne aux études en traduction (baccalauréat et scolarité de maîtrise à l'Université d'Ottawa). Elle obtient une maîtrise en études théâtrales de la Sorbonne Nouvelle (Paris, 1977). À partir des années 1980, elle travaille comme agente de développement pédagogique au Conseil provincial de ressources pédagogiques de Pointe-de-l'Église, d'où elle prend sa retraite en 2005. Elle travaille maintenant à son compte comme interprète, rédactrice et traductrice. Elle habite à La Butte, où elle fait de la photographie, cultive la terre et travaille à de nouveaux projets d'écriture.

Les pêcheurs déportés racontent la vie quotidienne de certains habitants d'un village côtier de la baie Sainte-Marie. Leur vie est troublée par le départ d'un groupe de jeunes gens partis pour un voyage de trois semaines en mer. En quelques scènes, on rencontre et découvre qui sont ceux du village: Pierre, le vieux pêcheur, Louise, la femme de ménage, et Johnny, son jeune fils;

Antoinette, la maîtresse d'école, Yvonne, la bourgeoise, Raymond, le menuisier. Puis on ira rejoindre sur leur bateau Richard, le poète silencieux, qui rompra son silence à la toute fin de la pièce par une chanson; Janine, l'idéaliste, Mariette, la révoltée, Yvon, l'amoureux; des jeunes dans la vingtaine porteurs des rêves de la contre-culture. Mais ils reviendront au village.

Laissant souvent la place à des répliques assez longues, le texte est écrit dans une langue acadienne qui ne se transforme pas pour autant en patois. Elle relève davantage de l'esprit de l'oralité que de l'oralité elle-même. Si l'on exclut le voyage en bateau, l'action est inexistante, mais le portrait de cette société s'esquisse dans les désirs et les frustrations des personnages.

Le premier roman de Comeau, *L'été aux puits secs* (Éditions d'Acadie, 1983), s'inspirera également des habitants de la baie Sainte-Marie.

2. 1978 À 1991 :
L'ACADIE À L'HEURE DE LA PAROLE

INTRODUCTION

Même si la situation des Acadiens s'est améliorée dans les provinces de l'Atlantique depuis le début des années 1960, les années 1980 vont être ponctuées par des combats parfois difficiles, qui vont lentement façonner les droits des Acadiens du Nouveau-Brunswick et des autres provinces.

L'élection du Parti québécois le 15 novembre 1976 a l'effet d'une bombe en Acadie : qu'arriverait-il aux autres populations francophones du Canada si le Québec devenait souverain ? À cette incertitude se greffe le spectre de l'idée défendue par plusieurs anglophones d'unir les trois provinces des Maritimes, ce qui diluerait considérablement le poids démographique des Acadiens du Nouveau-Brunswick. Dans ce climat d'inquiétude se tient la Convention d'orientation nationale organisée par la Société de l'Acadie du Nouveau-Brunswick à Edmundston, en octobre 1979 : 48,4 % des 1 500 délégués réunis optent pour la création d'une province acadienne, tandis que 32,5 % choisissent un statu quo amélioré et que 7,1 % préfèrent la création d'un pays. Mais hormis le Parti acadien (1972-1986), aucun organisme ne défendra véritablement cette idée de province acadienne.

Dans son essai *L'Acadie perdue* (1978), Michel Roy se questionne sur l'avenir de l'Acadie. Pour lui, l'Acadie n'est pas un acquis, c'est «une formidable exigence» qui est plus utopique que réaliste. Il semble penser qu'il n'existe d'avenir pour les Acadiens qu'au Québec, où il publie son essai plutôt que de le faire aux Éditions d'Acadie. Prêchant par l'exemple, il s'établira au Québec. «La formidable exigence» nourrira cependant la résistance, troisième possibilité entre le territoire indépendant et le territoire perdu, de ceux et celles qui choisiront de défendre ce qui deviendra l'Acadie territoriale du Nouveau-Brunswick, même si cet espace s'inscrit dans celui, plus large, de la majorité anglophone. C'est le «cri de terre» de Raymond Guy LeBlanc, c'est le choix d'Herménégilde Chiasson de «mourir à Scoudouc» afin de renaître non plus victime, mais rescapé et déterminé à se créer un territoire.

Le Parti progressiste-conservateur, élu en 1970, demeure au pouvoir jusqu'en 1987. Bien qu'il ne soit pas bilingue, le premier ministre Richard Hatfield est à l'écoute des revendications des Acadiens. Il nomme le député d'Edmundston, Jean-Maurice Simard, un de ses principaux ministres, aux affaires acadiennes avec le mandat de vaincre la résistance des Acadiens à voter pour son parti, eux qui étaient plutôt portés à supporter le Parti libéral. Parmi les décisions qui réjouissent les Acadiens, soulignons l'entrée en vigueur, le 17 juillet 1981, de la *Loi 88* reconnaissant l'égalité des deux communautés linguistiques officielles au Nouveau-Brunswick, et la proclamation du 15 août, fête nationale des Acadiens, comme jour férié dans la province. Jour férié, mais non chômé, les Libéraux ayant décidé que seule la fête du Nouveau-Brunswick pouvait l'être. De plus, lors du rapatriement de la Constitution canadienne en 1982, Hatfield a obtenu que le Nouveau-Brunswick soit déclaré province bilingue dans la nouvelle constitution. La loi constitutionnelle reconnaît également le droit à l'éducation en français là où le nombre le justifie, et ce, partout au Canada. S'appuyant sur cette loi, des écoles françaises se fondent, parfois à la suite de longues luttes, en Nouvelle-Écosse, à l'Île-du-Prince-Édouard et à Terre-Neuve. Comme par hasard, Hatfield déclenche des élections à l'automne 1982: pour la première fois, le Parti progressiste-conservateur remporte la majorité des comtés acadiens.

Mais la bonne fortune des Conservateurs tourne au vinaigre lors de l'élection de 1987. Hatfield tenait un discours conservateur traditionnel dans les comtés anglais et un discours nationaliste acadien dans les circonscriptions francophones. Cette «dualité» avait fini par faire des mécontents chez certains conservateurs, qui considéraient que la province devait revenir à une politique linguistique unilingue anglaise. De plus, plusieurs scandales entachent la fin du mandat de Hatfield, dont une accusation de possession de marijuana (pour laquelle il sera acquitté), des rumeurs de consommation de cocaïne et d'autres sur sa vie amoureuse, lui qui est célibataire.

Le 13 octobre 1987, le Parti libéral dirigé par Frank McKenna gagne les 48 sièges de l'Assemblée législative. Le nouveau gouvernement poursuit la démarche entreprise par ses prédécesseurs. McKenna est élu alors que l'entente constitutionnelle du lac Meech a été acceptée quelques mois auparavant par les premiers ministres, qui ont jusqu'en 1990 pour la faire entériner par tous les provinces et territoires. McKenna tente de faire modifier l'entente pour qu'elle soit plus respectueuse des droits des francophones du Canada, ouvrant ainsi une boîte de Pandore qui mènera à l'échec de la proposition, même si McKenna s'y était finalement rallié. Autre tentative de modification constitutionnelle, l'Accord de Charlottetown est rejeté lors du référendum national le 26 octobre 1992. Par contre, le «oui» l'emporte largement au Nouveau-Brunswick, tant chez les anglophones que chez les francophones. Après ces deux échecs, l'Assemblée législative du Nouveau-Brunswick adopte, le 4 décembre 1992, une résolution réclamant un amendement à l'article 16 de la *Charte canadienne des droits et libertés*, qui avait été adoptée lors du rapatriement de la Constitution: l'amendement, qui reconnaîtrait l'égalité des communautés anglophone et francophone du Nouveau-Brunswick, figurait dans l'Accord de Charlottetown. Le premier ministre Brian Mulroney l'approuve et le gouvernement canadien le proclame le 12 mars 1993. Par conséquent, les droits des francophones du Nouveau-Brunswick ne peuvent plus être modifiés par un gouvernement, mais seulement par un amendement constitutionnel.

Culture

L'Université de Moncton joue un rôle déterminant en formant des comédiens et artisans du théâtre, des artistes en arts visuels, des musiciens et des écrivains.

L'influence d'Antonine Maillet sur les auteurs de cette période est paradoxale: comme ce sont les poètes qui dominent largement la scène littéraire et que Maillet ne pratique pas ce genre littéraire, on retient son amour du pays et sa volonté de transposer littérairement la langue traditionnelle de sa région. Mais on s'inspire des courants poétiques québécois, français et américain. Comme si c'était une réponse à Michel Roy (alors que tel n'est pas le cas), arrive *Pélagie-la-Charrette* (Leméac, 1979, prix Goncourt), qui prouve hors de tout doute qu'il y a un imaginaire en Acadie, dans ce *Pays d'Acadie* que se plaît à décrire Melvin Gallant dans un ouvrage touristico-historique paru, comme il se doit, en juillet 1980 aux Éditions d'Acadie.

Si Édith Butler publie chez Leméac en 1977 *Acadie sans frontières*, un recueil qui regroupe les paroles de ses chansons et dont Antonine Maillet signe la préface, l'immense majorité des écrivains et des artistes vont tenter de prouver que les Acadiens peuvent prospérer dans les provinces atlantiques et ce faisant mettre un frein à l'assimilation que certains Québécois brandissent comme preuve de leur disparition prochaine.

En 1979, Marguerite Maillet, Gérard LeBlanc et Bernard Émont publient *Anthologie de textes littéraires acadiens, 1606-1975* aux Éditions d'Acadie. Cette bible de plus de 600 pages trace le parcours de la littérature acadienne prise au sens large: tous ceux et celles qui, depuis Marc Lescarbot, ont écrit sur l'Acadie y sont inclus. L'idée est de rendre compte de l'existence d'une littérature qui s'est façonnée lentement et qui est maintenant « nationale », et de donner aux étudiants un outil qui viendra appuyer le cours de littérature acadienne qu'a créé Marguerite Maillet. Cette dernière complète sa démarche en publiant *Histoire de la littérature acadienne*, toujours aux Éditions d'Acadie, en 1983. Il s'agit de sa thèse de doctorat, qu'elle a soutenue en 1979, et qui se fonde sur le même corpus de textes que l'anthologie. Comme pour souligner l'effervescence du milieu littéraire, Melvin Gallant (pour les textes) et Ginette Gould (pour les photos) publient *Portraits d'écrivains, dictionnaire des écrivains acadiens* en 1982, dans une édition conjointe des Éditions d'Acadie et des Éditions Perce-Neige. Le ton est résolument optimiste et militant, et plusieurs des écrivains présentés n'ont encore publié que quelques textes dans des revues.

Le milieu culturel s'organise: fondée en avril 1979, l'Association des écrivains acadiens, dont Melvin Gallant est l'un des principaux animateurs, crée en 1980 la revue littéraire de création *Éloizes* et fonde les Éditions Perce-Neige. Le conseil d'administration de Perce-Neige est formé d'écrivains impliqués dans l'Association; Melvin Gallant en assume la présidence et Gérald Leblanc, la vice-présidence. En l'espace d'une décennie surgit un mouvement culturel structuré, novateur et bien appuyé par la population, à défaut de l'être par le gouvernement provincial.

Durant la même période, des descendants d'Acadiens s'organisent et fondent Les Amitiés acadiennes en 1976. Cet organisme deviendra le correspondant de la SNA en France et créera le prix littéraire France-Acadie en 1979, premier prix littéraire attribué spécifiquement à une œuvre acadienne. On assiste par ailleurs à la création de plusieurs organismes regroupant des descendants d'Acadiens, en France, au Québec et aux États-Unis.

La façon dont l'Association des écrivains acadiens crée les Éditions Perce-Neige illustre la manière dont fonctionne l'institution littéraire naissante. Dès la fin des années 1970, les Éditions d'Acadie n'arrivent plus à publier tous les manuscrits intéressants qu'elles reçoivent. D'où l'idée de créer une seconde maison d'édition qui aurait le mandat de publier la première œuvre d'auteurs, qui pourraient ensuite «rejoindre» les Éditions d'Acadie pour leurs ouvrages subséquents. Un peu comme la Ligue américaine prépare les joueurs pour la Ligue nationale de hockey. Presque tous les poètes importants des années 1980 publieront leur premier recueil chez Perce-Neige.

Dans l'euphorie des premières publications, ce système fonctionne relativement bien, mais il faut rapidement se rendre à l'évidence qu'en raison de son mandat, Perce-Neige est incapable de se développer. En 1988, la maison suspend ses opérations, tous ses auteurs – et parmi eux ses principaux bénévoles – étant maintenant aux Éditions d'Acadie. N'ayant que très peu de revenus, la maison est incapable de payer le moindre employé, pas plus qu'elle n'a de distribution réelle.

En 1984, les Éditions d'Acadie sont à la fois en pleine croissance et en sérieuse difficulté financière. La maison a décidé d'investir le champ du livre pédagogique sans nécessairement avoir l'expertise ni les moyens de se confronter aux demandes et aux exigences du ministère de l'Éducation du Nouveau-Brunswick. La production littéraire en subit les contrecoups. Cette situation mène à la démission du directeur, Michel Henry, qui décide de fonder la maison d'édition qui portera son nom. Il entraîne avec lui les auteurs les plus importants des Éditions d'Acadie. L'aventure durera trois ans, durant lesquels il publiera une douzaine d'ouvrages. Produire n'est qu'un aspect de la réalité d'un éditeur: Michel Henry Éditeur n'arrive ni à développer un réseau de distribution ni à intéresser les médias. Ses livres passeront à peu près inaperçus, tant en Acadie que dans le reste du Canada.

En 1986, Marcel Ouellette est nommé directeur littéraire des Éditions d'Acadie, poste qu'il occupait à temps partiel depuis un an; il le demeurera jusqu'en 1999. Dans un premier temps, Ouellette fait le ménage et donne à la maison un véritable plan d'édition littéraire. Pendant ce temps, l'équipe de Melvin Gallant termine le projet pédagogique *Les Maritimes, trois provinces à découvrir* à la satisfaction de toutes les parties impliquées. Quand ce monumental ouvrage sort à la fin 1987, la situation est redevenue normale: entre 1986 et 1990, les Éditions publient en moyenne une douzaine d'ouvrages par année.

Cette période se termine par la publication d'une anthologie de la poésie acadienne dans une traduction anglaise: en 1990, Fred Cogswell et Jo-Anne Elder, deux traducteurs férus de littérature acadienne, font paraître *Unfinished dreams* (Goose Lane). La même année, les Éditions d'Acadie reprennent la publication en français, proposant les poèmes en langue originale. *Rêves inachevés, anthologie de poésie acadienne contemporaine*, dans son titre français, présente 30 poètes, dont certains n'ont pas encore publié de recueil, et trace un portrait vivant de la poésie acadienne depuis 1970.

À la fin des années 1980, l'Association des écrivains acadiens n'a plus de dynamisme et sera bientôt intégrée à l'Association acadienne des artistes professionnel.le.s du Nouveau-Brunswick, fondée en 1990: celle-ci regroupera, comme son nom l'indique, toute la mouvance artistique de l'Acadie «territoriale».

Regard sur la poésie

Les années 1980 voient apparaître les Dyane Léger, Gérald Leblanc, Rose Després, Daniel Dugas et Roméo Savoie, dont les œuvres prendront de l'ampleur dans les années 1990 et 2000. Alors que les premières œuvres des poètes des années 1970 (Raymond Guy LeBlanc, Guy Arsenault, Léonard Forest et Herménégilde Chiasson) s'inscrivent dans une poésie de la nomination du pays, les poètes des années 1980 diversifient les thématiques; si Gérald Leblanc continue la réflexion sur le territoire, les autres ouvrent d'autres pistes sans pour autant s'abstraire de la réflexion sur l'Acadie. Dyane Léger et Rose Després développent une parole centrée autour de leur expérience comme femmes, tandis que Daniel Dugas pointe les travers de la société et que Roméo Savoie construit son art poétique à partir des arts visuels.

Si leurs regards sont loin d'être semblables, ils interviennent, comme leurs «prédécesseurs», lors de soirées de poésie, de colloques et de divers événements aussi bien en Acadie qu'ailleurs au Canada et en France.

Herménégilde Chiasson

Durant les années 1980, Herménégilde Chiasson consacre le plus clair de ses énergies à ses études, aux arts visuels, au cinéma ainsi qu'au théâtre, alors qu'il devient l'auteur maison du théâtre l'Escaouette (ses pièces sont présentées dans la section Théâtre). Il ne publiera qu'un recueil, *Prophéties* (1986), chez Michel Henry Éditeur. Centré sur la mémoire, en particulier le souvenir du père, et de la mer, fort importante dans l'ensemble de l'œuvre du poète et toujours liée au pays, ce recueil représente une étape transitoire. Tout comme avec les essais qu'il publie dans différentes revues ou qui demeurent inédits dans le cas de ses nombreuses conférences, la poésie lui permet de revenir sur son art, sur sa vie, sur son pays. *Prophéties* n'a pas l'urgence violente de *Rapport sur l'état de mes illusions*, ni la beauté lyrique de *Mourir à Scoudouc*. Il n'a pas non plus le caractère conceptuel des recueils qui suivront. Il se présente comme une synthèse de la réflexion, des espoirs, de l'angoisse de vivre du narrateur. La difficulté d'être, indissociable du destin de l'Acadie, prend la forme de l'errance, évocatrice de la Déportation, mais surtout liée à l'incertitude d'être dans ce semblant de pays.

Ulysse Landry
Ulysse Landry est né le 24 juillet 1950 à Dupuis Corner (Cap-Pelé). Il obtient un baccalauréat en arts de l'Université de Moncton en 1972. Il pratique divers métiers (manœuvre, employé de bureau, charpentier, puis personne-ressource au Centre d'aide en français de l'Université de Moncton) tout en donnant des spectacles comme auteur-compositeur-interprète. En 1997, il sort un disque, *Prendre le temps*. Il décède subitement le 3 novembre 2008.

En 1978, il publie aux Éditions d'Acadie *Tabous aux épines de sang*, un recueil de poésie habité par un esprit revendicateur qui n'est pas sans évoquer *Rapport sur l'état de mes illusions* d'Herménégilde Chiasson, mais avec une violence qui demeure un cri presque sans espoir. Le poète s'attaque à la société qui l'étouffe qu'elle soit américaine ou acadienne, civile ou religieuse. Les quatre parties du recueil tracent le portrait de son ressentiment et de son impuissance: «La solitude en pleine déchirure de ventre», «Nos rues de sang froid», «Images aux réponses de chair», «Crier à tue-tête contre le silence de demain». Il se retrouve seul face à sa télévision qui lui offre une vision orientée sur la consommation et la déresponsabilisation que la deuxième partie vient confirmer: la bouteille de bière et le «grass» atténuent la douleur, mais le cri est encore plus vain. L'amour s'offre comme un havre qui se referme sur lui-même, mais qui pourrait être porteur d'une révolte. Enfin, l'Acadie, pourtant jamais nommée, est perçue comme un poids, prisonnière d'un passé malheureux qu'elle n'arrive pas à surmonter. Pourtant, le poète cherche à mettre à mal les tabous religieux et sociaux qui l'étouffent, lui et son peuple. La prise de parole pour difficile qu'elle est, doit se faire. C'est sur cette note que se termine le recueil.

Dyane Léger
Les Éditions Perce-Neige font une entrée remarquée en 1980 avec leur première publication, *Graines de fées* de Dyane Léger, première femme à publier un recueil de poésie en Acadie, et qui remporte le prix France-Acadie.

Née le 11 septembre 1954 à Notre-Dame-de-Kent, Dyane Léger étudie en arts visuels à l'Université de Moncton (1970-1973), puis quitte l'université pour y revenir en 1980 et obtenir un baccalauréat en arts en 1982. Par la suite, elle suivra une formation en joaillerie au Collège communautaire de Dieppe (1991-1992). Elle travaille occasionnellement dans le domaine culturel. Elle expose ses œuvres à partir de 1995 et développe une production originale fort éloignée aussi bien de l'académisme que de l'avant-garde artistique.

Graines de fées, une suite en prose teintée de surréalisme, un peu confuse, quelquefois opaque, entremêlée de pointes humoristiques, apporte un nouveau regard sur l'Acadie en même temps qu'une autre façon d'écrire. La naïveté s'y fond à la richesse de la pensée, formant un ensemble bigarré et vivant. La dimension ludique des poèmes n'est pas sans évoquer ses tableaux. Par contre, l'angoisse qui habite les textes ne se faufile pas dans ses toiles. Habitées par la couleur, animées par une approche naïve qui les rapproche de l'enfance, caractérisées par un dessin figuratif sans être réaliste et des arrière-plans qui peuvent être baroques, il s'en dégage une atmosphère féérique. Parfois, on y sent l'influence de Chagall.

Sorcière de vent! (1983), son deuxième recueil (publié, comme le veut la formule, aux Éditions d'Acadie), tient moins de la poésie que de la prose, mais plus à la poésie qu'au récit. Joyeusement débridés, les cinq textes qui le composent expriment l'urgence d'être de l'auteure. Plus facile d'accès que le premier, plus proche de ses sentiments aussi, *Sorcière* a en lui du journal intime, sans censure, sans entrave, dans une tentative de faire sens dans un monde qui bouscule la narratrice et dont elle rend compte.

En marge de sa poésie, le doux et songeur *Visages de femmes* (Éditions d'Acadie, 1987) réunit trois textes sur les trois âges de la femme, et trois suites de portraits de femmes de la photographe (et philosophe) Corinne Gallant qui leur correspondent. Une certaine douceur vient tamiser l'angoisse et la crainte de la mort ou de la vie annonciatrice de la mort, qui se traduisaient dans les recueils précédents par une oppression des mots, comme si les phrases se densifiaient jusqu'à l'insoutenable. Les textes accompagnent les 25 photos sans pour autant chercher à les décrire. La narratrice se questionne sur la vie et le temps, plaçant sa réflexion féministe au centre des textes, démarche qu'elle poursuivra dans ses recueils subséquents.

Gérald Leblanc

Gérald Leblanc publie son premier recueil, *Comme un otage du quotidien*, chez Perce-Neige en 1981, un choix logique pour lui qui siège au conseil d'administration de la jeune maison. Il est déjà connu comme étant le principal parolier du groupe de folk-rock 1755, alors au sommet de sa popularité. Il lit ses poèmes dans des soirées littéraires depuis plusieurs années et a fait paraître quelques textes incisifs et parfois vulgaires en 1976, dans le premier et unique numéro de la revue *Emma*, dirigée par les Éditions d'Acadie.

Né à Bouctouche le 25 septembre 1945, Gérald Leblanc déménage à Saint-Jean (Nouveau-Brunswick) à l'âge de 14 ans. Il termine son secondaire au St. Malachy's Memorial High School, donc en anglais. Après quelques petits boulots, il décide de s'inscrire à l'Université de Moncton en 1971. Au terme d'un peu plus qu'une année d'études peu convaincantes, il abandonne. Dès lors, son cheminement est lié à la scène culturelle de la ville, dont il deviendra le chantre. Il participe en 1981 à la fondation des Éditions Perce-Neige, dont il deviendra le directeur littéraire lors de la relance de la maison en 1991. Peu exigeant quant à ses besoins financiers, il consacre tout son temps à l'écriture, la sienne et celle des auteurs de Perce-Neige. Il décède d'un cancer le 30 mai 2005.

Dans *Comme un otage du quotidien*, Leblanc raconte de façon claire et simple son quotidien. Les fondements de ce que sera sa poésie sont là: l'Acadie de Moncton, vivante, bruissante; les autres écrivains, qu'ils soient Acadiens ou non, nommés et qualifiés; la musique, source à la fois de rythmes mais aussi d'influences; la langue, le plus souvent utilisée de façon «standard» mais avec des incursions en chiac; l'amour et l'amitié, qui entraînent le lecteur dans l'intimité du poète. Gérald Leblanc pose dès le début son problème d'identité: Qui est-il? D'où vient-il? Où va-t-il? Les premiers poèmes nomment la difficulté de se situer dans un espace dont les frontières sont dérisoires, tout en remarquant qu'il n'y a pas de frontière dans ses poèmes. Il rejette la tentation de partir et veut, à tout prix et par-dessus tout, écrire «ici» à Moncton, dans cette ville qui sera au cœur de son œuvre. Refusant d'accepter son impuissance face à l'absence de pays, le poète choisit la provocation et l'humour caustique. Il brandit la puissance sexuelle comme un défi à l'ordre établi: il crée des mises en scène provocantes, choisit des mots grivois, affirme son homosexualité tout en en maintenant l'aveu dans une ambiguïté volontaire et vulgaire. Il est «un otage du quotidien», à la recherche d'un lieu qui demeure une abstraction.

Comme le veut la structure bicéphale Perce-Neige/Éditions d'Acadie, *Géographie de la nuit rouge* (1984), un court recueil de 40 pages, paraît chez la «maison mère». Ce recueil bouscule la jeune littérature acadienne par la force qui s'en dégage, par l'univers qu'il décrit et par la précision de sa construction. Tout est intimement lié à la quotidienneté imaginative de l'auteur: utilisation de l'anglais, jeu des couleurs, espaces géographiques, alternance du vers et de la prose, et toujours la musique et Moncton. Le recueil relate un voyage au bout de la nuit. Les repères viendront des couleurs et de la symbolique qui leur est associée, bleu et rouge évoluant comme un couple, accompagné de cet autre couple formé du noir et du blanc. Le rouge symbolise presque systématiquement le cri, la rage, la colère, mais aussi la destruction de l'Acadie de l'empremier. Le narrateur porte en lui le destin des pauvres, des démunis, des marginaux, des rejetés, et il l'exprime par des poèmes que les dirigeants ne lisent pas. L'espoir naît à l'écoute d'une chanson de Zachary Richard qui traite de Beausoleil, ce résistant de la première heure devenu lui aussi mythique. De la mémoire rouge du narrateur doit jaillir un nouveau monde merveilleux et non pas le rabâchage continuel d'*Évangéline* et du folklore qui s'en nourrit. Cette démarche initiatique est au cœur du poème en prose «*La noche de los tiempos*». Il fait appel à des créateurs de différents horizons (de Lou Reed à Jack Kerouac), ce qui remplit une fonction incantatoire: ceux-ci entraînent avec eux les créateurs de l'Acadie (il en nomme plusieurs) dans le lieu de la Parole, le lieu intérieur de la Création. Ce faisant, le poète se fait le porteur de l'expression de son peuple dans sa joie et dans sa douleur. Le recueil se clôt sur «à partir de l'A»: la nomination consciente commence par la lettre A et, parmi les noms cités, ceux d'Acadie, d'Amérique et d'Atlantide.

Au rouge de *Géographie* succède le bleu de *Lieux transitoires* (1986), qui paraît chez Michel Henry Éditeur. Le narrateur sort du monde nocturne, de la nuit rouge de son initiation, pour chanter l'absolu du bleu de l'amour, occasion également de réaffirmer son homosexualité. Il a dépassé les excès de ses premières expériences. La quête reprend, nouvelle «mouvance», à la recherche de l'espace, de *son* espace, de l'espace aussi de son peuple, car le poète n'est jamais seul. Il doit apprendre à lire sa mémoire, à la fouiller à la lueur d'une nouvelle compréhension de soi et de l'univers. Cette mémoire est vivante et se constitue aussi du souvenir né de la nuit des temps, de tous les temps de l'Acadie. Mais elle appartient aussi au domaine des rêves, constitutrice de l'imaginaire. La musique, présente depuis le début dans l'œuvre, devient fondamentale dans cette recherche. C'est elle qui facilite l'ouverture, c'est à partir d'elle que jaillit l'étincelle qui l'entraîne toujours plus loin. Dans la suite intitulée «Visions de Rimbaud», le narrateur affirme sereinement son identité sexuelle; son amant lui apparaît sous la forme de Rimbaud, image mythique s'il en est. Rimbaud symbolise l'ouverture au monde, l'élargissement de la vision qu'a le narrateur de son pays maintenant qu'il s'assume comme individu. Et quand l'amant qui se cache derrière ce nom revient à Moncton et qu'ils se croisent par hasard rue Cameron, l'intimité se recrée instantanément et s'exprime dans la joie qu'ont les corps de se retrouver.

L'extrême frontière (1988) rassemble ses écrits publiés dans des revues, dont *Emma* (en adoucissant certains vers), les paroles de chansons de 1755 et quelques poèmes récents et inédits. Il s'agit pour Leblanc d'une première tentative de synthèse de son œuvre poétique. Alors que les trois précédents recueils s'appuient sur une période précise de la vie du poète et possèdent une unité d'écriture, *L'extrême frontière* s'étend sur 16 ans: de 1972 à 1988. À travers ces textes, c'est toute l'émergence des arts acadiens contemporains qu'il présente dans l'incroyable défilé de noms d'Acadie et d'ailleurs, cette émergence étant ouverte sur le monde. Dans les poèmes de la dernière période, 1987-1988, il fait la synthèse de sa démarche. Il regarde sa vie passée et cherche à comprendre, à dégager les lignes de force de sa vie présente. Toute l'œuvre s'oriente autour de la quête d'un pays qui s'inscrirait dans le Moncton d'une certaine avant-garde, dans l'affirmation d'une langue qu'il fait sienne, mais avec parcimonie: le chiac. Leblanc transcende la Déportation en l'intégrant à un processus beaucoup plus long: avant la chute de l'Acadie, il y a eu celle de l'Atlantide et toutes les autres chutes, dont l'Atlantide est le symbole, la représentation mythique. La chute de l'Acadie quitte le champ du merveilleux pour s'inscrire comme péripétie historique, tragique il va de soi, mais humaine. Le poète s'attaque à son identité ethnique, à l'affirmation de sa culture et à son lieu de vie, son pays. Mais la démarche est complexe: comment définir le pays de nulle part, comment fixer l'insaisissable? Comment cartographier le pays? Où mènent toutes ces rues qu'il nomme depuis les premiers textes? Il est rendu à «l'extrême frontière» de sa connaissance. De l'autre côté, l'inexploré. Au bleu, toujours important dans ce recueil, s'est ajouté le blanc, symbole de passage, symbole rattaché tant à l'apparition qu'à la disparition de la vie diurne. *L'extrême frontière* permet à l'auteur d'identifier ses forces, de faire le point, de canaliser ses énergies, de se préparer à une autre étape. Le recueil se termine sur Vancouver, ville d'eau, ville de renaissance, ville d'ouverture sur le monde. Il est là, heureux avec son amant, prêt aux «matins habitables», titre du prochain recueil qui paraîtra en 1991.

Rose Després
Fièvre de nos mains (1982) est le quatrième ouvrage publié chez Perce-Neige et le second à y être signé par une femme. Née le 7 avril 1950 à Cocagne, Després obtient un baccalauréat en lettres à l'Université de Moncton (1973). Comédienne, musicienne, interprète, elle travaille dans différents domaines liés à l'enseignement et aux arts. Très engagée dans le domaine culturel, elle s'implique dans différents organismes, principalement comme bénévole.

Les poèmes de *Fièvre de nos mains*, tous en prose, posent le problème de l'affirmation et questionnent l'identité dans cette Acadie que la narratrice sent étouffée par son passé tragique et qu'elle souhaiterait voir s'ouvrir au monde. Ils interrogent la relation entre le collectif et l'individu dans une langue dense, parfois opaque, comme un cri que la narratrice ne contrôle pas toujours et qui jaillit presque malgré elle. Recueil sombre, mais en même temps radieux: la fièvre est un excès, mais de l'excès peut naître la lumière. Elle utilise plusieurs images surréalistes comme s'il lui fallait transcender le concret pour exprimer ce qu'elle ressent. Mais en cherchant l'image qui rend compte de ce qu'elle vit, elle se perd quelquefois dans un verbe abstrait qui l'éloigne de son propos. En interrogeant l'Histoire, Després apporte une vision individuelle que n'exploitait pas les Raymond Guy LeBlanc, Herménégilde Chiasson ou encore Léonard Forest, plus portés vers le collectif. Elle se fonde sur l'Histoire et sur sa volonté d'être femme, dans un désir de liberté qui lui permettrait de surmonter ses peurs. Sa poésie est une tentative de se dire sans fioriture et surtout sans chercher à se cacher derrière ce qu'elle écrit.

Requiem en saule pleureur, publié en 1986 aux Éditions d'Acadie (évidemment), approfondit sa démarche et lui permet de dévoiler ce qu'elle avait caché d'elle-même dans le premier recueil. En 1977, sa fille Sarah est mort-née, et en 1978, son mari, qui souffre de schizophrénie, s'est suicidé. Le recueil s'organise autour du poème éponyme, dont la facture est différente des autres textes et qui est le seul à traiter directement du drame. Plus hermétique que *Fièvre*, *Requiem* est aussi plus personnel. Le pays cède le pas à la nécessité de faire face. La narratrice a le sentiment d'être vidée de son être, d'être éparpillée dans l'univers, incapable d'agir. La colère, puis la révolte la mènent. La douleur de la perte des deux êtres aimés est vive et plusieurs des poèmes se fondent sur son désarroi affectif. Le choix des images, en particulier par l'appel au surréalisme, laisse émerger ce qu'elle ressent, produit un effet libérateur. Tout le recueil est un long cri: les mots claquent, les sentiments explosent, et le requiem se transforme en une libération toute relative, et sur laquelle le recueil se termine. Un long silence suivra cette publication, silence qu'elle rompra en 1997.

Daniel Dugas

Daniel Dugas est avant tout un performeur, liant arts visuels, vidéo et poésie. On lui doit, durant les années 1990 – avec sa compagne Valerie LeBlanc –, l'idée folle et amusante du «*trunk art*»: une minuscule exposition enfouie dans le coffre d'une voiture et pour laquelle il fallait débourser un dollar si l'on voulait la voir.

Dugas est né le 29 octobre 1959 à Montréal. Ses parents, tous deux Acadiens, s'installent à Moncton en 1973. Il obtient un certificat en service social à l'Université Sainte-Anne de Pointe-de-l'Église (1980), puis un baccalauréat en arts visuels de l'Université de Moncton (1986). Il fait sa maîtrise en Fine Arts/Time Arts au School of the Art Institute de Chicago (1993). S'il publie des recueils de poésie à partir de 1983, ce sont les arts visuels qui orientent sa démarche artistique. Peintre, graveur, vidéaste, performeur, il expose et présente des performances dès 1983. Il participe comme vidéaste à la Course autour du monde de Radio-Canada en 1983 et représente le Canada aux Jeux de la Francophonie de 1997. Après avoir enseigné de 2000 à 2008 au

Media Arts and Digital Technology Department de l'Alberta College of Art and Design de Calgary, il revient à Moncton. Il a effectué plusieurs résidences au Canada et à l'étranger. Ses vidéo-poèmes ont été diffusés à l'international lors de plusieurs festivals.

Son premier recueil, *L'hara-kiri de Santa-Gougouna* (1983), publié aux Éditions Perce-Neige, confronte la vision que l'on a des pays lointains, déchirés par la guerre, au calme mais insipide Canada, rebaptisé pour l'occasion Santa-Gougouna, dans un clin d'œil aux célèbres gougounes, sandales d'été par excellence. Avec *Les bibelots de tungstène* (1989), qu'il publie chez Michel Henry Éditeur, la critique sociale se fait cinglante. Il cherche à définir la place de l'humain dans la nature, lui qui détruit ce qui l'entoure. La relation amoureuse, le rappel de son enfance, le constat de la mort, la nature dévastée, habitent les poèmes, sans que jamais l'espoir puisse l'emporter. Un recueil sombre habité par l'urgence, qui décrit une atmosphère de fin du monde, beaucoup plus construit que le précédent.

Le recueil suivant paraîtra en 1998. Entretemps, il se consacre à son œuvre picturale et multidisciplinaire.

Roméo Savoie

Un peu en marge de la mouvance des jeunes poètes regroupés chez Perce-Neige, la contribution de Roméo Savoie est d'abord et avant tout dans la façon dont il fond sa vision artistique dans son écriture poétique. Ses poèmes sont des toiles, tout comme ses tableaux sont des poèmes.

Né le 9 mars 1928 à Moncton, Savoie obtient en 1950 un baccalauréat au Collège Saint-Joseph de Memramcook, puis, en 1956, un baccalauréat en architecture de l'École des Beaux-Arts de Montréal. Il travaille comme architecte à Montréal et dans quelques villes du Nouveau-Brunswick jusqu'en 1970, alors qu'il décide de se consacrer à la peinture. Après un séjour de presque deux ans en France (1970-1972) durant lequel il étudie la peinture et réfléchit à l'art, il s'établit dans la région de Moncton. Il travaille à la pige comme designer et scénographe, enseigne les arts à l'Université de Moncton, réalise de temps en temps des plans d'édifice tout en peignant. En 1985, il commence une maîtrise en arts visuels, qu'il obtient en 1988. Depuis, la peinture occupe la majorité de son temps.

Les poèmes de *Duo de démesure*, publiés aux Éditions d'Acadie en 1981, sont calligraphiés par l'auteur, ce qui crée l'illusion d'un manuscrit. Le recueil touche à de multiples sujets. Moncton, l'Acadie, la mer se croisent dans un grand mouvement qui demeure touffu mais lyrique et habité par les sentiments exacerbés du poète, qui s'articulent autour de deux images féminines, Eurydice et Marianne.

Trajets dispersés, toujours aux Éditions d'Acadie (1989), lie sa démarche en peinture à l'écriture. Habités par la lumière et les couleurs, les textes sont construits par strates, une image en appelant une autre, écho des couches successives qui composent ses tableaux. L'une des quatre sections, « Regards sur XXI tableaux », présente une suite de poèmes directement inspirés par ses propres toiles. Mélange d'impressions et de commentaires sur sa façon de faire, images poétiques nées d'images picturales, le poète invite à mieux saisir l'artiste. Et dans le long poème qu'est la quatrième section, « Traces biographiques », il revisite le parcours de sa vie. Absente de la première moitié du texte qui évoque sa jeunesse, la mer apparaît une première fois comme une interpellation liée à son passé et à celui de son peuple, signe évident d'une coupure d'avec ses racines. La mer devient essentielle au texte au moment précis où Savoie s'interroge sur le sens et la place de l'art dans sa vie. Depuis les rivages de la Méditerranée, le poète réinterroge son passé, assemble le casse-tête qu'est sa vie, son destin. Dès lors, la mer est vie, pays, peinture et parole à naître. Lorsqu'il revient définitivement en Acadie, c'est au bord de la mer qu'il construit sa maison et son atelier. Savoie note uniquement les fragments du réel qui lui semblent significatifs, créant une atmosphère vaporeuse, incertaine. Le mouvement des vers n'est qu'une succession de ruptures: le souffle est court, toujours fragile, comme s'il allait s'éteindre. Les images sont unies par l'ellipse, un peu comme dans ses tableaux, où le jeu des couleurs et des textures introduit différentes émotions. Il continuera sa démarche dans les recueils qui suivront.

Autres poètes

Les poèmes d'Albert Roy se fondent sur les événements qui animent son quotidien. Né le 24 octobre 1948 à Kedgwick, il obtient un baccalauréat en arts du Collège Saint-Louis-Maillet d'Edmundston (1972), puis un baccalauréat en éducation (1976) et une maîtrise en arts (1986) de l'Université de Moncton. Il enseigne le français à la polyvalente A.-M.-Sormany d'Edmundston, jusqu'à sa retraite. Il vit aujourd'hui à Témiscouata-sur-le-Lac. Souvent en vers libres, parfois en vers réguliers (mais inégaux quant aux pieds) rimés, les poèmes de *Fouillis d'un Brayon* (Éditions d'Acadie, 1980) évoquent son enfance, son village, ses proches. *Au mitan du Nord* (Éditions Marévie, 1991) réunit des textes qu'il a écrits à l'occasion de son séjour à Fermont: portraits de personnages, activités, petits et grands drames constituent le cœur des poèmes. *La mer en écrits* (Éditions Marévie, 1995) s'inspire de son séjour à Cap-Pelé, tout en laissant une bonne place aux poèmes d'amour. De la même façon, son plus récent recueil, *Témiscouata Blues* (2011), évoque en trois temps le lac et la ville où il vit: les sentiments nés du lieu, les hommages à certaines personnalités locales décédées et les portraits d'amis. Les poèmes sont facilement accessibles; ce qui importe est le témoignage sensible d'un homme qui aime son environnement et les personnes qui l'entourent. Pour ceux qui le connaissent, voilà une belle occasion de mieux l'apprécier dans toute son humanité, d'autant plus qu'il précise en quelques lignes, avant chaque poème, ce qui l'a incité à l'écrire.

L'été insulaire (1982), l'unique recueil de poésie de Melvin Gallant, est un chant funèbre adressé à Anna Vera, la femme aimée maintenant morte. Le poète est sur l'île grecque où il a vécu cet amour. Le ton est lyrique, la poésie ample. De nombreuses photos de Mykonos prises par Gallant viennent enrichir les textes et accentuer l'aspect documentaire. Le format, ainsi que l'utilisation du bleu et du brun, en plus du blanc à l'arrière-plan, rapprochent le recueil du livre d'artiste. Ce tragique voyage vers l'amour est aussi un hommage à la beauté, que ce soit celle des lieux ou d'Anna Vera, les deux se fondant l'un dans l'autre. Si les vers de Gallant tiennent parfois plus de la prose que de la poésie, la prose sait faire revivre les souvenirs et les émotions.

Huguette Bourgeois est née le 28 juin 1949 à Rogersville et a grandi à Saint-Louis-de-Kent. Elle obtient des baccalauréats en littérature française et en pédagogie, puis une maîtrise en littérature française à l'Université de Moncton. Elle travaille dans l'enseignement, ce qui la mène en Colombie-Britannique, et ensuite au campus de Shippagan de l'Université de Moncton pour une brève période et, enfin, depuis 2006, à l'Université d'Ottawa, où elle est coordonnatrice des services linguistiques. Au centre de la poésie de Bourgeois, il y a un désir de musicalité et d'exprimer des sentiments que bien souvent on garde pour soi. D'un recueil à l'autre, elle cherche à simplifier la façon de dire, tentant ainsi d'aller à l'essentiel. *Les rumeurs de l'amour* (1984) jouent avec la notion de « rumeurs », de ce que l'on perçoit des dires qui courent sans que l'on sache trop si c'est fondé ou non. Il s'en dégage une certaine tristesse, née de la confrontation entre l'amour et la mort. *L'enfant-fleur* (1987) évoque l'enfance. La poésie y est simple, les images surgissent de la quotidienneté et les poèmes, toujours courts, tracent de petits tableaux. C'est sans doute cette finesse d'écriture qui lui vaut le prix France-Acadie. *Espaces libres* (1990) s'inscrit comme une suite à cette recherche de simplicité.

Au cœur de la démarche poétique de Georges Bourgeois, il y a la mer. Né le 11 novembre 1954 à Grande-Digue, où il vit toujours, il pratique la pêche artisanale comme son père et son grand-père avant lui. Son bateau a pour nom *L'Apollinaire...* Autodidacte, il a fait sien, dit-il, les mots d'Aragon, « écrire pour connaître » la mer qui fait face à sa maison, la mer qui berce ses rêves et ses angoisses. On a l'impression qu'il court après le sens des mots en poursuivant ses émotions, et cette course contribue à l'aspect diffus de l'œuvre. Ses deux premiers recueils, *Les îles Fidji dans la baie de Cocagne* (1986) et *Les mots sauvages* (1994), sont marqués par une habile utilisation de l'humour, tandis que *L'E muet* (1998) est plus introspectif et, somme toute, plus sombre. Non pas noir, mais pensif, habité par les difficultés d'être, par la nécessité de faire sens.

Né à Edmundston le 7 août 1936, Robert Pichette étudie au Collège Saint-Louis d'Edmundston et au Collège Saint-Laurent de Montréal. Il travaille comme journaliste et chroniqueur à différentes époques de sa vie. De septembre 1963 à novembre 1970, il est chef de cabinet du premier ministre Louis Robichaud, puis délégué aux Affaires culturelles de la province. Par la suite, il travaille pour le bureau du Commissariat aux langues officielles et pour l'Agence de promotion économique du Canada atlantique. Il prend sa retraite en 1991. Il a écrit de nombreux ouvrages sur l'histoire de l'Acadie. Robert Pichette aime la langue française et les poèmes de *Chimères* (1982) sont d'une écriture relevée. Les chimères dont il est question sont celles de l'amour qu'on poursuit, qu'on gagne et qu'on perd dans une série de relations qui ne semblent pas avoir de fin. Les vers libres, mais en même temps frôlant l'alexandrin ou le décasyllabe, sont habités par une musique qui utilise de nombreuses images et rythmiques maritimes. *Bellérophon* (1987) poursuit sa démarche poétique tout en introduisant d'autres thèmes. Le recueil se construit autour du mythe de Bellérophon, qui, aidé de Pégase, a vaincu Chimère – référence au premier recueil – et de l'exil de Napoléon, arrivé sur l'Île d'Elbe à bord du bateau anglais *Le Bellérophon*. La préciosité de ces poèmes est encore plus évidente que dans le recueil précédent, l'auteur s'amusant (je ne vois pas d'autre mot) à faufiler des références littéraires, historiques et mythiques. Pichette ne publiera pas d'autre recueil, choisissant de se consacrer à la chronique journalistique, dans laquelle son esprit caustique a fait les délices de ses lecteurs (mais pas de ses victimes), et à l'histoire.

La poésie de Maurice Raymond se distingue par sa forme et son fond. Né le 1er octobre 1954 à Campbellton, il abandonne son baccalauréat en 1977 et occupe divers emplois. Il retourne aux études en 1993, à l'Université de Moncton. Dans un premier temps, il enchaîne un baccalauréat et une maîtrise (1999), suivie d'un doctorat en arts (2003). Il enseigne à l'Université de Moncton. Il a publié de nombreux articles et a codirigé la publication du *Dictionnaire des œuvres littéraires de l'Acadie des Maritimes, XXe siècle* (Éditions Prise de parole, 2012). Dans *Implorable désert* (1988), il n'est question ni de pays ni d'envolées lyriques. Plutôt, cet « implorable » désert est celui de la condition humaine, que même l'amour ne réussit pas à transcender. Les deux parties du recueil représentent les deux étapes de la vie : l'espoir, si fragile soit-il, puis la reconnaissance de la mort, sa mort. Les images se nourrissent de la mer, de la pierre, des arbres, mais aussi d'éléments peu décrits qui servent plutôt à exprimer les sentiments, les idées du poète. Manifestement, Raymond a travaillé longuement ses poèmes. Il s'en dégage une étrange beauté, qui aide à supporter la vision plutôt sombre de la vie, un peu comme si la recherche de la beauté était la seule possibilité d'existence. *La soif des ombres* (1994) s'inscrit comme une suite au premier recueil. La démarche formelle s'articule différemment, même si elle obéit aux mêmes paramètres littéraires, et les thèmes sont similaires : Raymond poursuit son exploration de la condition humaine, cherchant à saisir le sens de sa finitude : la mort. Paradoxalement, ce n'est pas la désespérance qui se trouve au bout du chemin, mais la nécessité de faire face à la vie même si elle est difficilement saisissable.

Regard sur le roman et la nouvelle
Antonine Maillet

Antonine Maillet obtient le prix Goncourt en 1979 avec *Pélagie-la-Charrette*, publié au Québec chez Leméac et en France chez Grasset. Les mauvaises langues ont dit que *Pélagie...* l'a remporté parce que *Les Cordes-de-Bois* aurait dû l'avoir, deux ans plus tôt, mais c'est sous-estimer l'originalité de ce roman. *Pélagie-la-Charrette* est une grande et dense œuvre littéraire savamment construite, écrite dans une langue extraordinaire qui vient appuyer, confirmer, justifier la quête de Pélagie : celle-ci se bat pour la survie de l'Acadie et son long retour, symbole de la renaissance, correspond à cette autre naissance, celle de la prise de parole par l'écriture de ses « descendants ». La qualité du roman tient dans la rencontre entre un personnage et son auteure.

La protagoniste apportant sa vie, l'auteure lui prêtant sa plume, chacune des deux devant se surpasser pour rendre justice à l'autre et au pays qu'elles chantent. L'écriture devient complexe, fondée moins sur l'intrigue que sur un narratif construit autour de la relation entre les personnages et l'auteure: déportés en Nouvelle-Angleterre, ils réussissent à retourner en Acadie et, ainsi, à vivre en tant qu'Acadiens, tandis que l'auteure affirme par l'écriture cette même identité. *Pélagie...* marque une étape dans l'œuvre de Maillet: de nouveaux personnages succèdent à ceux de l'Île-aux-Puces. L'intrigue passe au second plan. Les péripéties ne dépassent guère l'anecdote et les grands combats épiques (songeons à *L'Odyssée*) se limitent à une escarmouche entre les républicains et les forces loyalistes. Par contre, l'invention stylistique et la richesse du verbe créent le mythe de Pélagie, forçant l'adhésion du lecteur. *Pélagie...* est une aventure littéraire.

Les romans qui suivent n'ont ni la force ni l'originalité de *Pélagie-la-Charrette*, tout en construisant un monde dans lequel les œuvres dialoguent entre elles. *Cent ans dans les bois* (1981) reprend là où *Pélagie-la-Charrette* s'est arrêté et met en scène, cent ans plus tard, son arrière-petite-fille, Pélagie-la-Gribouille (d'où *La Gribouille*, titre retenu pour le marché français) et sa fille Babée. C'est de renaissance dont il sera question, avec le passage de l'oralité à l'écriture comme outil de mémoire et de combat. On assiste aussi à la réconciliation entre gens d'En-Haut et gens d'En-Bas, non pas les mêmes que dans les premiers romans, mais de façon plus large, entre l'élite et le peuple, dont Maillet, qui appartient à l'élite, se fait la porte-parole. *Crache à Pic* (1984) est une variation sur le thème de la contrebandière, ce qui n'est pas sans rappeler *Mariaagélas*. Le roman se construit comme un conte puisqu'il s'agit du récit que le vieux Clovis a raconté à son père.

Le huitième jour (1986) doit beaucoup à la truculence de Rabelais et à l'imaginaire de Swift. Nés «le huitième jour de la semaine», les frères Tom Pouce et Jean le Fort partent à la découverte du «bout du monde», alors qu'il n'y en a pas. Chemin faisant, ils découvriront un monde qui est loin d'être parfait. Satire sociale, conte et humour alimentent le roman, qui, s'il se dit philosophique, ne l'est pas tant que ça. Le plaisir du conte et la joie de la plume rythment le tout.

L'oursiade (1990) n'est pas sans rappeler *Christophe Cartier de Noisette dit Nounours* (1981), un conte pour la jeunesse qui met en scène une narratrice et un ourson. Avec *L'oursiade*, Maillet crée un monde dans lequel ours et humains peuvent dialoguer, chacun se heurtant aux limites de son espèce: si les humains peuvent réfléchir au sens de la vie, les ours sont limités à être ce qu'ils sont. Utilisant une large palette, l'œuvre se moque des genres littéraires. Une fois de plus, tout est dans la plume de Maillet.

Son écriture connaîtra un renouveau avec *Les confessions de Jeanne de Valois* (1992).

Louis Haché

Louis Haché continue à publier au rythme de deux livres par décennie en s'inspirant du passé, lointain ou proche, de la Péninsule acadienne. La pêche, on le sait, rythme la vie de ses habitants et Haché cherchera à décrire, pour mieux la comprendre, la vie à l'époque des Jersiais. Ceux-ci ont contrôlé les pêcheries de la région de la fin du XVIIIe siècle aux années 1930 et avaient mis au point un système économique qui leur assurait un contrôle total sur l'industrie. *Tourbes jersiaises* (1980), une série de cinq nouvelles, raconte de petits événements de la vie quotidienne des pêcheurs à la fin du XIXe siècle, le tout baigné d'une certaine nostalgie. Le roman *Un cortège d'anguilles* (1984) se déroule dans les années 1930 et décrit la lutte d'un groupe d'hommes qui veulent se doter d'une coopérative et mettre ainsi fin au monopole des Jersiais. La qualité du roman tient en bonne partie dans la façon dont Haché relate la vie des pêcheurs par leurs valeurs, leurs actions et leur langue. Les nouvelles du *Guetteur* (1991) mettent en scène de petites gens, qu'ils soient bedeau, marchand à la retraite ou commis, mais sans le caractère mobilisateur du roman. Ces trois œuvres tracent à leur façon un portrait vibrant – bien qu'un peu idyllique – de la vie des Acadiens, portrait que l'auteur continuera d'étoffer durant les années 1990.

Claude Le Bouthillier

Qu'adviendra-t-il de l'Acadie? A-t-elle un avenir? La question est au centre de toutes les œuvres de Claude Le Bouthillier. *Isabelle-sur-Mer* (1979) se situe dans le futur de façon plus explicite que ne l'était le roman *L'Acadie reprend son pays*. L'Acadie y est indépendante et rayonne sur le monde. Cette société charmante, paisible, bucolique s'exprime par les arts et a pour mission de porter un message de paix au monde entier. Véritable paradis terrestre, l'Acadie représentée est celle de la Péninsule acadienne et non pas celle du Nouveau-Brunswick ou des autres provinces de l'Atlantique. Le roman n'est pas sans faiblesses, mais il demeure étrangement envoûtant par la détermination de Le Bouthillier à présenter une Acadie victorieuse et non plus victime ou prisonnière de son destin tragique.

C'est pour quand le paradis (1984) explore ce qui deviendra le second axe de l'œuvre de Le Bouthillier, les blessures intérieures, alors que le premier traite de la situation de l'Acadie et des blessures sociales qui résultent de la Déportation. Autant l'Acadie doit s'affirmer comme État, autant l'Acadien doit vaincre ses difficultés relationnelles et affronter les séquelles de son éducation puritaine. Le Bouthillier est psychologue et, dans ce roman, son personnage va utiliser différentes approches psychologiques pour vaincre, finalement avec succès, ses problèmes. Cette plongée au cœur de l'âme trouvera sa résolution dans les arts comme source d'harmonie, ce qui renvoie à *Isabelle-sur-Mer*.

Militant, Claude Le Bouthillier intègre tout ce qu'il espère de l'Acadie dans son roman historique, *Le feu du mauvais temps* (Québec Amérique, 1989, prix Champlain, prix France-Acadie) et sa suite, *Les marées du Grand Dérangement* (Québec Amérique, 1994). Cette saga retient du roman historique son caractère populaire, mais l'auteur ne se gêne pas pour broder autour de la réalité de manière à ce qu'elle corresponde aux valeurs qu'il veut véhiculer. Le premier tome se déroule entre 1740 et 1763, et met en scène Joseph Le Bouthillier, personnage inspiré très librement d'un ancêtre de l'auteur. Au-delà des nombreuses péripéties, tant guerrières qu'affectives, c'est de la résistance et de la renaissance de l'Acadie dont il s'agit. Joseph est un héros qui arrive en 1740 dans ce qui deviendra Bas-Caraquet et qui tente de sauver l'Acadie. La relation privilégiée entre les Micmacs et les Acadiens est une autre thèse vigoureusement défendue par l'auteur. Le premier tome se termine sur la crainte que Joseph et son premier amour, qu'il vient de retrouver en France, soient disparus en mer. *Les marées du Grand Dérangement* s'ouvre sur le naufrage et transporte le lecteur, qui suit ainsi le destin de Joseph, dans une série de ports en Angleterre, en France, à Jersey, aux États-Unis, aux Malouines et dans les provinces maritimes entre 1763 et 1805. Si le souffle est toujours là, la qualité de la reconstitution historique est plus fragile et les anachronismes deviennent agaçants. Il n'en demeure pas moins que les deux romans sont passionnants à lire.

Ceux qui suivront se situeront à l'époque contemporaine: Le Bouthillier ne touchera plus au roman historique.

Jacques Savoie

Le premier roman de Jacques Savoie, *Raconte-moi Massabielle* (1979) traite de la fermeture des villages dans certains milieux ruraux de l'Acadie, en mettant en scène le dernier habitant d'un village.

Jacques Savoie est né le 3 février 1951 à Edmundston. Il obtient un baccalauréat en sciences politiques et en économie au Collège de Bathurst, une des composantes de l'Université de Moncton (1972), puis une maîtrise en lettres modernes de l'Université d'Aix-Marseille, en France (1975). En 1976, il est un des fondateurs du groupe Beausoleil-Broussard, qui s'inscrit dans l'esprit de la musique folklorique tout en proposant des chansons originales. Le groupe connaît un vif succès dès son premier album, éponyme (1977), et en enregistre deux autres avant que Savoie le quitte, en septembre 1980. En 2003, un disque compact, *Journal de bord 1976-1980*, réunit leurs principales chansons. Parallèlement à son œuvre littéraire, Savoie travaille comme scénariste de séries télévisées. On lui doit entre autres *Bombardier* (1992), *Les orphelins de Duplessis* (1997), *Ces enfants d'ailleurs II* (1998), *Rue l'Espérance* (1999-2001), *Les Lavigueur, la vraie histoire* (2008).

Sans être aussi engagé que les romans de Le Bouthillier, *Raconte-moi Massabielle* a une portée politique. Le personnage principal, Pacifique Haché, occupe illégalement l'église, dernier bâtiment de son village, et possède les titres de propriété des terres. L'avocat de la compagnie minière – anglaise, évidemment – cherche à le convaincre de partir. Pacifique, au nom si évocateur, résiste tant bien que mal à cet extérieur qui l'assiège. L'imaginaire est pour lui le seul refuge possible. La structure du roman suit les méandres de la pensée confuse de Pacifique, auxquels se mêle son entêtement. Roman contemporain dans sa forme, il l'est tout autant dans l'univers qu'il présente. À la vision traditionnelle de l'Acadie, au doux chatoiement de la langue de Maillet, aux préoccupations sociales et politiques plus concrètes de Le Bouthillier, Savoie ajoute un regard plus poétique, plus distancié de la réalité.

Dans *Les portes tournantes* (1984, prix France-Acadie), Savoie construit un roman à plusieurs voix qui illustre sa capacité à construire des scénarios complexes mais lumineux. Au centre du roman, on retrouve Antoine, qui se dit pianiste, et son père Blaudelle, un peintre. Blaudelle n'a guère connu sa mère, Céleste Beaumont, une pianiste. Mais un jour, il reçoit un paquet de lettres qu'elle lui avait adressées naguère. Les voix d'Antoine, de Céleste, de Blaudelle et de Lauda, son ex et la mère d'Antoine, se succèdent dans une quête qui culminera dans une rencontre aussi inattendue que fondamentale, qui apporte la réponse aux questions de Blaudelle. Certains ont vu dans la vie de Céleste une évocation du mythe d'Évangéline et de la Déportation, mais sans le caractère fataliste. De fait, ce sont les arts qui rythment le parcours des personnages. Le musicien qu'est Savoie se sert des mots pour exprimer toute la richesse sonore et sensorielle de la musique. Savoie avait assuré la réalisation du film *Massabielle* en 1983, mais il se contente de signer le scénario des *Portes tournantes*, que réalise Francis Mankiewicz en 1988.

Le Récif du Prince (1986) se construit à partir du point de vue de Vassilie, narratrice de 17 ans, déterminée à obtenir de son père le droit de travailler dans le phare de cette île du golfe du Saint-Laurent. Mais rien ne se déroulera comme prévu. Plus fantaisiste que réaliste, cette histoire d'une famille dysfonctionnelle, dont le père est la vedette d'une émission jeunesse et la mère grand reporter, est celle du passage de l'adolescence à l'âge adulte de Vassilie, que sa famille surnomme Vapeur. Trois événements viennent bousculer la narratrice: l'accident de son père, la courte aventure amoureuse de sa mère et la découverte de la vie parallèle de sa sœur. Au récit de Vapeur s'ajoutent un long délire de son père et quelques lettres de sa mère, comme autant de modulations du monde de cette famille. Un récit imagé, écrit d'une plume vive qui sait user d'humour et d'émotion.

Une histoire de cœur (1988) croise les péripéties d'un scénariste et le scénario d'un film qu'il a vendu: roman dans le roman avec, une fois de plus, la musique en trame de fond. Le narrateur, dont on ne connaîtra pas le nom mais qui ressemble par sa profession à Jacques Savoie, se rend à New York rencontrer un producteur de films qui veut acheter son scénario. Durant le vol, puis dans l'intervalle entre les rencontres avec le producteur et les comédiens choisis, le narrateur relit son texte, qu'il a écrit sous forme de roman, tout en s'interrogeant sur la fin. Tandis que l'équipe du film se rend à l'île Hope (le symbolisme du nom est important), au large de l'Islande, Maurice Renard, le personnage principal du scénario, tente de savoir à qui appartenait le cœur qu'on lui a transplanté. Son enquête le mènera à mettre sa vie en question et à lui trouver un nouveau sens, tandis que le narrateur découvrira les dessous du milieu du cinéma américain. En arrière-plan, la musique du quatuor d'Elizabeth, violoncelliste et femme de Maurice, dont les répétitions ponctuent le cheminement du mari. L'écriture de Savoie est cinématographique: elle met l'accent sur les décors, les mouvements, les sons. Il donne son texte à voir.

Les années 1990 l'amèneront à explorer l'écriture pour la jeunesse.

Laurier Melanson

Né à Moncton le 26 septembre 1931, Laurier Melanson obtient un baccalauréat en arts du Collège Saint-Joseph (Memramcook, 1953). Il étudie la musique et l'art dramatique au Conservatoire de la province de Québec (1953-1955) puis à Toronto (1958-1959). Il complète ses études par une maîtrise à l'Université Paul-Valéry-Montpellier (France, 1974). Sa carrière professionnelle le conduira à travailler tour à tour dans différents domaines: durant les années 1950, il est annonceur à la radio, professeur au Collège Saint-Joseph, comédien, tandis que durant les années 1960 et 1970, il est directeur national adjoint au Festival d'art dramatique du Canada. Par la suite, il est professeur à l'Université du Nouveau-Brunswick (Fredericton), où il enseigne jusqu'à sa retraite à l'âge de 64 ans.

Zélica à Cochon Vert (1981) s'inscrit dans la lignée des romans écrits dans une langue orale savoureuse et dont les personnages sont bien souvent des ruraux en marge de la société dominante. En ce sens, il rappelle ceux de Bernard B. LeBlanc (*Y sont fous le grand monde*, 1979) et de Réal-Gabriel Bujold (*La sang-mêlé de l'arrière-pays*, 1981), tous deux également publiés dans la collection « Roman canadien » chez Leméac, aux côtés de certains romans d'Antonine Maillet. L'intrigue a moins d'importance que la façon dont l'histoire est racontée et les personnages campés. Zélica à Cochon Vert, une jeune fille aux mœurs légères, devient amoureuse d'Otto de la veuve Hortense, au grand soulagement de la mère Cochon Vert, qui se demande bien comment elle va réussir à caser tous ses enfants, les filles en particulier. Ajoutez un curé rétrograde qui n'arrive pas à contrôler ses ouailles, un vicaire timoré, une mère Marie-de-la-Perfection et de multiples anecdotes qui n'ont de signifiance que la prouesse de l'auteur à les livrer, et vous avez là le portrait qu'on pouvait se faire d'une certaine vie rurale, fort éloignée de la version traditionnelle des histoires des pays d'en haut. Le Théâtre populaire d'Acadie en produira une adaptation théâtrale.

L'action d'*Otto de la veuve Hortense* (1982) se déroule un peu avant celle de *Zélica* et est écrite dans la même veine que le premier roman, mais déjà on sent le procédé. Avec *Aglaé* (1983), Melanson tente de renouveler son écriture. Il introduit de nouveaux personnages issus de la même famille, qu'il oppose aux membres d'une famille aussi bourgeoise que constipée, mais il ne réussit qu'à alourdir l'intrigue et son style a perdu de sa vivacité.

Melvin Gallant

Melvin Gallant est un touche-à-tout: professeur et animateur culturel, il devient auteur. Il y a du défricheur en lui. Ses œuvres témoignent de sa volonté de prendre position socialement. Avec *Le chant des grenouilles* (1982, prix France-Acadie), il construit un roman nationaliste sans jamais nommer l'Acadie, où, pourtant, se passe l'action. Il est clair que ces «grenouilles» sont des *French frogs*. Michel, le narrateur, atteint de leucémie et dont le cancer est en rémission, s'implique dans un groupe militant, fait une rechute et meurt alors que l'action menée par son groupe échoue. Cette mort pourrait représenter celle de l'Acadie ou, du moins, mettre en relief la nécessité de s'engager si l'on veut que l'Acadie survive: les dernières paroles de Michel sont un appel à la solidarité et un hymne à la vie. Ce roman sombre, à la forme un peu décousue, est d'un pessimisme sans désespérance, et pourrait constituer une réponse à l'essai *L'Acadie perdue* de Michel Roy.

Durant les années 2000, Gallant publiera deux autres romans, tout en continuant d'écrire pour la jeunesse.

France Daigle

France Daigle arrive à l'écriture par la poésie. À partir de 1981, elle publie ses poèmes dans *Éloizes*, revue de création fondée par l'Association des écrivains acadiens, et dans d'autres revues. Ses cinq premiers romans sont à la frontière de la prose poétique et du récit romanesque. Ils sont de plus «encadrés» par des contraintes d'écriture issues du formalisme alors mis de l'avant par plusieurs poètes, dont ceux et celles qui publient à la Nouvelle Barre du jour, où Daigle publiera *Variations en B et K* (1985). Ces cinq romans ont en commun d'accorder plus d'importance à l'écriture qu'au récit et de laisser des trous dans l'histoire, qui pourrait se lire dans les nombreux espaces blancs. Si les romans de Daigle sont enracinés dans son milieu, ils ne sont pas engagés comme le sont les œuvres de la plupart de ses contemporains. Ses influences sont littéraires plutôt que nationalistes. Il faut par ailleurs remarquer qu'elle publie son premier ouvrage aux Éditions d'Acadie plutôt que chez Perce-Neige, alors que tous les poètes de sa génération y ont publié leur premier recueil. Or, les romanciers vont systématiquement aux Éditions d'Acadie.

France Daigle est née le 18 novembre 1953 à Moncton. Elle obtient un baccalauréat en arts de l'Université de Moncton (1976). De 1973 à 1977, elle travaille comme journaliste à *L'Évangéline*, quotidien qui est au centre de son roman *1953. Chronique d'une naissance annoncée* (1995), et parallèlement à Radio-Canada Acadie comme rédactrice de nouvelles (de 1975 à 1978). Elle occupe ensuite divers emplois liés à la traduction, à la rédaction de textes et à la recherche avant de retourner à Radio-Canada.

Chaque paragraphe de *Sans jamais parler du vent* (1983) occupe une page. Les phrases sont courtes et les textes sont porteurs des mille mondes qui les habitent. Au moment de sa parution, certains hésitent à qualifier l'œuvre de roman, tandis que d'autres opposent la contrainte d'écriture et la minceur du livre (141 pages) à la verve généreuse d'Antonine Maillet. On est ici loin du folklore et d'un récit inspiré par l'Acadie. Du moins, à la première lecture. Là réside toute l'ambiguïté du propos de Daigle. Elle questionne l'écriture, la vie, le voyage, sa propre réalité. Plutôt que de raconter, elle aborde ces sujets par l'abstraction, ce qui crée l'illusion poétique qu'appuie le sous-titre: «Roman de crainte et d'espoir que la mort arrive à temps». Si l'on peut y découvrir un récit qui se fonde sur l'enfance, le propos, vaste, traite de l'expérience humaine. En cela, le pouvoir évocateur de la poésie sert l'intention du récit.

Plus fidèle à ce que pourrait être un roman, *Film d'amour et de dépendance* (1984) se structure autour de deux pôles: sur la page de gauche, une action, une réflexion, un commentaire – comme s'il s'agissait d'une esquisse de scénario – et sur celle de droite, un dialogue entre deux femmes qui vivent une relation amoureuse et qui ont décidé de réaliser un film. Du film, on ne saura pas grand-chose, si ce n'est qu'il doit être tourné à Saint-Édouard-de-Kent et que les images formeront le cœur du propos. Une fois de plus, le sous-titre, «chef-d'œuvre obscur», donne une piste. Les deux réalisatrices échafaudent leur projet sans vraiment savoir quelle direction lui donner. Leur cheminement même représente celui de l'auteure, elle aussi à la recherche de sa parole et d'une façon de se dire. La fin n'en est pas une: on est au début d'une démarche.

Histoire de la maison qui brûle (1985) pousse plus loin l'exploration formaliste. Composé d'une suite de très courts paragraphes (un par page), le roman est à deux voix – du moins c'est ce qu'on peut en déduire –, la mise en page reflétant cette répartition des voix: le texte de la «première» occupe le haut de la page de gauche, tandis que celui de la «seconde» occupe le bas de la page de droite. On peut lire uniquement les pages de gauche, puis celles de droite (ou l'inverse), ou encore suivre les pages. Quelle que soit la méthode choisie, le récit se tient. La page de droite se termine toujours par un «om», cet «om» qui appartient au sanskrit et qu'on retrouve dans le yoga et la philosophie bouddhiste, se veut le mantra primordial, celui de l'origine: le feu détruit, il est aussi renaissance. La prose du roman est poétique, la structure ferme, le thème sujet aux interprétations. L'intrigue est minimale: une maison brûle, sa propriétaire ne bouge pas, le narrateur passe et s'arrête en se demandant comment écrire le tout. Cette maison peut symboliser la destruction de la première Acadie, tout comme elle peut représenter le feu intérieur, même si elle raconte l'histoire d'une femme et de ses deux enfants, victimes du brasier. Une fois de plus, le sous-titre oriente l'interprétation: cette histoire est «vaguement suivi[e] d'un dernier regard sur la maison qui brûle». Davantage que l'intrigue, c'est la réflexion sur l'écriture et le temps qui est ici fondamentale. Un récit introspectif d'une grande beauté.

Variations en B et K (1985) est publié non pas aux Éditions d'Acadie comme les précédents, mais à la Nouvelle Barre du jour. Au texte du roman, placé dans le haut des pages, répondent en tout petits caractères des informations factuelles, scientifiques, historiques. Le haut des pages est le «journal» de la narratrice, qui campe au parc national de Kouchibouguac (du moins c'est ce que le lecteur déduit) avec sa compagne (autre déduction) et deux petites filles, qui semblent être les enfants de l'une ou de l'autre. Une ambiguïté évidemment volontaire. La narratrice lit un livre didactique qui pourrait être celui qui donne lieu aux notes de bas de page, qui traitent des Bédouins et du Moyen-Orient, et sont des vignettes de photos qu'on ne nous donne pas à voir. Les mots commençant par «B» et «K» sont nombreux: villes, lieux, personnes, compagnies, instruments, tous liés par le double thème des Bédouins et du parc. Un va-et-vient entre lecture et réel, entre le monde des Bédouins et celui des Acadiens. Ici aussi, le sous-titre donne une clé: «Plans, devis et contrat pour l'infrastructure d'un pont», le pont n'étant autre que le lien qu'il faudrait développer entre Bédouins et Acadiens, et plus largement entre toutes les personnes, quelle que soit leur origine. Et ces petites insertions préfigurent celles qu'on retrouvera dans *Pour sûr* (2011).

Un peu en marge de sa production, *L'été avant la mort* (1986) est avant tout le fruit de la relation de l'auteure avec Hélène Harbec, avec qui elle signe ce que les Éditions du remue-ménage ont appelé un roman, mais qui serait plus proche de la nouvelle: le texte de Daigle a 23 pages et celui d'Harbec, 40. Elles se sont donné comme mandat d'écrire en parallèle durant l'été 1984 sur un thème commun, au rythme d'une page par jour: du 5 juillet au 14 août, dates données par Daigle. Dans ce texte, la narratrice raconte la fin de la vie de sa conjointe dans une langue presque chirurgicale. Le récit est bref et va à l'essentiel. Elle n'analyse pas, décrit les symptômes, note l'évolution de la maladie, retient quelques faits. Et c'est tout. Pourtant, on sent l'amour qui unit ces deux femmes, leur complicité. Comme si la narratrice se devait de rapporter ce passage vers la mort et qu'elle avait choisi de le faire avec pudeur et discrétion. Le texte est en rupture avec les œuvres précédentes de Daigle. Si les entrées quotidiennes occupent rarement plus de la moitié de la page, ce n'est pas par une volonté graphique, mais tout simplement parce qu'ils sont séparés temporellement. Le texte d'Harbec sera traité en même temps que l'ensemble de son œuvre.

Les romans que France Daigle publiera durant les années 1990 feront la transition entre le formalisme des premières œuvres et une structure romanesque plus classique sur certains plans, tout en étant inventifs dans l'utilisation de contraintes.

Germaine Comeau

L'été aux puits secs (1983, prix France Acadie) raconte une histoire toute simple écrite dans une langue qui tient compte du français régional de la baie Sainte-Marie et met en scène des personnages attachants. Pendant une semaine en août, Janice se retrouve seule pour la première fois en dix ans: son mari, Ralph, suit un cours de perfectionnement en mécanique à Halifax, et ses deux enfants, Raoul et Odette, sont dans un camp d'été. Pierre, un homme d'affaires marié qu'elle connaît depuis toujours l'invite à faire une excursion de pêche sur son bateau. Ils vivront une aventure amoureuse. En arrière-plan du récit, la sécheresse qui s'est abattue sur la baie Sainte-Marie (lieu qui n'est jamais nommé) et un feu, que les habitants combattront avec succès grâce à une pluie salvatrice. Le feu, qui s'attaque à la forêt et fait craindre le pire aux habitants, correspond à la relation amoureuse adultérine de Janice, qui lui redonne vie. Tout comme l'incendie marque le renouvèlement de la forêt, Janice retrouvera avec un nouveau plaisir son mari et ses enfants. Le roman se subdivise en fonction des principaux personnages. En plus de Janice et de Pierre, on accompagne Ralph à Halifax, Raoul et Odette au camp, et Anselm, « le coupeux de bois » qui travaille chez Janice: chacun de ces personnages sera transformé par un événement. Il y a très peu d'introspection et les faits, si minimes soient-ils, expriment le vécu des personnages. Le texte est découpé comme un scénario de film et le style d'écriture contribue à accentuer cet effet cinématographique: phrases courtes et incisives, dialogues bien construits et toujours pertinents, brefs portraits des personnages et descriptions plus évocatrices que réalistes.

Comeau publiera un roman pour adolescents (voir cette section) durant les années 1990 et renouera avec le roman grand public durant les années 2000.

Monique Roy

Monique Roy est née le 7 février 1937 à Drummondville, de parents acadiens. Après des études classiques au Collège Notre-Dame d'Acadie et en littérature et philosophie à Montréal, elle obtient une maîtrise de l'Université de la Californie à Los Angeles en 1976. Elle enseigne pendant plusieurs années dans cette université, puis travaille dans le milieu du cinéma hollywoodien comme traductrice et scénariste. Elle revient en Acadie en 2001 et s'installe ensuite à Québec en 2008.

Elle publie *Les sangliers* (Éditions de La Presse, 1983) sous le nom de Monique Roy-Gans. Ce roman hésite entre réalisme et onirisme. Les personnages sont flous et n'ont pas de noms. La mise en situation se fait par le rappel des rêves de «l'auteur» (toujours écrit au masculin alors qu'il s'agit d'une femme). Arrive ensuite une «femme» qui, manifestement, a des liens étroits avec «l'auteur», mais qu'on ne précisera jamais. «L'auteur» (que «la femme» nommera ainsi) est la narratrice de la première et de la troisième partie, alors que «la femme» narre la deuxième partie. «La femme» semble vivre une dépression et on apprendra qu'elle vient d'assassiner son conjoint et la maîtresse de celui-ci. Elle s'est enfuie de sa résidence au Québec et s'est réfugiée quelque part en Californie, chez «l'auteur». Les péripéties de la vie quotidienne, l'impact de la présence de «la femme» sur «l'auteur», qui est alors plongé dans l'écriture d'un roman, alimentent les réflexions et les rapports entre les deux femmes. Les personnages du roman se faufilent dans l'histoire comme s'ils manifestaient leur droit à l'existence. Parfois on ne sait plus si l'on est dans le roman de «l'auteur» ou dans sa vie. La piste d'écriture est intéressante, mais l'ensemble demeure abstrait, vague.

L'intrigue de ce roman servira de base au *Chant des nuits heureuses* que Roy publiera en 2010.

Christiane Saint-Pierre

Christiane Saint-Pierre est née le 27 juillet 1949 au Cap-de-la-Madeleine (Québec). Elle obtient un baccalauréat en littérature québécoise (1976) puis une maîtrise en études littéraires (1985) à l'Université du Québec à Trois-Rivières. Entre 1976 et 1980, elle travaille dans le domaine culturel à Trois-Rivières. En 1980, elle déménage à Caraquet et devient professeure de français et de littérature au campus de Shippagan de l'Université de Moncton, poste qu'elle occupera jusqu'à sa retraite, en 2009.

Le recueil de contes et de nouvelles *Sur les pas de la mer* (1986, prix France-Acadie) constitue la partie création de sa thèse de maîtrise. La mer sert de thème central aux textes, qui mettent tous en scène une femme, le recueil liant ces deux figures dans un délicat mouvement entre mer et mère, voguant de la vie à la mort, à la naissance. Les histoires tracent le portrait d'une société de bord de mer dans ses inquiétudes, ses peines et ses joies. Les femmes cherchent, luttent, s'affirment et prennent leur place, en butte parfois à l'incompréhension. Les nouvelles les plus réussies sont celles où poésie et anecdote se fondent l'une dans l'autre. C'est le cas d'« À travers Julie » : Julie est littéralement subjuguée par la mer et par la brume qui la transforme, ce qui la conduira à aller au-devant de l'une pour dépasser l'autre. De même, dans « Complicité », la grossesse de la mère se module en harmonie avec le changement des saisons de la mer. À une occasion, Saint-Pierre fait appel à l'humour : « La corde à linge » de Marie-Rose est l'exemple parfait d'un accrochage quasi mathématique. Or, arrive pour l'été Évelyne, jeune femme de la ville qui mélange couleurs et formes sans autre souci que de faire sécher son linge, signe manifeste de la différence entre ses valeurs et celles de Marie-Rose. Cette dernière cheminera et finira par ajouter à sa propre vie ce grain de poésie et d'imagination qu'elle découvre chez Évelyne. Tout n'est pas égal dans ce recueil, certains textes sont plus fragiles que d'autres, comme les trois contes dans lesquels Saint-Pierre prête vie aux éléments de la nature. Ces textes hésitent entre deux écritures : l'une pour le grand public, l'autre pour les enfants ; la première plus poétique, la seconde plus allégorique.

Le roman *Absente pour la journée* (1989) met en scène Mlle Anita, une « fille vieille » qui voyage sans jamais quitter sa maison, mais qui raconte ses extraordinaires aventures aux attentifs gens de son village. Tous les habitants sont complices de ces voyages imaginaires, comme s'ils leur permettaient à eux aussi de réaliser leurs propres rêves. Alors qu'on fête ses 70 ans, Mlle Anita part en montgolfière pour se rendre à l'aéroport et monter dans un avion qui la conduira à Paris, d'où elle n'est pas censée revenir: le rêve a pris corps. Mais est-ce la réalité? À mi-chemin entre le conte merveilleux et le roman réaliste, cette œuvre est un hymne à l'imaginaire. Écrit dans un français littéraire habité par le passé simple et parsemé de dialogues tout aussi relevés que légèrement surannés, le roman met en scène la petite bourgeoisie d'un village dont on ne peut dire s'il est québécois ou acadien.

Saint-Pierre a également écrit deux pièces succinctement présentées dans la section Théâtre.

Regard sur la littérature jeunesse

Si la littérature pour la jeunesse se développe rapidement au Québec, il n'en est pas de même en Acadie. Melvin Gallant et Jean Péronnet continuent leur œuvre durant les années 1980, mais leurs ouvrages, publiés par les Éditions d'Acadie, ne font guère de vagues. Il faut attendre la fin de la décennie pour voir apparaître Denise Paquette et Diane Carmel Léger (qui publie d'abord sous le nom de Diane Léger-Haskell).

Melvin Gallant

Aux aventures de Ti-Jean, Gallant ajoute deux albums, *Caprice en hiver* (1982) et *Caprice à la campagne* (1984) publiés aux Éditions d'Acadie, qui mettent en scène sa chatte. Au lieu de dessins, Gallant illustre l'album de photos de sa chatte prises dans son environnement quotidien, organisées autour d'une intrigue qui rend un hommage tendre et sensible à cet animal domestique. L'approche est originale, le résultat amusant, mais il s'agit plus d'un gag que d'une volonté de renouveler le genre.

Jean Péronnet

La deuxième aventure du personnage de Pépère est une adaptation de l'une des pièces de Péronnet. *La drôle de chasse de Pépère Goguen* (1984) raconte l'histoire d'un bien étrange chasseur: parti tuer un chevreuil, Pépère délivre un lapin pris dans un collet, sépare deux orignaux dont les bois se sont entremêlés et, finalement, rapporte de délicieuses chanterelles. Surprise: un chevreuil l'a suivi tout le long de sa «chasse». Une aventure naïve, dont les dessins s'éloignent un peu du style des marionnettes de Péronnet, et dont le décor se complexifie, mais sans quitter l'aplat. On ne voit toujours pas les jambes des personnages et leurs mains sont encore des mitaines, même si un index apparaît de temps en temps.

Pépère Goguen loup de mer (1987) marque une nette rupture dans le style de Péronnet. Les rebondissements de l'intrigue sont nombreux et l'album compte 48 pages au lieu des 28 des ouvrages précédents. Le vocabulaire s'enrichit, la phrase s'allonge et la mise en plan des images devient plus imaginative. Le décor se rapproche du réalisme: les arbres se caractérisent selon l'espèce, les voitures se modernisent, des détails apparaissent. L'aplat cède la place à une certaine volumétrie. Les personnages ont maintenant des jambes et des doigts: les marionnettes ne sont plus qu'une lointaine source d'inspiration. Enfin, Pépère Goguen est bien de son temps: il se préoccupe de l'écologie et de la modernisation à outrance. L'album servira de base à la pièce *Pépère Goguen gardien de phare* créée par le théâtre l'Escaouette.

Dernier album de Péronnet, *Pépère Goguen l'hiver* (1993) raconte les mésaventures du désormais célèbre personnage durant cette saison que l'on aime et déteste tout à la fois. Si le dessin atteint une maturité qui confirme la démarche de l'album précédent, l'histoire est plus fragile: elle ne dépasse pas la succession d'anecdotes simplement unies par le thème de la saison.

Réjean Aucoin et Jean-Claude Tremblay

Écrit par Réjean Aucoin et Jean-Claude Tremblay, et magnifiquement illustré par Herménégilde Chiasson, *Le tapis de Grand-Pré* est publié par le Centre provincial de ressources pédagogiques de Pointe-de-l'Église (Nouvelle-Écosse) en 1986 (Prix France-Acadie). L'album est publié la même année que paraît le court métrage de fiction du même nom, réalisé et scénarisé par Phil Comeau à partir du texte d'Aucoin et de Tremblay. Ce conte de Noël raconte le périple magique de jumeaux qui veulent récupérer les 12 brins de laine nécessaires pour que soit enfin terminé un tapis hooké laissé inachevé à la Déportation. Une fois les 12 brins trouvés, le tapis enfin terminé, les enfants bouclent la boucle: les Acadiens ont survécu à la Déportation et ont su préserver leur culture. En 1989, ce conte est transposé à la scène par Ivan Vanhecke, dans une coproduction du Théâtre populaire d'Acadie et du théâtre l'Escaouette.

Denise Paquette

Née le 9 août 1956 à Montréal, Denise Paquette déménage à Moncton pour ses études universitaires. Elle obtient un baccalauréat en arts (1978) puis une maîtrise en études françaises de l'Université de Moncton (1984). Elle entreprend ensuite un doctorat en littérature québécoise à l'Université Laval (1988-1989), qu'elle ne termine pas. Installée dans la région de Moncton depuis son baccalauréat, elle travaille pour différents organismes dans le domaine culturel (professeur, recherchiste, correctrice, illustratrice, journaliste).

L'album *Une promenade en girafe* (1989), qu'elle écrit et illustre, met en scène Souris Baline. Celle-ci vivra deux autres aventures, *Souris Baline part en bateau* (1990) et *Souris Baline et son ami Georges-Henri* (1993), toutes aux Éditions d'Acadie: les personnages, amusants, sont placés dans des histoires fantaisistes bien illustrées. L'intrigue de chaque album repose sur la rencontre entre Baline et quelqu'un qui l'entraîne dans une situation inédite, toujours porteuse d'un message d'amitié: girafe au zoo, pêcheurs en bord de mer, orignal (Georges-Henri) en forêt. D'un album à l'autre, le dessin de Paquette évolue. Dans la première aventure, les images et les textes sont séparés tandis que dans la troisième, le dessin occupe toute la page, le texte se fondant à l'image. Le cœur de ses œuvres est présenté dans la quatrième partie de cet ouvrage.

Diane Carmel Léger

Diane Carmel Léger est née le 4 avril 1957 à Moncton et a grandi à Memramcook. Elle obtient un baccalauréat en éducation (majeure en histoire, mineure en anglais) de l'Université de Moncton (1979) puis enseigne dans les provinces maritimes avant de déménager en 1982 en Colombie-Britannique, où elle enseigne durant 20 ans en immersion française. Elle revient à Memramcook en 2006. Depuis 2009, elle est conseillère pour la Société historique de la vallée de Memramcook.

En 1989, elle publie *La butte à Pétard* en hommage à son village natal. L'action se déroule de 1755 à 1775. Le grand-père Pétard, deux de ses petits-enfants d'une douzaine d'années, Fidèle et Prémélia, ainsi que la vieille Rosalie se sont réfugiés dans la forêt, échappant ainsi à la Déportation (contrairement aux parents des enfants et à leur nouvelle-née, dont on apprendra à la fin qu'elle s'appelle Jacqueline). À la trame réaliste s'ajoute le personnage micmac de la bouhine, qui se manifeste tantôt sous la forme d'une femme, d'un oiseau ou d'un animal. Cet être va venir en aide à Pétard et à sa famille. En 1775, les Acadiens peuvent revenir s'établir sur les terres de la vallée de la Memramcook; le père et la mère rentrent alors d'exil mais sans Jacqueline, qui a choisi de demeurer en Louisiane. La reconstitution historique est intéressante, les personnages sont attachants, les péripéties nombreuses. La nouvelle édition revue et augmentée publiée par Bouton d'or Acadie remporte le prix Hackmatack 2004. Léger ne publiera de nouveau qu'en 2002.

Regard sur le théâtre
Le développement du théâtre professionnel

En 1977, les étudiants issus de la première cohorte du département d'art dramatique de l'Université de Moncton obtiennent leur baccalauréat. Se pose pour eux une question toute simple: comment gagner sa vie avec son art en Acadie et, plus spécifiquement, dans sa ville, Moncton? Point besoin de longues discussions avant que soit décidé de créer une nouvelle compagnie, le théâtre l'Escaouette, et de la constituer en coopérative: un collectif entièrement voué à la création de pièces acadiennes. Au départ, on oriente la compagnie vers le théâtre pour l'enfance et la jeunesse, orientation que le directeur du département, Jean-Claude Marcus, avait donnée à une bonne partie de la formation des étudiants. Le petit groupe en retient qu'il est fort plaisant de créer ce genre de spectacle et que, peut-être, il serait plus aisé de vivre du théâtre en créant pour cette clientèle plutôt qu'en visant le public adulte, ciblé par le TPA. Le groupe se compose de Philippe Beaulieu, Roger LeBlanc et Marcia Babineau, trois étudiants du département d'art dramatique, de Gracia Couturier, diplômée en pédagogie, et de Bernard LeBlanc, un comédien amateur impliqué dans le Théâtre amateur de Moncton (TAM). Pour se lancer dans la production, le groupe a besoin de quelques milliers de dollars. Roger LeBlanc, Philippe Beaulieu et Bernard LeBlanc (parmi d'autres) avaient déjà obtenu du TAM une aide pour créer un texte pour enfants signé Roger LeBlanc, *Kouchibou quoi?*, qui sera produit en tournée durant l'été 1975. La seconde demande est également bien reçue. À cette somme s'ajoute une petite subvention gouvernementale.

Au printemps 1978, l'Escaouette présente *Ti-Jean*, une adaptation de Laval Goupil du conte traditionnel, dans les écoles secondaires du Nouveau-Brunswick. La production est dynamique et remporte un vif succès, même si ça demeure un exercice plus scolaire que littéraire. Pour la scénographie, on fait appel au peintre et architecte Roméo Savoie, soulignant ainsi l'importance accordée aux arts visuels, tandis que la mise en scène, fidèle à l'esprit du temps, est collective, Roger LeBlanc assumant le rôle de « l'œil ». Le spectacle est caractérisé par un esprit aventurier, une imprécision que compense la ferveur, et exprime tout l'espoir de ces années, que les adolescents d'aujourd'hui qualifient de magique. C'est le règne de l'improvisation et d'une expression qui se cherche.

Si Réjean Poirier est clairement le directeur artistique du Théâtre populaire d'Acadie (TPA), la définition des tâches est beaucoup moins précise à l'Escaouette, où, plus par défaut que par volonté, c'est Roger LeBlanc qui hérite de cette fonction. Les deux compagnies prennent dès le départ des directions artistique, administrative et légale opposées. Compagnie sans but lucratif produisant des pièces s'adressant principalement aux adultes et disposant d'une salle (même si elle n'est utilisable que l'été) à Caraquet, le TPA recrute à son conseil d'administration des représentants issus de la plupart des régions qu'il dessert, ce qui l'y enracine et encourage le développement de son réseau de tournée. Coopérative de service, mais organisée comme une coopérative de travailleurs créant principalement des pièces pour l'enfance et l'adolescence destinées à être présentées en tournée dans les écoles, l'Escaouette monte des spectacles avec ses membres, dont certains forment le conseil d'administration. S'ensuivra un écart grandissant entre les deux compagnies, tant au niveau de la reconnaissance et de l'institutionnalisation qu'au niveau des subventions: le TPA deviendra la compagnie «officielle» tandis que l'Escaouette colle à la dynamique de l'Association québécoise du jeune théâtre, auprès de laquelle il s'implique d'ailleurs un peu.

Entre 1978 et 1984, le TPA présente 18 productions, dont 6 de textes acadiens: les reprises de *La Bringue* de Jules Boudreau (en 1979), qu'avait créée les Élouèzes en 1974, et de *Gapi* d'Antonine Maillet (1982), qu'avait publiée Leméac en 1976, ainsi que les créations *La Mariecomo*, une adaptation du roman de Régis Brun par Réjean Poirier (1980), *Le rêve de monsieur Milpiasse* de Claude Saint-Germain (1981), *Les bessons* de Bernard Dugas, Bertrand Dugas et Jules Boudreau (1983), et *Rosine et Renixou partent en voyage* de Roselyne Blanchard, René Cormier et Hedwidge Herbiet (1983); parmi les nouveaux auteurs, seuls les jumeaux Dugas persisteront dans l'écriture dramatique. Durant le même laps de temps, l'Escaouette crée, en plus de *Ti-Jean*, 12 pièces de 6 auteurs, dont Herménégilde Chiasson, qui en écrit 6 et en cosigne une. Il sera le seul du groupe à développer une œuvre dramatique (même si plusieurs d'entre eux s'affirmeront dans d'autres genres): Roger LeBlanc (*Le pêcheur ensorcelé*, 1978) en réalisation télévisuelle, Marie Cadieux (*L'école en fumée*, 1979) en scénarisation, Raymond Guy LeBlanc (*Fonds de culottes*, 1981) et Gérald Leblanc (*Les sentiers de l'espoir*, 1983) en poésie.

La difficulté d'amener les auteurs à créer une seconde œuvre orientera les choix des deux compagnies. Le TPA favorisera de plus en plus la production d'œuvres du répertoire tout en gardant un œil ouvert sur les auteurs acadiens, tandis que l'Escaouette s'évertuera à développer de nouveaux auteurs avant de se fier presque exclusivement à Herménégilde Chiasson. Les productions de 1984 sont à ce titre révélatrices. Le TPA produit *Le temps d'une vie* de Roland Lepage, *Love* de Murray Shisgal et *Un vrai conte de fée* de Louis-Dominique Lavigne; de son côté, l'Escaouette crée *Le bras gauche de l'île* de Louise d'Entremont et *Renaissances* de Chiasson. Autour de chacune des compagnies gravite un petit groupe d'acteurs et d'artisans. Ces deux groupes sont séparés par les 300 kilomètres à parcourir entre Moncton et Caraquet, et la rivalité culturelle s'accroît au fur et à mesure que Moncton devient le centre francophone de la culture acadienne.

En 1984, Réjean Poirier et Roger LeBlanc quittent la direction artistique de leurs compagnies, dont le professionnalisme et le rayonnement en Acadie sont maintenant assurés.

Alors que le TPA fête ses dix ans, Dominic La Vallée y fait son entrée comme directeur artistique. Issu du jeune théâtre québécois, fondateur et animateur du Théâtre du Gros Mécano (1976-1982), La Vallée arrive en terrain inconnu, porteur d'une grande expérience en théâtre pour l'enfance: le TPA, qui n'a produit que trois pièces pour la jeunesse en dix ans, en produira (ou en accueillera) désormais une par année. Par contre, l'arrivée d'un Québécois, étranger à la dynamique acadienne, ne se fait pas sans heurt et son mandat ne durera que deux ans. Le TPA lui doit deux de ses plus grands succès, la comédie *Zélica à Cochon Vert* (1986), une adaptation du roman de Laurier Melanson dans une mise en scène de Marcel-Romain Thériault, et *Des yeux au bout des doigts* (1986), une création pour enfants de la Québécoise Louise Painchaud, coproduite par le Théâtre du Nouvel-Ontario et le théâtre français du Centre national des arts, qui atteint les 175 représentations. Durant son court mandat, La Vallée a permis le passage de l'époque des fondateurs à celle de l'institutionnalisation, qu'ouvrira le prochain directeur artistique; de l'embauche de comédiens pour la plupart sans formation académique à celle de comédiens choisis en fonction des rôles et formés soit par une école, soit par l'expérience (dont certains comédiens des premières années).

Le TPA fait appel à Andréi Zaharia pour succéder à Dominic La Vallée. Zaharia avait déjà monté *Faut pas payer de Dario Fo*

(1983) pour la compagnie. Finissant de l'Institut de théâtre et de cinéma de Bucarest, en Roumanie, il s'établit en 1972 au Québec, où il enseigne dans les écoles de théâtre et signe de nombreuses mises en scène. Il arrive au TPA avec une vision propre du théâtre. Porté sur les grands textes du répertoire, ouvert à la création, habité par l'œuvre d'Eugène Ionesco, Zaharia va tenter d'élargir le répertoire du TPA en y introduisant des œuvres de plusieurs horizons. De 1987 à 1989, Zaharia signe la plupart des mises en scène, de *Même heure l'année prochaine* (Bernard Slade, adaptation par Robert Lalonde) à *Une amie d'enfance* (Louise Roy et Louis Saïa) en passant par Molière, Victor Lanoux et Tennessee Williams. En 1988, le TPA crée la «suite» de *Les bessons*, *Ernest et Étienne*, dans une mise en scène de Rychard Thériault, qui participe à son écriture avec les interprètes et jumeaux Bernard et Bertrand Dugas.

L'Escaouette vit également une période de transition et doit se choisir un directeur artistique. Célèbre pour sa mise en scène de *La Sagouine*, Eugène Gallant avait travaillé, entre autres, au Théâtre du P'tit Bonheur de Toronto (maintenant le Théâtre français de Toronto), joué dans *Mine de Rien* et monté *Fonds de culottes* pour l'Escaouette. Étranger à la culture de la coopérative, il hérite d'une situation financière fragile et se heurte au collectif, qui n'admet pas qu'on bouleverse la coopérative, notamment lorsqu'il recommande de tenir des auditions pour les rôles. L'expérience de Gallant n'est ni dans le théâtre collectif ni dans le théâtre pour la jeunesse; aussi tente-t-il de rapprocher le mode de production de l'Escaouette de son propre savoir-faire. En 1987, le conseil d'administration choisit de ne pas lui accorder de second mandat. Deux pièces de cette époque se démarquent: *Le gros Ti-gars*, un spectacle pour enfants de Gracia Couturier (qui avait déjà écrit quatre pièces pour enfants pour le Théâtre de Saisons, rattaché au campus de Shippagan de l'Université de Moncton, entre 1981 et 1984) et *Le pique-nique* (une comédie délirante pour adultes de Rino Morin Rossignol, qui avait été publiée aux Éditions Perce-Neige en 1982 et que Gallant avait mise en scène en 1984 pour le Théâtre Laurie-Henri, le nom que le Théâtre amateur de Moncton s'était donné en hommage posthume à son fondateur).

Personne ne se bouscule pour succéder à Gallant et il faudra que certains membres de l'Escaouette convainquent Katherine Kilfoil, diplômée de l'École nationale de théâtre du Canada et elle-même membre, de postuler pour que le poste soit attribué. Kilfoil hérite elle aussi de la situation financière désastreuse: la compagnie produit plus de spectacles que ne le permettent ses subventions. De plus, la qualité des spectacles n'est pas constante dans un marché de plus en plus compétitif. Même si elle réussit à maintenir la coopérative à flot et à améliorer la qualité des productions, elle est confrontée à l'absence de nouvelles créations, d'autant plus qu'Herménégilde Chiasson ne lui fournit aucun texte (durant cette période, Chiasson tourne des films pour l'ONF, produit en arts visuels, enseigne à l'université, participe à la fondation de divers organismes en arts visuels et en cinéma). Hérésie, elle produira – à cause d'une circonstance particulière (un texte de création non livré à temps) – une pièce de répertoire, *Vendredi soir* des Québécois Jean-Pierre Bergeron et Ghislain Tremblay, dans une des nombreuses tentatives de l'Escaouette de développer un théâtre en été à Shédiac (la première date de 1981). Elle sera à l'origine – avec son alter ego du TPA, Andréi Zaharia – de la première coproduction entre les deux compagnies, *Le tapis de Grand-Pré* (1989), une création pour enfants mise en scène par Louis-Dominique Lavigne, adaptée par Ivan Vanhecke à partir du conte de Réjean Aucoin et Jean-Claude Tremblay publié par le Centre provincial de ressources pédagogiques de la Nouvelle-Écosse en 1986. Cette production devient l'événement culturel de l'année en Acadie. Kilfoil quitte la direction artistique à l'automne 1989. Durant son mandat, les « nouveaux » auteurs feront comme les précédents et se consacreront à d'autres genres plutôt que de créer une seconde pièce. C'est le cas de Charles Pelletier (*Dame Bulle*, 1987) qui se tournera ensuite vers le roman, d'Ulysse Landry (*Si on avait su*, 1988), vers la poésie et le roman, d'Ivan Vanhecke (*Promenade en haute mer*, 1989), vers la scénarisation.

Durant les mandats d'Eugène Gallant et de Katherine Kilfoil, l'Escaouette s'est transformé profondément. Le processus même de la création, la recherche constante pour améliorer la qualité des productions, la visibilité de la compagnie, la mise en place d'un système administratif, la nécessité d'une permanence et l'éclaircissement du rôle que devrait jouer la direction artistique ont été au centre des préoccupations. Pendant ces quatre années, l'Escaouette connaît un changement de statut: le collectif du départ cède lentement la place à une compagnie, qui demeure une coopérative dans sa structure, mais qui utilise désormais une approche fondée sur les besoins du texte et l'orientation donnée par le metteur en scène, approche qui est celle qu'utilisent maintenant à peu près toutes les anciennes compagnies de jeune théâtre qui ont persisté. En cela, le cheminement de l'Escaouette continue à épouser l'évolution du théâtre québécois et francophone, tant au niveau de la forme que du contenu.

Jules Boudreau

Le Théâtre populaire d'Acadie crée quatre pièces de Boudreau, en sus de *Louis Mailloux* et de *Cochu et le soleil*. *La Bringue* (1979), dont la première version avait été créée par le théâtre les Élouèzes, raconte l'impact de Francine Arsenault, jeune montréalaise d'origine acadienne dont le sujet de maîtrise en ethnologie est la société acadienne rurale, sur les habitants d'un petit village de la Péninsule acadienne. Nous sommes en 1950: les valeurs rurales et traditionnelles, fortement imprégnées d'un catholicisme obtus, se heurtent aux valeurs urbaines et modernes de Francine. Louisette, une adolescente, s'attache à Francine et voit en elle une planche de salut et le moyen de fuir son milieu. Malheureusement, Francine ne peut l'accueillir à Montréal parce que Louisette est mineure, mais peut-être aussi parce qu'elle ne s'en sent pas responsable. Elle mène sa recherche et, une fois celle-ci terminée, s'en retourne chez elle: les habitants ne sont qu'un matériau pour sa thèse. Ne voyant pas comment s'en sortir, Louisette se suicide. L'univers rural et traditionnel se referme sur lui-même. Mais ce drame est aussi une comédie dans la façon dont agissent les commères et les édiles du village. La mort de

Louisette a d'autant plus d'impact qu'elle marque la fin d'un monde hypocrite.

Les bessons (1983), coécrite avec les jumeaux et comédiens Bertrand et Bernard Dugas, traite avec beaucoup de pertinence du rapport entre jumeaux. Deux pièces pour l'enfance suivent. Dans *Images de notre enfance* (1985), une femme revit certains événements de son enfance, qui sont l'objet des scènes de la pièce. Les scènes sont parfois liées à la vie quotidienne – jouer à la «lippe», à la messe –, parfois un rappel d'un événement particulier, comme le départ de l'oncle David pour la guerre de Corée, seul moyen pour lui d'échapper à la pauvreté. L'évocation des jeux et des intérêts illustre l'écart entre vivre à cette époque et vivre «aujourd'hui». *Des amis pas pareils* (1991, écrite avec sa sœur Jeannine) pose le problème de l'acceptation de la différence. À l'aide de costumes et d'une marionnette, un vieux et deux jeunes scouts entreprennent d'illustrer le thème aux enfants qui assistent à la représentation. Le conte explore le problème qu'ont un lièvre affublé d'une queue de renard, un écureuil à la queue de castor, un renard à la queue d'écureuil et un castor à la queue de lièvre. Les quatre sont rejetés par leur espèce, mais tout se terminera bien.

Jules Boudreau et Calixte Duguay créent une seconde pièce musicale, *La lambique*, en 1983, qui est produite par le Festival acadien de Caraquet. La pièce s'articule autour d'un alambic tout ce qu'il y a d'illégal appartenant aux habitants fort sympathiques du village. La pièce n'a pas la portée politique de *Louis Mailloux* ni la portée sociale de *La Bringue*, mais elle propose un agréable divertissement.

Boudreau a également publié deux recueils de nouvelles et un roman pour la jeunesse, qui sont présentés dans les sections consacrées à ces genres.

Laval Goupil

Laval Goupil reprend la structure du conte traditionnel dans *Ti-Jean*, suivant en cela l'exemple de Melvin Gallant, tout en y introduisant une dimension satirique et politique qui ne peut que plaire aux adolescents, son public cible.

La pièce raconte l'histoire de Ti-Jean et de sa mère, qui n'ont plus d'argent et presque rien à manger. La mère décide qu'il faut présenter leur unique vache, Rougette, au concours de l'exposition agricole dans l'espoir de décrocher le premier prix. Ti-Jean lave la vache et la mère s'en va prier pour leur cause à l'église. Arrive le curé, persuadé que Rougette est ensorcelée. Il tente de l'exorciser, mais ce n'est pas concluant. Après quelques négociations, il offre 20 dollars à Ti-Jean pour sa vache en lui disant de la mener au presbytère. Ti-Jean danse avec Rougette pour fêter ce gain. Le seigneur apparaît alors, fort impressionné par les qualités artistiques de Rougette. Ti-Jean lui raconte la vie tragique de Rougette, déportée, maltraitée jusqu'à ce qu'elle trouve refuge chez lui. Le seigneur est à son tour impressionné et souhaite faire de Rougette le symbole de son pays, voisin de celui de Ti-Jean – d'autant plus qu'on est à la veille d'un référendum (allusion à celui de 1980 au Québec). Ti-Jean obtient un autre 20 dollars. Le seigneur disparaît et, aussitôt, arrive le ministre anglophone qui a tout entendu et qui ne veut surtout pas que Rougette serve de symbole au « pays » voisin. Il paye donc 20 dollars pour que la vache reste dans le pays. Évidemment, les trois « victimes » poursuivent Ti-Jean pour abus de confiance. Arrive un avocat, qui propose une solution: lors du procès, Ti-Jean n'a qu'à turluter quand on lui parle. Il passera pour un fou et cela découragera les trois plaignants. Le stratagème fonctionne. L'avocat demande alors ses honoraires (20 dollars) et reçoit pour toute réponse une turlute, ce qui clôt le conte.

Ce conte est une satire de la situation des Acadiens: rappel de la Déportation, Ti-Jean est exploité par tous, mais il réussira à vaincre l'Église, à se jouer du Québec et à imposer sa volonté au gouvernement de son « pays » (le Nouveau-Brunswick). Ti-Jean et sa mère parlent le français acadien de la Péninsule, le curé parle un français standard entremêlé de latin, le seigneur, un français neutre et le ministre anglophone, un français entremêlé de phrases et d'expressions anglaises.

Goupil ne réussira pas à faire monter ses autres pièces professionnellement. Par contre, les Éditions La Grande Marée en publieront deux dans les années 1990, tandis que le TPA proposera une nouvelle version du *Djibou*.

Herménégilde Chiasson

Herménégilde Chiasson a abordé le théâtre un peu par hasard : sa première pièce, *Becquer bobo* (1974), est une commande du directeur du département d'art dramatique de l'Université de Moncton, Jean-Claude Marcus, qui voulait que ses étudiants se familiarisent avec le théâtre pour enfants. Mais l'écriture de Chiasson transcende les genres, et le théâtre représente pour lui une façon d'entrer directement en contact avec un public. Il produit aussi, pour le département également, la fantaisiste *Au plus fort la poche* (1977). Créée par le TPA, *L'amer à boire* (1976) est une pièce brouillonne, mais dans laquelle on trouve les préoccupations sociales et identitaires qui nourriront son œuvre.

Herménégilde Chiasson devient le principal auteur du théâtre l'Escaouette, pour lequel il écrira au fil des ans plus de 20 pièces de qualité inégale, mais toujours pertinentes par rapport à l'objectif fixé par la compagnie. Puisque l'Escaouette produit des pièces pour les enfants, les adolescents et le grand public, Chiasson écrira pour ces trois publics.

À la demande du directeur artistique, Roger LeBlanc, qui veut produire une trilogie sur l'histoire acadienne, il écrit *Histoire en histoire* (1980) et *Renaissances* (1984), deux pièces qui s'appuient sur une dramaturgie inspirée par le Théâtre du Soleil, qu'il avait vu à Paris.

Histoire en histoire relate la vie de Nicolas Denys. Ce commerçant, déterminé à développer de façon permanente la colonie de l'Acadie, se heurte au pouvoir français, qui exige des profits rapides. Comme Denys a vécu de 1598 à 1688 (certains pensent qu'il est enterré sur ses terres à Nipisiquit) et qu'il a voulu développer des postes dans ce qui deviendra le Nouveau-Brunswick, Chiasson contourne l'Acadie mythique, celle de la Nouvelle-Écosse, sans pour autant en nier l'existence puisque Denys a eu des intérêts à l'île Royale (Cap-Breton). De plus, c'est l'incompréhension du roi de France face à la colonie qui cause les difficultés que connaît Denys, et non pas le roi d'Angleterre.

Le message est implicite: l'Acadie d'aujourd'hui est un territoire (les provinces maritimes), mais elle est toujours mise en danger, tout comme celle que cherchait à fonder Denys. La pièce est un appel sinon à se mobiliser, du moins à s'impliquer socialement, économiquement et culturellement pour que l'Acadie rêvée devienne réalité.

Construite comme une fresque, *Renaissances* raconte l'histoire en l'interprétant. La volonté militante est ici encore plus évidente que dans *Histoire en histoire*. La pièce retrace certains des événements clés de l'affirmation des Acadiens, de l'adoption du drapeau à 1984, date de la création de la pièce. Celle-ci est articulée autour de l'histoire politique et, par le fait même, des intervenants dans le milieu. Des «personnes ordinaires», simples militants, viennent aérer et rendre vivant le discours officiel. L'adoption du drapeau, construite autour du discours de Mgr Richard, sert de prélude, aussitôt suivi par un extrait du film *L'Acadie, l'Acadie?!?*, dans lequel les étudiants demandent plus de services en français, ce qui entraîne une mise en situation contemporaine autour de deux personnages (un homme et une femme). L'histoire se déroule chronologiquement: la naissance de la Confédération, la création du premier collège, la Convention nationale de 1907 à Church Point mise en perspective par le personnage de Pascal Poirier, l'amorce du mouvement des femmes durant les années 1920, l'implantation de la Patente, la prise de pouvoir des libéraux de Louis J. Robichaud et, enfin, les manifestations étudiantes autour de l'occupation de l'Université de Moncton dans les années 1960.

Ces deux pièces s'adressent à un public familial et veulent démontrer que les Acadiens ont un avenir dans cette Acadie des Maritimes, qui est leur territoire. On y trouve deux des idées qui vont orienter la démarche de Chiasson: le majoritaire a d'autant plus de pouvoir que le minoritaire accepte d'être dominé, et tant que les minoritaires seront divisés, rien ne changera. La pièce est résolument optimiste: les événements que Chiasson a choisis sont des étapes positives dans le cheminement des Acadiens, et le traitement qu'il en fait accentue leur portée mobilisatrice.

Sa première pièce pour enfants, *Mine de Rien* (1980), est un conte tout aussi militant. La jeune Mine de Rien doit vaincre le géant Anglobant, dont les immenses cerfs-volants empêchent le soleil d'éclairer le pays: le plus fort empêche le plus faible de vivre. Anglobant, dont le nom évoque *anglais* et *pouvoir*, affublera Mine de Rien de différents noms: «mine de crayon», «minuscule», «minette», «minus», «minime» et, le dernier mais non le moindre, «minoritaire». Ti-Jean au féminin, Mine de Rien vaincra bien sûr Anglobant: le minoritaire peut réussir à s'imposer face au majoritaire par l'intelligence et la finesse. À la suite du succès de *Mine de Rien*, Herménégilde Chiasson écrira avec Roger LeBlanc *L'étoile de Mine de Rien* (1982), qui n'aura pas la qualité de la première.

Atarelle et les Pakmaniens (1983) connaît une large diffusion, à la fois à cause de son thème et de son intrigue: Atarelle est une enfant d'une dizaine d'années passionnée par le jeu vidéo. Invitée par Pakmanien, un des personnages de son jeu, elle entre dans l'univers de celui-ci, moins pour l'aider à détruire les Pakmaniens à tête ronde que pour fuir ses devoirs d'école. Mais une fois dans l'ordinateur, elle ne sait plus comment en sortir. Elle doit alors retrouver son chemin vers le monde des humains. Le conte se veut une réflexion sur l'utilisation des jeux vidéo.

Chiasson signera sa dernière pièce pour enfants, *Le manège des anges*, en 1993, alors que l'Escaouette abandonne cette clientèle. L'intrigue de la pièce tourne autour de Constant, âgé de 7 000 ans et qui ne vieillit plus depuis longtemps. Il aimerait plus que tout être l'enfant qu'il n'a jamais été et avoir une vie «comme tout le monde», de la naissance à la mort. L'ange Raphaëlle l'a entendu et elle lui permet de remonter le temps, jusqu'à sa naissance, afin qu'il puisse «revenir au monde» et vivre une «vraie» vie. Le long voyage vers le passé se déroule en six arrêts, qui vont de 1992 à environ 5000 avant Jésus-Christ. Pour passer d'une époque à l'autre, grâce à la magie du «manège des anges», Raphaëlle et Constant énumèrent certaines dates et événements clés. Chaque arrêt met en scène ce que Constant a été à cette époque. Chaque fois, la scène porte sur la façon dont les enfants sont (mal)traités: 1992 et les abus qui entourent la colonisation blanche de l'Afrique, 1842 et le travail des enfants en ce début d'ère industrielle, 1026 et les maléfices de la magie noire sur les enfants, 350 avant Jésus-Christ et le mariage d'enfants avec des adultes, 3000 avant Jésus-Christ et la vente d'enfants au profit des parents; enfin, 5000 avant Jésus-Christ, date de la naissance de Constant. Même si elle est un peu statique et répétitive, la pièce est empreinte de poésie et permet aux enfants de découvrir et de réfléchir au temps, à la profondeur de l'histoire de l'humanité.

Au début des années 1980, le théâtre l'Escaouette veut implanter un théâtre en été à Shédiac, lieu de villégiature populaire auprès des Québécois, et commande alors une comédie à Chiasson. *Cogne Fou* (1981) est une pièce délirante qui s'inspire des *comics*: Cogne, qui rêve d'être un superhéros acadien, se commande un beau costume des États-Unis, convaincu que cela lui donnera des pouvoirs magiques. Comme par hasard, sa blonde Méa (qu'on ne verra pas), s'est fait enlever par Majorique Vicegrip. Cogne part à sa recherche, persuadé de la trouver à Pointe-aux-Lépreux (la centrale nucléaire de Point Lepreau). Peu structurée, la pièce vaut par son humour. Chiasson reprend le personnage de Cogne Fou dans *Y'a pas que des maringouins dans les campings* (1986), dans laquelle il récupère quelques scènes de *Cogne Fou*, dont l'enlèvement de Méa. L'humour touche à l'absurde et est beaucoup plus efficace que dans la première mouture.

Chiasson est également au cœur d'un projet-performance qui lie théâtre, poésie, art visuel, musique et cinéma. Créé pour la Maison de la culture de La Rochelle et du Centre-Ouest, en France, puis présenté à Moncton, *Évangéline, mythe ou réalité* (1982) affirme que ce n'est pas à partir du mythe d'Évangéline que se construira l'Acadie de l'avenir, mais à partir de la modernité et au sein de la société contemporaine dûment délimitée dans l'espace. Le passé ne doit pas nuire au présent, mais le présent est redevable au passé. À La Rochelle, la réaction sera si vive que le théâtre l'Escaouette sera invité à interrompre les représentations: ce mélange de rock, de théâtre sur un fond de contestation de l'image traditionnelle de l'Acadie n'a pas plu au public français.

Gracia Couturier

Gracia Couturier est née le 14 août 1951 à Edmundston. De l'Université de Moncton, elle obtient un baccalauréat en arts en français (1972), un baccalauréat en éducation (1973) puis, lors d'un retour aux études, une maîtrise en création littéraire (1995) qui lui permet d'écrire *L'antichambre*, publié en 1997. Elle enseigne de 1974 à 1977 à Bathurst, revient à Moncton pour participer à la création de la coopérative du théâtre l'Escaouette, où elle sera tour à tour comédienne, publiciste, administratrice et conceptrice-rédactrice des cahiers pédagogiques. De 1981 à 1984, elle est directrice du Service socioculturel du campus de Shippagan de l'Université de Moncton; elle y fonde et dirige le Théâtre de Saisons, qui produit ses quatre premières pièces: *La couche aux fesses* (1981), *Et le filet n'est pas percé!...* (1982), *Les enfants, taisez-vous!* (1983) et *Les ordinatrices* (1984). De retour à Moncton en 1985, elle travaille comme recherchiste et chroniqueuse à Radio-Canada. En 1996, elle devient directrice de production et éditrice aux Éditions d'Acadie, et ce, jusqu'à la faillite de l'entreprise en 2000. Depuis, elle travaille dans le domaine de la production télévisuelle comme recherchiste et scénariste.

Elle écrit *Le gros ti-Gars* (1987) pour l'Escaouette à la demande du directeur artistique Eugène Gallant. La pièce traite de la nécessité de bien équilibrer son alimentation et de faire de l'exercice. Thème pédagogique s'il en est, mais qu'elle aborde de façon amusante. Les quatre personnages sont colorés et archétypaux: le docteur Savant cherche la formule alimentaire idéale pour l'OCH (Organisation des corps humains). Calorie, grosse comme une boule et ministre de Calorifère, et Vitamine, maigre comme un clou et ministre de Vitaminique, ont des points de vue opposés sur la formule idéale et s'emploient à orienter les recherches du docteur Savant en leur faveur: uniquement des calories ou des vitamines. Arrive Sylvain, un jeune joueur de hockey, qui sera la victime des deux ministres jusqu'à ce que le docteur trouve la bonne formule. *Le gros ti-Gars* est la première pièce pour enfants à être publiée en Acadie (Michel Henry Éditeur).

Enfantômes suroulettes (1989) est une commande de Katherine Kilfoil, alors directrice artistique de l'Escaouette. L'histoire est touchante tant par son thème que par la façon dont elle est développée. Diane vient de mourir et elle arrive dans un univers dont elle ignore tout. Elle a des patins à roulettes aux pieds, mais elle ne sait pas vraiment s'en servir. Elle a 30 ans, mais 15 d'âge mental: elle souffre de déficience intellectuelle et éprouve une certaine difficulté de langage. Survient Tony, un adolescent de 15 ans tué par une automobile alors qu'il fuyait l'hôpital où il était traité pour une leucémie. Il n'a plus de cheveux. Il se promène habilement en planche à roulettes. Les deux auront à s'apprivoiser et à accepter leur sort: ils sont maintenant des fantômes. La fantaisie de la situation est l'occasion d'aborder avec délicatesse les sujets de la mort, des personnes handicapées et des maladies incurables.

Entre ces deux pièces, elle écrit *Les ans volés* (1986) pour les étudiants du département d'art dramatique et *Mon mari est un ange* (1987). Spectacle solo pour le grand public, cette dernière est écrite pour Philippe Beaulieu, le conjoint de Couturier. Le couple produit le spectacle, qui est présenté dans les Jardins de la République, un parc provincial situé près d'Edmundston. La pièce aborde la relation de couple dans une optique féministe et humoristique. Grâce à la science, Tarzan Mazerolle, époux de Jane, est enceint et raconte au public les raisons qui ont mené à cette grossesse. La pièce repose sur la qualité du comédien, et l'on sent qu'elle a été écrite pour Beaulieu.

Les romans et les œuvres pour la jeunesse de Couturier sont présentés dans les sections consacrées à ces genres.

Les autres auteurs de théâtre

Homme de parole, Raymond Guy LeBlanc se laisse tenter par le théâtre et écrit trois pièces: *As-tu vu ma balloune?*, créée par le tout nouveau département d'art dramatique de l'Université de Moncton (1974), *Tchissé qui mène icitte*, créée par le collectif Ma gang asteur (1976), et *Fonds de culottes*, créée par le théâtre l'Escaouette (1981). Ce sont des œuvres qui répondent à des commandes et qui expriment des préoccupations de l'époque.

Ainsi, *Fonds de culottes* met en scène trois élèves qui découvrent que leur diplôme ne leur ouvre pas les portes du monde du travail et est largement insuffisant pour leur permettre de trouver un emploi intéressant, malgré les discours pompeux du directeur de l'école. Cette pièce est la plus politique et la plus engagée socialement de l'Escaouette depuis ses débuts.

Si la poésie est le genre littéraire qu'a le plus pratiqué Gérald Leblanc, il s'est aventuré dans le théâtre avec un relatif succès. *Sus la job avec Alyre* (1981) est un spectacle solo autoproduit qu'il a écrit pour le comédien Bernard LeBlanc, tandis que *Les sentiers de l'espoir* (1983) est une pièce pour adolescents commandée par Roger LeBlanc pour le théâtre l'Escaouette. Deuxième de la trilogie historique de la compagnie, cette pièce, qui raconte l'histoire de Joseph Gueguen, débute en 1755 alors que Joseph a 14 ans. Évitant la Déportation parce qu'il est étudiant au séminaire de Québec, il revient en Nouvelle-Écosse et, après diverses péripéties, s'établit à Cocagne, qu'il contribue à développer. L'intrigue se termine en 1803 alors que la communauté acadienne du Nouveau-Brunswick est en plein essor. La pièce ne dépasse pas l'enchaînement d'anecdotes, mais sa facture démontre l'aisance de l'auteur à créer des dialogues vivants. Le discours est traditionnel et la langue des personnages peu ou pas scolarisés (avec la conjugaison en «ons») l'est tout autant, mais sans la force poétique de celle de Maillet.

En 1987, le théâtre l'Escaouette reprend *Dame Bulle*, une pièce pour enfants de Charles Pelletier (voir la section Roman pour sa biographie), que le Théâtre Nouveau avait créée en 1978. Sympathique en soi, *Dame Bulle* est un fourre-tout. Sylvia a repéré avec son télescope une dixième planète, qu'elle a nommée Dame Bulle. Dame Bulle a envoyé sur Terre une bulle avec une surprise dedans. Sylvia et ses amis – Jovette, Michel et Maurice – découvrent la bulle et le clown assis à l'intérieur, prisonnier. Comment réussir à le faire sortir de là? C'est toute la question de la pièce. Finalement, c'est en lui disant qu'ils l'aiment que les «enfants comédiens» réussissent. Car l'amour unit le monde. Entretemps, Jovette condamnera les attouchements sexuels, Michel, l'utilisation d'outils dangereux et la situation des francophones en milieu minoritaire, Maurice, la pollution de la Terre, Sylvia, l'exploitation des enfants dans de nombreux pays. Les personnages ne se distinguent pas vraiment des comédiens, et la pièce se résume à chercher comment faire sortir le clown de la bulle.

Après l'expérience somme toute satisfaisante de *Y'a pas que des maringouins dans les campings*, l'Escaouette est plus que jamais déterminée à implanter un théâtre en été à Shédiac. Eugène Gallant choisit de remonter *Le pique-nique*, une comédie de Rino Morin Rossignol. Cette pièce délirante avait d'abord été publiée en 1982 par les Éditions Perce-Neige et Gallant en avait fait la mise en scène en 1984 pour le Théâtre Laurie-Henri. *Le pique-nique* présente une galerie de personnages qui se retrouvent à ce qui pourrait être un piquenique: Lord Durham, qui a affirmé en son temps que les Canadiens n'avaient pas de littérature; Malobianah, la jeune Malécite qui sauvera son peuple en entraînant ses ennemis dans les chutes de Grand-Sault, sacrifiant ainsi sa vie; Paul la Gazelle, un homosexuel joyeusement affirmé et digne alter ego de l'auteur; l'Évêque, personnage emblématique de l'Acadie et défenseur d'un passé dont plus personne ne veut; Vangéline, rappel de l'Évangéline de Longfellow; et un chœur formé de représentants des trois grandes régions acadiennes du Nouveau-Brunswick – Nord-Ouest (Madawaska), Nord-Est (Péninsule acadienne) et Sud-Est (Moncton) – chacun porteur de l'histoire, de la langue et des valeurs de sa région. Si l'intrigue est à peu près inexistante, la pièce est joyeusement ironique et les préoccupations sociales sont bien mises de l'avant. S'il n'écrira plus de pièce, Morin Rossignol publiera plusieurs recueils de poésie et un roman.

3. 1991 À 2000 : DIVERSIFICATION DE LA PRISE DE PAROLE

INTRODUCTION

Depuis 1972, la société acadienne du Nouveau-Brunswick s'est modernisée et a développé des institutions qui la rendent maîtresse d'elle-même. Dès le début de son premier mandat, en 1987, le premier ministre McKenna cherche avant tout à développer économiquement sa province en vantant le caractère bilingue de ses habitants, ce qui heurte certains unilingues anglophones. Le mécontentement des anglophones, né sous le gouvernement Hatfield, entraînera en 1989 la création d'une branche provinciale du Confederation of Regions Party (CoR), qui prendra véritablement son envol au moment de l'élection de 1991, alors qu'il remportera huit sièges, principalement dans la région de la capitale provinciale, tout en obtenant 30% des votes anglophones : de nombreux fonctionnaires s'imaginent que toute la fonction publique sera contrainte au bilinguisme. À cette élection, les Progressistes-conservateurs ne font élire que trois députés. Quant au CoR, il sera rayé de la carte lors de l'élection de 1995.

McKenna mise sur les centres d'appel pour créer des emplois. Il réussit à en attirer plusieurs, notamment à Moncton, à cause du bilinguisme des Acadiens. Comme ailleurs au Canada et dans le monde, le Nouveau-Brunswick s'urbanise. Les régions se vident au profit de Saint-Jean, de Fredericton et, surtout pour les Acadiens, de Moncton et sa région, ce qui entraîne des fermetures d'écoles, d'hôpitaux, de commerces et une diminution de divers services sociaux dans les milieux ruraux. Ville satellite de Moncton, Dieppe connaît une croissance très rapide et s'impose au tournant de l'an 2000 comme la ville acadienne la plus dynamique, tandis que Moncton demeure le principal foyer culturel acadien.

McKenna remporte aisément l'élection de 1995, puis, en 1997, il démissionne de son poste, fidèle à son engagement de n'exercer le pouvoir que pour un maximum de dix années. Deux grands événements sociaux et culturels marqueront les dernières années de son mandat: la tenue du premier Congrès mondial acadien, en 1994, et la préparation du Sommet de la francophonie, qui aura lieu en septembre 1999 alors que les Progressistes-conservateurs de Bernard Lord sont au pouvoir depuis l'élection du 7 juin.

En reconnaissance de leurs actions en faveur des Acadiens, les premiers ministres Louis J. Robichaud, Richard Hatfield (à titre posthume) et Frank McKenna reçoivent, le 24 avril 1994, la médaille Léger-Comeau, la plus haute distinction acadienne, de la Société Nationale de l'Acadie. Le premier Congrès mondial acadien en est alors à ses derniers préparatifs.

Jean-Marie Nadeau avait eu l'idée d'un congrès mondial acadien alors qu'il participait, à titre de secrétaire général de la Société Nationale de l'Acadie, à la réunion de fondation de l'Association acadienne de l'Alberta, en mai 1988. Cette idée n'est pas sans rappeler les Conventions nationales de l'Acadie, dont la première, tenue en 1881 à Memramcook, avait confirmé la renaissance de l'Acadie. Ces conventions avaient servi dans un premier temps à doter l'Acadie de symboles nationaux (fête, drapeau, hymne), puis elles avaient été l'occasion de faire le point sur l'Acadie des Maritimes et de mettre de l'avant des revendications en vue d'améliorer la condition économique, religieuse (obtenir un évêque acadien), sociale et culturelle des Acadiens. La plus récente avait eu lieu à Edmundston en 1979. Toutefois, ces conventions rejoignaient principalement les Acadiens des provinces maritimes.

Nadeau souhaite élargir la portée des conventions: en se fondant sur l'adage «l'Acadie est partout où il y a un Acadien», il compte offrir aux Acadiens du monde l'occasion de se rassembler pour fêter leur origine et développer des liens. À cause de la Déportation, des Acadiens ont fait souche dans différentes régions et plusieurs ont préservé la conscience de leur origine. Évidemment, d'une génération à l'autre, cette ascendance en est devenue une parmi d'autres mais, un peu comme pour les Irlandais, elle est tenace. De nombreuses associations ont été créées pour la perpétuer, aussi bien en France qu'au Texas (eh oui!), au Canada et au Québec. Les Cadiens (*Cajuns* en anglais) de la Louisiane représentent un cas particulier: cette nouvelle Acadie créée au pays des bayous a donné naissance à une culture francophone originale et toujours vivante. L'idée se répand, un comité se structure et le grand rassemblement a lieu du 12 au 22 août 1994 à Moncton, à Dieppe et dans huit villages du sud-est, de Richibouctou à Cap-Pelé. Si les réunions de familles sont le cœur de l'événement et le demeureront d'un Congrès mondial acadien (CMA) à l'autre, les nombreuses manifestations culturelles enrichissent l'expérience des «congressistes», qui sont plus exactement des «festivaliers»: tout est organisé pour créer une grande et dynamique fête. Arts visuels, musique, artisanat, théâtre, conférences et même des colloques universitaires viennent se greffer aux réunions de famille. Selon les sources, entre 20 000 et 30 000 personnes auraient participé à ce premier CMA. Une structure permanente est mise sur pied pour assurer la pérennité de l'événement, qui aura lieu par la suite aux cinq ans, en se déplaçant dans différentes régions: Louisiane (1999), Nouvelle-Écosse (2004), Péninsule acadienne (2009) et région des trois frontières (Madawaska, Maine et Témiscouata, 2014).

Le VIIIe Sommet de la francophonie, tenu en 1999, apporte la reconnaissance internationale à l'Acadie des Maritimes. La plus petite ville à accueillir ce sommet, Moncton et ses deux villes satellites (l'anglophone Riverview et la francophone Dieppe), est aussi la ville hôte avec le moins de francophones, soit 30% de sa population (d'environ 100 000 à l'époque). Si la rencontre des chefs d'États se déroule du 3 au 5 septembre 1999, de nombreuses activités sociales et culturelles animent la ville tout au long de l'été, dont un Symposium d'art actuel (du 9 au 23 août), du théâtre, des soirées de poésie et de nombreux concerts de musique. Le tout en français, sous l'œil éberlué de certains anglophones. Moncton ne sera plus jamais la même.

Culture

Le succès du Congrès mondial acadien prouve, si tant est que ce fût nécessaire, l'extraordinaire vitalité du peuple acadien et de sa diaspora. Le Congrès coïncide avec une floraison culturelle aussi riche que diversifiée, qui repose sur des organismes de diffusion dynamiques, même s'ils sont de création récente.

Ainsi, au Nouveau-Brunswick, dix radios communautaires ont vu le jour entre 1988 (CKRO, Pokemouche) et 2008 (CFBO, Dieppe). Regroupées dans l'Association des radios communautaires acadiennes du Nouveau-Brunswick (ARCANB), elles couvrent l'ensemble de la province. Quatre autres stations sont actives en Nouvelle-Écosse et une autre à Terre-Neuve. Depuis 2007, toutes ces radios sont regroupées au sein de l'Association des radios communautaires en Atlantique (ARCA) et, de là, au sein de l'Alliance des radios communautaires du Canada (ARC).

Rapidement, les radios communautaires attirent de nombreux auditeurs avec leur programmation axée sur la chanson, en particulier acadienne, et les nouvelles régionales. L'impact sur l'industrie naissante de la musique surpasse tout ce qu'on pouvait espérer. Les spectacles en français se multiplient. L'un de ces postes bouleversera le paysage musical du Sud-Est: Radio-Beauséjour (CJSE) entre en ondes le 26 juillet 1994, soit quelques jours avant le début du CMA. Installé à Shédiac, Radio-Beauséjour veut desservir les quelque 70 000 francophones de la région, d'autant plus que Radio-Canada est la seule station de langue française et que la population locale n'est guère portée à syntoniser cette chaîne. Dans cette région, une bonne partie des Acadiens se sent minorisée face aux anglophones, sa langue vernaculaire, le chiac, étant perçue par plusieurs membres de l'élite francophone comme une étape vers l'assimilation. Les responsables de CJSE auront fort à faire pour convaincre leurs animateurs, tous bénévoles, de parler en ondes sans se censurer linguistiquement : on parle le moins possible et l'on fait tourner le plus de disques possible. Lentement – ça prendra des années –, ces personnes apprivoiseront la prise de parole et, chemin faisant, auront tendance à utiliser une langue, sinon normative, du moins plus proche de l'Acadien traditionnel. Le chiac sera utilisé comme langue littéraire par certains écrivains et chanteurs. Ce chiac n'est plus alors celui d'un peuple minorisé, mais celui de locuteurs déterminés à affirmer leur identité, leur originalité.

Il faut attendre le début des années 1990, et en particulier 1994, pour assister à la naissance de structures de production audiovisuelle en Acadie. De petits studios d'enregistrement se créent et les disques se multiplient rapidement. La distribution s'organise et se professionnalise avec la fondation de Distribution Plages, qui s'établit à Caraquet au tournant du millénaire. Comme cela avait été le cas en édition, l'apparition d'une nouvelle génération de chanteurs, de groupes, de musiciens, de compositeurs – dont une bonne partie est passée par l'université (ne serait-ce que très temporairement et pas nécessairement en musique) – coïncide avec le désir des Acadiens de « s'entendre », d'être à l'écoute de voix qui leur ressemblent et qui expriment qui ils sont.

La diffusion s'était structurée auparavant autour du Conseil de la promotion et de la diffusion de la culture (CPDC), fondé en 1971, qui donne naissance aux sociétés culturelles et, de là, au Réseau de diffusion de spectacles francophones (1985). En 1989, le CPDC devient le Conseil provincial des sociétés culturelles (CPSC), une fédération des sociétés culturelles.

Du côté de la production cinématographique et vidéographique, le studio Acadie de l'Office national du film (ONF), mis sur pied en 1974 avec l'apport important de Léonard Forest, a un effet déterminant sur la production de films, principalement documentaires, et entraîne la formation de plusieurs compagnies, parmi lesquelles on compte les productions Phare Est, fondées en 1988 par un groupe de cinéastes, dont Herménégilde Chiasson.

La relance de Perce-Neige

De la maternelle à l'âge d'or, chaque Acadien peut, en ce début des années 1990, lire un livre qui lui ressemble. Et c'est aux Éditions d'Acadie que l'on doit environ la moitié de cette production. Toutefois, à compter de 1991, aucun nouveau poète acadien n'y est publié, la poésie devenant l'affaire des Éditions Perce-Neige. Cette maison avait repris ses opérations en 1991 autour d'un groupe de jeunes, issus en bonne partie de l'Université de Moncton, qui veulent dynamiser la vie littéraire – et poétique, en particulier – acadienne. Jean-Philippe Raîche, Fredric Gary Comeau, Paul J. Bourque et quelques autres convainquent Herménégilde Chiasson, Rose Després, Gérald Leblanc et Dyane Léger – quatre poètes qui avaient maintenu la structure légale de l'entreprise en vie –, de relancer la maison.

Dans un premier temps, on confie la direction générale à Paul J. Bourque mais, assez rapidement, on scinde la direction en deux: Gérald Leblanc prend la direction littéraire et Bourque, la direction de la production. On redéfinit le mandat: il s'agira, bien sûr, de publier des textes de création de jeunes auteurs acadiens, tout en incluant les auteurs des générations précédentes; ainsi, Gérald Leblanc, Dyane Léger, Raymond Guy LeBlanc, Guy Arsenault et Rose Després rejoignent Perce-Neige. De plus, afin de se donner un meilleur accès au marché québécois, la maison met de l'avant une politique de coédition avec les Écrits des Forges, à Trois-Rivières. Les principaux recueils sont coédités, mais l'aventure se termine en 1994, principalement parce qu'en laissant le marché du Québec aux Écrits des Forges, Perce-Neige est réduit à l'indigence, le marché acadien étant beaucoup trop restreint. Par contre, cette initiative a permis de faire la preuve qu'il y a une clientèle québécoise pour les auteurs acadiens. Or, en 1989, les éditeurs canadiens-français ont fondé le Regroupement des éditeurs canadiens-français (RECF), qui négocie par la suite une entente avec le distributeur québécois Prologue, ce qui donne à Perce-Neige un meilleur accès à ce marché.

La faillite des Éditions d'Acadie

En 1992, les Éditions d'Acadie atteignent un nouveau plateau en publiant pour la première fois plus de 20 titres. Les ventes brutes franchissent le cap du demi-million de dollars en 1993. Le nombre d'employés grimpe à huit et, en 1995, on passe le cap des 300 ouvrages publiés. Le temps où la publication d'un livre acadien était un événement rarissime est terminé. En 1996, 44 ouvrages sont publiés en Acadie, dont 22 par les Éditions d'Acadie. Le mandat de la maison demeure de publier et de diffuser aussi largement que possible des livres d'auteurs acadiens, quels que soient les sujets dont ils traitent, et des livres sur l'Acadie, peu importe l'origine de l'auteur. Éditeur général, les Éditions d'Acadie sont à la fois un reflet et un animateur de la scène culturelle. La situation financière de la maison se complique à la fin des années 1990, en bonne partie à cause de sa volonté de couvrir en même temps le littéraire, le pédagogique et le savant alors que les subventions, en particulier celles du gouvernement provincial, sont insuffisantes.

La situation de l'édition en Acadie est désolante: pas de politique gouvernementale du livre, des budgets faméliques consentis aux bibliothèques (scolaires et municipales) pour l'achat de livres, faibles subventions pour les arts, quelques rares librairies. D'après l'UNESCO, un pays qui ne dispose pas d'une population d'au moins dix millions d'habitants ne peut avoir une industrie du livre rentable: l'aide gouvernementale est alors essentielle. Au Canada, les francophones sont environ sept millions. Dans les provinces maritimes, les Acadiens sont autour de 300 000. On évalue généralement le bassin des lecteurs à 1% de la population et qu'un livre devient un best-seller quand 10% des lecteurs l'achètent. En Acadie, un best-seller représenterait donc 300 exemplaires vendus. Au Canada, cela équivaudrait à 7 000, dont 6 000 au Québec. Aux prises avec un déficit accumulé que la maison n'arrive pas à résorber et qui augmente d'année en année, les Éditions d'Acadie font faillite en 2000.

Les Éditions d'Acadie auront publié plus de 400 titres, représentant tous les genres littéraires, touchant à tous les aspects de la culture acadienne, et s'adressant à toutes les clientèles.

La littérature y voisine l'histoire, l'art et le pédagogique. Énumérer les principaux titres publiés par cette maison, c'est tracer le portrait de plus des trois quarts de la production littéraire acadienne: à l'exception d'Antonine Maillet, tous les auteurs marquants des années 1970 y ont publié au moins un ouvrage. À partir des années 1980, au fur et à mesure que Perce-Neige se développait, la maison avait vu sa contribution à la poésie diminuer, et son rôle dans l'édition pour la jeunesse, quasiment disparaître à la suite de la création de la maison Bouton d'or Acadie, en 1996.

Les Éditions d'Acadie et Perce-Neige se partageront les principaux recueils publiés durant les années 1990. Des deux maisons, les Éditions d'Acadie seront la moins aventureuse.

Les autres maisons d'édition

Quatre maisons d'édition voient le jour durant cette décennie: les Éditions Marévie, les Éditions du Grand Pré, les Éditions de La Grande Marée et Bouton d'or Acadie.

Un petit groupe d'écrivains et d'amateurs de littérature impliqués dans le développement culturel du Madawaska fondent en janvier 1988 les Éditions Marévie, dont la mission est essentiellement régionale. La maison publie une vingtaine d'ouvrages, incluant plusieurs recueils d'Albert Roy, avant de suspendre ses activités en 1997.

Les Éditions du Grand Pré, fondées en 1989 par Henri-Dominique Paratte, professeur à l'Université Acadia de Wolfville, en Nouvelle-Écosse, publient de manière très sporadique des ouvrages de quelques auteurs régionaux, ainsi que des œuvres du fondateur et de sa conjointe, Martine L. Jacquot. Ces deux maisons auront une influence régionale durant les années 1990, sans jamais réussir à dépasser le stade d'un amateurisme de bon aloi.

Plutôt que d'attendre une réponse positive d'un éditeur reconnu, Jacques P. Ouellet choisit de fonder, avec son épouse Suzanne, les Éditions de La Grande Marée afin d'y publier ses propres œuvres, mais aussi celles de plusieurs autres auteurs. Depuis 1993, la maison, installée à Tracadie-Sheila, a publié plus d'une centaine de titres, principalement en littérature et en histoire. Elle a aussi largement dépassé le cadre régional de sa naissance, offrant une solution autre que Perce-Neige ou Bouton d'or Acadie aux auteurs qui tiennent à publier en Acadie.

Avec la complicité de Judith Hamel, Marguerite Maillet crée en 1996 les Éditions Bouton d'or Acadie, qui se consacreront aux ouvrages pour la jeunesse. Cette maison est présentée dans la section Littérature jeunesse.

Regard sur la poésie
Herménégilde Chiasson

Chiasson fait paraître six recueils durant les années 1990, répartis également entre Perce-Neige et les Éditions d'Acadie. *Existences* (1991) et *Miniatures* (1995), tous deux chez Perce-Neige, relèvent de la même logique: des textes en prose présentés en un paragraphe ne dépassant pas une page, qui invitent à découvrir l'étrange faculté qu'est la mémoire. Quelques illustrations, toutes conçues de la même manière, aèrent *Existences*: au centre, le dessin d'une tête encadrée (comme si c'était un timbre); autour, des gribouillis. Dans *Miniatures*, la page de gauche reproduit un objet: carte postale, avis de changement d'adresse, carton d'invitation, certificat de naissance, pendentif, gant égaré... Celle de droite est composée de textes en prose. Les deux recueils racontent l'histoire d'un « il » et d'une « elle », jamais identifiés et pas nécessairement les mêmes d'un texte à l'autre. Multiplicité des personnages comme autant de fragments de l'être. Multiplicité aussi dans la façon de se souvenir, en relatant une anecdote, en synthétisant un destin, en proposant une réflexion. La poésie cède le pas au récit, mais fondé sur la poésie.

Dans *Vous* (Éditions d'Acadie, 1991, prix France-Acadie pour le recueil et pour l'ensemble de son œuvre), Chiasson invite le lecteur à plonger avec lui, à l'accompagner dans son pays intérieur; pour ce faire, il se sert non seulement de l'écriture mais aussi du dessin et de la photo, qui ajoutent à la compréhension de l'œuvre. Ce long monologue intérieur s'adresse tout autant à « vous », une femme avec qui le poète a partagé sa démarche, qu'à tous dans une tentative de communiquer une parcelle de son humanité, même s'il met le lecteur en garde contre sa propre parole.

L'espace, chez Chiasson, est parfois perçu comme un absolu, une généralité. C'est dans *Vermeer (toutes les photos du film)* (Perce-Neige, 1992) que cette notion d'un espace large, voire indéfini, est le mieux mise de l'avant. Construit comme un scénario de film, le recueil invite à voyager dans le monde du poète. Avec un motif fondé sur l'art, il explore le rapport qu'établit le narrateur avec le peintre néerlandais Vermeer de Delft (1632-1675). Chaque double page est entièrement habitée par une photo: bâtiment, intérieur, extérieur, ciel, vue aérienne. Aucun lieu n'est clairement identifié. On est convié au voyage: départ, avion, arrivée, retour. Une quête autour de l'art, mais aussi autour de la femme; une quête, finalement, de soi.

Il y a dans *Climats* (Éditions d'Acadie, 1996) une volonté de rassembler tout le vécu du poète, comme si le temps de la synthèse était arrivé. Le recueil s'ouvre d'ailleurs sur le premier poème qu'avait publié Chiasson en 1969, dans le numéro de la revue québécoise *Liberté* consacré à la «jeune» poésie acadienne. Chiasson a regroupé les textes selon les quatre saisons, débutant avec le printemps, et passant de l'espoir à une conscience beaucoup plus acérée qui frôle par instants le désespoir ou du moins l'absence d'espoir. À travers une variété de «climats» – tensions, ambiances et émotions –, il entraîne le lecteur dans les dédales de sa quête. Il y a une violence à peine retenue dans certains des textes, violence qui naît de l'angoisse du narrateur, qu'il finit par accepter, lui qui a choisi l'écriture pour rester en vie. Il entreprend aussi de jouer avec elle comme dans cette suite de poèmes en vers réguliers dans la section «Été». Les pieds et les rimes n'obéissent que très partiellement aux lois de la versification classique, mais ils donnent néanmoins aux sujets un éclairage différent, par instants ironique.

Constitué de 1 000 phrases numérotées de 1 à 999, plus ou moins longues et complexes, et attribuées à «Lui» ou à «Elle», *Conversations* (Éditions d'Acadie, 1998, prix du Gouverneur général) court dans tous les sens de la réflexion, à partir d'observations diverses. Il s'agit ici davantage de phrases incisives, ciselées comme des bijoux, conçues comme un tout, que de l'approfondissement d'une problématique précise. Les phrases sont méticuleusement placées dans la page selon une formule fixe qui répartit l'information sur trois colonnes: un chiffre, un personnage (Elle ou Lui) et une phrase. Cette ordonnance ouvre la lecture à divers jeux: on peut les lire dans l'ordre, choisir seulement les «Elle» ou les «Lui», s'attarder aux phrases à l'infinitif (et il y en a plusieurs) ou tout simplement laisser le hasard décider. Et rien n'empêche d'en inventer d'autres. On a l'impression que Chiasson voulait briser le récit, la forme habituelle du poème pour laisser émerger ce qui pouvait apparaître. En obligeant son écriture à suivre un patron, Chiasson crée une distance entre écriture et émotion: le texte s'éloigne de lui, comme dans *Existences* et *Miniatures*. En établissant les liens entre les phrases éparses, le sens de l'ensemble apparaît: celui de la lutte entre parole et silence, entre disparition et affirmation, entre passé et futur, entre tradition et modernité. D'un coup, toute la réflexion de Chiasson est là, éparpillée, parcellisée, mais toujours aussi percutante. La quête identitaire, l'angoisse métaphysique, le désir de modernité et de transcendance de la tradition alimentent chacune des phrases. Le recueil devient alors un véritable livre de chevet, qu'il faut lire lentement pour en saisir toutes les nuances.

Publié chez Le Nordir, une maison d'Ottawa, en 1999, *Pour une culture de l'injure* est un essai sur l'art qui se voulait un dialogue entre l'écrivain et artiste franco-ontarien Raphaël Pelletier et Chiasson. Mais au lieu de la correspondance prévue, Pelletier a envoyé à Chiasson un long texte, complet en lui-même. Chiasson n'a eu d'autre recours que de découper le texte de Pelletier et de tenter d'accompagner, de commenter, de s'inspirer de chacune des 19 parties ainsi créées. Il a ensuite placé les textes respectifs sur deux colonnes. Ainsi, les deux auteurs et artistes visuels ont chacun leur tour habité les espaces libres de dessins, de graffitis, d'illustrations. La «lettre» de Pelletier est un long jet, comme un cri du cœur, ou comme une blessure qu'il dévoile à son ami. Entre le délire et la réflexion, entre la nécessité de dire et l'impuissance d'en arriver au bout de son rêve, Pelletier jette littéralement sur le papier ses fantasmes et ses frustrations en tentant de définir la culture de l'injure. Mais l'ensemble demeure confus, fidèle à l'image qui se dégage du personnage qui s'écrit. À l'opposé, le texte de Chiasson est lumineux, construit tout en nuances. Oubliant l'injure, Chiasson cherche à comprendre la beauté en interrogeant la littérature et les arts plastiques, mais aussi son identité, illustrant sa pensée d'expériences esthétiques et personnelles. Sa réflexion le conduit à chercher le sens profond de la vie. Revenant sur ses œuvres visuelles, plus particulièrement quand, plus jeune, il cherchait à choquer, il interroge cette production, la sienne et celle des autres. De là, il réfléchit sur la lumière, la peur, la liberté, la mort. Le texte éclaire son cheminement, rapprochant le lecteur de son œuvre.

Raymond Guy LeBlanc
Dans le deuxième recueil de Raymond Guy LeBlanc, *Chants d'amour et d'espoir* (Michel Henry Éditeur, 1988), la revendication identitaire et sociale cède la place à l'amour et à un regard mystique. À l'image de la suite « Poème du mois de juillet 1982 », principal texte du recueil, les textes sont doux et empreints d'un certain romantisme. Bien qu'il soit intéressant et qu'il permette au poète d'explorer de nouveaux thèmes, ce recueil n'a ni la force ni l'unité de *Cri de terre*.

La mer en feu, poèmes 1964-1992 (Perce-Neige, 1993) complète *Cri de terre* et apporte un nouveau regard sur *Chants d'amour et d'espoir* en présentant des poèmes qui avaient été exclus de ces recueils, dont plusieurs qui avaient été publiés en revue. Le recueil permet de saisir l'évolution de la pensée de LeBlanc, de la candeur de l'adolescence au regard attendri de la maturité, en passant par les poèmes militants de la vingtaine. Les derniers textes sont porteurs d'une paix intérieure qui s'exprime de façon presque naïve, alors que les premiers sont habités d'une colère suscitée par les multiples injustices qu'il dénonce et qui fait claquer les vers. Le principal intérêt de ce recueil réside dans les poèmes des années 1970, dont certains sont signés du pseudonyme de Guy Letendre. Ces poèmes avaient d'abord été publiés dans *L'Évangéline* et dans le numéro 38 des *Écrits du Canada français* (1974), dont une grande partie est consacrée à la littérature acadienne, ou encore dans *Acadie/Expérience*

(1977), un ouvrage collectif présentant un choix de complaintes traditionnelles, de poèmes et de chansons acadiennes. *Acadie/Expérience*, dirigée par LeBlanc et Jean-Guy Rens, et publiée par les Éditons Parti Pris, a été la première anthologie consacrée uniquement à la littérature acadienne. Le choix de cet éditeur donne une bonne indication de l'orientation du contenu: la maison montréalaise résolument de gauche avait été la première à publier des œuvres en joual. On est à l'époque du rêve révolutionnaire et LeBlanc, alors sympathisant marxiste comme plusieurs autres, y croyait. Le texte liminaire, un poème de Guy Letendre, rappelle le destin tragique de Louis Mailloux et parle d'un FLA – Front de libération de l'Acadie –, qui n'est pas sans évoquer le FLQ – Front de libération du Québec –, fort actif durant les années 1960. Parmi les autres poèmes de Guy Letendre, signalons la suite poétique qui dénonce l'expropriation de Kouchibouguac, publiée en premier dans *L'Évangéline* à la fin de 1972 et reprise dans les *Écrits*.

Il faudra attendre la publication d'*Archives de la présence*, en 2005, pour découvrir de nouveaux poèmes de LeBlanc.

Rino Morin Rossignol

Les poèmes de Rino Morin Rossignol racontent et explorent ce qu'il vit et ce qu'il est. Un cheminement sans tricherie, sans camouflage, sans fard: un homme et sa vie, un homme *dans* sa vie, un homme face à lui-même et face à l'autre.

Né le 19 mai 1950 à Saint-Basile, Rino Morin Rossignol obtient un baccalauréat en arts visuels du Collège Saint-Louis-Maillet (affilié à l'Université de Moncton) d'Edmundston (1971). Il exerce différents emplois dans le domaine de l'administration avant d'être engagé comme traducteur pour la Fondation canadienne des maladies du rein, à Montréal (1976-1980). En 1980, il devient conseiller auprès du gouvernement de Richard Hatfield, poste qu'il quitte en 1986 pour assumer la rédaction en chef du quotidien monctonien *Le Matin*, qui vient d'être fondé. Cette aventure dure jusqu'à la fermeture du journal en 1988. Après cela, Morin Rossignol travaille comme conseiller auprès de différentes personnes et institutions. Parallèlement, il est chargé d'adapter en français l'émission *Fashion File*, diffusée sous le titre de *Griffe* à RDI (1995 à 2003), et signe depuis 2001 une chronique dans le quotidien *L'Acadie Nouvelle*. Il vit à Montréal depuis 1989. En 2009, il a reçu le prix du Lieutenant-gouverneur du Nouveau-Brunswick pour l'excellence dans les arts littéraires en français.

Les poèmes des *Boas ne touchent pas aux lettres d'amour* (Perce-Neige, 1988) hésitent entre nouvelles et journal intime. Plus structurés et peaufinés, les textes de *La rupture des gestes* (Éditions d'Acadie, 1994) entraînent le lecteur dans la lente prise de conscience que fait Morin Rossignol de son identité et de son orientation sexuelle. Les premiers poèmes datent de 1970, tandis que les derniers sont de 1988. La première des trois parties, « La rupture des gestes », couvre les années 1970-1973. Le narrateur y raconte son effroi, son désespoir, ses angoisses qui croissent au fur et à mesure que son homosexualité latente fait surface et qu'il tente de l'endiguer. Dans des poèmes aux accents chantants même s'ils sont douloureux, Morin Rossignol rend compte de cette quête. Dans la deuxième partie, « Le rituel des vertiges » (1974-1979), le narrateur tente d'affirmer plus ou moins maladroitement son orientation sexuelle. À la culpabilité qui a suivi la découverte, succède l'effroi d'avoir à l'assumer. Période sombre, introspective, réflexive. La troisième partie, « La spirale des urgences » (1985-1988), raconte un long voyage au bout de la nuit. Le narrateur se jette dans une sexualité débridée, cherchant tout à la fois à se perdre et à se trouver. Les poèmes s'allongent, se transforment en suites; le vers se fracasse dans les mots. La violence du cynisme remplace la plastique du poème. Et si l'écriture reste belle, c'est qu'elle sait capter cette violence. Puis, un dernier poème, « Trottoirs hirsutes », rassemble en un tout cette expérience, ultime sursaut qui mène vers un « éclat du silence » sans qu'en soit précisée la signification.

Le titre, *L'éclat du silence* (Écrits des Forges, 1998), correspond à la fois au premier vers de ce recueil et au dernier de *La rupture des gestes*. L'ouvrage se divise en deux parties, « l'éclat du silence sur les fragments d'un salut » et « l'éclat du silence sur les reliques d'un désir ». Les poèmes sont répartis en deux sections sur chaque page, le « bas » semblant apporter un éclairage sur le « haut ». Jeu formel qui ouvre l'interprétation de textes dans lesquels le narrateur semble lutter contre le silence tout en souhaitant l'apprivoiser. La recherche de sens cède le pas à celle de la sonorité: lutte entre parole et silence, entre nécessité de dire et tentation de se taire. Dans la première partie, la solitude est au cœur des textes et même l'écriture contribue à isoler le narrateur, qui se sait observé alors qu'il écrit dans un café. Les textes expriment son angoisse, mais aussi son espoir de donner un sens à ce qu'il fait, à ce qu'il est. La seconde partie revient sur un amour qui se termine. Le silence est celui de l'absence. Le narrateur interroge cette relation dans des textes qui tentent de peindre ce qu'il ressent, alors que tout semble lui échapper. Ne demeure que la trace du passage de l'amant. Des textes d'une grande douceur, empreints d'une grande tristesse. Morin Rossignol poursuivra sa réflexion dans *Intifada du cœur* (2006).

Dyane Léger

Comme dans ses recueils précédents, Dyane Léger utilise dans *Les anges en transit* (Perce-Neige, 1992) une prose poétique qui entraîne la démarche vers le journal intime. Le recueil en est un de prise en compte d'un monde qui ne se limite plus à l'étroit territoire de l'enfance, mais qui s'ouvre sur l'aventure planétaire: Moscou et la Nouvelle-Orléans, deux univers, deux façons d'actualiser le destin et une façon de faire face à soi-même, dans ses douleurs et ses déchirements. Les moments de tension et de détente alternent dans cette lente réflexion sur la vie, et, par la mise en abyme de sa relation avec son père, la narratrice exorcise ses démons intérieurs.

Dans *Comme un boxeur dans une cathédrale* (Perce-Neige, 1996), la prose cède le pas à la versification. Mais la tonalité demeure celle du journal intime: chaque poème pose et repose la même question existentielle. La démarche spirituelle est au centre de ce recueil, alors que la narratrice s'interroge, mais aussi se heurte à la difficulté, voire à l'impossibilité, de comprendre. Démarche tout à la fois affirmée et craintive, déchirée entre silence et hurlement. Pourtant, il se dégage de l'ensemble plus de douceur que de violence, comme si la désespérance s'exprimait par la beauté des mots. Présente dans plusieurs textes, la mer est sans doute l'image la plus porteuse de cette ambiguïté: elle qui cause la mort, mais aussi qui préserve la vie.

Le dragon de la dernière heure (Perce-Neige, 1999) intègre deux niveaux d'écriture: des poèmes en vers et des lettres en prose, toutes adressées à «Michel», qu'on découvre lentement, au fur et à mesure qu'on chemine dans la lecture et qu'on accompagne la narratrice dans la reconstitution des événements qui ont mené à leur rencontre. Si au début le dragon et Michel semblent distincts l'un de l'autre, ils se confondent au fil des pages. Michel est peut-être aussi mythique que le dragon, et sa réalité s'embrume tandis qu'à l'inverse, le dragon prend corps et quitte la fantaisie pure. Plus la narratrice donne de détails sur sa relation avec Michel, plus les textes se rapprochent de l'imaginaire romanesque. Léger atténue, jusqu'à la faire disparaître, la distance entre elle, présentée comme un personnage de «roman» (chaque lettre est signée de son prénom), et elle, poète qui se livre à ses lecteurs. Cette recherche d'authenticité caractérise son écriture; peut-être faut-il voir dans la création de cette fable romanesque un moyen qui lui permet de vaincre ses propres résistances à accepter ce que l'écriture lui révèle. Les textes sont porteurs des lieux où ils naissent: ainsi, le lecteur accompagne la narratrice au rythme de ses voyages, d'une ville à l'autre, d'un pays à l'autre, dans cette quête de soi vécue dans un espace toujours changeant. Le thème central est la recherche du sens de son écriture, de cette étrange nécessité qui la pousse à habiter «cette vie d'exil qu'est l'écriture». Sans cesse, elle oppose vie et mort, temps présent et temps passé, solitude et relation avec l'autre, amour rêvé et amour vécu.

Après, c'est le silence. Léger continue à livrer ses textes dans des événements, mais ne publie rien jusqu'à *L'incendiaire*, en 2008, un récit poétique épistolaire coécrit avec Paul Savoie, un Franco-Manitobain qui vit en Ontario. Dans ses lettres, elle cherche à résoudre la crise intérieure qui l'a conduite au silence. Elle apprivoise à nouveau l'écriture, remontant le fil du temps, ce temps de sa jeunesse, de ce qu'elle appelle sa beauté. Il lui faut apprendre à écrire à partir de l'âge qu'elle a et non en faisant appel à son passé; ce conflit, qui anime le texte, lui donne force et pertinence.

Gérald Leblanc

Les recueils de Gérald Leblanc sont tous optimistes, tournés vers l'avenir. Même le colérique *Comme un otage du quotidien* (1981), recueil de jeunesse, est beaucoup plus dynamique que pessimiste. Comme si l'absence de pays avait conduit le narrateur vers son pays intérieur, vers l'exploration des forces de l'humain dans sa richesse, sa diversité, sa volonté d'être heureux. La poésie de Leblanc est un chant qui ne craint pas l'angoisse, angoisse qu'on trouve dans les recueils des années 1980, *Géographie de la nuit rouge, Lieux transitoires* et *L'extrême frontière*. Or, ils sont très rares les poèmes dont on peut affirmer qu'ils sont uniquement l'expression d'un *down*, pour utiliser un anglicisme que ne dénierait pas Leblanc. Au lieu de fuir l'angoisse, d'y opposer une résistance, le narrateur la laisse l'habiter, il l'accueille. Il y a de nombreuses traces d'une pensée orientale dans son œuvre. Dans les enseignements orientaux, on ne lutte pas contre la douleur, on la laisse faire, sachant qu'elle se résorbera d'elle-même. La courbe est ici plus révélatrice que l'angle. Tous publiés chez Perce-neige, les recueils subséquents poursuivent la quête, la précisant, l'approfondissant, patiemment, amoureusement même. Comme toujours chez Leblanc, les titres sont révélateurs des thèmes, tous abordés à partir de sa quête.

Les matins habitables (Perce-Neige, 1991) unissent amour et écriture. Les matins sont habitables, le quotidien, lieu privilégié de la vie et, dans cette vie, de l'amour, agréable: le poète a mûri, il sait de plus en plus ce qu'il veut faire, dire et sentir. Sa quête s'intériorise, s'appuyant sur des territoires pacifiés. Les couleurs sont inexistantes, alors que, pour une unique fois, des illustrations décrivent des scènes de la vie quotidienne dans un style de bande dessinée aux tendances post-modernes. La picturalité de Tristan Wolski se présente ici comme un contre-point à la musique des Ronald Boudreau, Roland Gauvin, Pierre Robichaud ou Nando Speranza du temps de 1755.

Complaintes du continent (Perce-Neige, 1993) regroupe des poèmes écrits entre 1988 et 1992, chevauchant ainsi ceux des *Matins habitables*. Les textes traitent du territoire d'une façon ou d'une autre. Ce continent, s'il recouvre l'Amérique du Nord, s'incarne surtout dans Moncton, comme l'affirme Leblanc dans le dernier poème. Il y rappelle également qu'il écrit au présent, et l'on pourrait ajouter qu'il écrit le plus souvent «le présent». Il habite l'Amérique, s'en nourrit, s'y love, et il évoque avec tendresse et chaleur ceux qu'il aime. Le tout est baigné par la musique et par une évocation de certaines dérives, dont des références à l'usage de drogues. La poésie devient plus introspective, intimiste, chant sans cesse réinventé. Les textes s'interpellent, se croisent, tissent un portrait de cette quotidienneté que le narrateur commente tout en interrogeant l'écriture. Le poète livre en toute simplicité son cheminement. Cette façon de faire donne à ce recueil son unicité et pourrait expliquer pourquoi il a été couronné du prix Estuaire des Terrasses Saint-Sulpice.

Des quatre recueils publiés par Gérald Leblanc entre 1991 et 1999, *Éloge du chiac* (Perce-Neige, 1995) rassemble le plus clairement l'ensemble de ses préoccupations. Curieusement, le chiac ne constitue pas le cœur du cheminement du poète, mais l'espace, un espace impalpable qui le fuit comme le fuit cette Acadie originelle depuis longtemps disparue. L'éloge devient alors celui de la persistance, de la persévérance. Dans le poème éponyme de 60 vers et de 270 mots, on compte seulement dix mots anglais répartis sur six vers. Dans le reste du recueil, l'anglais est parcimonieusement distribué pour créer des effets particuliers. Ici, la langue est française. Française d'Acadie, il va de soi. S'il n'utilise que très rarement le chiac, il reconnaît ce «bricolage linguistique» comme un signe d'affirmation. Le recueil est un chant à la langue du pays, peut-être surtout le chant de la rue, lieu où l'intimité du poète rencontre l'intimité des autres, lieu que le poète s'approprie comme il s'approprie la ville, Moncton, ville dynamisée par les Acadiens, ville dont le nom est un paradoxe, puisqu'il s'agit du bourreau des Acadiens, comme le souligne un des textes d'*Éloge du chiac*. Le narrateur prend sur ses épaules la difficile parole de son peuple et s'en charge comme d'autres ont pris la croix: Gérald Leblanc chante le désir toujours contrarié d'enracinement. Il témoigne de l'errance intérieure comme extérieure des siens, et de son chant naît le Verbe. Comme dans ses autres recueils, la nomination est essentielle: le poète doit mettre un nom sur chaque chose, sur chaque facette de Moncton, sur chaque être afin que ceux-ci existent. Voilà le drame de celui qui craint que l'univers se dissolve s'il ne réussit pas à l'amarrer dans le sol des mots. Et ce sol prend souvent la forme de la rue, lieu de passage et de circulation. Des rues imprécises, multiples, évanescentes, diffuses qu'il chante pour faire de la ville un espace habitable.

Le titre *Je n'en connais pas la fin* (Perce-Neige, 1999) reprend celui d'une chanson d'Édith Piaf telle qu'interprétée dans une adaptation anglaise de Jeff Buckley, qui en a néanmoins préservé le titre français. Gérald Leblanc le précise dans le long poème éponyme qui clôt le recueil. Ce texte, qui reprend chronologiquement les moments qui l'ont marqué durant l'année 1998, est le pendant de «sûtra de Moncton», poème qui clôt *Éloge du chiac*. Mais alors que dans «sûtra de Moncton», Leblanc nomme des événements et des personnes pour ensuite en dégager une pensée, dans *Je n'en connais pas la fin*, il se fait plus descriptif, se concentrant sur l'anecdote, sur son vécu pour tenter de saisir le sens du temps qui s'écoule, ce temps qui remonte dans le passé et qui demeure ouvert sur l'avenir. Tout le propos de ce très beau recueil tient au fait qu'il retient du vécu de son auteur l'essence des gestes posés et les partage dans une langue qui sait faire chanter les mots. Les poèmes sont courts pour la plupart, comme autant d'instantanés, tous porteurs d'une émotion, d'un sentiment, d'une impression et livrés avec sincérité et délicatesse. Les mots sont simples, les images évocatrices, les sentiments réels.

Moncton mantra (Perce-Neige, 1997), l'unique roman de Gérald Leblanc est présenté dans la section roman.

Roméo Savoie

L'eau brisée (Éditions d'Acadie, 1992) s'inscrit comme une suite de *Trajets dispersés*. L'essentiel du recueil repose sur trois suites: «L'eau brisée», «Kouchibouguac» et «17 poèmes de l'errance», auxquelles s'ajoutent quelques poèmes qui séparent les deux premières suites puis viennent clore le recueil, comme autant d'éléments de ponctuation. Savoie se sert de sa plume comme d'un pinceau et des mots comme de couleurs. Chaque vers ajoute une dimension à l'évocation, un peu comme ses toiles qui se composent de couches successives de peinture, d'inscriptions, de collages. Mais alors qu'en peinture, les couches subséquentes recouvrent les premières, en poésie, le texte défile, cernant de vers en vers l'intention de son créateur. Dans ses tableaux, Savoie utilise souvent du bois de construction, qu'il travaille avec des outils et peint avec des pinceaux industriels. Il développe des séries qui reprennent différemment les mêmes éléments. C'est peut-être pour cela qu'il affectionne les suites, où il approfondit un thème par une série de courts textes liés entre eux par une situation ou une émotion. Sa poésie est fondamentalement philosophique, posant les grands problèmes que rencontre l'humain dans sa vie. Dans «Kouchibouguac», Savoie déborde le drame des expropriés pour atteindre la tragédie acadienne. Si le poème hésite entre abandon et combat, si les fragments qui le composent laissent transparaître l'infinie beauté d'une sourde douleur, le narrateur n'en tient pas moins à donner un nom à son espoir, qui prend la forme d'un bateau, signe annonciateur des poèmes sur l'errance qui l'aura mené de son enfance à ses séjours dans différents pays, dans une quête sans fin.

Avec *Dans l'ombre des images* (Éditions d'Acadie, 1996), le narrateur s'adresse à un «tu», une femme avec qui il vit une relation amoureuse. Mais tout demeure dans l'ombre, indéfinissable. Des images émergent de sa mémoire, le ramenant jusqu'à l'enfance, mais ces images sont souvent reliées à la femme. La première partie est intitulée «Hors focus» et la troisième, «Intermède». Dans les poèmes de la première et de la troisième section, le narrateur évoque une relation en voie de se terminer, rappelant les voyages et les activités qu'ils ont vécus ensemble. Entre les deux, «La lumière des feuilles» s'inspire aussi bien de situations que d'émotions, épousant la forme du chemin de croix; mais au lieu d'une montée vers la mort, c'est d'une montée vers la vie qu'il s'agit, véritable sens du chemin de croix. Les deux derniers vers annoncent que le narrateur prend la route sans trop savoir où il va. La mer, dont il évoque le rythme, le bruit et l'odeur, lie ce recueil aux précédents (deux poèmes se présentent comme des suites de textes de *L'eau brisée*), eux aussi habités par la mer. Le titre offre plusieurs sens, chacun orientant la lecture. Savoie est sans doute caché ou protégé «dans l'ombre des images» qui naissent de lui, mais peut-être est-il aussi à l'affût, espérant que, comme le suggère le titre, de l'ombre, les images jaillissent.

En marge de la démarche de Savoie, *L'humain recto-verso* (1993) est un livre d'artiste. Publié par l'Atelier Papyrus de Trois-Rivières, cet ouvrage présente des poèmes de Savoie écrits en regard d'œuvres en papier créées par quatre artistes. Le texte devient jeu, invitation à décoder l'image suggérée par l'œuvre.

Il reviendra à la poésie en 2001 avec *Une lointaine Irlande*.

Rose Després

La «retraite» littéraire de Rose Després, moitié fortuite, moitié désirée, va lui permettre de renouveler son écriture. Les poèmes en prose cèdent la place à des vers et si Després fait encore appel à des images surréalistes, ce ne sera plus le fondement de son style.

Gymnastique pour un soir d'anguilles (1996) marque son retour aux Éditions Perce-Neige. Il s'ouvre et se ferme sur le rappel de la mémoire de David, le mari décédé, qui traverse de diverses façons les deux recueils précédents; si *Fièvre de nos mains* était le recueil de la colère, *Requiem en saule pleureur* était celui de l'acceptation de sa mort. Ce deuil a privé la narratrice d'une bonne partie du sens qu'elle donnait à la vie. Coincé entre ce qui a été et ce qui pourrait être, le présent est douleur, déchirement, lieu d'angoisses. On est en quelque sorte au centre d'une dépression. Rose Després tente d'habiter le présent par l'écriture et de lui redonner une réalité autre que ce point de passage entre le passé et l'avenir. Le recueil est dédié à trois amis décédés et plusieurs des poèmes ont pour titre le prénom de personnes, précédé d'un «Cher», épithète spécifique à la correspondance. Les destinataires sont des amis de Després ou tout simplement des personnages présents dans son univers, notamment Émile Nelligan. L'amitié qu'elle éprouve semble lui donner le courage d'affronter ce qui lui arrive. Cette volonté de s'appuyer sur les êtres aimés s'accompagne de l'évocation de voyages en Louisiane, en Espagne, en France et au Québec, alors que la narratrice cherche à définir sa propre citoyenneté, qui demeure problématique. D'un nom à l'autre, d'une rencontre à l'autre, d'un voyage à l'autre, Després approfondit sa réflexion sur la vie, sur sa vie. Les images sont lourdes et les phrases s'entrechoquent comme se heurtent les vies, comme se fracassent les émotions. Le vocabulaire exprime un univers en proie à la lutte que se livrent espoir et désespoir; si les mots de la désespérance l'emportent en nombre, ceux de l'espérance orientent le sens de la démarche. Les textes s'enchaînent entre eux, formant une large spirale qui passe de la nuit au jour, du désespoir à un maigre mais réel espoir. Car, malgré tout, la vie renaîtra de la mort. Il lui faut donc réapprendre à vivre.

Avec *La vie prodigieuse* (Perce-Neige, 2000, prix Antonine-Maillet/Acadie Vie), Després continue la démarche de *Gymnastique pour un soir d'anguilles*. Si elle utilise encore des images surprenantes que l'on pourrait rattacher au surréalisme, elle s'en sert avec mesure, ne les laissant plus éloigner le poème du lecteur. Le vers, souvent court et précis, se construit autour de verbes d'action: le temps n'est plus au repliement sur soi, mais à l'ouverture à l'autre. Le recueil se divise en trois temps dont les titres semblent empruntés au langage cinématographique: « Prise 1 », « Prise 2 » et « Prise 3 ». Au cinéma, les prises marquent le nombre de fois que l'on filme une même scène. Dans ce cas-ci, les trois « prises » représentent autant de tentatives d'atteindre une harmonie intérieure, la troisième étant la bonne. On pourrait aussi penser que le terme est une référence au baseball, mais ici, contrairement au baseball, ce n'est pas le frappeur-poète qui est retiré sur trois prises, mais la mort – pas nécessairement la mort physique, mais celle, plus insidieuse, de la désespérance. « Prise 1 » s'articule autour du rapport à l'autre et, en particulier, de cet autre que fut l'être aimé. Entremêlé au retour douloureux dans le passé, l'espoir émerge. « Prise 2 » mène au cœur de l'imaginaire. Il s'agit de déloger les souvenirs, d'affirmer son intégrité, de se plaire, de redécouvrir l'amour, de ressentir la passion, de se donner une nouvelle façon d'habiter la vie. À « Prise 3 », la narratrice sort du cocon qu'est son passé, découvrant des forces qu'elle n'avait pas jusqu'alors discerné, renouant avec ses parents, ouverte à l'inattendu, prête à se laisser porter par ses rêves.

Comme cela avait été le cas après *Requiem en saule pleureur*, plusieurs années de silence suivront ce recueil.

Daniel Dugas

Dans *Le bruit des choses* (Perce-Neige, 1995), Daniel Dugas commente certains aspects de la société actuelle, qu'elle soit occidentale ou orientale, dans un approfondissement de la démarche amorcée dans ses recueils précédents. Onze parties composent le recueil, identifiées par un mot qui peut être une chose, une réalité, un concept: « poupée vaudou », « dessin », « bruit », « radio », « vitesse », « jouet », « millénaire », « usine », « réalité », « vidéo » et « repas » sont autant d'occasion de réfléchir à la condition humaine. Chacune se présente de la même façon: d'abord le mot clé, thème ouvert qui propose une orientation de lecture, mot chapeautant une énumération de mots ou d'expressions qui précise le sens donné par le narrateur à ce mot, suivi d'un court texte liminaire et de poèmes aux titres évocateurs. Dugas dénonce des abus ou des dérives, des actes ou des attitudes. Tout y passe: politique, social, écologie, économie, consommation, et même culture. Le texte est cinglant, satirique, sarcastique, parfois tendre, parfois triste, mais toujours, le verbe est au service d'une société qui pourrait être autre. Société espérée un peu floue, mais dont les contours apparaissent en contrepoint. Il y a une aridité dans ces poèmes, comme si le narrateur avait voulu évacuer tout lyrisme pour ne retenir que l'essentiel. Les poèmes sont pour la plupart courts, ciselés. Les mots pèsent et le poème devient lieu de réflexion sur l'humain, sur la vie, sur le rapport entre les « choses ». Parfois même, la poésie devient philosophie et la maxime naît.

La limite élastique (Perce-Neige, 1998) prolonge la réflexion amorcée dans *Le bruit des choses*, les cinq parties y étant introduites de la même façon, puis suivies d'un court poème liminaire. La charge sociale est tout aussi critique, parfois allégée d'une pointe satirique, que l'humour plus ou moins grinçant vient appuyer. La limite est celle du supportable, qui ne semble pas vouloir s'étirer indéfiniment malgré les inanités sociales. Le titre de la dernière partie pose l'ultime question: «Savez-vous nager?». Elle se compose d'un très long texte dans lequel le narrateur demande à quelqu'un – qui pourrait être le lecteur – de lui lire l'avenir, évoquant de multiples situations qui pourraient être problématiques, demande qui alterne parfois avec l'impératif («lis»), ce qui oriente la démarche de l'interlocuteur. Un texte coup de poing qui reprend les thèmes du recueil en leur donnant une portée politique: le lecteur est interpelé et le texte lui demande de prendre position. Le questionnement de Dugas est altermondialiste, tout comme sa production artistique, inscrite dans les courants contemporains qui débordent des frontières des États-Unis.

Martin Pître

Martin Pître a 19 ans quand paraît *À s'en mordre les dents* (Perce-Neige, 1982), ce qui à l'époque fait de lui le poète le plus jeune publié depuis Guy Arsenault. Né à Robertville le 23 février 1963, il étudie en information-communication à l'Université de Moncton, puis en étymologie à Paris (1983-1984). Il devient journaliste à *L'Acadie Nouvelle* dès la création de ce quotidien (1984). Par la suite, il y assume la responsabilité des pages culturelles et signe des critiques et des billets d'humeur. Il quitte le journal au début des années 1990. En 1996-1997, il est rédacteur en chef de la revue *Ven'd'Est*, tout en dirigeant l'hebdomadaire *L'Express Chaleur* (qui ne durera que quelques mois). Impliqué dans le milieu culturel de la Péninsule acadienne, il participe activement à la création du prix Antonine-Maillet/Acadie Vie et du Festival acadien de poésie, dont la première édition a lieu peu de temps avant son décès. Il se suicide le 15 novembre 1998.

Les poèmes en prose d'*À s'en mordre les dents* lancent un cri, expriment l'exaspération, l'impatience, l'insatisfaction, avec, en arrière-plan, la possibilité du suicide comme ultime moyen d'échapper à l'insaisissable. Un recueil écrit d'un jet, comme un grand jaillissement qui court dans différentes directions, touchant aussi bien la famille, les amis que la société.

Plus de dix ans après son premier recueil, Pître publie *La morsure du désir* (Perce-Neige, 1993), un recueil complexe, dur et tendre à la fois, dont les poèmes sont prolongés par 12 tableaux fort intéressants de Roméo Savoie. La mort, la guerre, les préoccupations sociales, la difficulté d'être, voire l'impossibilité de vivre hantent les poèmes. Le recueil se termine sur le rappel de ses 30 ans, sur la solitude et sur la mort qui l'attend, vers annonciateurs de son destin.

Son unique roman, *L'ennemi que je connais* (1995) est présenté dans la section consacrée à ce genre, et son album pour enfants dans la section Littérature jeunesse.

Serge Patrice Thibodeau

Serge Patrice Thibodeau fait une entrée remarquée dans la littérature avec son premier recueil, *La septième chute* (Éditions d'Acadie, 1990, prix France-Acadie), dont les thèmes se démarquent de ceux des autres poètes acadiens. Au centre de son écriture, il place ce qu'il garde de ses voyages dans des pays en guerre (Israël et Liban), ou communistes (Hongrie, Pologne, Tchécoslovaquie). Les textes peuvent être difficiles d'accès, la structure conceptuelle complexe, mais le désir d'être présent au monde est manifeste.

Né le 11 août 1959 à Rivière-Verte, Thibodeau vit l'expérience de Jeunesse Canada Monde au lieu de compléter sa douzième année du secondaire, projet qui le mène en Côte d'Ivoire. Il entreprend des études en sciences humaines à l'Université de Moncton (1977-1978), puis en littérature québécoise à l'Université Laval (1979-1981). Entre 1988 et 1993, il suit divers cours à l'Institut Goethe (langue allemande) et à l'Université du Québec à Montréal (religiologie), où il y fait également sa scolarité de maîtrise (1994-1996). De 1986 à 2001, il travaille dans le domaine hôtelier, et de 1990 à 2008, il est recherchiste pigiste pour certaines émissions de Radio-Canada, ainsi que correcteur-rédacteur pour différentes maisons d'édition et pour l'Office national du film. De 1993 à 2000, il s'implique comme bénévole dans Amnistie internationale en coordonnant les dossiers de pays qu'il connaît bien, comme la Syrie, la Jordanie, le Liban, Israël et la Palestine. Désireux de revenir en Acadie, il déménage à Moncton en janvier 2005, et devient directeur littéraire des Éditions Perce-Neige en mars de la même année; depuis le début de l'année 2009, il assume également la direction générale de la maison. En 2007, il reçoit le prix d'excellence Pascal-Poirier du Conseil des arts du Nouveau-Brunswick pour l'ensemble de son œuvre.

Il publie coup sur coup deux recueils en 1992: en août, *Le passage des glaces* suivi de *Lamento* (Perce-Neige/Écrits des Forges) et en septembre, *Le cycle de Prague* (Éditions d'Acadie, prix Émile-Nelligan). *Le passage des glaces* se construit autour d'une relation amoureuse qui ne semble pas heureuse et qui confronte le poète à sa solitude. Solitude de l'être, solitude face au monde qui l'entoure. L'hiver devient le symbole de la difficulté de rejoindre l'autre, tandis que l'exil – thème constant chez Thibodeau – évoque les enjeux d'enracinement, la recherche d'un lieu qui serait sien. *Lamento* revient sur l'expérience amoureuse par un chant lyrique presque classique dans lequel le poète, s'adressant à Dieu, cherche à comprendre ce qu'il vit. Les poèmes, tous courts, sont finement ciselés, tantôt construits autour d'une anecdote ou d'un détail, tantôt purement réflexifs. Il en émerge une incertitude quant au sens de la vie, une désespérance que tempère la beauté de l'écriture.

C'est avec *Le cycle de Prague* que l'écriture de Thibodeau affirme son originalité. Prague est d'abord le lieu de l'écriture, et la première partie du recueil est consacrée, non pas à la ville, mais aux créateurs qui ont influencé Thibodeau et qui y sont présentés par ordre alphabétique. En 11 vers, Thibodeau exprime l'âme de chacun de ces 22 personnages. Les deux autres sections comportent, elles aussi, le même nombre de textes (de 8 vers dans la deuxième, de 11 dans la troisième): la structure formelle devient essentielle à l'écriture, la contraignant et l'orientant. Cette forme d'ascèse élève la tonalité générale et transforme les poèmes en icônes, véritables bijoux s'ouvrant sur la méditation. D'abord centré sur son expérience passée, le narrateur se laisse habiter par Prague dans la deuxième partie, puis clôt son parcours sur la souvenance d'un séjour nourri par une réflexion sur les valeurs qui le guident.

Le quatuor de l'errance (Éditions de l'Hexagone, 1995, prix du Gouverneur général) se compose de deux recueils. Dans le premier, qui donne son titre à la publication, le vers devient verset, la strophe se construit en triade, chaque poème se compose de sept strophes et chacun des quatre chants comprend 21 poèmes, rythme que reprennent les trois chants du second, *La traversée du désert*. *Le quatuor de l'errance* s'ouvre sur une citation du poète afghan Sayd Bahodine Majrouh: «Apprends à connaître l'exilé de l'exileur. Cherche l'exil, son sens, et ton pourquoi sera comblé.» Dès lors, la quête débute: elle va de New Delhi à Montréal en passant par le Népal, le Pakistan, l'Iran, la Turquie, la Grèce pour se terminer à Rivière-Verte, en Acadie. *La traversée du désert* entraîne le lecteur jusqu'en Israël. Vaste chant par lequel le poète veut ancrer sa réflexion à défaut de pouvoir enraciner sa vie, ce double recueil se présente comme une dérive qui n'a de cesse. Le voyage ne peut conduire le poète ailleurs qu'en lui. Le véritable voyage est introspectif; le mouvement extérieur, qu'une fuite. Le narrateur se fait ambigu, presque obscur quand il parle de lui alors qu'il décrit sobrement les réalités qu'il côtoie.

La même année, Thibodeau publie *Nous, l'étranger* (Écrits des Forges/Éditions Phi). Le voyage y est moins exotique, mais porteur d'une quête identitaire: Poitou, Montréal, Chipoudie et Rivière-Verte, village natal de Thibodeau. Le narrateur fouille difficultés, angoisses, drames, voire le tragique de l'existence. Acadien mal à l'aise dans sa naissance, déchiré entre une présence au pays incertain et une nécessaire absence, il ne sait plus où se fixer et son errance évoque celle des déportés de 1755. Il y a dans ce recueil une retenue, une pudeur que l'on ne trouve pas dans *Le quatuor de l'errance*.

Dans la Cité suivi de *Pacifica* (Éditions de l'Hexagone, 1997) s'inspirent de voyages au Moyen-Orient et au Mexique. Lieux et dates sont systématiquement précisés à la fin de chaque suite.

Dans la Cité est une longue méditation née d'un voyage au Moyen-Orient. Ce recueil se divise en deux parties. La première regroupe quatre suites qui portent chacune le nom d'une ville. «Aqaba» (Jordanie) est un hymne à la lumière et à son corollaire, l'ombre. C'est l'étape de l'acclimatation à une autre civilisation. «Pétra» (Jordanie) est un chant à la beauté des lieux, évocation de la grandeur de Dieu. «Beyrouth» (Liban) oppose à cette beauté la désolation née de la guerre. «Damas» (Syrie) est une promenade méditative dans la ville et une évocation du vécu physique et spirituel du poète. Ces quatre textes forment un tout qui interroge la foi, le Livre (qu'il soit musulman, chrétien ou juif) et, de là, l'écriture telle que pratiquée par le poète. Ce dernier est un errant dans ce monde; il a le choix d'y rester ou de partir, contrairement à ceux qui y vivent.

La seconde partie comprend trois suites, deux suites assyriennes et une égyptienne. Elles approfondissent la réflexion en la faisant porter sur l'écriture comme témoignage, et sur le temps comme opposition entre le riche passé de la région et son présent marqué par des déchirements. Le narrateur cherche la paix dans un monde qui en aurait besoin, et s'il vit une relation amoureuse, elle se termine tragiquement: l'aimé est arrêté et jugé tandis que le narrateur est contraint de partir. La beauté des lieux s'oppose à l'intolérance du pouvoir. Demeure la question divine et l'importance d'écrire même si cet acte est douloureux.

Pacifica, inspiré d'un séjour au Mexique, se divise en quatre temps. «Croix du Sud» dénonce la torture et revient sur la portée de l'écriture comme moyen de dénoncer les abus, peut-être même de les éliminer. «Océan» revient sur le danger associé à l'écriture, un acte qui n'est pas anodin, et le narrateur doit surmonter sa peur de subir les foudres du pouvoir alors qu'il ne cherche qu'à exprimer la pureté, la beauté, l'harmonie. «Nativité» est un chant d'amour et de (re)naissance dans lequel Dieu, écriture et relation amoureuse s'interpellent. «Pacifica» introduit l'idée de la chute de l'humain chassé du paradis et de celle du poème, qui se termine. Au-delà de tous les questionnements demeure la parole, celle de Dieu, mais aussi du narrateur. Celui-ci y condamne de nouveau la torture et clôt le recueil sur le rêve d'un monde neuf dont on devine qu'il serait de tolérance et d'amour.

Publié quelques mois avant *Dans la Cité*, *Nocturnes* (1997) appartient au même cycle temporel et aborde les mêmes thèmes, en mettant l'accent sur la relation amoureuse et son importance dans la vie du narrateur. La première partie, «Nocturnes sur la rue Laval» (Montréal) s'ouvre sur la chaleur d'une relation, satisfaisante physiquement mais qui ne comble pas tous ses désirs. Celui-ci éprouve le besoin de partir vers un ailleurs pour chercher réponse à ses interrogations métaphysiques. Ici, une fois de plus, Dieu habite le discours, que ce soit dans le choix des images ou dans les questions soulevées. Un peu comme si s'opposaient Dieu et l'amour que pourrait éprouver le narrateur. Les paysages de novembre illustrent la confusion et les sentiments de ce dernier. Le voyage devient un moyen d'être, d'habiter sa solitude, même s'il s'apparente à une fuite, à une impossibilité de vivre l'amour. La suite se termine sur ce qui pourrait être une nouvelle relation, mais clairement limitée à la sexualité: le lien est physique et seuls les deux corps comptent. «Nocturne du désespoir» est un appel à un Dieu de pardon; le narrateur y évoque l'amant dont il parle dans *Dans la Cité*. Les textes de «Nocturnes du Mexique» précèdent de quelques mois ceux de *Pacifica*. Construits à partir de lieux précis, les poèmes enracinent la réflexion du narrateur dans la quotidienneté, sans pour autant résoudre ses angoisses métaphysiques. Le recueil se clôt sur «Nocturne de Trois-Rivières», un poème de deux pages qui évoque avec douceur et délicatesse une relation vécue dans cette ville alors que le narrateur s'apprête à partir. Ici, pas de drame, pas de questions. Le recueil se termine donc sur un calme que n'annonçaient pas les poèmes précédents.

Le premier recueil des années 2000 marquera un retour à Perce-Neige.

Fredric Gary Comeau

Fredric Gary Comeau est né le 2 juin 1970 à Robertville. Après un bref séjour à l'Université de Moncton, il quitte l'Acadie en 1991 pour une longue suite de voyages qui le mènent en Europe et en Amérique centrale. Il habite tour à tour Montréal, Québec, Halifax, Moncton, Fredericton, puis finit par s'installer à Montréal, payant ses voyages par des petits boulots ou encore des bourses d'écriture. À partir de 1998, la chanson prend davantage d'importance dans sa démarche. Le premier album, *Another Broken Lullaby* (1999), autoproduit et enregistré en quatre jours à Montréal, passe inaperçu auprès du public, mais suscite l'intérêt du milieu musical. Il signe alors un contrat avec Audiogram, qui produit *Hungry Ghosts* (2001). Cet album lui vaut une nomination dans la catégorie «Artiste s'étant le plus illustré dans une autre langue que le français» au Gala de l'ADISQ. Ses deux disques suivants, chez Tacca Musique, sont en français et se construisent en résonance avec ses recueils: *Ève rêve* (2006) avec *Aubes* (Perce-Neige, 2007) et *Effeuiller les vertiges* (2009) avec *Vérités* (Perce-Neige, 2009).

La poésie de Comeau repose sur sa capacité de créer des atmosphères: le texte se construit à partir d'une émotion, d'un souvenir, d'un fait, d'un désir. Les poèmes se fondent sur la vie affective du narrateur – qu'il s'agisse d'amour, d'amitié, de relation avec l'autre et même avec le monde –, et plusieurs des textes rappellent ses nombreux voyages. La sonorité des vers sert le propos, à croire que tout est affaire de sons avant d'en être une de sens. Les poèmes demandent à être lus à haute voix, et c'est alors qu'ils se dévoilent. L'enchaînement des images et des impressions, et les contrastes qu'il suscite, dépassent le réalisme, le descriptif se mêlant à l'intériorité. Comeau module ses poèmes en quelques vers, rarement plus de 20, fixant son attention sur un mot ou sur une image. Le vocabulaire demeure simple et chaque recueil tourne autour de quelques mots, inlassablement repris d'un texte à l'autre ou à l'intérieur d'un même poème. Une douce uniformité musicale, presque sensuelle, se dégage de l'ensemble, comme s'il s'agissait d'un seul poème composé d'une série d'images, de flashs, de vidéoclips poétiques.

Comeau est avant tout musicien, et tout ce qu'il écrit repose sur une ligne mélodique sous-jacente. C'est cette musicalité qui définit le mieux les atmosphères qui se dégagent de ses vers. Premier recueil de la nouvelle équipe de Perce-Neige, *Stratagèmes de mon impatience* (1991) est publié l'année où l'auteur s'éloigne de l'Acadie. La musique occupe déjà une grande place. Le titre a été choisi d'après une idée du poète Gérald Leblanc, qui le trouvait très «acadien», parce qu'en Acadie, m'a-t-il dit, «on n'éclate pas, nous, on fait une stratégie, on travaille des stratagèmes». Le narrateur lance ses images et ses angoisses au détour des pages, laissant les mots couler les uns à côté des autres dans des vers qui, devenant un simple enchaînement de mots, tendent vers le silence, vers le chaos qui caractérise le monde. Ce chaos, il continue de l'explorer dans *Intouchable* (Perce-Neige, 1992), vainquant le silence par la rythmique musicale des sonorités engendrées par les mots.

La musique hante toujours, mais en sourdine, le recueil suivant, *Ravages* (Perce-Neige, 1994): échos du jazz, du rock quand ce n'est pas du country à la Hank Snow. Le recueil s'ouvre sur un rêve dans lequel le mouvement du narrateur est limité, et qui le contraint d'affronter cet étouffement. Dès lors, quelques constantes serviront de balises à l'exploration. Puisqu'il est au centre de l'inconfort, le narrateur en définira d'abord les contours, cherchant à les cerner. Le recueil abonde de vers débutant par «entre» et mettant en relation des émotions, des espaces et nombre d'autres éléments dans une tentative de faire surgir l'inédit. Face au pays intérieur incertain, dont le mouvement est (auto)destructeur, celui-ci se perçoit comme la victime des forces dévastatrices de l'imaginaire. Partout se profile l'inconfort, le désir de fuir ou à tout le moins de s'éloigner, de changer d'air, de voyager, folles et vaines tentatives de retarder l'instant où il faudra malgré tout se confronter. Le premier recueil de Comeau annonçait cette quête, mais le narrateur n'avait pas alors la patience d'approfondir cette démarche, se contentant de lancer ses images et ses angoisses dans le détour des pages.

La musicalité des textes de Comeau jaillit de la fusion entre la note de musique – telle qu'évoquée par la syllabe, le mot, la phrase – et, enfin, le poème. La difficulté de vaincre le chaos, de définir ses frontières et son être, se trouve ainsi atténuée par l'harmonie née de la prise de parole. *Ravages* prend alors son autre sens, celui du lieu où se réfugient les chevreuils l'hiver, lieu de sécurité qui les protège des rigueurs de la saison, mais aussi lieu de danger, le chevreuil étant alors à la merci de ses prédateurs.

Les recueils suivants prolongent la démarche thématique amorcée dans *Ravages*. Leurs titres sont révélateurs de leurs contenus: *Trajets* (Perce-Neige, 1996) se développe autour du désir de s'évader, ou encore du désir comme absolu. Le dernier poème de *Routes*, premier recueil de Comeau aux Écrits des Forges (1997), s'intitule «Vengeance» et reprend les mots clés qui traversent ses poèmes: route, repère, rêve, tracer, déserts, dérive, exil, cicatriser, errance. Demeure toujours la quête de soi. *Fuites* (Écrits des Forges, 2000) s'articule autour du manque qui empoisonne la vie du narrateur. Ce recueil est un court voyage au cours duquel la mémoire se heurte au constat de la vacuité que le narrateur voit et ressent. On a l'impression qu'il chemine vers le silence comme si les mots étaient de plus en plus difficiles à faire naître.

Ses recueils des années 2000 seront en continuité avec ceux qui les ont précédés.

Hélène Harbec

L'été avant la mort (1986) est né de la complicité entre France Daigle et Hélène Harbec, la première (déjà une auteure reconnue) encourageant la seconde dans la voie de l'écriture. Les quelques poèmes publiés par Harbec dans des revues littéraires annonçaient la délicatesse de sa pensée et la finesse de sa plume. Si le texte d'ouverture, signé Daigle, est concis et presque froid, celui d'Harbec est chaud comme un soleil d'été, empreint de la vie quotidienne et de ses petits problèmes et bonheurs. Le thème, cette mort qui doit survenir après l'été, est traité indirectement. Manifestement, Harbec y témoigne davantage du désir de chanter la vie que de parler de la mort. Elle oriente son sujet autour de la façon dont les deux auteures réagissent à l'écriture, autour de la vie du personnage principal avec ses enfants, et autour d'une femme qui serait dans une pièce de théâtre et qui se suicide à la fin. Ce va-et-vient chez Harbec entre fiction et autobiographie va caractériser les œuvres qui vont suivre, tant en poésie qu'en roman.

Hélène Harbec est née le 28 juin 1946 à Saint-Jean-sur-Richelieu (Québec). Elle obtient en 1967 un baccalauréat en arts au Collège Saint-Jean (qui est affilié avec l'Université de Montréal), puis une licence en lettres de l'Université Laval (1970). Elle s'installe à Moncton en 1970 et enseigne le français à l'Université de Moncton, puis à l'Institut de Memramcook. Après quelques années dans l'enseignement, elle entreprend des études à l'École d'enseignement infirmier Providence de Moncton, et est reçue infirmière en 1977. Au bout d'un an de pratique dans le domaine médical, elle s'oriente vers le milieu culturel, devenant recherchiste contractuelle à Radio-Canada, tant pour la radio que pour la télévision; s'ajouteront à ces rôles ceux de scénarisation et d'assistance à la réalisation.

Avec *Le cahier des absences et de la décision* (1991), Hélène Harbec est la « dernière » poète acadienne publiée pour la première fois par les Éditions d'Acadie. Les Éditions Perce-Neige attireront tous les « nouveaux » poètes et Harbec y publiera d'ailleurs ses deux prochains recueils. L'intimité est au cœur de ces poèmes, dans lesquels la narratrice revisite son enfance et, devenue mère à son tour, interroge la relation avec sa propre mère. Les poèmes sont courts, précis: Harbec vise l'économie pour atteindre l'essentiel, préservant les craintes et les espoirs de l'enfance et de la relation mère-enfant.

On retrouve mère et enfants dans son premier roman, *L'orgueilleuse* (1998), présentée dans la section Roman.

Martine L. Jacquot
Martine L. Jacquot a publié des romans, des nouvelles, de la poésie et des essais. Son œuvre court dans de multiples directions, animée toutefois par un même désir de célébrer la vie et la nature.

Née le 27 mai 1955 à Saint-Mars-en-Brie (France), elle obtient un baccalauréat au Lycée de Coulommiers (1974), puis une licence d'anglais (1977) et une maîtrise en littérature britannique (1979) de la Sorbonne. Elle déménage en Nouvelle-Écosse en 1982 et entreprend d'autres études: baccalauréat en journalisme à l'University of King's College d'Halifax (1984), maîtrise en littérature canadienne à l'Université Acadia de Wolfville (1986) et enfin, doctorat en littérature française à l'Université Dalhousie d'Halifax (1995). Elle a enseigné occasionnellement à l'Université Acadia, travaillé comme journaliste culturelle, traductrice et coordonnatrice d'événements. Depuis quelques années, elle se consacre à l'écriture tout en donnant des conférences et des ateliers d'écriture, et en offrant des lectures de ses textes.

Route 138 (Éditions du Grand Pré, 1989) donne le ton à son œuvre. Le recueil évoque le voyage de Jacquot sur la Côte-Nord québécoise, y liant d'autres routes, dont celles de la Nouvelle-Écosse et de Montréal. Des poèmes où la narratrice livre ses émotions, ses sentiments et ses impressions. Si le projet est intéressant, les textes sont verbeux, comme s'ils étaient encore les « notes de route » qu'annonce le sous-titre.

Fleurs de pain (Éditions du Vermillon, 1991) affirme la nécessité de témoigner aussi bien de sa vie que de celle de la société tout entière. La narratrice y rappelle son désir d'écrire alors qu'elle était encore une élève, puis elle se sert de cette voie pour prendre position sur différents sujets sociaux et politiques, et enfin exprimer ce qu'elle vit. Les poèmes sont courts et vont à l'essentiel du propos.

Les nuits démasquées (Éditions du Grand Pré, 1991) regroupe cinq textes en prose, qui racontent autant de nuits passées avec un homme dont on ne sait s'il est chaque fois le même. À mi-chemin entre la poésie et le journal intime, ces textes sont baignés par la nature qui entoure les amants et empreints d'une douce sensualité. La narratrice s'interroge sur l'amour, le plaisir, la vie avec l'autre, dans une recherche renouvelée d'un poème à l'autre. On a l'impression d'un éternel recommencement.

Étapes (Humanitas, 2001) se divise en cinq parties qui retracent le parcours de Jacquot entre 1982 et 1995, car c'est de mémoire qu'il s'agit. La narratrice s'y raconte simplement dans ses expériences, ses rêves, ses espoirs et ses craintes. Les poèmes y sont souvent courts, toujours sobres et descriptifs de ses états d'âme. *Point de repère sur palimpseste usé* (Loup de Gouttière, 2002) est un jeu mémoriel où poésie et récit se rejoignent dans une quête d'amour et de sens, alors que pour la narratrice tout semble aller à la dérive.

Jacquot publie également des romans et des recueils de nouvelles durant cette même période.

Ulysse Landry

Landry dénonce dans ses œuvres les injustices et les abus de pouvoir. Mais le ton change au fil des ans. La virulence de *Tabous aux épines de sang* s'est atténuée dans *L'espoir de te retrouver* (Perce-Neige, 1992), où une sourde désespérance s'empare du narrateur quand il revient sur ses impossibles rêves de jeunesse. Tout en confrontant l'état délabré de notre planète et son désir que l'humain parvienne à surmonter sa petitesse, il relate une expérience de vie marquée par une vision pessimiste de la société. Les poèmes du recueil, proches de textes en prose, se construisent autour d'expériences quotidiennes et anecdotiques.

L'éclosion (Perce-Neige, 2001) propose une même approche du vers que les recueils précédents, sans fioriture, sans grandes images. On y aborde les mêmes thèmes (incommunicabilité, angoisse individuelle et collective), et on sent que l'humanité a perdu ses repères (en présumant que ceux-ci ont déjà existé). L'écriture devient l'ultime moyen d'échapper au désespoir ou, à tout le moins, de rendre l'invivable vivable, et les poèmes se font cinglants. Le recueil se clôt sur un conte racontant l'écroulement de la civilisation occidentale.

Ses romans traiteront des mêmes thèmes.

Marc Arseneau

Avec *À l'antenne des oracles* (Perce-Neige, 1992) de Marc Arseneau, la littérature acadienne s'ouvre véritablement au chiac, ou du moins à l'intégration de phrases ou d'expressions anglaises dans la langue française.

Né le 6 avril 1971 à Moncton, Arseneau obtient un baccalauréat en études françaises à l'Université de Moncton en 1994. Il s'implique dans la communauté artistique de Moncton à divers titres: membre du conseil d'administration de la Galerie Sans Nom, animateur à la radio étudiante CKUM et responsable de la revue de création littéraire *Éloizes* (de 1991 à sa fermeture en 2002). Il retourne aux études en éducation, puis devient enseignant en Nouvelle-Écosse.

Dans *À l'antenne des oracles*, la langue n'a pas la saveur populaire de celle de Guy Arseneault ni la fluidité de Gérald Leblanc, deux poètes qui, manifestement, l'ont influencé. Le français est plus recherché que populaire; l'anglais y joue une fonction rythmique, manifeste dans des phrases qui peuvent sonner comme des slogans. La poésie explore ici la quotidienneté, cherche à dire le réel, parfois de façon platement descriptive, parfois irradiée d'images. Urbanité et espaces marins, douleur et joie de vivre, angoisse et espérance sont les principaux thèmes du recueil.

Dans l'ensemble plus concrets, les poèmes du deuxième recueil, *L'éveil de Lodela* (Perce-Neige, 1998), s'accrochent au vécu du narrateur. Le chiac s'insère dans les poèmes, bousculant la grammaire, introduisant des marques d'humour. Quelques poèmes en anglais viennent miroiter ceux de langue française. Plus réfléchi que chez Guy Arsenault, plus spontané que chez Gérald Leblanc, le chiac devient chez Marc Arseneau l'affirmation d'une Acadie urbaine, celle de Moncton. Ce « Lodela » est aussi l'expression d'un « au-delà », qui pourrait être évocateur du Bardo Thödol tibétain, cet intervalle entre la mort et la prochaine incarnation. Et c'est un peu l'impression qui se dégage du recueil: un espace « entre-deux langues » qui interroge l'avenir de l'Acadie, sans jamais l'affirmer ouvertement.

Avec l'idée de l'écho (Perce-Neige, 2002) poursuit la réflexion des recueils précédents. Les vers défilent, souvent courts, et certains poèmes se déploient sur plusieurs pages. L'écho est celui de la vie qui entoure ou cerne parfois le narrateur. La vie quotidienne animée par des anecdotes, des souvenirs, des réflexions, habite la première partie du recueil. La deuxième partie porte sur un voyage à Paris et une relation amoureuse, tandis que la troisième traite de l'Acadie et de la société, plus spécifiquement celle du milieu où évolue le narrateur, dans lequel musique et drogue jouent un rôle important. Le chiac, toujours dominant, laisse parfois la place au français et à l'anglais, selon le sujet des textes. Dans l'ensemble, la proximité se décline en chiac, et l'éloignement tantôt en français, tantôt en anglais. Arseneau joue habilement avec les mots et les images, mais il se laisse trop souvent emporter par sa verve, ce qui affaiblit la portée des poèmes.

Mario Thériault

Mario Thériault est né le 23 décembre 1962 à Baie-Sainte-Anne. Il obtient un baccalauréat en sociologie de l'Université de Moncton (1985), puis étudie la musique jazz à la Simon Fraser University (Burnaby, Colombie-Britannique) et au Centre d'information musicales de Paris (1985-1990). Il travaille ensuite comme journaliste télé et radio pour TVO/TFO et CBC/Radio-Canada (1990-1996). Après quelques années dans le domaine des relations publiques, il fonde en 2000 ShiftCentral Inc., une entreprise installée à Moncton spécialisée dans les services de veille stratégique.

Thériault interroge le sens de la vie en explorant le quotidien dans *Échographie du nord* (Perce-Neige, 1992) et *Vendredi saint* (Perce-Neige, 1994). Les poèmes du premier recueil dépeignent des situations qui, d'une certaine façon, ont surpris le narrateur. Tout l'interroge: des grottes de Lascaux qu'il visite en croyant s'émerveiller devant les peintures originales alors qu'il s'agit d'une reproduction, à sa vision de Stockholm; ou encore de sa visite au cimetière d'Inglewood où repose Chet Baker, à la lune qui baigne la route entre Shédiac et Moncton. Plus que de nord, c'est d'échographie dont il est question: plonger en soi en cherchant à comprendre ce qui nous entoure.

Vendredi saint poursuit la même réflexion. Ce recueil comprend deux parties: « Demeure » et « Liturgie ». Comme son nom l'indique, « Demeure » se fonde sur le lieu: Toronto, la ville où habite le narrateur, avec ses rues, ses habitants, sa maison et les petits faits de la vie comme la partie de baseball qu'on regarde à la télé, la chaleur de l'été et l'hiver qui le ramène à Moncton. Des images qui laissent entrevoir le temps qui passe. « Liturgie » vient de deux mots grecs qui signifient « peuple et travail » ou « œuvre », mais son sens commun est celui de cérémonie religieuse. Si quelques-uns des poèmes ont une connotation religieuse, la plupart s'inscriraient dans le sens premier du mot, tout en conservant la notion de rituel, déjà présente dans *Échographie du nord*. De l'enterrement de « Mon oncle Lionel » à la recherche de certitudes, le narrateur évoque des moments de sa vie comme autant de réflexions sur la raison d'être des choses, des sentiments, des émotions. Au cœur des textes, le souvenir de la naissance de sa fille, autre cérémonial qui oriente l'ensemble de cette œuvre.

Son recueil de nouvelles, *Terre sur mer* (1997), est présenté dans la section Roman et Nouvelle.

Judith Hamel

Judith Hamel a surtout écrit pour la jeunesse, mais elle a également publié deux recueils de poésie. Elle est née en 1964 à Saint-Bonaventure (Québec), a obtenu en 1986 un baccalauréat en lettres et philosophie de l'Université de Moncton, avant d'y entreprendre une maîtrise, qu'elle ne terminera pas. Elle travaille comme recherchiste au Centre d'études acadiennes, devient directrice générale du Festival international du cinéma francophone en Acadie, puis du Centre culturel Aberdeen à Moncton. Avec Marguerite Maillet, elle fonde Bouton d'or Acadie. Elle décède le 21 août 2005 des suites d'un cancer.

En chair et en eau (Perce-Neige, 1993) est un hymne à la vie. Douceur, tendresse, une certaine naïveté et un grand espoir nourrissent les poèmes. La narratrice cherche ce « rien » qui, pourtant, doit contenir quelque chose. De ce « rien » doit pouvoir naître autre chose que l'évidence, que ce que l'on enseigne, que ce qui est donné. C'est par un retour à l'enfance qu'elle entamera sa quête. Elle fouille sa mémoire puis se concentre sur le présent, sur l'amour qu'elle accueille et qui la fait vibrer. Le désir de se surpasser la conduit à rêver d'une journée idéale, où tout ce qui ne fait pas sens – c'est-à-dire beaucoup de ce qui compose une vie – disparaîtrait. En même temps, elle est consciente de l'urgence de ne pas gaspiller les heures. Le recueil se clôt sur ce sentiment d'urgence, comme si la narratrice courait après le temps: prémonition ou tout simplement désir de se surpasser?

Dans le second recueil, *Onze notes changeantes* (Perce-Neige, 2003), le ton n'est plus le même. La mort se profile au-dessus des textes, jamais nommée, mais toujours présente. Les poèmes sont un hymne à l'amour et à la vie, en même temps qu'ils sont habités par une sourde angoisse, qui parfois saisit la narratrice et qu'elle exprime tantôt par des images, tantôt par un humour noir, signe du refus de s'apitoyer sur elle-même dans ce face-à-face avec la mort.

Les œuvres de Judith Hamel écrites pour la jeunesse sont présentées dans la section Littérature jeunesse.

Christian Brun

Christian Brun est né le 1er septembre 1970 à Cormier-Village. Il obtient un baccalauréat en commerce de l'Université d'Ottawa (1992), suivi d'un baccalauréat en droit et d'une maîtrise en administration des affaires (1997) à l'Université de Moncton, dans le cadre d'un programme combiné. Il travaille ensuite en coopération internationale en Afrique et effectue des séjours en Europe. De 2006 à 2016, il œuvre au sein du mouvement syndical en Acadie comme directeur général de l'Union des pêcheurs des Maritimes. Il perd la vie dans un accident d'automobile le 5 décembre 2016.

Les poèmes en prose de son premier recueil, *Tremplin* (Perce-Neige, 1996), témoignent d'un voyage en Europe à l'automne 1994. S'y ajoutent quelques textes écrits en Acadie en 1995. Chaque poème est daté et identifié à une ville. La démarche est intime, solitaire. Le narrateur écrit ce qui émerge, le notant dans le respect du désordre, de l'association d'idées, du caractère évocateur des images. Il y a une volonté de cerner l'essence même du périple, quitte à n'en livrer que quelques bribes nées d'expériences sensorielles. La juxtaposition des images et des pensées au sein d'un même texte formé d'un seul paragraphe, avec pour toute ponctuation la virgule, rend le sens flou. Les textes sont hermétiques pour qui ne se laisse pas porter par les courtes propositions distribuées entre deux virgules. Les trois sections finales, dont les textes ont été écrits en Acadie ou à Poitiers (ville importante pour l'Acadie contemporaine), échappent à ce choix formel. C'est le cas de «BLUr», troué de chiac et même d'une touche d'humour. Dans l'ensemble, le narrateur se heurte à l'opacité et on a l'impression qu'il bataille avec les mots sans vraiment réussir à en extraire tout le sens qu'il souhaiterait dévoiler.

Avec *Hucher parmi les bombardes* (Perce-Neige, 1998), Brun poursuit la démarche formelle entreprise avec *Tremplin*, tout en la rendant plus transparente. Au centre de la parole, une vision de la société et la critique parfois acerbe que le narrateur en fait. Les textes sont autant de piques lancées contre un aspect ou l'autre du monde dans lequel il vit. Le recueil est placé sous l'égide de Plurivice, un vagabond bien ordinaire. En fait, il s'agit du nom d'artiste de Brun, car il est aussi peintre. Brun « cite » les pensées de Plurivice en exergue de trois des cinq parties du recueil. Les textes les plus intéressants sont ceux ancrés dans le vécu, par exemple lorsqu'on raconte Cormier-Village, le village natal de Brun, ou encore ceux qui traitent de l'Acadie. L'utilisation du chiac et du français acadien de même que sa façon de transformer l'orthographe des mots pour leur donner un double sens ont alors toute leur pertinence.

Éric Cormier

Né le 9 mars 1979 à Robertville, Éric Cormier fait son secondaire à Bathurst. À 17 ans, il se fait remarquer lors d'une soirée de poésie, ce qui le conduit à être choisi parmi les représentants du Nouveau-Brunswick aux Jeux de la Francophonie de 1996 à Madagascar. À partir de là, sa démarche s'orientera vers l'écriture. Cormier explore ensuite le théâtre (deux pièces inédites) et le cinéma (*Un bon gars*, court métrage de fiction, 2005), tout en occupant divers emplois. Depuis 2003, il est directeur adjoint du Centre culturel Aberdeen à Moncton.

Les poèmes d'*À vif tel un circoncis* (Perce-Neige, 1997) sont fluides, floraison d'images qui expriment la difficulté de vivre, de s'ajuster à l'autre, à tous les autres, aussi bien à ce « tu » auquel s'adresse parfois le narrateur, qu'à ce « elle » dont il parle, ou encore à tous ceux qui forment la société. Le recueil se clôt sur l'aveu d'une impossible quête. Les textes sont simples, faciles à lire, parfois naïfs mais toujours intègres, petites images qui rendent compte d'une émotion, d'une inquiétude, d'un contact, d'un espoir. Les recueils subséquents raffermiront et préciseront cette parole.

Dans *Le flirt de l'anarchiste* (Perce-Neige, 2000), le narrateur retrace sa relation amoureuse avec «elle», de la rencontre à la séparation. Unique thème du recueil, donc, qui l'amène à réfléchir sur la vie, ses valeurs, ses espérances. Contrairement à plusieurs poètes de la «jeune» génération, Cormier ne cherche pas à situer le lieu de son écriture, et seule la mer est évoquée, métaphoriquement plutôt que littéralement. Alors que dans le premier recueil, le narrateur se confrontait à la réalité physique, nommait les lieux et utilisait parfois le chiac, dans celui-ci, il explore sa réalité intérieure dans un français toujours standard. Les vers sont musicaux, le vocabulaire précis, la structure claire. Le recueil est marqué par un désir de dire dans la simplicité, dans l'épuration. Quant à l'anarchiste du titre, il faut le prendre dans le sens de «personne qui rejette toute autorité, toute règle» (*Le Petit Robert*), tandis que le flirt est sans doute le signe que la relation dont il est question marque le passage de l'adolescence à l'âge adulte.

Christian Roy
Né le 12 juin 1979 à Robertville, Christian Roy suit le programme de Webmestre et de production multimédia au Collège communautaire du Nouveau-Brunswick à Dieppe (1999-2001), puis obtient un baccalauréat en traduction de l'Université de Moncton (2006). Il travaille au Bureau de la traduction du gouvernement fédéral, d'abord à Gatineau et, depuis 2009, à Moncton. Sans vouloir en faire une carrière, il mène une démarche parallèle en musique comme auteur-compositeur-interprète, guitariste et programmeur au sein de différents groupes.

Dans *Pile ou face à la vitesse de la lumière* (Perce-Neige, 1998), le monde apparaît incohérent, insignifiant, construit de gestes futiles et répétitifs. La poésie devient ici un exorcisme, et le recueil est un défi: pile ou face, la mort ou la vie? Le temps lui apparaît opaque et les individus dont il traite sont indissociables de l'expérience sociale. Tout le recueil est porteur d'une difficulté d'assumer la complexité des éléments qui constituent la vie.

Dans ce véritable travail de Sisyphe, les mots sonnent dru, se heurtent les uns aux autres, comme si du fracas pouvait apparaître la lumière.

Infarctus parmi les piétons (Perce-Neige, 2000) se fonde sur les rapports amoureux, qui sont plus chaotiques qu'harmonieux – d'où le danger d'infarctus –, à l'exception du texte qui clôt le recueil, mais dont la relation n'est toutefois qu'esquissée. D'autres sujets – le temps, l'écriture, la musique, la société, l'avenir ou la fin de l'adolescence – viennent enrichir le propos, tout en étant présentés dans un désordre qui correspond aux bouleversements incessants que vit le narrateur. Une bonne partie des textes sont en prose, proches du journal intime. Plus précis dans sa proposition que le recueil précédent, *Infarctus* est également plus cohérent quant à sa forme.

Regard sur le roman et la nouvelle
Antonine Maillet

Les confessions de Jeanne de Valois (Leméac, 1992) marquent un renouvellement dans l'écriture d'Antonine Maillet. Le roman met en scène Mère Jeanne de Valois, fondatrice des religieuses de Notre-Dame-du-Sacré-Cœur en 1924, pour qui Maillet décide en 1991 « d'écrire les mémoires ». Le personnage est imposant : Mère Jeanne de Valois a marqué l'histoire de l'Acadie, en particulier par son travail d'éducatrice au Collège Notre-Dame d'Acadie, dont elle a été la première supérieure. Maillet a fait ses études dans ce collège et, devenue religieuse, y a enseigné. On sent l'admiration que l'auteure éprouve pour cette femme qui croyait en l'Acadie. On a l'impression d'une autobiographie, dans laquelle Mère Jeanne de Valois réfléchit aussi bien au présent et à l'avenir de l'Acadie qu'à son passé et à son cheminement personnel, entrecroisant les temps. Maillet lui a donné une plume vive, colorée, toujours littéraire et qui sait reconstituer scènes et atmosphères, tout en laissant une large place à la réflexion spirituelle, sociale et culturelle. Ce n'est plus la Maillet conteuse qui prend la parole, mais la Mère Jeanne de Valois, femme de combat.

Le chemin Saint-Jacques (Leméac, 1996) se construit autour du dialogue entre Radi et Radegonde. Radi, en quelque sorte l'enfant que fut Maillet et qui était au centre d'*On a mangé la dune*, revient sans doute pour permettre à Radegonde, alter ego adulte de l'auteure, de faire le bilan de sa vie. Le roman comprend deux parties. Écrite à la troisième personne, la première partie relate le cheminement d'une Radi déterminée à affirmer sa différence dans un milieu qui préfère la conformité. Maillet peint ses personnages à grands coups de spatule, ébauchant le récit, évoquant les temps passés et à venir, les envers et les endroits du monde dans une langue sobre et précise qui ne se perd plus dans les dédales archaïsants, mais qui décrit avec des mots d'aujourd'hui l'enfant qu'elle a été. Mots et expressions du passé y figurent avec parcimonie. La première partie, qui couvre les deux tiers du roman, est savoureuse: la conteuse tient le lecteur en haleine tout le temps de son histoire.

Écrite à la première personne, la seconde partie se déroule sur un an, durant lequel Radegonde accompagne sa sœur Sophie, qui se meurt d'un cancer. Au fur et à mesure que le texte se dévoile, les vies de Radegonde et de Maillet se fondent l'une dans l'autre, les deux partageant un même nom de famille, un même amour pour Rabelais, et bien d'autres événements et valeurs. Cette ambiguïté, volontaire, s'accroît par le rappel de personnalités qui ont effectivement eu un impact dans la vie d'Antonine Maillet, comme Mère Jeanne de Valois. Nous sommes dans ce que François Hertel a appelé «l'autobiographie approximative», genre hybride qui permet à l'auteur de se dévoiler entièrement sous le (faux) couvert d'un (vrai) roman. Ce «chemin Saint-Jacques», rappel du pèlerinage de Saint-Jacques-de-Compostelle, est le symbole de la route initiatique que poursuit Radegonde-Maillet à travers le temps et l'espace, et qu'avait entraperçue la petite Radi.

Chronique d'une sorcière de vent (Leméac, 1999) termine le cycle entamé avec *Les confessions...* Au centre du roman, la vie de Carlagne, sorcière de vent, telle que racontée à Maillet et à Radi par Mère Domrémy. Mère Domrémy était présente dans *Les confessions...* et, déjà, Maillet/Radegonde l'«assiégeait», pour reprendre le verbe qu'emploie Mère Jeanne de Valois. On y retrouve aussi Geneviève, Katchou et d'autres personnages. Une fois de plus, la vie qui anime les personnages sourd de la profondeur des temps, alors que l'action se situe au début du XXe siècle. Le roman prend la forme d'un journal qu'écrit Antonine Maillet dans le havre qu'est son phare de Bouctouche. Le récit plonge le lecteur dans sa tentative de reconstruction de la tragédie qui a conduit Carlagne à la mort. Poursuivant le dialogue entamé avec Radi dans *Le chemin Saint-Jacques*, Maillet le mène jusqu'au bout, c'est-à-dire jusqu'à elle aujourd'hui. Le roman se déploie lentement et se perd parfois dans les méandres de la mémoire de Mère Domrémy ou dans les recherches parallèles que mène l'auteure pour en savoir plus. Il s'en dégage un climat, davantage qu'une tension dramatique, et Carlagne demeure un peu floue, diluée par la quête d'elle-même que poursuit Maillet.

Louis Haché

La Tracadienne (Éditions d'Acadie, 1996) se construit autour de l'Irlandaise Peggy Doyle, qui s'installe dans la région de Tracadie en 1889. Sa vie sera marquée par de nombreux malheurs, mais aussi par une détermination sans faille qui fera d'elle une légende dans son coin de pays. Arrivée dans la région de Miramichi avec son mari, George Duparc, ils emménagent dans une communauté de pionniers dont la vie s'articule autour du bois. La vie n'est guère facile. Après quelques péripéties, le couple s'établit à Tracadie. Peggy devient femme de ménage à l'auberge du village tandis que George enseigne dans la nouvelle école de Pokemouche. Comme rien ne se déroule comme prévu, ce dernier part dans l'Ouest, laissant là Peggy et leurs deux jeunes enfants. Elle prend alors son destin en mains et pose sa candidature comme postillon pour la région, poste alors réservé aux hommes. Elle l'obtient et devient la responsable de la livraison du courrier régional. Tout aurait été pour le mieux si sa fille Minnie ne s'était pas enfuie à la suite d'une querelle et si son fils n'avait pas été tué lors de la Première Guerre mondiale. À l'âge de la retraite, elle retrouvera sa fille et on apprendra qu'une grossesse non désirée était à l'origine du départ de celle-ci pour

Montréal. La dernière partie du roman est consacrée à Minnie et à sa relation chaotique avec son mari, qui finira par la tuer. Quant à Peggy, elle s'éteint à l'âge de 93 ans. Haché aura réussi à brosser un portrait vivant du développement de cette région. La langue, même si elle est parsemée de mots régionaux (un glossaire les rassemblant tous), n'est pas vieillotte. Haché a su éviter le piège de la folklorisation: son Acadie est résolument tournée vers l'avenir.

Haché poursuivra cette saga pendant les années 2000.

Claude Le Bouthillier

Durant les années 1990, Claude Le Bouthillier publie *Les marées du Grand Dérangement* (voir la période précédente) et *Le borgo de l'écumeuse* (XYZ éditeur, 1998, prix Éloizes) dont l'action se déroule entre 1965 et 1990, et dont les nombreuses péripéties frôlent le mélodrame. Zoé Lanteigne a 17 ans quand elle tombe enceinte à la suite de ses amours avec le beau pêcheur Jaddus Albert. Zoé est contrainte de s'exiler à Montréal durant sa grossesse, puis obligée de confier le nouveau-né, Azade, en adoption. Séparés, les amants connaîtront des vies parallèles et mouvementées jusqu'en 1987, quand ils se retrouveront. De son côté, Azade réussira éventuellement à retracer ses parents biologiques. L'intrigue se termine sur leurs retrouvailles. L'ouvrage se lit facilement, les personnages sont sympathiques, leurs douleurs exacerbées, leurs destins exemplaires. Au fil des pages, Le Bouthillier se permet certains commentaires sur la vie culturelle acadienne, réglant au passage ses comptes avec le milieu culturel monctonien dans un amusant chapitre (mais inutile par rapport à l'action). Il entraîne le lecteur dans l'âme de Zoé, qui vivra une grave dépression, ce qui lui permettra de présenter un cours – parfois un peu longuet, parfois passionnant – de psychologie dans les pages du livre. Cette œuvre recèle trop de dimensions pour se contenter des 200 pages que lui a accordées l'auteur. Mais le dynamisme et la passion de Le Bouthillier en minimisent les défauts.

Jacques Savoie

Dans les années 1990, La courte échelle, jusqu'alors maison d'édition pour la jeunesse, lance la collection «16/96», destinée à ses lecteurs qui effectuent le passage de la littérature jeunesse à celle pour les adultes. Jacques Savoie y publie une trilogie, liée à ses romans pour la jeunesse publiés en parallèle (et présentés dans la section Littérature jeunesse).

Le cirque bleu (1995) relate la rencontre entre deux adultes d'une trentaine d'années: Hugo, clown au cirque de Barnum & Bailey, et sa demi-sœur Marthe, bibliothécaire. Chacun vit un profond changement. Hugo a quitté le cirque à la suite d'un accident: un de ses numéros consistait à jongler entre Bobby, le lanceur de couteaux, et Sally, sa maîtresse et la nièce de Bobby, qui en était la cible. Lors d'une représentation, Bobby tue accidentellement Sally. Traumatisé, Hugo décide de renouer avec sa demi-sœur, Marthe, qui a un fils d'une dizaine d'années, Charlie, qui vit surtout avec son père, Jean-Philippe, et sa conjointe, Dominique (ces deux derniers sont au cœur des romans jeunesse de Jacques Savoie). Marthe révèle à Hugo qu'elle n'est pas sa demi-sœur, mais plutôt la fille d'un homme que la famille de sa mère ne croyait pas digne d'elle. Sa mère a alors épousé le libraire Victor Daguerre, avec qui Marthe a eu une relation qu'elle croyait incestueuse et qui la hante depuis. Cet aveu permet à Marthe et à Hugo d'accepter l'amour qu'ils éprouvent l'un pour l'autre. De son côté, Hugo se croit responsable de l'accident dont a été victime Sally. Parallèlement, Hugo et Marthe remettent en cause leur profession et ils décident de métamorphoser le rez-de-chaussée en une bibliothèque privée. De son côté, Charlie chemine d'un lourd silence à une prise de parole après sa découverte des poèmes de Baudelaire. La bibliothèque, baptisée «Le cirque bleu» et composée de l'imposante collection du défunt Victor Daguerre, est lieu de connaissance et de reconnaissance. Les livres permettent aux personnages de mieux comprendre ce qu'ils vivent. L'apparition tardive de Bobby déculpabilise Hugo, tandis que l'amour naissant entre Marthe et lui aide cette dernière à affronter son passé. Tout est baigné par la musique née d'un étrange instrument qui appartient à Hugo, le *parloir*: mi-flûte mi-cornemuse, on y récite un texte qui se transforme en notes de musique, d'où son nom. Le réalisme cède parfois la place à la fantaisie, à la limite du conte.

Les ruelles de Caresso (1997) se développe autour de deux pôles. Charlie a rencontré sur Internet Heïdi, une jeune Allemande parlant français. Ils se sont inventé un monde qui prend la forme des ruelles de Caresso, et ils s'aiment. Ce roman a été écrit en 1996, alors qu'on est aux débuts d'Internet. Savoie introduit le lecteur au monde encore embryonnaire des réseaux sociaux, mais dont il a saisi l'importance à venir. La vie de Marthe et d'Hugo est perturbée par la volonté de Lazlo Tisza, alias Bobby, de convaincre Hugo de remonter un numéro de cirque. Tisza réussit à envoûter Marthe, qui, en secret, travaille avec lui à un numéro dans lequel elle reprend le «rôle» de Sally. Hugo devient jaloux des absences de Marthe, allant jusqu'à la soupçonner d'être infidèle. Marthe, de son côté, tente de comprendre où elle en est dans sa vie amoureuse. Finalement, elle s'aperçoit que Tisza la manipule en l'hypnotisant. Tandis que Charlie fait son deuil de la «disparition» d'Heïdi, Hugo et Marthe ont su traverser l'épreuve. L'harmonie revient dans la maison et la bibliothèque «privée publique» connaît un grand succès.

Si Marthe a fait la paix avec la relation incestueuse qu'elle a eue avec celui qu'elle pensait être son père, il lui reste à découvrir qui est son père naturel, dont elle connaît le nom (François Bérubé) et l'endroit où il habite (une île de l'Atlantique). Cette quête au cœur d'*Un train de glace* (1998) les mène, elle et Hugo, à l'île d'Entrée, aux Îles-de-la-Madeleine. Après une longue recherche dans Internet, Marthe réussit à retracer Bérubé. Celui-ci a deux fils, François fils et David. L'île d'Entrée se caractérise par son isolement et sa population d'une centaine de personnes d'origine écossaise, dont la langue est l'anglais. Savoie en réduit la population à 48 personnes, réparties entre quatre familles, plus les trois Bérubé; mais il en préserve l'essentiel des caractéristiques. Bérubé, devenu le seigneur de l'île, est déterminé à ouvrir son petit royaume sur le monde afin, surtout, d'y apporter du sang neuf. Il est persuadé que les habitants souffrent de dégénérescence génétique. Marthe devient celle par qui le renouveau arrive. L'intrigue prend une tournure de roman policier, qui n'est pas sans annoncer les aventures à venir de Jérôme Marceau. Ici, c'est davantage la démarche de Marthe qui est au cœur du roman. Retrouver son père lui rend sa genèse et lui permet d'approfondir sa relation avec Hugo. À l'aspect fusionnel qui est au centre du roman précédent succède la nécessité d'affirmer son autonomie. C'est le passage du «je/nous» au «je», un *je* amoureux, mais qui définit sa façon d'être avec autrui, notamment son conjoint.

Les trois romans sont écrits au passé et utilisent trois voix narratives: les voix d'Hugo et de Marthe, et celle d'un narrateur omniscient. Cette technique permet de varier les rythmes et de proposer des regards différents sur les mêmes événements. *Un train de glace* utilise systématiquement le retour en arrière, ce qui accroît l'impression de lire un scénario ou de «voir» un film. Ce roman est sans doute le plus abouti des trois, tant par la densité des personnages et la charge des conflits qui les opposent que par sa construction cinématographique.

France Daigle

La beauté de l'affaire (1991), coédité par les Éditions d'Acadie et la Nouvelle barre du jour, clôt le cycle des romans «formalistes» de France Daigle. Pour une dernière fois dans l'œuvre de Daigle, la mise en page est plus proche de la tradition poétique que de celle du roman: sur la page de gauche, un paragraphe en bas de page, et sur celle de droite, deux courts paragraphes séparés par un espace. Pour la dernière fois également, Daigle donne un sous-titre à son ouvrage: «Fiction autobiographique à plusieurs voix sur son rapport au langage». Les prochains romans (jusqu'à *Pour sûr*) proposeront une mise en page «traditionnelle». Dans ce livre d'une cinquantaine de pages, trois histoires se croisent sans jamais se rencontrer. Les personnages sont à peine ébauchés, caractérisés simplement par un élément, une pensée, une action. En arrière-plan, *La vie matérielle* de Marguerite Duras, un livre dans lequel s'entrelace essai et autobiographie, et dont le style inspire Daigle. Un architecte réfléchit en assistant à la messe de minuit avec sa femme; un homme transporte du bois dans sa chaloupe – il s'en va construire une clôture sur une île; des artistes acadiens participent à la création d'un parc urbain. Pas d'émotion, mais une description. La narratrice montre-t-elle ce qu'elle voit? Après tout, le sous-titre préfigure une «fiction autobiographique». Mais rien ne vient confirmer ou infirmer cette annonce. S'y mêle un trait d'autodérision en relation avec Duras, qui elle, remplit ses pages. En dernière page est reproduit la photocopie d'une facture de l'Eastern Fence de Moncton. Ce livre est un clin d'œil à l'écriture: finesse, plaisir de lire et de laisser son propre imaginaire se nourrir du récit de Daigle.

La vraie vie (1993) marque une rupture avec les œuvres précédentes. Coédité par les Éditions d'Acadie et l'Hexagone, ce roman se développe dans un cadre strict: les cinq chapitres sont divisés en deux parties, composées chacune de dix segments ou fragments; chapitres, parties et segments ont tous des titres qui orientent la lecture (Daigle construira tous les romans qui suivront autour de contraintes qui, paradoxalement, libéreront son écriture). Dans cette œuvre apparaît Élizabeth, une Québécoise qui a choisi d'exercer la médecine à Moncton et que l'on retrouvera dans plusieurs des romans suivants. Élizabeth ne sera pas la seule à «se promener» d'une œuvre à la suivante, à s'immiscer dans des aventures qui ne sont pas les siennes, mais elle y apportera une couleur mettant en résonance l'ensemble de ces romans, même si les choix formels et structurels en seront très différents. Les cinq autres personnages principaux, identifiés par leurs prénoms, viennent d'horizons variés et leurs «destins» se croisent. On les suit au fil de leur errance, de leur quête – en Acadie, au Québec, en France ou en Europe, et, plus précisément, Rome ou Moncton – de cette «vraie vie», et dont la fin du roman ne révèle pas nécessairement l'objet. L'intrigue est mince, voire inexistante. Les personnages vivent des situations, mais on ne peut pas parler d'évolution ni de métamorphose. Les épisodes semblent avoir été disposés de façon aléatoire. Pourtant, il s'en dégage un univers cohérent.

L'Acadie est au centre de *1953. Chronique d'une naissance annoncée* (Éditions d'Acadie, 1995). Le quotidien *L'Évangéline*, dont on épluche presque systématiquement les numéros, en donne le pouls. Daigle n'avoue jamais être ce Bébé M. («Moi»), au cœur de l'œuvre, même si elle est née en 1953 et que son père a fait carrière dans ce quotidien. Daigle est pourtant très présente, tant dans la façon dont elle met en scène sa famille que dans sa vision de l'Acadie. Il n'y a pas d'intrigue à proprement parler dans ce roman. On suit la grossesse de la mère de Bébé M., et la narratrice relate les premiers mois de la vie du bébé. Les faits sont rapportés du point de vue du journal, et on introduit de temps en temps une distance critique par rapport aux faits d'actualité analysés. Cette distance s'exprime souvent par le biais de l'humour, qui allège l'incroyable énumération d'événements historiques. Ce sont Garde Vautour (qui s'occupe de Bébé M. lors de son séjour à l'hôpital en raison de sa maladie cœliaque) et la mère de Bébé M. qui nous « lisent » le journal, en retenant quelques faits saillants. Le roman court dans plusieurs directions, la narratrice se laissant porter par ce qui veut naître. Alors, ce qui devait arriver arrive: Élizabeth et d'autres personnages de *La vraie vie*, dont le destin avait été laissé en suspens, s'emparent d'une partie de *1953...*, l'entraînent dans l'aujourd'hui en y poursuivant leur propre cheminement. L'ajout des « aventures » de ces personnages donne à *1953...* une contemporanéité que Bébé M. ne pouvait seule assumer. Les temps convergent et le récit se dynamise du chassé-croisé de tout ce beau monde. On est ici bien loin du récit réaliste, linéaire. Le roman devient lieux multiples, dans lesquels se juxtaposent aussi bien la narratrice que les personnages et même les « personnalités » qui font la première page de *L'Évangéline*.

Si Daigle se cache derrière Bébé M. dans *1953...*, le personnage principal et narratrice de la fiction-réalité *Pas pire* porte son nom (Éditions d'Acadie, 1998, prix Éloizes 1998, prix France-Acadie 1998, prix Antonine-Maillet/Acadie Vie 1999). Le roman s'appuie sur une structure précise, littéralement mathématique et numérologique: quatre parties divisées en six chapitres, eux-mêmes constitués de six sections. Ce qui donne en tout 144 sections. La présence de chiffres n'est pas nouvelle dans l'œuvre de Daigle: *1953...* comptait huit chapitres divisés en huit parties, et *La vraie vie* jouait avec le binaire. L'agoraphobie dont souffre l'auteure/le personnage principal est au centre de l'œuvre: invitée à présenter son roman *Pas pire* à la célèbre émission télévisuelle française *Bouillon de culture*, l'écrivaine n'a d'autre choix que de s'y rendre en avion. Daigle décide alors de tromper son agoraphobie, de lui « monter un bateau » pour qu'elle puisse effectuer le voyage. Ce roman est un merveilleux trompe-l'œil. Puisant largement et sans fausse pudeur dans son intimité, Daigle offre un récit nuancé, multiple, amusant, touchant, construit à partir de sa vulnérabilité. Le récit débute lentement par un rappel de souvenirs d'enfance et par une étude fort sérieuse et bien documentée sur les deltas. Daigle se sert également des 12 maisons du zodiaque, qui seront présentées une par une au rythme de quatre maisons dans chacune des trois premières parties, pour s'éloigner du réalisme, tout en introduisant des réflexions qui font écho à ce que vivent les personnages.

Daigle oriente ensuite son regard vers ses personnages principaux: ceux qui sont partie prenante de son histoire de voyage, Camil Gaudain et Marie, et ceux qui en sont autonomes: Terry Thibodeau et Carmen Després, Elizabeth et Hans. Si Élizabeth habite le même temps que la narratrice, Terry et Carmen, dont c'est la première présence dans un roman de Daigle, sont dans un temps futuriste: la rivière Petitcodiac (qui traverse Moncton) y a notamment été restaurée, ce qui était loin d'être le cas à l'époque où se situe le roman. Avec ces deux personnages apparaît la langue vernaculaire de Moncton, le chiac, alors que Daigle explore pour la première fois le dialogue (si l'on exclut *Film d'amour et de dépendance*, où le dialogue est en français standard). L'écriture est fine et tout contribue au plaisir de lire. Le roman se termine bien pour tous les personnages: l'espoir est au bout du voyage. Le Bébé M. de *1953*... avait de la difficulté à s'adapter au monde dans lequel il entrait. La difficulté est toujours présente, mais elle n'est pas paralysante, bien au contraire: à la fin du récit, Carmen est enceinte et heureuse de l'être; Elizabeth retourne, habitée d'un tendre souvenir, à l'hôpital de Moncton; France rêve d'un autre voyage.

Si l'on considère habituellement que c'est avec *Pas pire* que Daigle aborde le dialogue en langue vernaculaire, il faut préciser que l'année précédente, elle l'avait exploré dans sa première pièce, écrite pour et avec le collectif théâtral éponyme, *Moncton sable* (1997). Son théâtre est traité dans la section consacrée à cet art.

Martine L. Jacquot

L'intrigue du premier roman de Martine L. Jacquot, *Les terres douces* (Éditions Quatre Saisons, 1988), se déroule à Saint-Romain, un village de la Brie, sa région d'origine, et évoque cette France rurale, pauvre mais vaillante des années 1940 à 1950. Empreint de nostalgie, le roman met en scène une famille de paysans sans autres histoires que celles venant de l'extérieur: la guerre, la fuite, le retour, les privations, l'espoir, la victoire. Les années passent, les enfants grandissent. C'est tout. Le texte est animé par de courts dialogues qui utilisent des expressions du patois régional.

On retrouve la famille de *Terres douces* dans *Les glycines* (Éditions du Vermillon, 1996). L'action se centre autour de Cécile, maintenant jeune adulte, qui tombe enceinte alors qu'elle n'est pas mariée. En homme responsable, Marcel l'épouse, ce qui sauve les apparences, mais place le jeune couple dans une relation fondée sur la bienséance. La vie se déroule dans ces petits faits, ces petits problèmes. Et d'anecdote en anecdote, le temps passe. Ici aussi, la nostalgie teinte l'écriture, mais alors que *Les terres douces* laissaient entrevoir un futur peut-être différent mais positif, *Les glycines* ferment la porte à l'espoir. Cécile, qui aurait voulu être institutrice, survit dans un monde où ses rêves n'ont pas de place, dans un monde où les femmes obéissent à leurs hommes, où les hommes commandent en silence. Ce roman est plus réussi que le précédent. Toute la narration se construit du point de vue de Cécile. Les personnages sont plus fouillés, plus complexes; utilisés avec parcimonie, les dialogues ne cherchent plus à évoquer le patois; les phrases sont plus longues et les notations psychologiques, plus nombreuses.

Martine L. Jacquot a également publié deux recueils de nouvelles. Les 14 courts textes de *Sables mouvants* (Éditions du Grand Pré, 1994) jouent sur les ambiguïtés, les incertitudes et les perceptions. Ils tissent des climats souvent flous. Ainsi, la narratrice de «L'amour en testament», incapable de faire le deuil de son fiancé disparu à la guerre, est-elle mise par hasard face au fils de celui-ci. De même, la narratrice de la nouvelle éponyme ne sait plus si ce dont elle se souvient est le fruit de son imagination ou d'un souvenir embrumé. La plupart des textes réussissent en trois ou quatre pages à créer une atmosphère et à camper des personnages qui se cherchent, mais qui ne se trouvent pas, comme ces couples de «La maison de granit» ou d'«Entre l'ébène et l'ivoire».

Les personnages féminins – et l'unique personnage masculin – *Des oiseaux dans la tête* (Humanitas, 1998) vivent un événement qui changera leur existence ou qui leur permettra de mieux s'assumer. En cela, il et elles sont presque le contraire des femmes du premier recueil. Les 12 textes brefs sont tous construits de la même manière: une mise en situation, un prénom, un problème, une réflexion ou une action, une solution. Ainsi, Annabelle, dans «Lettre inédite», en retrouvant du papier à lettres qui date de son adolescence, en profite pour faire le point sur sa vie, elle qui a maintenant 40 ans, y racontant son cheminement et ses insatisfactions; Alexa, dans «Pique-nique dans un cimetière», prend conscience que le passé peut être source d'inspiration pour l'avenir plutôt que simple période à regretter – allusion aux deux façons opposées de voir la Déportation des Acadiens; Mélissa, dans «Le gardien du mensonge», découvre qu'un politicien populaire et populiste a faussé des renseignements dans un de ses ouvrages. Écrivaine, elle écrit un roman dans lequel elle rétablit la vérité, mettant ainsi fin à la carrière politique de cet homme. La méthode est efficace, même si certaines chutes sont plus faibles.

Jacquot continue de publier durant les années 2000.

Edmond L. Landry

Edmond L. Landry est né le 13 juin 1927 à Pokemouche. Il obtient un baccalauréat du Collège Sacré-Cœur de Bathurst (1949), puis un doctorat en médecine de l'Université Laval (1954). Il se spécialise en chirurgie à l'Université de New York (1957-1958). À partir de 1958, il est chirurgien à l'hôpital Saint-Joseph de Dalhousie, pratique entrecoupée par quelques années comme omnipraticien à Shippagan. Il prend sa retraite en 1994 et consacre son temps à l'écriture. Il décède à Charlo le 28 avril 2015.

Alexis (Éditions d'Acadie, 1992) raconte un moment décisif dans la vie d'un ancêtre de Landry. À la suite du traité d'Utrecht, la famille d'Alexis Landry a quitté Grand-Pré avec d'autres pour s'établir dans la région de Beaubassin. Mais, en 1749, le chevalier Luc de la Corne reçoit le mandat d'y construire un fort pour défendre la Nouvelle-France contre l'Angleterre, et affirmer du même coup que la région fait partie du territoire français, alors que les Anglais considèrent Beaubassin comme une partie de l'Acadie qu'ils possèdent depuis le traité d'Utrecht de 1713. Cette situation met en péril le calme dont jouissaient jusqu'alors les Acadiens, dont les Landry. À cela s'ajoutent les raids menés par les Micmacs, que «contrôle» l'abbé Leloutre, curé de la paroisse. Ceux-ci attaquent aussi bien les Anglais que les Acadiens, qui seraient trop portés à collaborer avec «l'ennemi». L'intrigue se développe autour des premières escarmouches entre les armées française et britannique, alors que les Acadiens ne savent plus quoi faire et qu'ils se sentent pris entre deux feux. Le calme revient en 1751, mais il sera de courte durée: le fort français tombera le 16 juin 1755, quelques mois avant le début des déportations, et la famille d'Alexis fuira vers le nord. Bien documenté et animé par de nombreuses péripéties, le roman propose une intéressante reconstitution de la vie et des préoccupations des Acadiens du XVIIIe siècle. Landry a toutefois choisi d'utiliser le français standard d'aujourd'hui pour les nombreux dialogues, ce qui donne un caractère un peu abstrait et utopique à la langue orale des Acadiens.

La dernière bataille (Éditions La Grande Marée, 1999) raconte les combats qui ont eu lieu à l'été 1760 dans le fond de la baie des Chaleurs. Après la chute de Québec en 1759, Vaudreuil bat en retraite vers Montréal et demande des renforts au roi de France. Le capitaine Kanon réussit à franchir le barrage des Anglais à Québec et rentre en France sur la frégate *Le Machault*. Après de nombreux délais, le gouvernement français décide d'envoyer un (très) maigre secours à Vaudreuil: une petite flotte de six vaisseaux, avec à sa tête *Le Machault*, quitte Bordeaux le 10 avril 1760, commandée par les capitaines Giraudais et d'Angéac. Seuls *Le Machault*, *Le Malauze* et *Le Bienfaisant* parviendront en Nouvelle-France. Plutôt que de tenter de vaincre le blocus anglais devant Québec, Giraudais choisit de se réfugier dans la baie des Chaleurs et d'envoyer un messager à Vaudreuil pour lui demander ce qu'il devrait faire. Malheureusement pour eux, une flotte anglaise les découvre et la bataille a lieu. Les Français reçoivent l'appui des corsaires de l'Acadien Joseph LeBlanc, celui d'Acadiens réfugiés dans la région et des Micmacs. Mais ces effectifs demeurent trop peu nombreux, et plutôt que de livrer leurs bateaux, les capitaines sabordent ceux que les Anglais n'ont pas coulés. La résistance durera encore quelques mois, jusqu'à la capitulation de Vaudreuil. Écrit simplement, ce roman historique se lit aisément. Souvent, on quitte le romanesque pour le cours d'histoire et l'on sent que l'auteur a effectué une bonne recherche et qu'il connaît son sujet. Les dialogues et les portraits des protagonistes servent davantage à illustrer cette page d'histoire et à la rendre vivante qu'à véritablement créer une tension romanesque: on découvre l'action du point de vue de l'historien plus que par les personnages. Par exemple, le capitaine d'Angéac, explique l'auteur, a tenu un journal des événements: il commente ce qu'écrit d'Angéac sans en donner le texte, affirmant même que ce dernier aurait grossi certains détails pour donner plus de portée à son intervention.

Si ces deux romans se situent au XVIIIe siècle, les prochains évoqueront un passé beaucoup plus récent.

Jean Babineau

Dans les romans de Jean Babineau, l'intrigue s'inscrit toujours au second plan: la démarche des personnages, la réflexion sur la société acadienne et l'exploration des diverses possibilités du plurilinguisme importent davantage.

Né le 10 août 1952 à Moncton, Jean Babineau obtient un baccalauréat en études françaises en 1981 et un baccalauréat en enseignement secondaire en 1985. Il enseigne dans différentes écoles du Nouveau-Brunswick, puis de l'Ontario. Il revient dans la région de Moncton en 1994. Il enseigne principalement comme suppléant au secondaire et comme chargé de cours à l'Université de Moncton. Il obtient sa maîtrise en création littéraire en 2002, puis son doctorat, également en création littéraire, en 2016.

Son premier roman, *Bloupe* (Perce-Neige, 1993), traite de la crise identitaire de Itso Snitso Bloupe, un Acadien en voie d'assimilation qui tente de comprendre le sens de la vie en nommant ce qui l'entoure, en cherchant à saisir l'Acadien en lui au hasard des gestes quotidiens. On l'accompagne – lui et, à travers lui, sa femme Ara, sa fille Dive Bouteille et son fils Tilleul – dans cette quête d'identité. De Bloop, il deviendra Bloupe, reprenant ainsi le nom de ses ancêtres, un peu comme un White qui redeviendrait LeBlanc. Et Dive quittera l'école anglaise pour l'école française. Voilà pour les symboles. Bloupe consigne tout ce qui lui passe par la tête et par celle de ses proches. L'originalité et la force de l'œuvre tiennent à l'utilisation du chiac monctonien, du français et de l'anglais dans un entrecroisement qui interroge la langue et l'usage qui en est fait. L'intrigue, dans la mesure où elle existe, devient totalement secondaire, mais on ne peut qu'être saisi par toutes les variations linguistiques utilisées par Babineau. *Bloupe* pose de façon concrète le problème des Acadiens aux prises avec l'anglicisation, qui jouent la carte du chiac: le chiac est-il le début d'une créolisation ou une étape vers l'assimilation à l'anglais? Si Dive choisit l'école française, Bloupe navigue jusqu'à la fin dans ce chiac, interstice entre les deux langues.

Moins touffu que *Bloupe*, *Gîte* (Perce-Neige, 1997) raconte le cheminement en boucle d'Henri Melanson, de Cap-Pelé en passant par Toronto, à Cap-Pelé. L'intrigue elle-même est simple: Henri rencontre, puis épouse Roseline, une amie d'enfance. Le couple déménage à Toronto, où il vit pendant plusieurs années, avant de revenir à Cap-Pelé en 1994, alors que l'Acadie bat au rythme du Congrès mondial acadien. Le roman raconte leur nouvel enracinement en Acadie. La langue constitue l'objet premier du livre. En cherchant à se définir, à trouver sa place dans la société, Henri se heurte à la langue: une langue hybride, « maganée » si on la compare aux normes grammaticales du français standard, mais vivante et riche en trouvailles si l'on se réfère au chiac. Alors qu'Henri est le narrateur du récit, la façon qu'a choisie Babineau pour rendre compte du vécu de son personnage refuse la distinction entre l'écriture au « je » et celle au « il ». Babineau fait ainsi éclater la frontière entre Henri et le narrateur omniscient de l'histoire. Le texte passe du « je » au « il » d'une phrase à l'autre, ce qui crée une impression de dédoublement, voire de schizophrénie: Henri Melanson n'est pas un mais plusieurs, et il se raconte aussi bien à partir de lui-même qu'à partir de la perception qu'il a de lui ou de celle que les autres ont de lui. La confusion qu'il vit, sa difficulté à se définir, est reflétée directement dans l'écriture. Henri cherche ses racines tout en affirmant sa marginalité: opposition entre passé et avenir, entre la façon d'être qui a permis aux Acadiens de survivre et celle qui lui permettra de vivre en affirmant sa spécificité, son originalité. Henri ne trouve pas de réponse absolue à sa quête, mais il sait qu'il s'en approche: le gîte devient à la toute fin du roman un lieu nécessaire mais transitoire où mieux se comprendre.

Babineau continuera sa réflexion sur la langue et la société acadienne dans le roman qu'il publiera dans les années 2000.

Charles Pelletier

Charles Pelletier a d'abord écrit pour le théâtre avant d'aborder le roman. Le Théâtre Nouveau d'Edmundston, la compagnie semi-professionnelle dont il est un des fondateurs, crée *Cœur de clown* (1977), *Errance* (1978), *Dame Bulle* (1978) – que le théâtre l'Escaouette reprend en 1987 – et *Malobiana* (1983), avant de fermer boutique. Aucune de ses pièces n'a été publiée. Né le 19 décembre 1951 à Edmundston, il obtient un baccalauréat en arts du Collège Saint-Louis-Maillet (1973), une maîtrise en arts de l'Université de Moncton (1990) et un doctorat en études françaises de l'Université de Sherbrooke (2000). Il est professeur de littérature au campus d'Edmundston de l'Université de Moncton.

Pelletier s'est inspiré d'un séjour de six mois en Inde pour écrire ses romans *Oasis* (Éditions d'Acadie, 1993) et *Étoile filante* (Perce-Neige, 2003, prix Antonine-Maillet/Acadie Vie). Les deux ouvrages racontent le périple d'un personnage (qui n'aura pas d'autre nom que «voyageur») visitant l'Inde après avoir participé à Delhi à un séminaire international d'un mois en danse et en théâtre, et dont il a noté les principales techniques (Pelletier est aussi comédien). Son voyage le mènera jusqu'à Calcutta et comprendra un court séjour au Sri Lanka. Ses découvertes sont l'occasion pour lui de réfléchir à ses valeurs de même que de mesurer l'écart entre le monde occidental et celui de cette partie de l'Orient. *Oasis* est écrit de manière elliptique dans une prose proche de la poésie. Les émotions, les sensations, les descriptions sont livrées dans une forme épurée qui se concentre sur un détail en évacuant ce qui l'entoure. Les anecdotes se construisent autour des rencontres du personnage, de ses déplacements et de ses visites. D'une certaine façon, le lecteur est amené à voir l'Inde à travers ses yeux, à éprouver avec lui une admiration de plus en plus grande pour la civilisation qu'il découvre.

Étoile filante reprend le récit là même où *Oasis* l'avait laissé (à Bombay), et couvre les quatre derniers mois du séjour. Le style n'est plus le même et le texte passe de 130 à 230 pages. Si le voyageur continue de rapporter chronologiquement les étapes de son périple, la relation amoureuse platonique (malgré lui) qu'il développe avec Andy, un Anglais rencontré par hasard, anime presque la moitié du roman. Aux descriptions des multiples lieux visités s'ajoutent des dialogues (il n'y en a pas dans *Oasis*), des extraits de son journal intime et une réflexion sur la nature de l'amour. Le voyage devient secondaire et toute la dernière partie – une fois Andy retourné chez lui – est teintée par la nostalgie du départ de l'être aimé. Ce que le texte gagne dans l'approfondissement de sa relation, il le perd au niveau de la description du voyage: le récit s'éloigne du guide quasi touristique qui donne envie d'aller en Inde, pour devenir plus personnel.

Dame Bulle est présentée dans la section Théâtre.

Jacques P. Ouellet

Né le 25 avril 1953 à Edmundston, Jacques P. Ouellet obtient un diplôme en sciences de la santé du Collège Saint-Louis d'Edmundston, puis un certificat en hygiène publique de l'Université Ryerson (Toronto). Il déménage à Tracadie, où il travaille comme inspecteur en santé publique jusqu'à sa retraite, en 2011, après une carrière de 38 ans. Détenteur du grade de ceinture noire 2e *dan*, il enseigne le judo de 1977 à 1991. Fondées en 1993 comme projet de retraite, les Éditions La Grande Marée animent depuis le milieu culturel de la Péninsule acadienne. Plusieurs des publications qui y voient le jour ont une portée davantage régionale que provinciale ou nationale. Il y publie ses propres romans.

Si *Ippon* (1993) et *La promesse* (1996) permettent à Ouellet d'explorer l'écriture romanesque, c'est avec *La revanche du pékan* (2000, prix France-Acadie) que son style s'affirme. Steve Granger est un chasseur invétéré, grand collectionneur de têtes d'animaux qu'il fait empailler et qu'il expose dans sa maison. Il lui manque la tête d'un pékan, cette martre du Canada qui a la réputation d'être particulièrement difficile à chasser. Granger en blesse un qui se jette sur lui, le blesse au visage et fuit. Quelques années plus tard, il décide d'en finir avec « son » pékan. Mais son projet ne se déroule pas comme prévu. Les péripéties opposant le méchant Granger et le bon trappeur Thomas Pelletier, qu'on surnomme « le pékan » à cause de son caractère sauvage, sont nombreuses. D'autres personnages se greffent à l'action, dont la femme de Granger, qui fut le premier amour de Thomas. Une seconde intrigue tourne autour de la découverte, par l'entreprise pour laquelle travaille Granger, de gisements de gaz naturel dans cette région encore vierge. La construction de la trame est sans faille, les personnages attachants ou détestables, les péripéties nombreuses, les descriptions vivantes.

Des violettes en août (2005) entremêle récit fantastique et intrigue policière. En revenant de l'école élémentaire où il enseigne, Carl Stevens croit apercevoir le spectre de mademoiselle Sim, disparue mystérieusement il y a 30 ans. Cette jeune micmaque était son enseignante alors qu'il était enfant et, à l'époque, il en était amoureux. La même nuit, Mary Ward, l'épouse de Carl Stevens qui est aussi une Micmaque de la même réserve, fait un rêve dans lequel lui apparaît une jeune femme qui ressemble à celle disparue. Quand elle en parle à Carl, elle s'aperçoit que tous deux ont été contactés par le fantôme de mademoiselle Sim. Le couple entreprend dès lors de comprendre ce que signifie cet appel de l'au-delà et de résoudre le mystère de la disparition de mademoiselle Sim. D'autres personnages, des bons et des méchants, entourent les héros et alimentent l'action aux péripéties nombreuses.

Évelyne Foëx

Née dans le Gard (France) en 1947, Évelyne Foëx détient une maîtrise en littérature de l'Université de Montpellier (France) et un baccalauréat en éducation des adultes de l'Université de Moncton (1985). Établie au Canada depuis 1978, elle a enseigné à la Faculté Saint-Jean à Edmonton (Alberta), avant de s'installer à Moncton, où elle a enseigné le français (langue et techniques d'écriture) à l'Université de Moncton de 1981 à 2010, année de sa retraite.

Voyages sans retour... parfois (1994) comprend 17 nouvelles, dont la plus longue a 15 pages et la plus courte, une demie. La plupart mettent en scène des personnages féminins et jouent sur l'étrangeté ou le fantastique, avec une grande importance accordée à la mer et à la mort. Les nouvelles sont réparties en deux sections, dont les titres indiquent l'orientation des récits: « Destinations incertaines » et « Extrêmes frontières ». Si la qualité des nouvelles est inégale, certaines sont particulièrement réussies. La première section regroupe les plus achevées, dont « Le ballet des noyés », qui mêle science-fiction et fantastique, « Un nouveau-né », qui traite de réincarnation, et « L'argile », qui entraîne le lecteur dans un monde sans contour. Elles ont toutes pour qualité de poser un problème de nature philosophique, de le traiter par l'action et de le résoudre sans pirouette. Les nouvelles de la seconde section se construisent autour de la mort. Certaines se démarquent. Ainsi, dans « La porte au fond du couloir », la narratrice y rêve régulièrement d'une maison, qu'elle découvre par la suite rue Cameron, à Moncton. Elle l'achète, y vit avec sa fille, y est heureuse. Et son rêve s'est évanoui. Vingt ans passent; elle souffre d'un cancer fulgurant. Le rêve refait son apparition: derrière une porte qu'elle n'a pas trouvée dans la maison se trouve la clé de son rêve. Ou encore, dans « Après-midi d'octobre dans un jardin exquis », Foëx réussit à créer une tension dans la manière dont la petite Ariane interroge son arrière-grand-père sur sa retraite qui ne devrait tarder. Or, dans cette société, le terme *retraite* recouvre poliment la mort que doivent se donner les vieux avant que d'être une charge pour leurs descendants. La plume de Foëx est fluide, les images sont évocatrices, les personnages intéressants. Parfois, elle éprouve des difficultés dans la construction du récit, comme si l'idée de départ ne trouvait pas toujours sa chute.

Dans *Quelques saisons avec elles* (2004), Évelyne Foëx raconte une année dans la vie de Rodrigue, un « petit homme » (moins de cinq pieds) d'une trentaine d'années qui vit seul avec sa chatte quelque part en banlieue de Moncton. « Elles » désigne ici une adolescente, voisine de Rodrigue, qui découvre la lecture grâce à lui et qui s'intéresse particulièrement aux contes de fées, et Stéphanie, une femme battue qui aboutit par hasard chez lui alors qu'elle fuit son conjoint. L'histoire est simple, bien construite et, manifestement, Foëx a élaboré ce roman en s'inspirant de la structure des contes de fées.

Son album pour enfants est traité dans la section Littérature jeunesse de la période 2000-2012.

Martin Pître

Dans son unique roman, *L'ennemi que je connais* (Perce-Neige, 1995, prix France-Acadie), le drame naît à l'occasion du lock-out au « moulin », qui entraîne un conflit social. Les moments marquants du conflit ponctuent le récit: les *scabs* arrivent et les travailleurs s'y heurtent; les travailleurs occupent l'usine, les forces de l'ordre interviennent. Et l'été s'écoule. L'intrigue, répartie en de courts chapitres tout en ellipses, met en scène cinq jeunes en mal d'être: Steph, le narrateur, et ses amis Chico le frisé, Piston le poète, Crevette le rocker et, légèrement en retrait, Charles. À l'exception de Charles, fils de bourgeois qui étudie dans un lointain collège, tous ont lâché l'école pour travailler à l'usine de pâtes et papiers, quelque part dans cette Acadie de la baie des Chaleurs. La situation fait naître chez les personnages un sentiment de liberté, de vivre dans un temps incertain; entraîne aussi une errance des corps et des âmes, puisque leurs actes ne sont plus déterminés par la discipline imposée par l'horaire fixe du travail. La brume envahit la vie des personnages et brouille la perception de Steph. Comme dans *La morsure du désir*, la mort est au rendez-vous. Le réalisateur Rodrigue Jean en a fait une adaptation cinématographique, sous le titre *Full Blast* (1999).

Ulysse Landry

Son premier roman, *Sacrée montagne de fou* (Perce-Neige, 1996, prix France-Acadie), met en scène Robert Lamontagne, qui cherche à s'échapper d'un monde capitaliste dominé par «la Grosse Machine», où les gens sont exploités au nom du progrès et du bien-être collectif. Robert est un résistant contraint de fuir. Il voit dans la montagne qu'il gravit sa façon d'échapper à l'étau qui se resserre autour de lui. Tandis qu'il grimpe, il se remémore ce qui l'a conduit là où il est. Mais cette prise de conscience ne donne naissance à aucun espoir: pour lui, la société n'est pas transformable, on ne peut la changer. La Grosse Machine est plus forte que tout. Il n'y a pas d'alternative: il faut se conformer. Le refus mène au suicide ou à la folie, qui provient de l'impossibilité de résoudre le conflit. Et c'est vers cet ailleurs, folie ou suicide, que marche Robert. Un roman noir et un portrait saisissant d'une société qui ressemble à beaucoup d'égards à la nôtre. Le roman n'est pas sans défaut, alourdi par de longues dérives pseudo-philosophiques qui, si elles sont parfois essentielles à la compréhension du personnage, parasitent aussi le texte et en rendent la lecture ardue.

Son second roman, *La danse sauvage* (Perce-Neige, 2000), est son œuvre la plus achevée. L'intrigue est simple, les personnages, attachants, la réflexion sur l'art et la société y est pertinente et riche, le style, direct et sobre. Guillaume, un jeune homme, rêve de gagner sa vie avec la musique. Ses amis et lui sont confus quant au sens à donner à la vie. Lentement, les destins des personnages se précisent, menant à la catastrophe ou à l'échec, sauf pour Guillaume, qui trouve dans le vieux Philéas, musicien lui aussi, l'énergie, le courage et la détermination de «faire face à la musique», au sens figuré comme au sens propre. Dans une perspective plus métaphorique, le roman traite de la confrontation entre tradition et modernité en Acadie, confrontation qui se résout dans la complicité musicale entre le violoneux qu'est Philéas et le rocker qu'est Guillaume. L'avenir ne peut exister que dans la mesure où le présent s'imprègne du passé. À cela s'ajoute le constat que seul l'art réussit à combattre cette société fondamentalement malsaine et dirigée par des escrocs.

Gérald Leblanc

L'unique roman de Gérald Leblanc, *Moncton mantra* (Perce-Neige, 1997) est une autofiction qui raconte le cheminement d'Alain Gautreau, jeune homme de Bouctouche, depuis son arrivée à l'Université de Moncton à l'automne (en 1971) jusqu'à la publication de son premier recueil de poésie (autour de 1980). L'action prend la forme d'une chronique, d'un journal intime. Alain Gautreau raconte ce qu'il fait au jour le jour en compagnie de ses nombreux amis, s'en tenant le plus possible aux faits. Or, ces faits expriment aussi les multiples questions que se pose le personnage sur son identité, son rapport au pays et au paysage, ses choix politiques, son orientation sexuelle et son désir d'écrire. En nommant ce qu'il vit, il essaie d'affronter ses angoisses, ses craintes et cette peur de l'impuissance et de la folie qui paralyse par instants son élan créateur. Le style est ici simple et précis, les phrases sont courtes, le vocabulaire, sobre. Le temps de la narration est le présent. Le roman en lui-même est bref. La simplicité de la forme rejoint ici un certain ascétisme, comme si l'auteur avait voulu évacuer l'inutile, le décoratif, le superflu à la recherche de l'essentiel. La drogue, importante dans la vie de Gautreau, contribue à aplanir les difficultés et tout devient ouateux, aérien. Les noms des personnages défilent et ceux-ci sont à peine esquissés. Cela crée une atmosphère brumeuse dans laquelle les choses et les êtres ne sont pas toujours distincts les uns des autres. En utilisant son vécu pour en faire un matériau romanesque, l'auteur a créé un roman à clés: pour qui connaît l'époque, il est aisé de trouver qui a inspiré tel ou tel personnage. Ainsi, Robert Landry qui fait paraître *Complaintes d'ici* aux Éditions du Pays réfère à Raymond Guy LeBlanc publiant *Cri de terre* aux Éditions d'Acadie; *Acadie Rock* de Guy Arsenault devient ici *Mémoire électrique blues* de Gilles Robichaud. On pourrait multiplier les exemples. Ce décodage n'est cependant pas nécessaire pour apprécier le roman: ceux qui ne sont pas familiers avec le milieu littéraire et culturel acadien retiendront la vitalité de l'époque et en auront un portrait saisissant.

Mario Thériault

Mario Thériault amorce chacune des nouvelles de *Terre sur mer* (Perce-Neige, 1997, prix France-Acadie) par un événement perturbateur qui contraint les personnages à quitter le confort de leur vie. De sa poésie, il a gardé le mouvement de la phrase, l'originalité des images et la suggestivité. Le titre du recueil évoque une sorte d'entre-deux qui habite l'univers des six nouvelles. Du courtier en immeubles aux prises avec un chalet «vivant» («Clémence»), au chômeur à la recherche d'une pièce de 25 cents pour faire son lavage («L'élection»), les personnages sont des gens ordinaires, sans histoires. Deux des nouvelles glisseront vers le fantastique tandis que les quatre autres installeront des climats un peu troubles, presque ambigus. Thériault préfère la suggestion à la description. Et quand il décrit, il laisse flotter une ombre délicate sur son sujet. Ainsi la triste histoire de «Mike et Michel», les presque jumeaux, incertains de leur vie, de leur sexualité, étouffés par leur poids et par leur mère, heureux uniquement quand ils roulent lentement dans leur Parisienne Deluxe Edition Custom 500. Ainsi cette «Fin de saison» qui raconte la dégradation de la relation amoureuse d'Alexie et de Xavier, de beaux jeunes gens qu'on aurait cru à l'abri des difficultés émotives. Ainsi aussi ces quatre jeunes adultes qui traversent le village d'un bout à l'autre en voiture dans un incessant aller-retour, buvant de la bière et écoutant de la musique par un soir d'hiver à l'ennui écrasant et qui finiront dans un face à face mortel («La Communion des Mélomanes»). Les histoires se situent en Ontario, au Québec ou au Nouveau-Brunswick et interrogent aussi bien l'exil que l'enracinement, le travail que son alternative, la mort que la vie. On y meurt beaucoup dans ces nouvelles: mort psychique parfois, mort physique aussi et même, y compris le récit d'une morte dans cette curieuse nouvelle titrée «DS» à cause de la voiture dans laquelle elle se trouve. Et dans chaque nouvelle, de courts portraits des personnages animés par un style vif dans lequel discours indirect et direct créent des ruptures de rythme.

Gracia Couturier

Construite en s'appuyant sur la théorie du chaos et les principes mathématiques des fractales, l'intrigue de *L'antichambre* (Éditions d'Acadie, 1997) tient du fait divers: Marianne et Richard décident d'avoir un enfant. Parce qu'elle a plus d'une trentaine d'années, Marianne doit passer quelques tests. On découvre qu'elle a un cancer passablement avancé. Donc pas d'enfant avant la chimiothérapie et forte possibilité de stérilité après le traitement. Lise, sa meilleure amie, lui offre d'être mère porteuse et Marianne accepte. Un garçon naît, il s'appellera Alexandre. Le cancer est guéri. Tout irait bien sauf que Marianne découvre une vérité qu'elle n'aurait jamais dû apprendre. Ce n'est pas tant l'intrigue qui soutient l'intérêt que la façon dont les personnages abordent leurs problèmes et, surtout, la façon dont le récit est construit. Le roman ne comporte aucune division, aucun arrêt, aucun saut de ligne qui indiquerait un changement temporel, géographique ou psychologique. Trois personnages se racontent à une quatrième personne, qui les a rencontrés individuellement et qui reconstitue les faits, divisant après coup les «entrevues» en petites scènes, selon sa réflexion. Couturier a construit l'œuvre comme un scénario de film: les personnages apparaissent, agissent, parlent, réfléchissent sans qu'ils soient autrement identifiés. Elle accentue cet effet cinématographique en utilisant le présent comme temps de référence: toutes les actions se déroulent au présent même si elles ont eu lieu il y a plusieurs années. Ce traitement de la temporalité contribue à élargir le temps jusqu'à le faire disparaître ou, du moins, jusqu'à créer une certaine confusion.

Je regardais Rebecca (Éditions d'Acadie, 1999) poursuit, en l'approfondissant, la démarche de *L'antichambre*. Couturier fonde ici aussi son intrigue sur la théorie des fractales, y ajoutant une mise en abyme théâtrale. Louise Lagarde, «première» narratrice, assiste par hasard à un accident, alors qu'une jeune femme est renversée par une voiture. Le conducteur s'arrête, Louise se précipite auprès de la victime, l'ambulance arrive et Louise accompagne la jeune fille, qui a sombré dans le coma, à l'hôpital. Celle-ci n'ayant pas de papier d'identification, Louise lui donne le nom de Rebecca et la visitera durant les quatre semaines que dure son coma. Des liens étroits se tissent entre Louise, son mari Laurent, la garde Norma Hébert et Rebecca. Louise pense qu'il s'agit d'une tentative de meurtre de la part du chauffeur, Ubald Le Narrateur. Dans le sac à main de Rebecca, Norma trouve un cahier, qu'elle remet à Louise: il s'agit d'un manuscrit qui tient à la fois du théâtre, du roman et du journal personnel. Plus le roman se développe, plus la confusion s'installe. Différents personnages assument ici et là la narration, un peu comme si l'écriture leur appartenait, comme s'ils étaient tous également dépendants d'un narrateur invisible, véritable dieu du récit et de la vie des personnages. L'enquête policière mène éventuellement au procès de Le Narrateur, accusé de tentative de meurtre – ce dont il se défend. À partir de ce moment, ce n'est plus l'histoire des personnages qui importe, mais l'écriture et l'agencement de plus en plus chaotique des faits. Norma s'appelle également Emma et même Connie, Le Narrateur est plus qu'un personnage et les lieux se fondent les uns dans les autres. Déroutant par instants, ce roman vaut surtout pour la réflexion qu'il propose sur l'écriture, la temporalité et les rapports entre les genres.

Durant les années 2000, Couturier choisira une approche plus classique du récit.

Hélène Harbec

La délicatesse qui caractérise la poésie d'Hélène Harbec se retrouve également dans son premier roman, *L'orgueilleuse* (Éditions du remue-ménage, 1998).

L'histoire est simple: Jeanne, la narratrice, mère de quatre enfants dont les plus âgés sont maintenant adolescents, quitte un 30 décembre son mari, le père de ses enfants. Elle choisit de demeurer à Moncton et d'aller passer l'hiver dans une pension pour femmes – qui en accueille cinq, dont la propriétaire, Léa. Jeanne profite de ce séjour pour réfléchir à sa vie. Sa mémoire de sa grand-mère et de sa mère se précise et s'approfondit. Sa mère vient de mourir, noyée, et ce décès porte en elle toute l'incertitude du choix de la vie ou de la mort, choix que se pose maintenant Jeanne dans cet hiver qu'elle traverse dans la solitude de ses lectures. Cette quête intérieure lui permettra de retrouver le sourire et de découvrir autrement son corps.

Au printemps, elle quitte la pension pour un retour temporaire et nécessaire dans sa ville natale, Saint-Jean-sur-Richelieu, pour faire face à cette rivière dans laquelle sa mère s'est noyée et à sa propre vie. Un texte d'une grande sensibilité, qui annonce les œuvres qui suivront, tant poétique que romanesque.

Rino Morin Rossignol

Animé par le même l'esprit que sa pièce *Le pique-nique* (voir la section Théâtre), *Catastrophe(s)* (Éditions d'Acadie, 1998), unique roman de Morin Rossignol, pousse l'humour jusqu'à la démesure en proposant un univers construit sur le principe de l'effet papillon. Comme point de départ, la triste mésaventure d'un pauvre laitier, que l'auteur nommera «gars piteux», qui perd son emploi et qui, en rentrant chez lui plus tôt que d'habitude, découvre que sa femme le trompe. Atterré, il se retrouve en larmes sur le sommet d'un pont au milieu d'une foule enchantée par un feu d'artifice. À partir de ce point, l'imagination de Morin Rossignol s'enflamme. Le simple cocuage d'un pauvre gars entraînera une crise sinon mondiale, du moins largement occidentale. Morin Rossignol joue avec la langue, avec les sens et les non-sens, multipliant les épisodes délirants: la reine d'Angleterre, Kitty IV, perd le pouvoir au profit de son fils homosexuel, le très efféminé Horny, qui se fait appeler «Madame le roi»; on assiste à la destitution du pape Ego I lors du concile qu'il a convoqué pour mettre fin à la crise alors que l'Église éclate en mille petites sectes, dont l'une est dirigée par la papesse Uterina I. Exercice de style brillant plutôt que roman achevé, *Catastrophe(s)* rappelle par ailleurs les chroniques satiriques qu'écrivait Morin Rossignol pour *Le Matin*, dont certaines ont été reprises dans son recueil d'essais *Rumeur publique* (1991), aux côtés de textes «sérieux».

REGARD SUR LA LITTÉRATURE POUR LA JEUNESSE
Les Éditions d'Acadie et Bouton d'or Acadie

Marguerite Maillet ayant remarqué que les Éditions d'Acadie publiaient très peu d'ouvrages pour enfants et convaincue qu'il fallait leur offrir des histoires écrites par des Acadiens, elle fonde en 1996, avec la complicité de Judith Hamel, les Éditions Bouton d'or Acadie, consacrées exclusivement aux ouvrages pour la jeunesse.

La situation de l'édition en Acadie est alors désolante: pas de politique du livre, des budgets faméliques pour les bibliothèques (scolaires et municipales) et pour les arts, quelques rares librairies. Les livres pour enfants, les albums en particulier, coûtent cher et les tirages doivent être relativement élevés si la maison souhaite absorber les coûts de production tout en les vendant à un prix raisonnable. Bouton d'or Acadie doit donc réussir, dès le départ, à s'établir sur le marché québécois, ce qui va poser le problème de la distribution, que Maillet résoudra lentement.

Trois livres sont publiés en 1996, un en 1997, cinq en 1998, sept en 1999 et six en 2000. La principale difficulté sera de susciter l'intérêt des auteurs et des illustrateurs, voire de sensibiliser différentes personnes à l'écriture pour la jeunesse. Marguerite Maillet met au point des collections, chacune ciblant une tranche d'âge spécifique de l'enfance, et les développe avec patience et détermination. Un véritable travail de pionnière. Les collections d'albums sont les premières à être mises en place. La faillite des Éditions d'Acadie, en 2000, laissera pratiquement tout le champ jeunesse à Bouton d'or Acadie, même si les Éditions La Grande Marée s'y aventurent parfois ou si certains auteurs publient pour d'autres maisons.

Jacques Savoie

Jacques Savoie figure parmi ceux qui publient déjà ailleurs qu'en Acadie. Installé à Montréal, il est bien au fait du monde de l'édition puisqu'il y est déjà publié. Ses six romans pour enfants (de 8 à 12 ans) complètent l'univers créé dans sa trilogie du *Cirque bleu*. Les six romans, publiés par La courte échelle entre 1995 et 1998, se fondent sur de petites histoires aux allures bien complexes, mais qui sont avant tout des épisodes d'une vie quotidienne mouvementée. Des anecdotes amusantes et fantaisistes ancrées dans un réel où imaginaire et réalisme s'entremêlent. Charlie et ses deux demi-sœurs, Caroline et Adèle, vivent avec leur père, Jean-Philippe, et la mère des deux filles, Dominique. Dès le premier roman, cette famille moderne reconstituée perd toute trace de Marthe, la mère de Charlie. Les trois enfants se partagent la narration de la série.

Évidemment, la structure de ces romans obéit aux lois de La courte échelle. Ils sont bien et simplement écrits, remplis d'actions et mettent en vedette des enfants de l'âge des lecteurs (dans le premier tome, Adèle a 7 ans, Charlie, 9 ans et Caroline, autour de 13 ans). Les adultes y sont plus sympathiques que détestables, les valeurs morales sont sans tache et quand on commet des actes illégaux, ils sont justifiés ou permettent d'introduire une «leçon»: ces romans ont un objectif pédagogique. Bref, des lectures pour tous, un peu comme les films de Walt Disney. Et ils introduisent les enfants dans des mondes amusants où ils peuvent se reconnaître.

Toute la beauté du monde (1995) présente la famille Boyer: Caroline, la sérieuse, hérite de toutes les responsabilités (dont celle de garder Charlie et Adèle); Charlie, l'aventurier, est en cinquième année mais ne sait toujours pas lire (du moins, c'est ce que croit son entourage); Adèle, la curieuse, cherche toujours à comprendre, mais a tendance à prendre tout au pied de la lettre; Jean-Pierre et Dominique, dont les personnages sont à peine esquissés, sont caractérisés par leur travail de concepteurs publicitaires et par leur rôle de parent. Les enfants les appellent par leurs prénoms et l'atmosphère familiale est détendue, un peu anarchique. Bref, une famille suffisamment originale pour que de multiples aventures apparaissent.

Les trois premiers romans constituent le cycle des «éphémères éternelles». À l'occasion d'une visite scolaire à l'usine d'épuration, Charlie fausse compagnie au groupe et entre dans une galerie souterraine interdite. Il y découvre «l'éphémère éternelle», une plante résultant de différents croisements menés sur «un cactus très rare que l'on retrouve habituellement en Équateur», le nopal. Son inventeur, le capitaine (retraité) Santerre, qui est aussi le gardien des lieux, les y fait pousser, cette fleur représentant pour lui «toute la beauté du monde». Santerre aide Charlie à retrouver son chemin hors de la galerie et les deux développeront une relation amicale. Après quelques péripéties, Jean-Pierre et Dominique sont mis au courant de cette culture souterraine et s'en servent pour une campagne publicitaire.

Une ville imaginaire (1996) expose la volonté de Charlie de créer une ville de toutes pièces à partir de plans qu'il a imprimés sur l'imprimante paternelle – sans autorisation, il va sans dire – à partir de «l'Inter-Réseau» (nous sommes en 1996, au tout début du Web). Parallèlement, Adèle confond plans «à vol d'oiseau» et capacité de voler, ce qui l'amènera sur des sentiers linguistiques et expérimentaux inédits et potentiellement dangereux (c'est du moins ce que son entourage va croire), alors que Santerre a trouvé une façon d'acclimater ses «éternelles» à la température extérieure, elles qui, jusqu'alors, ne pouvaient survivre que dans la galerie souterraine. Des péripéties secondaires viennent pimenter l'action.

Les fleurs du capitaine (1996) clôt le cycle. Les fleurs prolifèrent et le directeur de l'usine décide de mettre fin à leur culture, qui occupe maintenant trop de place. Jean-Pierre accepte de transférer les fleurs dans son sous-sol tandis que les quelques bacs restants prennent le chemin non pas du dépotoir – comme l'avait craint Santerre –, mais du Jardin botanique, qui recueillera également les spécimens cachés chez les Boyer. De son côté, Caroline, maintenant adolescente, vit son premier amour: on n'en saura pas grand-chose, si ce n'est qu'elle ne participe plus aux jeux, aventures et recherches de Charlie et d'Adèle.

Caroline et Charlie sont les narrateurs de ces trois romans, à l'exception de quelques chapitres où un narrateur omniscient donne le point de vue de Jean-Pierre. Dominique est le personnage le moins développé et le moins présent.

Les cachoteries de ma sœur (1997) ouvre le cycle d'Adèle, qui réunit les trois derniers romans de Savoie, dont les intrigues reposent sur un même principe: Adèle veut être riche, que sa famille la remarque et la considère, et enfin être populaire. Toute l'énergie d'Adèle sera mise au service de son objectif, ce qui l'entraîne sur des chemins inattendus mais toujours porteurs d'une leçon de vie. Cette orientation «pédagogique» était beaucoup moins présente dans la trilogie des « éternelles ». Adèle en est la principale narratrice, relayée de temps en temps par Caroline ou Charlie.

Dans *Les cachoteries...*, Adèle pense que si elle fait fortune, les autres s'intéresseront à elle; elle pense que Caroline, en particulier, lui cache plein de choses. Pour son neuvième anniversaire, Adèle invite uniquement les trois enfants les plus riches de la classe, mais leurs cadeaux sont minables. Adèle décide alors d'organiser une vente de garage avec différents objets de la maison, dont certains sont précieux. Pour éviter le désastre, Jean-Pierre se voit obligé de récupérer le tout. Punie, Adèle ne se laisse pas démonter pour autant: elle convainc ses deux meilleurs amis d'ouvrir un zoo dans le garage familial, ce qui crée une commotion dans le voisinage. Finalement, l'impasse est dénouée alors que Caroline confie à sa petite sœur ce qu'elle lui a caché: elle a eu ses premières menstruations. Adèle comprend alors que « les cachoteries de sa sœur » n'en sont pas. Un jour prochain, elle aussi sera adolescente et pourra partager ce qu'elle vit avec Caroline. Durant toutes ses aventures, elle s'est fait un nouvel ami en la personne de Godefroy, un des trois invités à sa fête.

C'est autour de la passion de Godefroy pour la guerre de Troie que se construit *Le plus beau des voyages* (1997). Adèle refuse de faire le ménage de sa chambre, résistant à toutes les pressions, incluant celles de sa sœur. Après que Godefroy lui ait lu l'*Iliade* puis l'*Odyssée* dans son repaire du grenier, elle en déduit que, comme les Grecs durant le siège de Troie, sa patience lui permettra d'avoir le dernier mot quant au ménage de sa chambre. À la suite d'un incident, les deux enfants n'ont plus le droit de se voir pendant quelques semaines. Adèle décide alors de faire comme Pénélope, qui tissait une toile qu'elle défaisait la nuit: pour passer le temps en attendant le retour de Godefroy, elle fait le ménage de sa chambre durant le jour et le défait la nuit. Le manège découvert, les adultes autorisent les enfants à se revoir et leur offrent même une nouvelle édition de l'œuvre d'Homère. Adèle aura fait « le plus beau des voyages », tout en découvrant l'importance de la loyauté.

Le troisième volume du cycle, *La plus populaire du monde* (1998), raconte la difficile intégration d'Adèle dans sa nouvelle école. Au début, elle se sert de la flatterie pour se faire de nouveaux amis, mais cette technique a ses limites. Elle a l'idée d'offrir son foulard (à l'effigie du groupe le plus populaire) à une des enfants, ce qui plaît à celle-ci mais rend les autres jalouses. Dès lors, Adèle est prise dans un cercle vicieux: un cadeau en appelle un autre et elle confond amitié et manipulation, ce qui la mènera dans un cul-de-sac et à la rupture de son amitié avec Godefroy. En définitive, Adèle a quand même su discerner qu'une seule des élèves, Marjolaine, l'appréciait pour qui elle est. Elle comprend que, lorsqu'elle n'a plus rien pour «acheter» l'amitié, seuls Godefroy et Marjolaine sont restés à ses côtés. Être «la plus populaire du monde» ne s'achète pas. Une intrigue secondaire s'ajoute à la première, une technique qu'affectionne le scénariste qu'est Savoie: Adèle se rend compte, sans en comprendre la cause, que Dominique passe un test de grossesse. À la fin du roman, la famille apprend que Dominique est enceinte, alors que Godefroy vient d'offrir un nouveau livre à Adèle, un livre qui fait découvrir le corps humain.

Savoie ne publiera plus de livres pour enfants, comme s'il considérait avoir fait le tour du sujet. Tous ces romans ont été écrits pour sa fille Pascale, qui, entre le premier et le dernier ouvrage, a grandi...

Anne-Marie Sirois

Née le 30 décembre 1958 à Saint-Basile, Anne-Marie Sirois obtient un baccalauréat en arts visuels de l'Université de Moncton en 1981, puis suit des ateliers de formation en dessin animé avec Cinémarévie (Edmundston) et l'Office national du film. Elle réalise plusieurs dessins animés, dont *Animastress* et *Joséphine* pour l'ONF. Dans son atelier du Centre culturel Aberdeen à Moncton, elle se consacre principalement à la sculpture depuis 1995. Ses œuvres sont créées en particulier à partir de fers à repasser hors service et reflètent bien l'humour satirique qui anime son travail. Tout en continuant à illustrer des cartes de vœux (de Noël en particulier) et des albums de différents auteurs, Sirois s'aventure parfois dans l'écriture.

Le petit Chaperon Mauve (1995), publié à compte d'auteure, demeure son meilleur album. Mauve est aux prises avec une mère farouchement « granola » qui suit des cours de lévitation et prépare des salades d'épinards, de luzerne et de pruneaux séchés destinées à nettoyer son côlon et celui de sa fille. Heureusement, sa grand-mère lui cuisine des saucisses de porc accompagnées de patates rôties arrosées de « vrai » ketchup. Reprenant ici de façon tout à fait originale le conte traditionnel, Sirois a concocté une histoire savoureuse qui relève d'un surréalisme teinté d'absurde aux couleurs sociales. Comme tout bon chaperon mauve ou rouge, Mauve fait face à des loups en se rendant chez sa grand-mère, panier de pommes au bras. Mais ces loups peuvent aussi bien être des louveteaux qu'un vieux loup de mer ou encore un pauvre loup chômeur. Il y a un petit côté délinquant, déviant dans cet album de 24 pages grand format, un petit quelque chose de *grunge*, de volontairement provoquant, qui en fait tout son charme.

Le même esprit anime *Rose Neige et les six nains* (2000).

Autres ouvrages pour la jeunesse

Comme à la vraie cachette (Éditions Marévie, 1990) d'Albert Roy raconte une année dans la vie des Pluvieux et des Suiveux de Saint-Basile-de-Madawaska. Les Pluvieux sont des adolescents d'une quinzaine d'années; les Suiveux ont une douzaine d'années. C'est dire qu'un monde sépare les deux groupes, qui, néanmoins, sont inséparables, tout simplement parce qu'ils habitent le même secteur du village. Chaque court chapitre relate une anecdote, souvent savoureuse. Au centre du récit, Georges, le chef de la bande, découvre l'amour et réfléchit à son avenir. Sans doute inspiré par la jeunesse de l'auteur, ce roman trace un portrait vivant de la vie d'adolescents au début des années 1960.

L'album *Pommette et le vent* (Éditions d'Acadie, 1995) présente des illustrations de Roméo Savoie sur un beau texte de Martin Pître. Il raconte l'histoire, toute simple, d'une pomme qui hésite à vieillir. Les tableaux épurés montrent une pomme accrochée à sa branche accompagnée, selon les planches, d'un oiseau, d'un coup de vent, d'un rayon de soleil. On sent la présence du peintre abstrait, même s'il utilise ici des éléments figuratifs. Les graffitis qui définissent l'espace, les textures dans la couleur, la richesse des fonds pourtant composés à partir d'une unique couleur, le mouvement des tracés, jusqu'à cette branche qui traverse la toile de part en part et dont on ne voit dans la plupart des planches ni le début ni la fin, tout place le lecteur dans l'univers de Roméo Savoie.

Pour *Loin de France* (Éditions d'Acadie, 1997), un roman pour adolescents, Germaine Comeau s'est s'inspirée de la brève histoire d'un curieux village caché au fond de la forêt derrière Pointe-de-l'Église et Weymouth, en Nouvelle-Écosse. Ce village s'appelait Nouvelle-France et avait été fondé par un français, Jean-Jacques Stehelin. Village magique qui s'éclairait à l'électricité, possédait son propre réseau ferroviaire en bois et qui a existé pendant une quinzaine d'années au tournant du XXe siècle avant de disparaître. Comeau partage une année dans la vie de Paul-Émile, jeune adolescent, fils du fondateur du village et « personnage imaginaire », précise-t-elle dans la préface. Une année extraordinaire, puisqu'elle s'étend de l'automne 1899 à l'été 1900. L'histoire se déroule dans une absence de conflit ou de tension: envoyé au collège par décision paternelle, Paul-Émile n'aime pas sa vie de pensionnaire et s'enfuit à pied vers Nouvelle-France. Son père l'accueille à son retour et accepte sa décision: comme il le désire, Paul-Émile fera l'apprentissage de la nature et se confrontera aux éléments premiers. C'est cette quête, de la transformation de l'enfant en homme que raconte le roman. Le style est alerte, vivant, plus prosaïque que littéraire, mais agréable. L'intérêt du roman réside principalement dans la reconstitution historique.

Regard sur le théâtre
TPA: le répertoire plutôt que la création

Les années 1990 à 1992 sont assez difficiles pour le Théâtre populaire d'Acadie. La programmation court dans toutes les directions avec des pièces au succès variable: *L'éducation de Rita* de Willy Russell dans une adaptation de René Dionne, *Cet animal étrange* de Gabriel Arout d'après les nouvelles de Tchekhov, un collage Molière d'Ivan Vanhecke, *Les chaises* d'Eugène Ionesco, une nouvelle production de *Louis Mailloux* et *Parlez-moi d'amour*, une comédie écrite et interprétée par Monique LeBlanc. Avec *Vol en piqué dans la salle*, un collage conçu et mis en scène par Ivan Vanhecke à partir de textes de Karl Valentin, c'est l'échec monumental au niveau de la fréquentation. Par contre, le volet enfance se porte bien, avec *Des amis pas pareils* de Jules et Jeannine Boudreau, et deux créations du Québécois Louis-Dominique Lavigne, que l'auteur met en scène: *Le matin de Francis* et *Le roi triste*, ce dernier étant un spectacle solo écrit spécifiquement pour Luc LeBlanc, jeune comédien finissant du département d'art dramatique de l'Université de Moncton qui s'était fait remarquer dans *Louis Mailloux*. Le 2 mars 1992, comme si les difficultés inhérentes au théâtre n'étaient pas suffisantes, le Vieux couvent, édifice dans lequel le TPA et d'autres organismes culturels ont leurs locaux, est la proie des flammes. Le TPA perd tout: costumes, ordinateurs, documentation, archives. La compagnie est alors aux prises avec un lourd déficit et son réseau de tournée, qui s'appuyait sur des bénévoles dans chacun des milieux, est fragilisé. À l'automne 1992, Andréi Zaharia quitte la direction artistique. Il aura marqué profondément la démarche du TPA en donnant aux productions une grande qualité qui, par contre, n'ont pas toujours réussi à être appréciées par le public, du moins en ce qui concerne les productions pour adultes.

René Cormier succède à Zaharia en janvier 1993 et consacre toute son énergie à éliminer l'imposant déficit et à reconstruire le réseau de tournée. Bachelier en musique de l'Université de Moncton, formé en théâtre à l'École internationale de Jacques Lecocq à Paris, Cormier est impliqué dans le TPA depuis *Tête d'eau* (1974), dans lequel il tenait un rôle secondaire. Il est de la toute première équipe de *Louis Mailloux* et joue dans plusieurs autres productions. Il assume également, durant quelques années, des fonctions administratives. En 1988, il signe sa première mise en scène: *Cocorico* de Paul Maar. Il s'appuie sur une équipe technique expérimentée et d'excellents comédiens tantôt issus du département d'art dramatique, tantôt formés par l'expérience, parmi lesquels Éric Butler, Jeannine Boudreau, Denise Bouchard, Clément Cormier, Bertrand Dugas, Robert Gauvin, Luc LeBlanc, Tony Murray, Claire Normand et Hélène Paulin.

De l'automne 1992 à l'été 1993, le TPA ne présente aucune

pièce. À l'été, à la Boîte-Théâtre, la compagnie présente une création des Productions du Tréteau, *Hubert ou comment l'homme devient rose* de Christiane Saint-Pierre, un spectacle solo de Bertrand Dugas mis en scène par Réjean Poirier, qui avait été le premier directeur artistique du TPA. Cette création réconcilie le public de Caraquet avec le TPA, réconciliation qui se poursuit avec *Aurélie, ma sœur* de Marie Laberge, mise en scène par Christiane Proulx et présenté à l'automne de la même année.

Avec *La nuit blanche de Barbe-Bleue*, un spectacle solo qu'avait écrit et interprété Joël da Silva pour le Théâtre de Quartier de Montréal, le TPA connaît à l'automne 1993 un excellent succès auprès des enfants (la production sera reprise en 1995). Claire Normand réussit à donner une nouvelle vie à ce texte qui avait connu un immense succès avec da Silva. Le metteur en scène Louis-Dominique Lavigne (codirecteur artistique du Théâtre de Quartier, dont c'est la quatrième présence au TPA) a choisi judicieusement d'adapter le rôle pour une comédienne, lui donnant ainsi une nouvelle dimension. À l'automne 1994, cependant, *La chasse au Snark* (inspirée de l'œuvre de Lewis Carroll), une ambitieuse coproduction pour enfants réunissant le Théâtre du Risorius (France), les Conteurs de Tout (République centrafricaine) et l'ADDIM 89 (France), est un échec tant sur le plan artistique que de la réception.

La situation du TPA est à peu près rétablie alors qu'il fête ses 20 ans en 1994 par un coup d'éclat: en collaboration avec le Studio Acadie de l'ONF, qui fête également ses 20 ans, le TPA présente une «super production» d'*Une journée particulière*, adaptation scénique de Roland Lepage du film d'Ettore Scola. Cinéma et théâtre s'unissent pour recréer la journée où Hitler vient rencontrer Mussolini en Italie. Renée Blanchar réalise le film de fiction qui s'intègre à la pièce et René Cormier signe la mise en scène. La production est soignée, le succès instantané. Sur la scène, les trois comédiens représentent symboliquement le chemin parcouru par le TPA: Olida Godin, qui collabore à la compagnie depuis le début – elle vient de la troupe des Élouèzes –, tout en poursuivant sa carrière d'enseignante; Bertrand Dugas, issu lui aussi des rangs amateurs, qui a fait le choix du théâtre au sein du TPA dès *Cérémonie* (en 1974); Denise Bouchard, diplômée du département de théâtre de l'Université de Moncton et impliquée dans le TPA depuis 1983.

Entre 1995 et 2000, le TPA produit 15 pièces. Les cinq pièces provenant du répertoire québécois et international visent un public large: comédies légères avec *Chapitre deux* de Neil Simon (1995), *Valentine* de Willy Russell (deux mises en scène de Daniel Castonguay) et *Couple ouvert* de Dario Fo et Franca Rame (1998), dont la mise en scène de Cormier gomme la critique sociale; collage réussi du *Monde de Tremblay* (1996), réalisé par la metteure en scène Mona Cyr, sur le thème des femmes dans l'œuvre de Michel Tremblay; adoucissement des éléments provocants dans la mise en scène de Cormier des *Muses orphelines* de Michel Marc Bouchard (2000). Manifestement, Cormier ne veut pas effaroucher le public adulte; et ses choix remportent l'adhésion de celui-ci.

Les deux textes du répertoire acadien que met en scène Cormier en 1997 vont dans le même sens: *Le Djibou* de Laval Goupil – texte qui a perdu avec les années beaucoup de son impertinence – et *Évangéline Deusse*, délicieuse comédie d'Antonine Maillet, qui met en relief le talent de Viola Léger et remporte un immense succès.

Côté création, on est face à un curieux, mais fascinant mélange. *Hubert ou comment l'homme devient rose* (Éditions d'Acadie, 1993) de Christiane Saint-Pierre, une comédie gentiment superficielle pour un acteur, sur les « nouveaux » comportements qu'Hubert doit assumer s'il veut être à la hauteur de sa « nouvelle » conjointe; *Aléola*, du Québécois Gaëtan Charlebois (1995), mise en scène de Maurice Arsenault, est une adaptation par Laval Goupil d'un psychodrame et dont le succès tenait beaucoup à la performance de Bernard LeBlanc; *Rumeurs publiques* (1996) est un collage de textes humoristiques agencé par Cormier et Daniel Castonguay, qui en signe la mise en scène. Le titre reprend celui du recueil de billets écrits par Rino Morin Rossignol (Éditions d'Acadie, 1991) et parus dans le quotidien *Le Matin* entre 1986 et 1988. Si certains des textes du collage sont issus de ce recueil, la plupart viennent de *Bain public*, une création collective du Théâtre Petit à Petit de Montréal, et de *La Déprime*, une création collective de Production le Klaxon, également de Montréal.

Les deux créations pour enfants sont issues d'auteurs non acadiens. On retrouve notamment Louis-Dominique Lavigne, coauteur avec Luc LeBlanc – dont c'est la première démarche d'écriture – de *La chaise perdue* (1995), une très belle pièce, fidèle à l'esprit et au style de Lavigne, qui en assure d'ailleurs la mise en scène; *Mentire* (1997), une coproduction entre le Théâtre de la Vieille 17 (Ontario), le Théâtre du Frêne (France), les Coups de théâtre (Montréal) et le CNA (Ottawa), une pièce coécrite par Lavigne avec Robert Bellefeuille – ce dernier en assure la mise en scène. La pièce respire au rythme de Bellefeuille, dont le brio donne plus d'importance au contenant qu'au contenu.

Les deux créations d'Herménégilde Chiasson, coproduites avec le théâtre l'Escaouette et dont nous traiterons un peu plus loin, appartiennent à l'imaginaire de l'Escaouette. Reste une création maison, *Le besson* (1999) de Claire Normand et Bertrand Dugas, dont ce dernier est l'interprète. Ce texte clôt le cycle des Bessons: Bernard Dugas étant décédé quelques années auparavant, Bertrand avait puisé dans son expérience personnelle pour partager la difficulté du jumeau survivant à assumer la perte de son frère. Réussir à rendre compte au théâtre d'une telle douleur est un défi que le texte ne réussit pas à relever, comme si Bertrand était encore trop proche du tragique événement. La metteure en scène Louise Lalonde réussit toutefois à insuffler une théâtralité dans ce spectacle et Dugas y tente l'impossible, mais c'est un échec artistique et populaire.

Paradoxalement, le plus grand succès de cette période est *L'indifférent* de Carlo Goldoni (2000), une comédie écrite en 1758 et qui n'avait jamais été créée en français. Cormier préserve l'esprit de la commedia dell'arte qui anime le texte – une réflexion sur la raison et la passion –, sans jamais craindre de laisser à celui-ci toute la place. Une « création » surprenante, qui doit beaucoup à l'interprétation d'Ivan Vanhecke dans le rôle-titre, et un énorme succès public: à Moncton, par exemple, la pièce attire 700 personnes, remplissant le Théâtre Capitol... Du jamais vu!

En six ans, le TPA a présenté 15 pièces et en a accueilli six. Le moins qu'on puisse dire, c'est que la compagnie est active. Toutes ces productions sont d'une excellente facture et apportent au public acadien des œuvres fort diverses mais toujours largement accessibles. Année après année, le TPA voit sa fréquentation augmenter, signe évident de l'efficacité des choix de Cormier. Par contre, si l'on excepte les textes de Lavigne et de Chiasson, on s'aperçoit que le questionnement sur le théâtre y est secondaire. Le TPA souhaite avant tout avoir un impact populaire, et elle donne à une quinzaine de villes d'Acadie l'unique (ou presque) possibilité de voir du théâtre professionnel francophone.

Théâtre l'Escaouette : cap sur la création

En octobre 1989 à l'Escaouette, Maurice Arsenault (à ne pas confondre avec son quasi-homonyme du TPA : notez l'absence de «e» dans Arsenault) démissionne de la présidence du conseil d'administration à la demande des membres pour en devenir le directeur artistique. Impliqué dans l'Escaouette depuis quelques années, tant comme comédien et directeur de production que comme bénévole, Arsenault est un autodidacte qui a appris le métier au fil de son implication dans le théâtre étudiant puis communautaire. Bachelier en génie et animateur du milieu culturel, il est reconnu pour sa rigueur. Son principal objectif est de continuer à améliorer la qualité des spectacles, de manière à positionner la compagnie sur le plan national : son discours s'accompagne d'une vision à long terme et il parvient à rallier les membres à son point de vue, bâtissant en cela sur le travail (pas toujours bien perçu) effectué par ses prédécesseurs. Sa nomination coïncide avec le retour d'Herménégilde Chiasson comme auteur principal. En 1990, Arsenault présente *Pierre, Hélène et Michael* de Chiasson, dans une mise en scène de Marcia Babineau, une pièce pour adolescents que le Centre national des arts d'Ottawa (CNA) coproduit lors de la reprise de 1991. Arsenault aura moins de succès avec les deux premières pièces pour l'enfance qu'il met en scène, *Mon cœur a mal aux dents* (1991) de Christiane Saint-Pierre et *Le marchand de mémoire* (1992) de Jean-Philippe Raîche.

L'intrigue de *Mon cœur a mal aux dents* de Christiane Saint-Pierre raconte l'histoire de Véronique (11 ans), Josette dite La Couette (7 ans) et Antoine (9 ans), qui ont fait d'un phare abandonné leur «lieu secret», surnommé Farlo. Ils s'y réunissent pour jouer. Toute la pièce se construit autour des jeux de rôle des enfants, prétextes pour aborder le thème de la séparation des parents et de ses répercussions sur l'enfant. La pièce, charmante en soi, demeure superficielle.

Le marchand de mémoire de Jean-Philippe Raîche est une œuvre plus poétique que réaliste et repose sur la structure du conte onirique. Mémère Blanche scrute les étoiles avec son télescope. Elle souhaite que Joseph, son amour, revienne, lui qui a disparu il y a 50 ans, la laissant avec un enfant – qui, à son tour, a eu une fille, Eugénie. Blanche attend la tempête de Van Brugh, dragon qui mène tempêtes et étoiles filantes. La tempête aura lieu, entraînant Eugénie dans cet autre monde qu'habite Joseph. Malgré des qualités évidentes au niveau de l'écriture et dans la façon dont l'auteur aborde son sujet, le résultat est fragile et Raîche n'a pas récidivé. Il connaîtra plus de succès avec son premier recueil de poésie en 2001.

Cap Enragé (1992), pièce pour adolescents d'Herménégilde Chiasson mise en scène par Marcia Babineau, connaît un grand succès.

Dans un premier temps, Arsenault réorganise l'administration, poursuit le travail déjà entrepris de résorption du déficit tout en trouvant des fonds pour donner à l'Escaouette un équipement qui lui permettra d'améliorer à la fois les productions et les conditions de tournée (en particulier un camion). Dans un second temps, il retient l'idée mise de l'avant par le conseil d'administration d'organiser, en septembre 1991, un atelier de gestion participative animé par un formateur externe. Les 13 membres participants s'entendent sur les éléments suivants: que l'Escaouette continue à développer un théâtre de création engagé et de qualité, qui favorise la recherche, l'expérimentation et l'expression artistique authentique et que, tout en créant pour l'adolescence et l'enfance, la coopérative s'ouvre à la création de pièces pour adultes sans que cela soit lié uniquement au théâtre d'été. L'Escaouette se doterait d'une salle pour présenter ses spectacles pour adultes, préférablement au troisième étage du Centre culturel Aberdeen à Moncton, où l'Escaouette a ses bureaux.

Approché par Arsenault, Herménégilde Chiasson retrouve dans ses notes l'idée d'une pièce sur l'identité, au centre de laquelle se trouve un personnage féminin qui soliloque: ce sera *L'exil d'Alexa* (1993), avec Marcia Babineau dans le rôle-titre. La production, mise en scène par Matieu Gaumond, est audacieuse, risquée: les spectateurs sont saisis, et si la pièce n'est pas un succès populaire, elle devient néanmoins une pièce phare dans la dramaturgie acadienne. Les Éditions Perce-Neige s'empressent de la publier en 1994.

Mais gérer une salle implique que l'on y présente plus d'un spectacle pour adultes par saison. Maurice Arsenault a le mandat d'aller voir ce qui se produit ailleurs et d'accueillir des créations provenant tant du Québec que du Canada francophone. Tout comme René Cormier, il s'implique au sein de l'Association nationale des théâtres francophones hors Québec, qui devient en 1996 l'Association des théâtres francophones du Canada (ATFC), changement de nom porteur d'un changement de sens: le TPA et l'Escaouette – comme les autres compagnies du Canada – affirment leur originalité et imposent leur regard sur le monde, refusant d'être considérés comme des exclus. Tout comme le TPA, l'Escaouette développe un volet accueil de pièces grand public.

Seule ombre au tableau: la faiblesse structurelle de l'Escaouette, dont le personnel permanent se limite toujours au directeur artistique. En décembre 1993, Arsenault a l'idée de mettre en place un triumvirat, et ainsi doter la compagnie d'une dynamique artistique et administrative. Avec la saison 1994-1995, le projet se met en place: si les trois membres sont également responsables de la direction artistique, chacun reçoit une responsabilité spécifique: Maurice Arsenault hérite de l'administration, Yves Turbide, du côté technique (en particulier de l'aménagement de la salle Aberdeen), et Marcia Babineau, du développement dramaturgique.

Au bout d'un an, le triumvirat se dissout et le conseil d'administration engage Marcia Babineau, une des fondatrices de la coopérative, à la direction artistique. Durant sa première saison, l'Escaouette crée *La vie est un rêve* d'Herménégilde Chiasson, qui reprend l'interrogation identitaire de *L'exil d'Alexa*, dans une mise en scène de Matieu Gaumond. Par la suite, à court d'idées, Chiasson choisit de rendre hommage à la poésie acadienne des 20 dernières années dans *À vrai dire*, un collage mis en scène par Arsenault et qui s'adresse aux adolescents. Il réunit interprétation de textes, rappels historiques, sketchs humoristiques écrits par Chiasson, projections vidéo d'extraits de documentaires et de poètes lisant leurs textes. La modernité est au cœur de la sélection et de la vision proposées par Chiasson.

Plus traditionnelle, *Pépère Goguen, gardien de phare* (1996) est une pièce de marionnettes de Jean Péronnet. Personnage rendu célèbre par les spectacles qu'avait créés Péronnet entre 1971 et 1976, Goguen retourne à la scène après une longue absence. Jean Péronnet s'inspire de son plus récent album, *Pépère Goguen, loup de mer* (Éditions d'Acadie, 1987), pour écrire la pièce, qu'il met en scène avec Marcia Babineau. Coproduit avec le CNA, le spectacle connaît une grande popularité.

Deux nouvelles pièces d'Herménégilde Chiasson suivent: *Aliénor* (1997), mise en scène par Alain Doom, et *Laurie ou la vie de galerie* (1998), une coproduction entre le TPA et le CNA, mise en scène par Andréi Zaharia, avec Bernard LeBlanc dans le rôle-titre écrit spécifiquement pour lui.

Depuis 1992, l'Escaouette n'avait pas créé de spectacle pour adolescents. Désireuse de réaffirmer la présence de la compagnie auprès de ce public, Marcia Babineau n'a pourtant aucun nouveau texte à offrir. Lui vient alors l'idée de remonter *Cap Enragé* d'Herménégilde Chiasson, persuadée que le thème du suicide est toujours aussi pertinent auprès des jeunes. Le spectacle, qu'elle met en scène et qui est coproduit avec le CNA, commence sa tournée au printemps 1999. Mais des circonstances tragiques forcent l'annulation de plusieurs représentations, quatre adolescents s'étant suicidés à l'automne à l'École secondaire Mathieu-Martin à Dieppe, créant une véritable commotion dans le milieu scolaire. Babineau n'a d'autre choix que de retirer la pièce et d'en faire modifier la fin par Chiasson. Dans la nouvelle version, la mort de Martin est vraisemblablement causée par un accident. La version publiée en 2012 par les Éditions Prise de parole reprend le texte original.

La saison 1998-1999 voit la création du plus ambitieux projet de l'Escaouette, *Exils*, qui réunit aussi le Théâtre de la Vieille 17 d'Ottawa et le Théâtre Sortie de Secours de Québec. Conçu par les trois directeurs artistiques, Marcia Babineau, Robert Bellefeuille et Philippe Soldevila, écrit par Bellefeuille et Soldevila avec Babineau servant de « dramaturge », et mis en scène par Soldevila assisté de Babineau, le spectacle traite de l'exil qui est au cœur de la vie de la francophonie canadienne. Le spectacle remporte un énorme succès. *Pour une fois* d'Herménégilde Chiasson, coproduite avec le TPA, complète la saison. La mise en scène inventive de Philippe Soldevila donne au texte une résonance formelle moderniste qui convient parfaitement à l'écriture elliptique de Chiasson.

Avec l'arrivée de Marcia Babineau à la direction de l'Escaouette et la persévérance de René Cormier à celle du TPA, les deux compagnies professionnelles acadiennes sont dirigées par des personnes qui y sont impliquées depuis les tout débuts. Dans les deux cas, on assiste à l'émergence d'une orientation nouvelle: même si elles ont toujours présenté leurs spectacles à l'extérieur de l'Acadie, le rayonnement des deux compagnies est demeuré plutôt « régional ». Il est vrai que les conditions changent. Les coproductions se multiplient, dans un désir d'atteindre certains objectifs qualitatifs et quantitatifs: augmenter la qualité des pièces en faisant appel aux meilleurs éléments de chaque compagnie, réduire les coûts pour chacune des compagnies – avec l'effet pervers que les budgets totaux augmenteront –, donner davantage de représentations – ce qui devient possible parce que chaque compagnie s'attèle à la tâche – et percer les marchés québécois, canadien et international.

Herménégilde Chiasson

Si Herménégilde Chiasson doit s'astreindre à ne pas mettre en scène plus de cinq comédiens (idéalement moins), budget oblige, les textes dramatiques lui laissent malgré tout la latitude d'explorer son univers comme il le fait en poésie. La question identitaire est au centre du premier texte, *L'exil d'Alexa* (1993). L'intrigue repose sur un face-à-face d'Alexa avec le double que lui présente son miroir. Alexa et Marcel reçoivent pour souper Clara et Alcide. Alors que la discussion se limite aux constats – habituels pour eux – de la détérioration de la langue et de l'assimilation qui aura raison des francophones du Canada, Alexa se réfugie dans la salle de bain, seul lieu où elle se sent protégée. Devant son miroir, elle se parle dans une longue dérive sur la douleur d'être et le sentiment d'impuissance qu'elle ressent, comme si elle avait perdu les ailes de son enfance. Elle cherche à s'unifier alors qu'elle vit un sentiment de schizophrénie, manifeste dans le dialogue qu'elle a avec son double, Alex, dont la langue est soutenue et qui la corrige sans cesse (car celle-ci parle chiac). Pour Marcel, les dés sont jetés et la langue française, caractéristique fondamentale des Acadiens, disparaîtra. Alexa se débat, dans sa langue brisée par l'anglais, pour affirmer son existence en tant que personne originale, unique et inscrite dans la société acadienne. La fin, un monologue d'Alexa couronné d'un poème, laisse entrevoir un mince filet d'espoir, la nécessité de « mourir au passé » afin de « renaître au futur ».

La vie est un rêve (1994) est une réflexion sur le sens de la vie et le rapport entre le corps et l'âme. Construite en 14 tableaux, comme le chemin de croix, la pièce met en scène quatre personnages dans la quarantaine: le couple formé de Paul, financier, et Solange, professeure d'histoire, et le frère et la sœur, Thomas, prêtre, et Gabrielle, infirmière. Tous sont à la recherche de l'équilibre dans leurs rapports à soi et à l'autre. Ils se confrontent à l'image qu'ils ont de leur identité, chacun cheminant avec difficulté vers la modernité qu'ils souhaitent alors qu'ils sont aux prises avec la tradition lourde et stérile qu'ils subissent. Dans cette confrontation à soi-même et aux autres, les spectateurs découvrent peu à peu que les personnages se connaissent bien – Gabrielle est la maîtresse de Paul; Solange a rencontré Thomas à l'occasion d'une recherche sur les cantiques que chantaient les Acadiens en embarquant sur les bateaux qui les ont déportés. Si la pièce est complexe dans sa structure et ses visées, elle est simple au niveau de ses dialogues nés de la quotidienneté. Ces personnages qui éprouvent de la difficulté à donner un sens à leur vie, à l'inscrire dans la réalité, symbolisent la difficulté des Acadiens de s'affirmer dans la modernité.

Aliénor (1997) clôt cette trilogie sur l'identité. Depuis le Grand Nettoyage de leur village, Étienne et sa fille Aliénor vivent à une époque imprécise dans la forêt. Ils y habitent en autarcie, calmement à l'abri des vicissitudes du monde, jusqu'au jour où Étienne est accusé d'inceste. La pièce commence par une prise de contact entre Étienne et Laurence Samson, la psychiatre chargée de l'évaluer; Aliénor a été séparée de son père par la justice et le procès est en préparation. Persuadée que l'accusation est infondée, Laurence convaincra Robert LeBlanc, un avocat qui fut son amant, de défendre Étienne. Comme c'est souvent le cas dans les pièces de Chiasson, les médias sont présents: une journaliste, Françoise Francœur, couvre le procès. Si l'innocence d'Étienne ne fait pas de doute pour le spectateur, la cause pose de nombreux problèmes à l'avocat en raison de l'attitude d'Étienne, porteur de la mémoire de son peuple. La métaphore devient alors évidente: Étienne est à la fois le «dernier» Acadien, mais aussi le «dernier» de tous les peuples opprimés et écrasés par leurs conquérants. Étienne représente la tradition que la société actuelle veut détruire dans sa fuite effrénée vers l'avant et, en même temps, il représente la voie d'un réel avenir, établi dans le respect de ce qui a été et dans son engagement à ne pas exploiter autrui. Cette vision bien autochtone du monde permet à Chiasson d'approfondir ses préoccupations philosophiques. On apprendra finalement qu'Aliénor a été violée par quatre chasseurs. Pour Étienne et Aliénor, le temps du repli est terminé: ils devront maintenant se confronter au monde.

Laurie ou la vie de galerie (1998) jette un regard frais et comique sur l'Acadie. L'intrigue est simple: le spectateur est invité à passer une journée avec Laurie et Euclide (l'amoureux de la fille de Laurie) sur la galerie, journée rythmée par l'ingurgitation d'une bière à l'heure. Mais plus qu'intrigue, la pièce est une satire sociale. On y chante les vertus des «défauts» que des méchantes langues accolent parfois à ces Acadiens «violents», «paresseux» et «profiteurs», pour qui l'assurance-emploi est le comble de la réussite sociale. Laurie est «né fatigué» et tout travail risque de le tuer. Il doit donc à tout prix l'éviter. *Laurie ou la vie de galerie* est un gigantesque pied de nez à tous ceux qui ont la condamnation facile, d'autant plus s'ils sont les privilégiés de la société. La comédie emprunte allègrement aux traditions de la farce, de la satire, de l'impertinence. Rire de soi, de ses travers, de ses problèmes, a un effet cathartique. La comédie rejoint par son esprit *Cogne Fou* et *Y'a pas que des maringouins dans les campings*, deux pièces de Chiasson. Mais alors que celles-ci sont touffues et non abouties, *Laurie...* est une œuvre achevée. La pièce connaîtra un immense succès et dépassera les 200 représentations.

Dans *L'exil d'Alexa*, *La vie est un rêve* et *Aliénor*, Herménégilde Chiasson aborde la problématique identitaire acadienne de diverses façons, mais sans revenir sur l'histoire de l'Acadie en tant que telle. *Pour une fois* (1999), qui prolonge la réflexion amorcée, propose une relecture de l'histoire. Charles est hospitalisé en raison d'une sévère dépression alors qu'une élection provinciale a lieu au Nouveau-Brunswick et que la lutte est serrée entre Libéraux, Conservateurs et Parti acadien – dont le slogan est «Pour une fois». S'ensuit un long retour en arrière qui raconte comment Charles en est arrivé là. Métaphore de l'histoire de l'Acadie, la pièce en reprend une à une les grandes étapes, illustrées par la vie de Charles et de sa conjointe, Jeanne. Chacun des 14 tableaux, évocation – une fois de plus – du chemin de croix, lie un événement passé au présent de Charles, que ce soit le présent «réel» ou celui de sa folie. On perçoit alors que Charles ne parvient pas à actualiser sa vision de l'Acadie, mais que Jeanne s'adapte, s'impliquant d'abord socialement puis politiquement, devenant une des candidates vedettes du Parti acadien. Pour Charles, incapable d'assumer l'injustice de la Déportation, lui qui ne rêve que de relancer la Patente, nom populaire de l'Ordre de Jacques-Cartier, une société secrète qui réunissait des Canadiens français déterminés à défendre les intérêts de leur peuple, ce sera la descente aux enfers. De son côté, Jeanne choisira de prendre en compte la réalité et travaillera à faire passer la communauté d'un statut de minorisé à celui de minoritaire, résolue à imposer au dominant le respect de sa situation. Le Parti acadien prendra le pouvoir, favorisé par la division du vote, mais on ne sait pas si ce dénouement correspond au présent «réel» ou à celui de la folie de Charles. Une fable d'une grande tenue dramatique, teintée d'un comique un peu grinçant.

Les pièces pour adolescents d'Herménégilde Chiasson demeurent actuelles. Dans *Pierre, Hélène et Michael* (1990), Hélène termine ses études secondaires et veut quitter son milieu, voir le monde autrement qu'à la télé; Michael, un anglophone qui arrive de Toronto, répond à ce besoin. Hélène rompt avec Pierre, qui préfère œuvrer en Acadie, et part avec Michael à Toronto. Elle sera déçue et reviendra quelques années plus tard en Acadie. Plus que les relations amoureuses, c'est ce difficile choix de vie (rester ou partir) qui est au centre de la pièce.

Cap Enragé (1992, 1999) est une intrigue policière construite autour d'interrogatoires menés par le caporal Victor Blanchard en vue d'éclaircir les circonstances entourant la mort de Martin Landry, tombé en bas du Cap Enragé. Patrice, le principal suspect dans ce qui pourrait être soit un meurtre soit un accident, est un adolescent révolté qui a un casier judiciaire et qui vit une relation problématique avec son père. Se trame alors une histoire d'amour entre lui et Véronique, qu'aime Martin: cet amour sans retour se révélera être la principale cause du suicide de Martin. À la fin de la pièce, Patrice quitte la région pour retrouver son père, tandis que Véronique y demeure, seule. Au-delà de l'intrigue, la pièce est une réflexion sur la vie de ces adolescents.

Le cœur de la tempête (2001), pièce pour adolescents coécrite avec Louis-Dominique Lavigne, met en scène un couple de parents plutôt que des adolescents comme le veut le genre. L'Acadienne Christiane et le Québécois Michel avaient décidé, au moment de s'unir il y a 25 ans, de se séparer le 31 décembre 1999. Ils s'aiment toujours, mais ils doivent respecter leur serment – sans doute pris un soir de douce fumée. La pièce se déroule tandis qu'ils se partagent leurs biens en cette soirée décisive; ils se rappellent leur jeunesse et tentent de comprendre le cheminement de leurs deux enfants. Ceux-ci, maintenant jeunes adultes, ont fait des choix de vie qui les bousculent: Geneviève est une artiste du tatouage alors que Sébastien est devenu moine. Ces choix sont loin de plaire à la professeure d'université qu'est Christiane et à son comptable agréé de mari. Mais avant de « se ranger », ils avaient été des hippies, au grand déplaisir de leurs parents. Amusante et riche satire du vécu adolescent, tant celui des années 1970 que celui de l'an 2000, la pièce tient plus de l'imaginaire de Lavigne que de celui de Chiasson.

Le collectif Moncton-Sable

En 1996, une nouvelle compagnie, Moncton-Sable, est fondée à Moncton par un collectif formé de Philip-André Collette, Amélie Gosselin, Lynne Surette (tous comédiens qui jouent pour les deux « grandes » compagnies), Jean Surette (percussionniste du groupe Les Païens), Louise Lemieux (professeure au département de théâtre) et France Daigle (auteure). Moncton-Sable présente à la Grange-Théâtre de l'université des créations qui s'appuient sur le formalisme et la gestuelle : *Moncton sable* (1997), qui donne son nom au collectif, est suivie de *Craie* (1999), *Foin* (2000) et *Bric-à-brac* (2001). Ces œuvres, toutes signées France Daigle, interrogent la matière dans sa relation avec l'être humain. Une démarche novatrice en Acadie, qui indique aussi qu'il y a dans le milieu un besoin d'aborder le théâtre autrement.

France Daigle

Dans *Moncton sable*, les comédiens sont majoritairement originaires de la région de Moncton et, comme le texte se construit en fonction d'eux, les caractéristiques régionales sont respectées. Il y a donc des incursions en chiac, mais sans que ce soit la dominante. La réflexion porte sur la nature même du théâtre. On interroge la forme, l'intrigue, les conventions, le jeu, le lieu... mais pas la langue : celle-ci sera au cœur des prochains romans de France Daigle.

À la suite de cette expérience, Daigle écrit pour le collectif *Craie* (1999), *Foin* (2000) et *Bric-à-brac* (2001), qui ont en commun de permettre aux comédiens d'explorer les sons, les matières et l'espace. *Moncton sable* se jouait sur une « plage » (25 tonnes de sable dans la salle), *Craie* faisait un usage intensif de craies,

Foin embaumait la salle transformée en grange, *Bric-à-brac* portait bien son titre. La finalité est moins importante que la démarche; la priorité du groupe est la recherche. Dans *Moncton sable*, les personnages n'ont pas de nom ou, du moins, on ne le dit jamais: le point de référence est le comédien, qui façonne tel ou tel personnage à sa manière, le colorant aussi bien de qualités physiques propres que de sa vision du monde.

Avec *Craie*, on plonge dans l'écriture en se servant de bâtons de craie avec lesquels les personnages tracent à même le sol les signes qui les habitent: dessins, graffitis, mots et phrases, le tout se transformant en un tableau porteur de leurs inquiétudes et de leurs rêves. Ces mêmes craies servent aussi d'instrument de musique, devenant baguettes que le musicien martèle, donnant ainsi naissance aux sons. Chacun des personnages – les comédiens en interprètent plusieurs – s'approprie différemment l'acte même de s'inscrire sur le sol, recouvrant les traces existantes. Confusion des signes mais aussi construction d'une temporalité, chaque couche s'ajoute à la précédente.

Dans *Foin*, les spectateurs sont assis sur des balles de foin bien odorantes. Les comédiens conservent leur nom et le texte est fidèle à ce qu'ils sont et au rapport qu'ils ont eu dans le passé avec le foin ou, plus largement, avec la vie rurale. Ce qui ne les empêche pas, de temps en temps, de «jouer» d'autres personnages. On est ici à la limite du non-jeu. Le spectacle est une enfilade de moments qui explorent un aspect ou l'autre du thème, sans que l'on sente de véritable structure dramatique.

Le décor de *Bric-à-brac* recèle assez d'objets disparates pour ouvrir une véritable brocante. Une fois de plus, quand Moncton-Sable choisit une «matière», il va jusqu'au bout de son exploration, et les jeux d'éclairage permettent d'en révéler toutes les facettes. L'environnement sonore est un élément constitutif qui naît de la matière et habite le lieu. Ce son peut être musique, bruit (réaliste ou fantaisiste), chant (voix humaine ou animale), et même parole (récitée sur une bande sonore par d'autres que les comédiens). Il se dégage du bric-à-brac une sensualité des objets, qui servent de médiateurs entre les personnages. Ces derniers sont aux prises avec le conflit entre apparence et réalité intérieure, entre ce qu'ils laissent voir aux autres (et même à eux-mêmes) et qui ils sont. Puis, graduellement, parcimonieusement, les personnages s'ouvrent et laissent entendre leur voix: c'est par elle qu'on découvre leurs blessures et que se reconstitue leurs drames. Du point de vue technique, la parole «individuelle» est amplifiée par un micro tandis que la conversation ne l'est pas. L'action ne se passe donc pas sur scène, mais dans la tête des personnages, les objets servant de révélateurs. Le texte de France Daigle est plus littéraire que théâtral et se rapproche du style qu'elle avait exploré dans ses premiers romans. L'ellipse est au cœur de son approche et la douleur des personnages s'exprime dans leur difficulté à trouver les mots qui les dévoilent à eux-mêmes.

Laval Goupil
Laval Goupil n'aura finalement vu que trois de ses pièces portées à la scène: *Tête d'eau*, *Le Djibou* et *Ti-Jean*. Or, il en aurait écrit une trentaine, dont deux ont été publiées par les Éditions La Grande Marée: *Jour de grâce* (1995) et *James le Magnifique* (2000).

Jour de grâce est une adaptation théâtrale fidèle de *L'Acadien reprend son pays* (1977), premier roman de Claude Le Bouthillier. Le roman s'inscrivait dans le grand rêve du Parti acadien, durant ces années 1970 aux revendications et aux espoirs les plus beaux et les plus farfelus. Près de 20 ans ont passé depuis la publication du roman: deux dépressions, deux référendums québécois, la disparition du Parti acadien, l'éclatement du bloc communiste et d'autres événements sont venus modifier notre perception de la réalité et ont bouleversé les espoirs. En 1995, cette histoire d'enlèvement du pape apparaît plutôt comique. Or, le texte se veut dramatique. L'histoire n'est plus du tout vraisemblable, si elle l'a jamais été, ce qui empêche le spectateur de partager le destin des personnages et, bien simplement, de croire à ce qu'ils racontent.

James le Magnifique (2000) est une biographie romancée du premier dramaturge acadien, James Branch (1907-1980). Comme beaucoup d'intellectuels du XXe siècle, Branch aura été prêtre. Mais, refusant de joindre une communauté, il choisira d'être officiant séculier. Il ne terminera que deux des quatre années prévues d'études théologiques et sera ordonné prêtre en 1933 par Monseigneur Arthur Melanson, qui l'enverra dans l'Ouest canadien, où le besoin de prêtres est pressant. Branch exercera son ministère à Gravelbourg, en Saskatchewan, de 1933 à 1944, devenant au passage propriétaire et éditeur de journaux. Par la suite, il est nommé aumônier à la base militaire de Mossbank (toujours en Saskatchewan) et connaîtra une carrière un peu trouble dans le monde de l'espionnage, ce qui lui permettra de continuer à pourfendre les communistes. À partir de là, sa vie devient plus difficile à retracer. En arrière-plan, on perçoit chez lui un amour des voitures neuves et des femmes. Bref, tout ce qu'il faut pour faire une pièce de théâtre aux nombreux rebondissements. Laval Goupil a choisi de centrer sa pièce sur une entrevue que Branch, âgé, accorde à Hébert, son biographe. Un troisième personnage, Maggie, qui veille sur Branch et qui a sans doute été sa maîtresse, jette une ombre de mystère. L'entrevue porte sur l'œuvre théâtrale de Branch et inclut des extraits de ses pièces afin d'illustrer l'échange entre Branch et Hébert. Malheureusement, la pièce demeure une énumération de faits, en soi intéressante mais de faible portée théâtrale.

4. 2000 À 2012 : RÉORGANISATION ET DIFFUSION

INTRODUCTION

Le retour des progressistes-conservateurs au pouvoir en 1999 s'inscrit dans une alternance qui caractérise le système du bipartisme au Nouveau-Brunswick (et ailleurs dans le monde), alors que deux partis, libéraux et progressistes-conservateurs «s'échangent» le pouvoir à intervalle régulier. L'épisode du Confederation of Regions, un parti populiste anglophone, n'a pas fait long feu : les anglophones qui avaient voté pour lui, tout craintifs qu'ils soient, avaient compris que la province ne serait jamais totalement bilingue et que l'unilinguisme des anglophones n'était guère menacé. Certes, quelques postes dans la fonction publique avaient été «bilinguisés», mais rien de fondamental affectant l'ensemble de la société du côté des anglophones n'avait changé.

Pour ceux et celles qui ne sont pas familiers avec l'Acadie, il est important de remarquer que la répartition des Acadiens et des anglophones dans l'espace explique la relative harmonie entre les deux «peuples» depuis l'élection de 1999. Le recensement de 2011 par Statistique Canada permet d'illustrer cette répartition. Le Nouveau-Brunswick est divisé en 15 comtés pour les fins du recensement et sa population totale est de 751 171. Celle-ci diminue à 739 895 personnes si on ajoute le critère de la langue maternelle (qui exclut les pensionnaires d'un établissement institutionnel), et de ce nombre, 233 530 se déclarent francophones (31,6%). Ceux-ci sont majoritaires dans Madawaska (la région d'Edmundston), Restigouche (baie des Chaleurs), Gloucester (Bathurst et Péninsule acadienne) et Kent (la côte après Miramichi et avant Shédiac). En excluant ceux qui affirment avoir plus d'une langue maternelle, les quatre divisions majoritairement francophones regroupent 136 275 francophones et 30 315 anglophones.

Les Acadiens forment une minorité importante dans Victoria (Drummond, Grand-Sault: 8 405 francophones et 10 740 anglophones) et Westmorland (régions de Shédiac, Moncton, Dieppe, Memramcook: 58 795 francophones et 76 475 anglophones), et une minorité significative dans Northumberland (sud de la Péninsule acadienne et Miramichi: 12 155 francophones et 33 750 anglophones).

L'ensemble de ces sept divisions regroupe donc, en 2011, 92% des francophones, soit 215 630, et une population de 151 280 anglophones.

Westmorland demeure la région la plus peuplée du Nouveau-Brunswick et Moncton, la plus grande ville de la province, est le point de contact entre les deux communautés.

Le «pays anglais» occupe le reste de l'espace avec ses deux «grandes» villes, Saint-Jean et Fredericton. Bien sûr, une minorité francophone y habite aussi, mais ses 17 900 francophones ne font pas le poids en regard des 328 650 anglophones.

Depuis l'établissement du régime anglais, les francophones doivent lutter pour faire valoir leurs droits: même si les anglophones sont largement minoritaires dans les zones acadiennes, ils n'ont pas de réelle bataille linguistique à mener. Les Acadiens sont passés du silence à la parole, mais aujourd'hui encore, dans une réunion, la conversation tournera à l'anglais pour peu qu'un des participants ne parle pas français comme le rappellent certaines études, dont celle de Matthieu LeBlanc («Le français, langue minoritaire, en milieu de travail: des représentations linguistiques à l'insécurité linguistique», *Nouvelles perspectives en sciences sociales*, 2010). Et même si un interprète est présent, les

Acadiens finiront souvent par perdre patience et s'exprimer dans la langue de l'autre.

Les années 2000 s'ouvrent sur un conflit linguistique qui paraissait au départ bénin. Un citoyen «ordinaire» de Moncton, Mario Charlebois, conteste un règlement municipal, non pas sur le fond, mais sur le fait qu'il est uniquement rédigé en anglais et, par conséquent, qu'il viole ses droits constitutionnels. S'il perd en première instance, il gagne en Cour d'appel. Entretemps, sa cause est devenue celle de tous les Acadiens, qui exigent que les règlements et les lois municipales, jusqu'alors rédigées uniquement en anglais, soient accessibles dans les deux langues. La Cour d'appel donne un an au gouvernement provincial pour adopter une loi qui résoudrait le problème, en lui suggérant d'adopter un critère basé sur la répartition linguistique de la population. Évidemment, ce jugement suscite des réactions contraires: les Acadiens sont ravis, mais les anciens membres du Confederation of Regions Party (CoR), qui ont maintenant joint les progressistes-conservateurs, sont en désaccord. Le premier ministre Bernard Lord, dont le père est anglophone et la mère francophone, et qui maîtrise parfaitement les deux langues, réussira à convaincre tout le monde de la nécessité d'établir un paramètre clair et ainsi éviter un renvoi de la question en Cour suprême: toute ville dont la minorité dépasse 20% de la population doit adopter ses lois et règlements dans les deux langues officielles. Le gouvernement assumera les coûts supplémentaires. Pour ce faire, il amende la *Loi sur les langues officielles*, qui est adoptée à l'unanimité le 7 juin 2002. À cette occasion, Lord invite l'ancien premier ministre libéral Louis Robichaud à prononcer un discours devant l'Assemblée législative.

C'est dire que la question linguistique demeure sensible et que le défi des parlementaires est de maintenir un équilibre entre les deux communautés. D'autres crises suivront durant la décennie, dont celles sur les services de santé, le transport scolaire, les districts scolaires et l'affichage public.

Si les Acadiens du Nouveau-Brunswick doivent toujours être prêts à se mobiliser pour défendre leurs droits, ceux des autres provinces de l'Atlantique n'ont pas suffisamment de poids démographique pour exercer des pressions politiques. Ils dépendent des lois fédérales et du bon vouloir des instances provinciales, qui peuvent ou non être sensibles à leurs demandes.

Les gouvernements du libéral Shawn Graham (élu le 18 septembre 2006) puis du progressiste-conservateur David Alward (élu le 27 septembre 2010) appliqueront des politiques nettement orientées à droite, tout en étant prudents sur l'effet de leurs politiques sur la situation linguistique, particulièrement en santé et en éducation.

Culture

Malgré les craintes du milieu culturel, la faillite des Éditions d'Acadie n'a rien changé au paysage littéraire, cette maison n'étant plus un intervenant important. Le caractère essentiel de la mission de Perce-Neige avait été confirmé au cours de la décennie précédente, et la maison accueille alors Hélène Harbec, Roméo Savoie et Léonard Forest.

D'autres auteurs, dont l'approche ne coïncide pas avec celle de Perce-Neige et qui auraient pu être accueillis par les Éditions d'Acadie, sont publiés par les Éditions La Grande Marée, dont la qualité littéraire et la facture des livres s'améliorent lentement : Albert Belzile, Claude Le Bouthillier, Sandra Le Couteur, Marcel-Romain Thériault. S'ajoutent les Éditions de la Francophonie, fondées en 2001 par l'imprimeur Denis Sonier, qui publient la plupart du temps à compte d'auteur un large éventail d'ouvrages qui, pour un bon nombre, n'auraient pas été retenus par les éditeurs subventionnés. La situation de cette maison est paradoxale : au départ implantée à Moncton dans l'idée de combler le vide laissé par les Éditions d'Acadie, il est évident après quelques années que cette décision augmente les dépenses inutilement. Sonier décide alors d'établir le siège social à Lévis (au Québec), où il possède une imprimerie. Si la maison publie de nombreux ouvrages écrits par des Acadiens, elle est ouverte également aux auteurs d'autres provinces. Certains auteurs des Éditions d'Acadie, comme Louis Landry, Claude Le Bouthillier et Melvin Gallant, vont choisir d'y publier.

La publication des auteurs au Québec ou en Ontario est une

autre conséquence de la faillite des Éditions d'Acadie. En 2005, les Éditions Prise de parole à Sudbury ouvrent leur mandat pour couvrir l'ensemble du Canada français (sauf le Québec), ce qui incite des auteurs acadiens à y soumettre des œuvres. C'est ce que feront Herménégilde Chiasson, dont la production dépasse la capacité d'édition d'une seule maison, Rose Després, Daniel Dugas et plusieurs autres, parmi lesquels des dramaturges, l'édition de pièces de théâtre étant une des spécialités des Éditions Prise de parole. Les Éditions David font de même et attirent plusieurs auteurs, dont Hélène Harbec et Gracia Couturier. D'autres auteurs se dirigeront vers le Québec, comme Claude Le Bouthillier et France Daigle. Bouton d'or Acadie, quant à elle, publie la majorité des auteurs pour la jeunesse et s'ouvre même à des auteurs et à des illustrateurs d'ailleurs.

La faillite des Éditions d'Acadie a entraîné la disparition de plusieurs titres importants. Perce-Neige en a réédité quelques-uns de même que la Bibliothèque canadienne-française, une collection de poche créée par des éditeurs ontariens. Par contre, certains titres d'Hélène Harbec, de Dyane Léger, de Rino Morin Rossignol, de Serge Patrice Thibodeau et de Roméo Savoie sont maintenant épuisés, alors que plusieurs auraient mérité une réimpression.

La présence de Serge Patrice Thibodeau comme directeur littéraire de Perce-Neige, après le décès de Gérald Leblanc (le 30 mai 2005), a insufflé une nouvelle énergie à la maison, comme en témoigne la publication des auteurs suivants, qui pourraient être le fondement d'une nouvelle génération de poètes: Paul Bossé, Marie-Claire Dugas, Mathieu Gallant, Brigitte Harrison, Daniel Omer LeBlanc, Georgette LeBlanc et Jean-Philippe Raîche.

Le principal problème auquel se heurtent les maisons d'édition acadiennes demeure celui de l'extrême maigreur de l'aide à l'édition offerte par la Direction du développement des arts du Nouveau-Brunswick. La province a adopté une politique du livre dont les intentions et les orientations sont louables, mais qui demeure privée de moyens. L'apport du Conseil des arts du Canada, bien que plus consistant, n'arrive pas à compenser cette trop faible intervention. La province fait, dans le dossier culturel comme dans les autres, piètre figure quant aux trois domaines qui relèvent de sa compétence: subvention, fiscalité, lois. Créer, gérer, développer une maison d'édition ici tient du miracle. Le marché québécois est par conséquent essentiel pour les maisons acadiennes et canadiennes-françaises. D'où l'effort déployé par le Regroupement des éditeurs canadiens-français (RECF) vers ce marché.

Regard sur la poésie
Herménégilde Chiasson

Herménégilde Chiasson a toujours cherché à renouveler les formes de son écriture. Les sept recueils qu'il publie durant les années 2000 en témoignent éloquemment. La faillite des Éditions d'Acadie oblige Chiasson à se chercher un nouvel éditeur. Il existe à l'époque un froid entre lui et Gérald Leblanc, directeur des Éditions Perce-Neige, ce qui l'éloigne de la maison. Le hasard et les rencontres le conduisent vers différents éditeurs, selon le projet. Le théâtre le mène aux Éditions Prise de parole, qui ont joué un rôle important dans l'émergence de la parole franco-ontarienne durant les années 1970. À partir de *Béatitudes*, cette maison sera son principal éditeur.

Brunante, *Légendes* et *Solstices* explorent la prose et le récit – qu'il soit nouvelle, conte ou essai, autobiographique ou non –, tout en préservant cet ancrage poétique qui caractérise son style. *Actions*, *Répertoire* et même *Béatitudes* présentent des listes, des inventaires, et s'inscrivent à la suite de *Conversations*. *Parcours* est un recueil hybride, qui réunit des textes formellement très différents.

Dans *Brunante* (XYZ éditeur, 2000, prix Éloizes), tous les textes (sauf un) sont écrits à la première personne et sont construits comme un journal intime dans lequel Chiasson invite le lecteur à partager sa vision du monde. Les récits commencent souvent par l'évocation d'une anecdote vécue par le narrateur ou d'un souvenir de jeunesse. De là, celui-ci élargira sa réflexion, retraçant ainsi son cheminement dans l'art. Dans *Brunante*, mot qui signifie «l'instant où le jour cède le pas à la nuit», l'écriture de Chiasson est renouvelée, plus proche de son intimité. À mi-chemin entre l'autobiographie et l'essai, le recueil souligne le passage de la lumière extérieure, celle du Soleil (principe masculin), à celle, intérieure, de la Lune (principe féminin). C'est dans le recueillement que Chiasson puise ses sujets et, contrairement à *Existences* ou *Miniatures*, il ne les objective plus. Son écriture devient chaleureuse et sensuelle, dans son sens premier d'« émanant des sens ».

Légendes (Éditions J'ai VU, 2000) est un exercice de style écrit durant une résidence de deux semaines chez J'ai VU, centre de diffusion et de production de la photographie de Québec. Huit photographes proposent de leurs œuvres à Chiasson, qui crée des textes à partir de ces « rencontres ». Chaque photographe choisit ensuite une photo pour accompagner le texte inspiré par leur travail. Le tout petit livre qui est issu de cette expérience est un très bel objet, tant par son format et son papier que par le jeu des interactions entre image et texte de grande qualité. *Légendes*, placé sous le signe du conte et de la nouvelle, reprend le type d'écriture qui faisait le charme de *Brunante*. En peu de mots, Chiasson crée un univers autour de son personnage, le place dans un contexte, relate ce qu'il vit, ressent et pense, puis clôt par une phrase qui synthétise son monde tout en l'entraînant vers un ailleurs. Deux thèmes dominent: le temps et la mort. *Légendes* fusionne prose poétique, qui caractérise son œuvre depuis les débuts, et personnage, qui vient du théâtre.

Actions (Éditions Trait d'union, 2000) naît de la lassitude de Chiasson de toujours entendre les mêmes discours. Dans l'ouvrage, il recense donc des actions anodines, un peu comme il l'avait fait avec *Conversations*. Le résultat est à la fois déroutant et fascinant. Si la lecture en est ardue, le portrait social qui se dégage de l'ensemble est étonnant: on a l'impression de faire le tour de la vie quotidienne telle qu'elle se présente aujourd'hui, et les gestes apparaissent dans leur nudité, dégagés des motivations qui les ont suscités. Quatorze photos de Raymonde April, une photographe qu'apprécie Chiasson et un des personnages de son documentaire *Photographies* (1999), viennent alléger la réalité ainsi décrite et, en même temps, y apporter leur propre commentaire.

Répertoire (Écrits des Forges, 2003) présente une liste composée de 500 sujets, décrits en cinq vers chacun. Ce peut être un objet, une odeur, un numéro ou même un son ou une lumière: enfin, tout ce qui peut capter l'intérêt plus ou moins momentané du narrateur. Le répertoire est comme un écho à *Actions*, avec qui il partage la description d'éléments caractéristiques du quotidien. Mais contrairement aux « listes » précédentes, celle-ci comprend aussi bien des personnages que le *je* du narrateur et même l'adresse au lecteur, ce qui contribue à développer des rythmiques différentes et à relancer l'intérêt de lecture. Ces deux recueils traitent de la grandeur et de la petitesse humaine en relatant ce qui habite la vie de chaque personne.

Parcours (Perce-Neige, 2005) est un recueil hybride aussi bien dans sa forme que son contenu. On a l'impression d'un assemblage de textes variés qui ne trouvaient pas leur place dans l'un ou l'autre des recueils précédents, de par leur unicité. Presque tous les textes sont en vers, certains utilisant même la forme de la flèche, technique ludique mais dépassée. Quant au contenu, *Parcours* reprend les thèmes habituels de Chiasson et met en scène des personnages aux prises avec des situations ou problématiques. Curieux recueil, qui n'est pas sans rappeler *Climats* – une œuvre qui rassemblait des textes issus de plusieurs époques –, mais qui n'a pas le sentiment d'urgence qui en émanait.

Dans *Béatitudes* (Éditions Prise de parole, 2007), Herménégilde Chiasson propose une méditation sur la difficulté d'être et la nécessité de l'espoir. Inspiré des Béatitudes de l'Évangile, qui débutent toutes par « Heureux », celles de Chiasson ne font pourtant aucune place à ce mot: ses « béatitudes » s'ouvrent toutes sur « ceux qui » ou « celles qui ». Les textes (dans la mesure où chaque « ceux qui » et « celles qui » est une entité détachable de l'ensemble) prennent différentes formes. À un simple verbe d'action s'ajoutera un complément, une courte phrase, un paragraphe qui s'allongera jusqu'à dépasser la longueur d'une page. Aucun point, aucun point-virgule, aucune majuscule: le recueil n'est qu'une longue suite de phrases qui n'ont pas de véritable fin. Le dernier texte se termine par une virgule, qui renvoie par conséquent à la première ligne. *Béatitudes* approfondit la réflexion de Chiasson sur l'humanité, y confrontant l'humain à Dieu. La technique d'écriture rappelle celle d'*Existences* et de *Miniatures* ou encore de *Conversations*: les trois recueils identifient les personnages par «il» et «elle», tandis qu'*Actions* nomme ses personnages «homme» et «femme».

Dans *Solstices* (Éditions Prise de parole, 2009), les textes en prose commencent le plus souvent par une courte mise en situation (en voiture, autour d'une table, lors d'une conférence, en écoutant la radio) et se centrent sur un événement, un état de fait, une réflexion. Ils se développent au fil de la pensée, s'éloignant de la logique de la dissertation, s'inspirant d'images nourries des mille et un détours qui surgissent de la plume. Ces 16 textes ont la particularité d'avoir été écrits le jour même de chaque changement de saison entre 2005 et 2008, d'où le titre. Chiasson y reprend des thèmes qui sont au cœur de toute son œuvre: le pays, l'amitié, la conscience du monde, l'amour, la beauté et ce temps qu'il ne peut apprivoiser et qui ne peut que conduire à la mort.

Il faudra attendre 2014 pour que Chiasson publie un nouveau recueil. Entretemps, il aura publié quelques-unes de ses pièces aux Éditions Prise de parole et en aura créé deux pour l'Escaouette.

Gérald Leblanc

Les poèmes de Gérald Leblanc respirent au rythme de la vie quotidienne, habités par le regard parfois inquiet, parfois serein de leur auteur. Dans *Le plus clair du temps* (Perce-Neige, 2001), le narrateur invite le lecteur à l'accompagner dans une promenade toute simple dans les rues de sa ville, au fil de courts poèmes présentés comme autant de tableaux, d'instants particuliers qui illustrent son vécu: marcher dans la rue, faire l'épicerie, s'installer à une terrasse, écouter de la musique, acheter un livre, lire un texte, regarder les étoiles, prendre l'autobus. Il y est question, par-dessus tout, de rendre compte de sa ville, ce Moncton au cœur de son œuvre depuis le tout début. En arrière-plan, la relation amoureuse, toujours présente, elle aussi, depuis le premier recueil, et les 50 ans du poète. Le temps passe et la nécessité de le saisir au passage traverse tout le recueil, comme l'illustre le chronomètre autour duquel se construit l'œuvre de Mathieu Léger qui figure sur la très belle page couverture.

Comme pour s'assurer de la réalité de son existence, le narrateur s'appuie sur les objets qui l'entourent: parmi eux, la maison, la table où il écrit, le chariot de chez Sobey's, la porte et la fenêtre comme des ouvertures sur le monde, le lampadaire, le verre qu'il prend sur une terrasse, la table tournante, les draps, la bibliothèque, les clés, les livres, la couverture piquée qu'il tient de la mère de Rose Després. Comme si la vie reposait dans les petites choses, dans les petits gestes et dans leur appréciation. Peut-être y a-t-il là un premier aveu de ce cancer qui emportera Leblanc quelques années plus tard.

La danse a toujours occupé une place dans les poèmes de Gérald Leblanc, tout comme la musique qui fait danser. Dans *Techgnose* (Perce-Neige, 2004), Leblanc réagit aux propositions de la musique techno. À la façon des loops, le recueil se compose de suites, dont les titres annoncent les thèmes: «L'aire du jeu» (la piste de danse), «Les affaires culturelles» (réflexions sur l'art), «Le sofa polysémique [*couch surfing*]» (le repos), «Les phrases anglaises» (une phrase par poème autour de laquelle se développe le texte), «Loop» (saisir le sens des choses), «Les lèvres» (de son amant), «Le camion de Yellowknife» (celui du film de Rodrigue Jean, à qui le recueil est dédié) et «Transmutations» (la danse et la musique comme transformation). Le temps n'est plus lié à une promenade, une rencontre, une réflexion, mais à l'extase née de l'abandon de soi dans la musique, dans la frénésie née de la fusion des corps qui se laissent entraîner par le rythme. Musique techno porteuse de la connaissance (c'est le sens de *gnose*) qui envoûte par la répétition de ses rythmes. La poésie ici nomme le mouvement et tente d'en saisir l'essence. La danse mène à l'*ecstasy* (ou peut-être est-ce l'inverse). Le narrateur n'est plus seulement corps, mais aussi vibration, et il se fond dans la danse. Peut-être échappe-t-il ainsi au cancer qui le gruge et qu'il n'évoque jamais directement.

Il se dégage de l'ensemble une douce harmonie, un calme intérieur: la musique se fait ressourcement.

Publiés un an après son décès, *Poèmes new-yorkais* (Perce-Neige, 2006) réunit des textes inédits écrits entre 1992 et 1998 dans cette ville qu'il aimait et qu'il a chantée dans plusieurs recueils. Dans *Éloge du chiac*, New York s'inscrivait dans la mémoire du narrateur, se mêlant à Moncton, tandis que dans *Le plus clair du temps*, la ville se greffait à un hommage rendu à Allen Ginsberg. C'est dans *Je n'en connais pas la fin* que le souvenir des séjours est le plus vif: dans le long poème éponyme qui clôt le recueil, le narrateur rappelle ses voyages (d'autres lieux, pays, provinces sont évoqués), soulignant qu'ils ont été et sont une ouverture sur l'aventure qu'est la vie. Et c'est la vie qui est au centre des *Poèmes new-yorkais*. De promenades en rencontres, tout ce qui crée le quotidien dans sa simplicité et, en même temps, dans son unicité, alimente l'écriture. Ici, le dépouillement et l'essence même de la vie constituent le terreau de la réflexion. Les thèmes chers à Leblanc reviennent: l'amour dans ses difficultés mais aussi ses plaisirs; la musique, toujours omniprésente; la ville, qu'il fait ressentir à travers de fines notations. Manifestement, Leblanc se sent bien à New York; il vibre en errant dans ses rues, en s'imprégnant de ses odeurs, de ses sons. En arrière-plan, la musique, celle de ses artistes préférés: Miles Davis, Nina Simone, Billie Holiday, Otis Redding et d'autres, à la fois sources d'inspiration et illustration de ses sentiments. Et la littérature, tantôt citation qui nourrit un texte, tantôt évocation d'une atmosphère. La couleur, aussi, presque uniquement le bleu pour blues, pour tendresse, pour chaleur. Bleu, couleur des «lieux transitoires», titre du recueil de 1986 dans lequel cette couleur revient comme un leitmotiv. À la ville s'ajoute l'être aimé, dont on ne saura rien ou si peu. Davantage présent dans la première partie, il disparaît, se fondant dans un «nous» qui pourrait tout aussi bien inclure d'autres personnes. Une bonne partie des textes livre l'expérience personnelle, voire solitaire, du narrateur dans sa rencontre avec la ville. On découvre l'appartement où il vit, écoutant avec lui la musique que fait jouer son voisin, ou encore découvrant telle rue, telle librairie. Même si les poèmes ont été écrits sur une longue période, on a l'impression qu'il s'agit d'un unique séjour, de l'arrivée alors que le narrateur et son amant s'éveillent, jusqu'au départ alors qu'il fait la synthèse de ce voyage qui lui a permis de se ressourcer. Entre les deux, l'importance du rêve, thème fondamental qui traverse tout le recueil. La vie se vit dans une fluidité de rêve. Ainsi en est-il de ses séjours à New York, empreints de joies, mais aussi intimement liés aux questions que lui pose la vie. Un doux rêve habité par la musique des vers.

Raymond Guy LeBlanc
Archives de la présence (Perce-Neige, 2005, prix France-Acadie 2006 pour le recueil et pour l'ensemble de l'œuvre de LeBlanc, prix Éloizes 2007) présente l'intégrale de *Cri de terre*, ainsi qu'un choix de poèmes des deux autres recueils de Raymond Guy LeBlanc maintenant épuisés, et quelques inédits. La structure de l'anthologie suit grosso modo la chronologie de l'écriture des textes. Ainsi, les textes retenus de *La mer en feu* ouvrent le recueil; ils sont soit antérieurs à, soit contemporains de *Cri de terre*, à l'exception de deux d'entre eux, qui sont postérieurs à *Chants d'amour et d'espoir*, dont les poèmes forment la troisième partie. La quatrième partie, « Traces », regroupe des poèmes écrits entre 1994 et 2004 dont la plupart chantent l'Acadie des Maritimes.

Empreintes (Perce-Neige, 2011) est le livre de la sérénité. Ce court recueil de 44 pages trace un doux parcours dans le quotidien du narrateur, à travers des textes brefs qui naissent d'impressions, d'émotions ou de réflexions sur la vie. Le rythme est lent, un peu comme s'il se laissait porter par un rythme qui n'est plus sujet aux soubresauts de la passion et de la colère qui animaient les poèmes de *Cri de terre*. Le narrateur est désormais un sage dépeignant tendrement ce qui s'offre à lui. Les textes sont dépouillés de tout ce qui pourrait être artifice ou effet de style. LeBlanc recherche l'essentiel et transcrit cette exigence, élaborant ainsi une démarche spirituelle, lui qui s'est rapproché du bouddhisme. On sent le respect qu'il a de l'autre, l'attention qu'il porte aux événements qui pourraient paraître insignifiants mais qui, pourtant, donnent à la vie tout son sens.

En 2012, Perce-Neige publie une nouvelle édition de *Cri de terre*, enrichie de reproductions de pages du manuscrit et de photos de l'époque, et qui offre un regard différent sur l'œuvre, tout en servant d'hommage à son auteur.

Roméo Savoie

Roméo Savoie publie en 2001 un premier recueil de poésie aux Éditions Perce-Neige, lui qui avait été fidèle aux Éditions d'Acadie jusqu'à la faillite de celle-ci. *Une lointaine Irlande* pourrait être un bilan poétique où la parole surgit du silence, thème récurrent du recueil, le silence comme temps de méditation face au brouhaha du monde. La première suite porte le nom du recueil. De l'Irlande, pays d'une partie de ses ancêtres, Savoie retient la mer – qu'il chante depuis toujours et qui symbolise l'harmonie, l'apaisement –, mais aussi la mort, surgissant du conflit qui déchire ce pays. Dans cette suite, comme dans toutes les autres du recueil, la description cède le pas à l'impression. Quatre autres suites complètent la première partie du recueil: «Suite Amazone», «Parfois Barcelone», «La rivière Kouchibouguac» et «Dessin», qui proposent une réflexion fondée sur le titre. La seconde partie du recueil, «Autres poèmes», présente un florilège des textes écrits au fil des jours. Chaque fois, l'approche est la même sans que jamais le narrateur se répète: de courts textes, chacun centré sur une première image sur laquelle reposent plusieurs strates de perception. Les liens s'établissent par une succession, non pas de déductions intellectuelles ou logiques, mais d'images ou de pensées qui s'ajoutent à ce qui précède, lui donnant de l'épaisseur, de la densité. Comme si, entre deux vers, le poète avait fait une ellipse, se refusant à révéler au lecteur tous les détours qui l'ont conduit d'une phrase à la suivante, préférant ne préserver que ce qui lui paraît fondamental. Le chant des mots, la musicalité des vers et le mouvement des images sont autant d'ouvertures sur le sens même du texte. Plusieurs poèmes utilisent des verbes d'action à l'infinitif, ce qui crée un effet impersonnel de généralisation. Un peu comme si le poète s'éloignait de son sujet. Il y a dans ces textes beaucoup de douceur, mais aussi beaucoup de nostalgie. Demeure alors la pulsion, l'urgence et la nécessité de consigner ce qui semble jaillir de soi. Un peu comme ses tableaux abstraits, qui ne livrent pas immédiatement leur sens mais qui fascinent l'observateur.

Son roman, *Le mensonge caméléon* (2010) est présenté dans la section Roman.

Rose Després

Rose Després renoue avec la poésie en 2009 avec *Si longtemps déjà* (Éditions Prise de parole), dont le titre est évocateur du silence qui a précédé ce recueil.

On peut percevoir trois parties dans le recueil. Dans la première, la narratrice exprime sa souffrance et, d'une certaine façon, son impuissance face aux forces qui la subjuguent. Les vers cinglent, les images sont fortes. La deuxième partie est celle de la résistance. Le temps devient un appui. La narratrice doit trouver dans son passé la force pour se créer un avenir, même si le passé est synonyme de perte. L'espoir, si faible soit-il, peut alors renaître. La troisième partie s'ouvre sur une question existentielle: en quoi peut-on croire? L'amour constitue la première réponse; la deuxième, la solidarité avec ceux qui nous entourent; la troisième réside dans la capacité de se prendre en main, de se faire confiance pour, peut-être, atteindre un certain bonheur. Ainsi se termine une quête au plus profond de soi qu'avait entamée Després avec son premier recueil, même si on perçoit qu'elle n'est pas certaine que ce soit une véritable fin. Ses réponses paraissent davantage comme des souhaits que des certitudes.

Marquée par la tragédie, la quête de Rose Després se poursuit et «la vie prodigieuse» est toujours à venir. La richesse de cette poésie repose sur un besoin fondamental de résoudre l'énigme de la vie, de sa vie. Si la douleur traverse toute l'œuvre, c'est la poursuite de l'harmonie qui pousse à l'écriture. Une poésie entièrement centrée sur elle-même, sans détour ni cachette.

Daniel H. Dugas

La poésie peut être militante, engagée socialement et servir une cause. Daniel H. Dugas a toujours été un poète (et un artiste visuel) au discours percutant. Dans *Même un détour serait correct* (Éditions Prise de parole, 2006), le narrateur partage ses inquiétudes quant au destin de notre monde, de la planète. Le regard est franchement politique, le ton cinglant, ironique, sarcastique. Le titre indique qu'il n'est pas toujours nécessaire d'attaquer de front les problèmes de la société, que l'on peut aussi envisager des façons indirectes de les solutionner. La première partie, placée sous le titre «L'effondrement de l'architecture», est une référence directe à l'œuvre du peintre Giovanni Francesco Marchini (XVIIIe siècle), mais aussi à la situation politique canadienne. Le premier poème présente les «monstres» qui seront mis en scène dans les textes suivants et qui ressemblent étrangement à plusieurs dirigeants politiques. Le portrait est noir, une longue énumération d'abus, de mensonges, de violences. La deuxième partie, «Le problème du pont de Königsberg», rappelle une énigme qui fit la célébrité de cette ville de Russie (aujourd'hui Kaliningrad) au XVIIIe siècle, et que le mathématicien Leonhard Euler (1707-1783) avait prouvé comme insoluble. Pour le narrateur, le pont devient aussi lieu de passage, mais encore faut-il qu'on puisse le traverser ou que les deux rives soient différentes l'une de l'autre. Les poèmes abordent la thématique de multiples façons: tantôt descriptifs, tantôt réflexifs, ils sont toujours riches en images, en évocations, à la recherche d'un espoir. La troisième partie, «Porte-bonheur», laisse entrevoir que l'humain a en lui la capacité de créer un monde meilleur – mince espoir puisqu'il repose sur la bonne volonté des individus. Cette implacable suite logique de textes aux vers percutants, aux images saisissantes, est appuyée par un élément stylistique et un autre, graphique. Côté stylistique, tous les poèmes (à l'exception du premier de chaque partie) portent comme titre un verbe d'action à l'infinitif, que l'on retrouve aussi dans le texte. On peut en déduire la nécessité d'agir. Côté graphique, la justification des textes change à chaque partie: à gauche, au centre, à droite quand on regarde le livre.

Hé! suivi d'*Icônes* (Éditions Prise de parole, 2010) prolonge la réflexion de Dugas sur l'humain et la société, en une série de courts poèmes où l'ironie et le sarcasme sont présents. Le recueil regroupe 47 textes dont les titres sont autant d'interjections placées par ordre alphabétique, commençant avec « Adieu ! » et se terminant avec « Zut ! ». L'ordre n'obéit à rien d'autre qu'à celui des lettres de l'alphabet, les thèmes allant et venant selon ce que suscite l'interjection chez le narrateur ou selon ce qui l'a amené à la choisir. Jeu formel sans autre conséquence que d'introduire le lecteur à l'univers du narrateur. Les poèmes, aux multiples registres – humoristique, ironique, sarcastique, tendre, philosophique –, se construisent autour d'une réaction à une situation, d'un constat, d'une relation, d'une réflexion. Les thèmes sont issus de la vie quotidienne, de l'actualité, d'une vision de la vie. Les textes sont souvent construits autour d'une anecdote. Les vers sont courts, tout comme les textes, le premier suscitant intérêt et curiosité ; le dernier donnant une finalité au texte. Même si l'ensemble s'apparente à un jeu lexical, un peu comme un exercice d'improvisation à partir des interjections, Dugas réussit à évoquer des questions fondamentales. Le jeu se transforme en cauchemar, en souhait, en espoir, en amour et autres sentiments. Le monde de Dugas, animé par un désir d'harmonie, se heurte ici à la réalité, à la société. Cette opposition crée d'un texte à l'autre – et parfois même au sein d'un même texte – des frictions d'où naissent des états d'âme.

Seconde partie du recueil, les neuf « Icônes » sont autant de textes satiriques qui s'attaquent à de grandes entreprises dont les publicités veulent convaincre que leurs produits sont synonymes de qualité et, par extension, d'une satisfaction telle qu'en les achetant le consommateur touchera au bonheur. Chaque texte propose un « portrait » : l'homme de Glad, Betty Crocker, Monsieur Net, Monsieur Marlboro, le Géant Vert, le Bibendum, le Chef Boyardee, Dixie Lee et le colonel Sanders donnent naissance à des textes cinglants, sarcastiques et amusants.

Chaque partie d'*Au large des objets perdus* (Éditions Prise de parole, 2011) traite d'une façon de se déplacer : la marche, le taxi, l'automobile, le train, le bateau, l'avion. Les poèmes rappellent une expérience ou une anecdote, qu'accompagne une réflexion amusée sur la vie. Les textes courts s'inspirent du quotidien et décrivent davantage qu'ils n'analysent. Même s'il n'est peut-être pas le meilleur ouvrage de Dugas, ce recueil apporte néanmoins une respiration dans son œuvre: simplicité, légèreté même, pouvoir évocateur, touches de fantaisie, construction des poèmes, tout contribue à rendre la lecture agréable.

Rino Morin Rossignol
Avec *Intifada du cœur* (Perce-Neige, 2006), Rino Morin Rossignol a choisi la beauté de la langue et la douceur des sons pour témoigner d'une difficulté d'être. Cette suite de courts paragraphes en prose, tous autonomes tout en étant liés, interroge la vie et la relation à l'autre, en particulier l'être aimé. Recueil plus sombre que gai, pourtant illuminé par cette habileté de l'auteur à saisir une émotion, un trait, une réflexion, un climat, même le décor qui l'entoure, qui porte dans son titre le combat du poète. Le recueil s'ouvre lentement, comme si le narrateur cherchait à acclimater son écriture au désir de dire. Il se décrit devant son ordinateur, précise le décor de la pièce, nomme la difficulté de vaincre le silence. Puis surgit la question existentielle, celle de Dieu, du sens de la vie. Suivie de cette autre question, irrésolue, de l'amour. L'amour qui pourrait apporter une réponse au questionnement sur le sens de la vie, mais qui ne semble naître que pour mourir. Alors que ses chroniques font souvent appel à l'humour, à l'ironie, la poésie de Morin Rossignol présente un aspect plutôt angoissé: le clown a enlevé son masque, demeure l'homme qui cherche. Un beau et émouvant recueil.

Pixels de chair (Perce-Neige, 2012) est le recueil de l'impossible amour. Structuré en six suites de courts poèmes, chacune s'ouvre sur une citation d'Augustin d'Hippone – saint Augustin. Évidemment, Morin Rossignol interprète à sa façon la pensée de cet homme d'Église, ce qui donne à la démarche au cœur de ce texte une portée philosophique. Le narrateur nous invite à le suivre dans une plongée dans le monde de ses fantasmes, pourtant «transformés» et présentés comme des faits vécus. Ce qui contribue à mettre en relief l'incommunicabilité dans les relations amoureuses. Après tout, que reste-t-il quand la rencontre physique est impossible? Que seule peut s'effectuer la rencontre virtuelle, celle des «pixels de chair»? L'imagination peut-elle pallier cette virtualité de l'amour? Le recueil est sombre dans son constat, dense dans son contenu, beau dans sa forme: le texte se confronte aux fantasmes, aux zones intérieures plus ou moins étouffées qui habitent le narrateur. Les poèmes explorent ces espaces avec une beauté brutale, provocante par la force des images, tout en réfléchissant sur la solitude, l'amour, la relation à l'autre.

Serge Patrice Thibodeau
La relation amoureuse occupe la plus grande place dans *Le roseau* (Perce-Neige, 2000), premier recueil que Serge Patrice Thibodeau publie en Acadie depuis *Le cycle de Prague* (Éditions d'Acadie, 1993). Comme la plupart des recueils suivants paraîtront aussi en Acadie, on devine la volonté de l'auteur d'y revenir même s'il habite toujours au Québec.

Plus que l'amour pour l'autre, c'est l'amour de l'écriture qui est au cœur des poèmes du *Roseau*. Les vers flirtent avec l'alexandrin, ce qui leur donne une amplitude contrôlée. La recherche de simplicité est au centre des poèmes, comme la quête au plus profond de l'âme. Thibodeau pousse plus avant sa démarche spirituelle, indissociable de toute sa réflexion: l'humain est fondamentalement seul, face à lui-même, toujours en mouvance. Le dernier poème rappelle le temps heureux d'une relation amoureuse vécue à Prague, ce qui permet au lecteur de fermer le livre sur un espoir, si mince soit-il. Demeure l'image du roseau: force et faiblesse s'entremêlent tout comme espoir et désespoir.

La moitié de *Seuils* (Perce-Neige, 2002) est consacrée à la réédition de deux suites, l'une tirée du *Passage des glaces* («Lamento») et l'autre du *Cycle de Prague* («Le corps s'oublie»), aujourd'hui épuisés. Les deux terminaient respectivement leur recueil alors qu'elles occupent la première partie de *Seuils*. Les «seuils» en question sont autant d'étapes dans la vie de Thibodeau qui, en reprenant des éléments antérieurs souhaitait lier ce qui était avec ce qui est. La dimension personnelle est ici mise en relief, mais la collective, celle marquée par les abus des dictatures et qui renvoie une fois de plus à son expérience militante au sein d'Amnistie internationale, est souvent là, sous-jacente, toujours tragique. Prague, ville qu'il aime, revient sous les traits d'une relation amoureuse qui semble avoir commencé lors du voyage précédent. Mais le temps fuit et entraîne le passage d'un autre seuil: celui de la relation qui ne sera plus. Les seuils peuvent être aussi bien physiques que métaphoriques, symboles d'évolution et de révolutions.

Que repose (Perce-Neige, 2004, prix Antonine-Maillet/Acadie Vie 2005, prix Éloizes 2005) porte bien son titre. Les onze courtes suites qui le composent sont tout en musique et racontent de petits faits, des souvenirs, des émotions et des sentiments. Les vers sont courts, bien espacés sur la page (jamais plus de quatorze), et les poèmes sont elliptiques. On pourrait presque parler de pointillisme. Le temps, l'amour, les lieux visités, autour desquels s'introduit l'Acadie, alimentent les poèmes. Le recueil s'offre comme une respiration, un intermède dans l'œuvre de Thibodeau.

Dans *Seul on est* (Perce-Neige, 2006, prix du Gouverneur général), le voyage est intérieur, mais toujours fondé sur un lieu: ici, Moncton. Ce ne sont pas les monuments qui suscitent le texte, ni la situation politique ou sociale, mais la quotidienneté. Thibodeau a décidé d'habiter – au sens fort – cette ville, et c'est le fruit de ce choix qu'il livre dans le recueil. La plupart des textes font appel à une toute petite expérience de vie: une promenade, un geste qui fait naître une réflexion, ou tout simplement une pensée qui apparaît et que retient le narrateur. On l'accompagne dans sa découverte de petites choses qui s'ouvrent sur le monde. Les saisons (les quatre sont nommées) contribuent de leurs couleurs, ponctuant la façon dont le narrateur aborde le pays physique. La température – froid, chaleur, neige, brume, soleil – oriente souvent le texte. La nature l'inspire, plus que les humains, qui sont presque absents. En ce sens, le «seul» réfère au narrateur même, face au paysage qui l'entoure. Ce «seul», on nous invite à nous en méfier; mais aussi à ne pas en limiter le sens au mot «solitude», à lui donner cet autre sens, d'unicité de l'être. Le thème central apparaît alors: l'homme face à lui-même, face au lieu dans lequel il s'incarne, face au sens à donner à la vie, à sa vie.

Dans *Les sept dernières paroles de Judas* (L'Hexagone, 2008), Thibodeau donne la parole à celui qui a livré Jésus. Il imagine ce que Judas a pu ressentir alors qu'il s'apprêtait à se suicider. On peut effectuer un rapprochement entre ce recueil et l'Évangile apocryphe de Judas, dans lequel ce dernier tente de justifier sa trahison. Le personnage de Judas est déjà présent dans *Nocturnes* et *Dans la Cité*, qui évoquent le baiser et sa conséquence. Composé de sept suites de sept poèmes comptant sept vers chacun – le premier vers des six premières suites composant également les six premiers vers du dernier poème –, le recueil interroge le sens du geste de Judas. L'œuvre met de l'avant l'amour qu'éprouvait Judas pour Jésus et la nécessité de son geste, lui qui est le seul parmi les disciples à ne pas avoir renié Jésus. Mais cet amour même le condamne aux yeux des autres. «Les sept dernières paroles» explorent les multiples facettes de la relation – amoureuse – de Judas avec Jésus et Dieu, mais aussi les relations complexes du poète avec ce même Dieu.

En marge de son écriture poétique, Thibodeau publie *Lieux cachés* (Perce-Neige, 2005), récits de voyages qu'il a effectués entre 1997 et 2004, avec quelques incursions dans un passé plus lointain. Une plume, sensible, précise, transporte le lecteur dans des milieux occasionnant la rencontre d'hommes et de femmes. Chaque texte présente une anecdote autour de laquelle se construit le récit, y sert de prétexte (pré-texte); l'essentiel tient cependant à la réflexion qui jaillit de la rencontre avec autrui et avec le paysage. De là naît une lecture du monde, lecture critique, parfois empreinte de colère, jamais amère, toujours fine.

Les voyages effectués par Thibodeau se sont souvent déroulés dans le cadre de son implication humanitaire. En 1999, il a publié *La disgrâce de l'humanité* (VLB éditeur), un essai dans lequel il présente la situation contemporaine de certains pays (réflexions basées pour l'essentiel à partir de son expérience du «terrain»). L'auteur lie présent et passé (remontant jusqu'à l'Antiquité), suggère des moyens pour qui veut s'engager, résume le droit international et conclut en donnant la position d'Amnistie internationale. L'ouvrage sert une fonction militante plus que littéraire. Dans *Lieux cachés*, on retrouve le militant, cette fois doublé du poète. Les récits entraînent le lecteur du Brésil aux Pays-Bas, de la Tchécoslovaquie au Liban, de la France au Canada et dans bien d'autres pays. Toujours; l'humain est au centre du récit; toujours, le texte est habité par un grand amour de l'humanité; toujours, on sent le danger qui pèse sur la planète.

Fredric Gary Comeau
Il s'écoulera quatre ans entre la publication de *Fuites* et de *Oleajes/Vagues* (Écrits des Forges/Mantis editores, 2004), une édition conjointe en français et en espagnol. Les poèmes du recueil datent de la même période (1996-1997) que les trois recueils précédents – *Trajets*, *Routes* et *Fuites* – et explorent les mêmes thèmes: l'errance, le voyage, l'amour, avec une grande importance accordée à la mer, le tout tiré de notes prises dans différents pays des Amériques. Les poèmes sont publiés avec leur traduction en espagnol, dans une coédition avec une maison mexicaine, et illustrés par quatre reproductions couleur de tableaux du poète. Le recueil se démarque plus par la qualité de l'édition que par celle des textes.

D'une certaine façon, *Naufrages* (Perce-Neige), publié en 2005 mais écrit en 2001, clôt un cycle. Contrairement aux précédents, le recueil est divisé en cinq suites simplement numérotées d'un à cinq, les deux dernières n'occupant que quatre et trois pages respectivement. Ces naufrages sont évoqués surtout dans la première partie: naufrage de l'arrière-grand-père portugais au large de l'Acadie et désir du narrateur de faire naufrage à son tour, ce qui le mènera dans une errance intérieure. Après chaque suite, la période d'écriture et les lieux où ils ont été écrits sont précisés. Comme les parties se succèdent chronologiquement, on a l'impression d'un journal intime, qui commence en hiver en Acadie et se termine en France, et court d'une rupture à une autre. Entre les deux, des vagues, des impressions, des intuitions, des émotions qui naissent au contact d'un «tu» et d'un «vous», figures féminines jamais définies, qui s'inscrivent dans différents paysages évoqués par de courtes notations: Nouvelle-Écosse, Nouveau-Brunswick, Québec, Turquie, Pays-Bas, France. Demeure le sentiment du manque et le désir jamais assouvi de le combler.

Aubes (Perce-Neige, 2006) invite à un voyage temporel – les textes ont été écrits entre 1995 et 2006 –, sans pour autant que soit perceptible le passage du temps. L'ensemble traite d'un espoir inatteignable. Tous ces poèmes sans titre, dont aucun ne déborde la page, se fondent sur la vie affective du narrateur – amour, amitié, relation avec l'autre et avec « le monde ».

Les chansons de l'album *Ève rêve* (2006) s'écrivent dans la même veine; on n'y traite que de relation amoureuse. S'ouvrant sur l'amour désir, le cycle musical se termine de façon ambiguë, en l'absence de l'être aimé. Entretemps, on aura abordé la passion, la séparation et l'attente. Si le thème des chansons d'*Ève rêve* est plus précis que celui des poèmes d'*Aubes*, l'écriture est similaire. La mélodie vient appuyer le texte; la voix, douce comme une confidence, le relaie. On pourrait parler ici d'évanescence: la musique ne s'impose pas, elle se fond dans le paysage, tout en délicatesse, en finesse. Ce n'est pas tant la mélodie qui est marquante mais l'arrangement, habile fusion d'éléments. L'ensemble donne une impression de fluidité, de simplicité, presque de facilité: tout coule harmonieusement tant dans les poèmes que dans les chansons.

Dans *Vérités* (Perce-Neige, 2009) et dans les chansons de l'album *Effeuiller les vertiges* (2009), le narrateur évoque les femmes qu'il a aimées et qui ont disparu de sa vie, de même que son nouvel amour. Un parcours complexe, parfois douloureux, dans les mouvements du cœur. Le recueil se construit autour d'une série de séjours dans divers pays (Cuba, France, Argentine), au cours desquels le narrateur se penche sur sa vie et sur ses relations amoureuses. La structure des deux œuvres diffère, mais la démarche est identique. Chantée ou non, la poésie de Comeau est liée à l'angoisse, à la difficulté de faire face à ses démons. Comme toujours, les poèmes sont musicaux, doux à lire, et expriment une difficulté d'être. Cette poésie de l'intime, habitée par le vertige qui naît de l'amour, hantée par la crainte de dévoiler les aspects troubles nés de souffrances passées, repose sur la simplicité et l'honnêteté de la démarche.

Souffles (Écrits des Forges, 2011) continue ce qui semble être, depuis le premier recueil, un journal intime écrit sous forme de poèmes. Si les voyages sont tout aussi présents, l'amour en demeure le thème central. Le recueil est dédié à celle qui l'a inspiré et qu'il épousera l'année suivant la parution. Il s'ouvre sur l'affirmation de cet amour puis dévoile, dans de courts poèmes, toujours finement ciselés, le cheminement de la relation vers une harmonie fondée sur la complicité amoureuse.

Hélène Harbec

Les poèmes de *Va* (Perce-Neige, 2002, prix Antonine-Maillet/Acadie Vie) reprennent les mêmes thèmes – enfance, mort, amour – que les œuvres précédentes. Le recueil commence par une rupture amoureuse. Dans de très courts poèmes empreints de tendresse et de douceur, la narratrice raconte son cheminement, les étapes de sa peine. Elle s'appuie sur le quotidien, sur les petites choses qui font que l'on aime vivre et dans lesquelles on se reconnaît. Les textes demeurent en retrait du lyrisme, plus proches de la courtepointe. Puis apparaît un nouvel amour. Le ton change avec l'espoir qui surgit d'une passion naissante. La nouvelle relation occupe le cœur du recueil, de l'apprivoisement initial à la joie de vivre un amour partagé. Le recueil est aussi habité par la conscience que cela pourrait ne pas durer. Cette relation vivifie la narratrice, lui redonne le goût d'écrire et de rejoindre les personnes qui l'entourent. Car ce chant d'amour est aussi – et peut-être surtout – un hymne à l'amitié, à l'ouverture aux autres. Souvent construits autour d'une anecdote, parfois relevés d'une touche d'humour, les poèmes sont toujours fins et bien ciselés.

Véritable suite à *Va*, *Le tracteur céleste* (Perce-Neige, 2005) en a les mêmes qualités: délicatesse des sentiments et des émotions, et cet humour qui naît des hasards de la vie. Dans son roman *Les voiliers blancs* (2004, présenté dans la section Roman), Harbec met en scène Thomas, un écrivain, qui travaille à un roman qu'il compte appeler *Le tracteur*, précisant que ce nom vient du verbe latin *trahere*, «tirer». On retrouve cette idée, d'amener vers soi, un des sens de tirer, dans le recueil. La narratrice y transpose la vie de tous les jours, ses détails et ses anecdotes, réussissant à en faire jaillir une poésie du quotidien.

L'intérêt réside dans la façon dont elle met en situation des préoccupations: ainsi, les oiseaux (souvent identifiés par leur espèce) sont nombreux à l'inspirer. Fragiles et graciles, légers et gracieux, ils sont là, souvent victimes d'accidents, de la chasse, du heurt d'une fenêtre; mais aussi appel à l'ouverture, à l'espace, au grand large. Et l'on mange dans ce recueil, on mange beaucoup. La nourriture sert de cadre, d'assise au texte. Elle lui donne réalité, facilitant l'aveu, comme si le contexte permettait de mieux cerner l'émotion, la relation entre la narratrice et l'être aimé. Car il s'agit d'amour, ici. Amour ambigu, mis en péril, ponctué par les fêtes de la Saint-Valentin de 2001 et de 2002, qui enracinent le texte dans le temps, dans l'expérience humaine. Amour heureux, enfin.

Christian Brun

Plurivice, personnage central de *Hucher parmi les bombardes*, est devenu le « commentateur » du défilé particulier qu'est *Parade casaque* (Perce-Neige, 2001), comme s'il en était l'auteur même s'il n'y fait qu'une apparition. Parce que le recueil est construit sous la forme d'un événement rapporté par un narrateur, on peut penser que Plurivice se faufile incognito dans le « compte rendu » de la parade, un événement plus symbolique que factuel, qui commence à 21 heures d'une journée indéterminée et se termine à l'aube. Comme dans ses recueils précédents, Christian Brun utilise le chiac, l'anglais, le français normatif et acadien, dont il reprend des tournures de phrases et certains éléments relatifs à l'accent, écrivant « phonétiquement » certains mots. Poésie du foisonnement, poésie de la surprise, de la déstabilisation du sens, l'écriture de Brun raconte le combat entre un narrateur et les mots, au cours duquel il pare tant bien que mal les coups que lui porte le langage: après tout, n'est-ce pas là le sens figuré du mot « parade » ? D'un vers à l'autre, se construisent des couches de sens qui sont tantôt paradoxales, étanches ou lumineuses. En cherchant à dire ce qui dépasse les mots, l'écriture devient picturale, abstraite: on comprend dès lors pourquoi Plurivice en est le « réel » auteur: ses tableaux, en étant abstraits, sont porteurs de la critique sociale que les mots n'arrivent pas à ordonner. Plus loin que les mots, demeure le regard sombre que le recueil porte sur la société. S'il reste un maigre espoir, celui-ci s'exprime avec un humour grinçant.

L'évolution des contrastes (Perce-Neige, 2009) est de loin l'ouvrage le plus abouti de Christian Brun. Ce recueil, longuement mûri, retient l'essentiel d'une expérience de travail au Mozambique alors que Brun y travaillait comme gestionnaire de programmes humanitaires. Le recueil met l'accent sur des faits de société, des anecdotes, des coutumes, des façons d'être, des gens. Il se dégage de l'ensemble une vision tout en nuances d'une société dans laquelle le narrateur s'introduit, en cherchant à la comprendre et en acceptant d'être interpelé, voire déstabilisé. Ce n'est pas pour autant un journal de voyage. Brun construit son récit autour de trois personnages: Furibond, Mulungu et Je, les trois facettes d'un même être. Ce procédé lui permet de multiplier les points de vue et de décrire, tout en l'objectivant, ce qu'il a vécu. Les poèmes en prose vont de quelques lignes à un peu plus d'une page et sont tous construits de la même façon: la phrase qui ouvre le texte est reprise en finale, ce qui crée une circularité; la ponctuation se limite à l'utilisation du point pour séparer aussi bien les propositions que des mots apposés à celles-ci, qui viennent y apporter un éclairage supplémentaire. Il n'y a aucune majuscule, si ce n'est celles des noms propres. Une fois de plus, le peintre « dirige » l'écriture. Sa façon de faire évoque des coups de pinceaux, qui servent à la fois à tracer des formes et à créer des effets de texture, de couleur. Quant au chiac, il a cédé la place à un français riche, évocateur des climats du Mozambique, dont on découvre les contours, la richesse et les problèmes.

Éric Cormier

Contrairement au *Flirt de l'anarchiste*, *L'hymne à l'apocalypse* (Perce-Neige, 2001) d'Éric Cormier est complexe et porteur de l'intensité de l'expérience que vit ce dernier à l'occasion d'un séjour de trois mois à Poitiers, où il est invité par l'Office du livre local. La musique des vers de Cormier résonne comme le grand orgue de la cathédrale et les images évoquent le bouleversement que vit le narrateur tandis qu'il découvre la riche histoire de cette ville de province et les chansons de Mano Solo, dont les textes dénoncent les valeurs dominantes. La France y paraît paradoxale: derrière les façades d'habitations construites il y a plusieurs siècles, les jeunes écoutent le punk rock nourri de la chanson réaliste des années 1930 de Solo. Cormier se laisse envahir par ce qu'il ressent et l'exprime dans l'instant même en mots. L'opposition entre le passé – représenté par la cathédrale, qui sert de pivot au recueil – et les chansons de Solo fait naître cette idée d'une apocalypse inévitable. Mais Cormier n'arrive pas toujours à rendre son propos de façon cohérente et certains poèmes s'embrument.

Coda (Perce-Neige, 2003) traite principalement d'amour. Bonheur et tristesse rythment les textes, qui font appel au voyage et qui se situent dans des lieux souvent vagues, parfois montréalais. Les poèmes aux formes irrégulières peuvent s'étaler sur plusieurs pages, abordant de diverses façons le sentiment amoureux qu'éprouve le narrateur. Celui-ci se laisse emporter par le flux émotif qui jaillit et il tente d'en suivre les méandres. La technique de Cormier rappelle l'écriture automatique, chère aux surréalistes, et expliquerait la présence d'images fortes et surprenantes. Il réussit à exprimer la complexité des humeurs amoureuses. En ce sens, ce recueil est le meilleur de Cormier, malgré un manque de concision qui nuit souvent à la richesse du texte. Un très long silence suivra la publication de ce recueil.

Christian Roy

Comme c'était le cas avec *Infarctus parmi les piétons*, la relation amoureuse est la préoccupation principale des *Chroniques d'un mélodramaturge* (Perce-Neige, 2002). La relation s'inscrit dans la difficulté qu'éprouve le narrateur à trouver sa place dans le monde, et dans la problématique de la quête de soi. Le recueil est divisé en trois parties d'inégale longueur. «L'ampleur» met l'accent sur la solitude et la difficile relation avec les femmes. «Quinze minutes» (quinze courts textes) porte sur la fragilité du temps et sur la place qu'y occupe le narrateur, alors que tout échappe à son contrôle. «Mon cri» jette un regard sombre sur la perception que le narrateur a de lui-même, mais toujours par rapport aux femmes. Les textes sont incisifs et l'on a vraiment l'impression de lire un récit initiatique.

Personnes singulières (Perce-Neige, 2005) poursuit la réflexion des recueils précédents. Le narrateur-poète, identifié comme tel, s'interroge sur ses relations avec une «elle», qui représente les différentes femmes qu'il a connues. Mais le véritable thème du recueil, c'est l'écriture. Le narrateur se met en abyme, adaptant à la poésie cette technique du «théâtre dans le théâtre», et il s'amuse avec lui-même dans un processus d'analyse, d'autodérision qui le conduit à réfléchir sur la portée de l'écriture et, ultimement, sur le sens de la vie. Il prend conscience de sa solitude, que ses multiples aventures amoureuses ne vainquent pas. Demeure alors l'écriture comme exutoire, comme façon de s'affirmer et de définir la personne singulière qu'il est. Roy s'amuse avec les mots, en créant de nouveaux, détournant le sens d'autres, en particulier dans la section intitulée «Ludiques». Sexualité et écriture s'y fondent dans un flux verbal, chacun se relançant dans un mouvement qui n'est pas sans rappeler le coït. D'autres thèmes viennent élargir la lecture, qu'il s'agisse de pointes sur la situation internationale, sur l'Acadie, sur la religion, ou encore sur les subventions que peuvent recevoir les artistes. À la fin du recueil, le poète enlève ses lunettes. Il en a assez vu.

Gènes et genèses (Perce-Neige, 2011) est le recueil le plus achevé de Roy. Les textes sont plus resserrés, davantage fignolés. Ce n'est pas un hasard si le recueil compte soixante-douze pages alors que les autres en ont une centaine. Le titre est porteur du sens du recueil: le narrateur remonte à l'origine afin de saisir ce que le vécu lui apporte. L'ensemble s'articule autour d'une «elle» (encore!) dont on ne saura presque rien; les quatre parties du recueil sont autant d'étapes dans sa quête. *Gènes et genèses* est un chant dédié à la vie, à l'espoir, mais un espoir fragile qui peut conduire à l'angoisse. Entre origine et devenir, le narrateur doit se construire: cette démarche constitue le véritable sujet du recueil. La recherche de mots rares, d'expressions et d'images colore les textes. Cette spécificité crée un effet d'abstraction, éloignant les poèmes de la simple évocation.

Ronald Léger

Dans ses poèmes, Ronald Léger saisit le monde à bras-le-corps et tente de le secouer. Né le 23 septembre 1952 à Moncton, il obtient un baccalauréat en littératures anglaise et française de l'Université de Moncton et une maîtrise en littérature canadienne comparée de l'Université de Sherbrooke, où il a aussi complété sa scolarité de doctorat en littérature canadienne comparée. Il a enseigné la langue et la littérature anglaises pendant 30 ans au Cégep de Trois-Rivières, dont il a pris sa retraite en 2012. Atteint d'un cancer du poumon, il est décédé le 30 novembre 2013.

Dans l'«entrez en matière» de *Roadkill à 30 kilomètres par seconde* (Perce-Neige, 2000), il annonce que sa poésie n'est pas polie et qu'elle s'inscrit dans la mouvance écologiste. La suite le confirme: il s'insurge contre les sectes, la fausse démocratie, la perte de sens du travail, la routine, dans des textes qui dépassent rarement la longueur d'une page et qui sont pour la plupart incisifs. Quelques souvenirs d'enfance évoquent le rêve d'une vie plus harmonieuse, aujourd'hui impossible. Si le ton du recueil est pessimiste, la parole dénote un espoir: en nommant les abus, les abandons, il les dénonce. Le propos est parfois revendicateur, provocateur, comme si la dureté pouvait exorciser le mal-être qu'il expose. Les poèmes jaillissent comme autant de cris.

tachyAcadie (Perce-Neige, 2003) prend forme à la suite d'une tachycardie paroxystique supraventriculaire dont a été victime Léger (il l'affirme d'entrée de jeu). La crise ayant eu lieu un 16 août, lendemain de la fête nationale de l'Acadie, explique la seconde partie du titre. L'urgence de dire habite tout le recueil, qui se découpe en plusieurs courtes séquences, chacune porteuse d'un thème. Si la première suite fait exploser sens et cohérence dans une dérive qui ressemble à une succession de cauchemars, les autres tracent un bilan de la vie et des valeurs du narrateur. Histoire tant québécoise qu'acadienne, questionnement sur la langue dans un jeu entre chiac et vieil acadien, souvenirs d'enfance, opposition entre pauvreté et aisance de la petite bourgeoisie, le tout enrobé d'une certaine dérision, comme si les pensées se heurtaient à un système qu'on peut dénoncer, mais jamais vaincre.

Dans *Les poissons s'arêtent* (Perce-Neige, 2007), Léger reprend les thèmes des précédents recueils tout en peaufinant la recherche formelle. Le recueil s'inspire aussi bien du surréalisme que de la pataphysique et on peut le rattacher au mouvement de l'Oulipo. Les poèmes sont parfois réalistes, parfois construits autour de phrases légèrement modifiées d'une fois à l'autre, ou encore d'envolées qui relèvent de l'écriture automatique. Ils apparaissent dans un ordre qui va du réalisme à des univers beaucoup plus complexes à saisir, comme si le narrateur cherchait à vaincre l'opacité des mots. À la fin de la courte suite qui ouvre le recueil, deux pages pleines sont graphiquement remplies de mots, comme autant « de portes » reprises à la toute fin. Là réside la volonté du poète: ouvrir, passer de l'autre côté, faire disparaître les portes. Portes qui symbolisent différents aspects de la société à laquelle il se bute. Ainsi, quand il évoque des souvenirs d'enfance ou tout autre fait, ce n'est pas la nostalgie, le regret ou l'impuissance qui anime le texte, mais la volonté de lier le passé ou cette situation avec ce qu'est aujourd'hui le poète Léger. Le mouvement entre fait et pensée donne son rythme au recueil et leur forme aux poèmes.

Paul Bossé

Paul Bossé apporte un souffle d'une belle fraîcheur à la poésie acadienne, en particulier dans ses poèmes courts, dont certains sont de petits bijoux. Né le 6 octobre 1971 à Moncton, il obtient en 1993 un baccalauréat en cinéma de l'Université Concordia (Montréal). De retour à Moncton, il produit et réalise avec Chris LeBlanc, avec qui il a étudié à Concordia, les imaginatives vidéos de la série CHEPA (Capsules d'histoires enterrées pour l'avenir), diffusées à la télévision communautaire. Bossé coréalise ensuite avec LeBlanc la série *Lunatiques*, une émission pour enfants des Productions Phare-Est diffusée sur TFO en 1999. Puis il réalise quelques documentaires, dont *Kacho Komplo* (2002), *U.S. Assez* (2004), *Moncton vinyle* (2011), ainsi que plusieurs films expérimentaux et des installations vidéo. Il partage son temps entre la production vidéographique et des interventions sur la scène culturelle. Il écrit également pour le théâtre.

Même si le thème central d'*Un cendrier plein d'ancêtres* (Perce-Neige, 2001) est la mort, Bossé réussit à faufiler dans ses poèmes une piquante ironie, un soupçon d'absurde et, parfois, une légère dose de ce qui ressemble à du cynisme mais qui, de fait, est davantage une distanciation présentée sur un ton mi-figue mi-raisin. À cela s'ajoutent de nombreuses références à la musique et au cinéma: le poète est après tout cinéaste de métier. Le cinéma est aussi présent dans la façon dont l'auteur construit ses poèmes, comme de courts synopsis qui invitent à imaginer des histoires tantôt abracadabrantes, tantôt anecdotiques, souvent amusantes. Le titre du recueil donne le programme: le texte s'ouvre sur sa propre naissance et sur le fait qu'il arrive « plein d'ancêtres »: dès cet instant, il est porteur des cendres de son avenir. Entre les deux, il y a le temps, l'amour et la société.

Averses (Perce-Neige, 2004) regroupe les états d'âme du narrateur selon les différents « types » d'averses: locales, amères, décolletées, sesterces, intermittentes, « nostalgivres », inanimées et même étrangères, ce qui constitue la structure du recueil. Les poèmes s'élaborent souvent à partir d'une anecdote, d'un fait, d'un constat. Humour, dérision et satire les colorent. Bossé a choisi d'utiliser la langue familière de Moncton et de donner une bonne place au chiac, utilisé plus discrètement dans le recueil précédent. Il se dégage de l'ensemble un portrait de la faune culturelle acadienne de Moncton: manifestement, Bossé écrit à partir de son entourage et à l'intention de celui-ci.

Avec *Saint-George/Robinson* (Perce-Neige, 2007), Bossé invite le lecteur à une courte mais fort intéressante promenade dans ces deux rues de Moncton (et quelques autres). Comme une suite d'instantanés, le recueil jette un regard amusé sur les passants, les habitués et l'atmosphère qui règne sur ces rues. Chaque poème se construit autour d'un personnage, d'une situation, d'une réflexion, le plus souvent présenté de façon elliptique. La cinématographie n'est jamais loin: le narrateur recherche le « plan » qui créera l'effet, le contenu qu'il veut mettre de l'avant. Le poète approfondit ici sa recherche linguistique, jouant avec la musicalité des sons, avec la dissonance, avec l'arrimage des prononciations française et anglaise. Il prend plaisir au métissage, créant des effets de langue et des situations cocasses.

Continuum (Perce-Neige, 2011) s'inscrit dans le prolongement des recueils précédents. Autobiographie chronologique, il se déplace de l'enfance à 2011, en passant par l'adolescence, les lectures et les films, les études, le voyage en Europe et le retour à Moncton. Certains poèmes s'offrent comme des instantanés de vie, comme ce « Vanier », en écho au nom de l'école secondaire de Moncton rendue célèbre par Guy Arsenault dans *Acadie Rock*. Le recueil chemine d'évocations en souvenirs habités par des réminiscences cinématographiques, littéraires, musicales et picturales. On a l'impression d'une promenade dans le monde de Bossé, comme s'il cherchait à faire une synthèse de sa vie. Vu les références nombreuses et pas toujours explicites, certains textes peuvent paraître difficiles à saisir, même s'ils sont aérés par des traits de cet humour ironique qu'on trouve dans ses autres recueils.

Son théâtre est présenté dans la section consacrée à ce genre.

Jean-Philippe Raîche

Jean-Philippe Raîche, un des artisans de la relance de Perce-Neige, y publie son premier recueil, *Une lettre au bout du monde* (2001). Il avait précédemment écrit une pièce pour enfants, *Le marchand de mémoires*, que le théâtre l'Escaouette avait montée en 1992. La pièce est présentée dans la section Théâtre.

Né à Bathurst le 29 septembre 1970, Jean-Philippe Raîche passe son enfance à Petit-Rocher. À partir de 1988, il étudie en lettres modernes à l'Université de Moncton, en lettres médiévales et latines à l'Université McGill (Montréal) et obtient une maîtrise de l'Université Paris VII (1996). En 1997, il s'installe à Paris, où il travaille pour le gouvernement canadien à titre de responsable de la littérature et du cinéma à l'ambassade du Canada. Il revient à Moncton en 2012 et travaille depuis dans le milieu culturel pour différents organismes.

Au centre des poèmes d'*Une lettre au bout du monde*, on trouve le désir de rejoindre l'autre. Dans l'unique texte en prose du recueil, le narrateur, qu'on imagine être Raîche, revient sur son cheminement en écriture: à 25 ans, confie-t-il, il avait écrit de très belles pages « sans vie », ce qui expliquait sa retenue à publier. Toute la démarche du recueil repose sur ce constat: le verbe s'est fait sens. Dans le poème qui commence par « Nous n'avions pas la même langue », le chiac est utilisé, fracassant les frontières de la langue et permettant ainsi au narrateur de se l'approprier. Par la suite, le narrateur s'en tient au français standard comme si, une fois assumés, les fantasmes linguistiques avaient été vaincus. Puis, la parole se développe à partir de sa relation avec l'amant. Comme un fil conducteur, la mer définit le paysage, l'enracinement d'une joie de vivre. Les poèmes sont fluides, habités par les vagues et les dunes d'une mer qui n'est pas menace, mais appel à la réflexion, à l'émotion, à l'espérance. Il se dégage du recueil une grande douceur, tendre voyage dans l'intimité, dans une recherche de lumière intérieure.

On retrouve cette douceur dans *Ne réveillez pas l'amour avant qu'elle ne le veuille* (Perce-Neige, 2007), recueil qui propose un dialogue entre deux êtres ou entités. L'un est homme, l'autre est femme ou Amour (un nom féminin ici, conformément à la licence poétique de nombreux écrivains auparavant). Peut-être est-ce aussi la personnification mythologique de l'amour. Cette ambiguïté entourant Amour élargit la portée des poèmes: peu importe qui l'on aime, ce qui compte c'est la vigueur, la profondeur, l'absolu du sentiment éprouvé. Le sujet est sérieux; le regard, intérieur; l'émotion, palpable. La mort rôde, dirige la destinée des deux êtres, indissolublement liés, chacun se nourrissant de l'autre, chacun vivant de l'autre, mourant avec l'autre. Mais peut-être s'agit-il aussi de naissance. La mort naît de la vie, tout comme la vie naît de la mort. Peut-être s'agit-il de l'attente de l'amour, comme le suggère le titre. Rien ne sert de provoquer Amour, elle viendra quand elle le désirera. Même s'il est ici question de mort, même si l'on ressent la séparation, le désespoir et l'amertume ne sont pas les sentiments qui dominent les poèmes. Une langueur, une mélancolie (mais pas au sens romantique du terme) habitent les textes et nourrissent l'évocation, aidant celui des deux qui demeure à vivre l'épreuve et, enfin, à entrevoir l'espoir. En les relisant, on découvre d'autres interprétations, d'autres avenues, toutes aussi fascinantes les unes que les autres. Et, plus que tout, on demeure saisi par la beauté, toujours sobre, toujours simple, des vers.

Sarah Marylou Brideau

Sarah Marylou Brideau est née le 15 septembre 1983 à Losier Settlement, maintenant un quartier de Tracadie-Sheila. Elle obtient un baccalauréat en arts avec spécialisation en lettres de l'Université Saint-Thomas (Fredericton), puis une maîtrise en langue et littérature françaises de l'Université McGill (2013). Elle est travailleuse autonome dans le milieu culturel.

Au cœur de la démarche de *Romanichelle* (Perce-Neige, 2002), le suicide de son amie Isabelle alors qu'elles étaient toutes deux élèves à l'École secondaire Mathieu-Martin à Dieppe. Profondément touchée par cet événement, la narratrice s'interroge sur le sens de l'aventure humaine. La poésie devient journal intime, exorcisme de la douleur. Le bilinguisme (anglais, français) de Brideau transparaît dans ses textes: saupoudrage de chiac, textes dans une langue ou l'autre et, surtout, poèmes où les deux langues alternent selon ce que la narratrice véhicule. Les recueils qui suivent conservent cette approche de la langue.

Rues étrangères (Perce-Neige, 2004) est en quelque sorte la suite de *Romanichelle*. Ici encore, on a l'impression de lire un journal intime, tant la poésie colle à l'expérience de vie de Brideau, sans toutefois qu'elle parvienne à en extraire l'essence. Alors que le premier recueil se terminait par un appel à la vie et à l'amour, *Rues étrangères* s'ouvre sur le désir de voir le monde et d'habiter ses rues, tant réelles – celles de Fredericton, où Brideau étudie – que métaphoriques, celles qui la conduiront au cœur d'elle-même, une «romanichelle». Cette image, un peu naïve et très romanesque, donne le ton au recueil: la narratrice part en voyage à la recherche d'elle-même à travers amours, amitiés, vie quotidienne. L'adolescente découvre la réalité d'adulte dans une série de poèmes plus anecdotiques que réflexifs, s'amadouant à une nouvelle vie dans une nouvelle ville.

Cœurs nomades (Éditions Prise de parole, 2013) n'a plus cette naïveté qui caractérisait les deux premiers recueils. Brideau détient maintenant une maîtrise en littérature et a voyagé aussi bien en Europe que dans les trois Amériques. Son bagage de vie s'est enrichi de ses études et de ses relations affectives. La « romanichelle » qui affrontait des « rues étrangères » revient au pays natal avec ses « cœurs nomades ». C'est de ce parcours que rend compte le recueil, davantage structuré dans sa forme que les précédents. Au centre des textes, une ou des relations amoureuses: la quête n'est plus « territoriale », mais intérieure, tantôt sensuelle, toute habitée par la rencontre des corps, tantôt marquée du sceau de l'absence. L'originalité de l'ouvrage repose dans la façon dont Brideau joue avec les langues: au français et à l'anglais s'ajoutent quelques vers en espagnol. Si le français demeure la langue première du recueil, l'anglais apporte une résonance particulière, tant en sonorités qu'au niveau du sens. Ces deux langues étaient déjà présentes dans les recueils précédents, l'anglais apportant une précision, une action. Ici, le français vient parfois moduler, au sein d'un poème, une pensée exprimée d'abord en anglais. Le glissement sémantique ainsi occasionné est aussi important qu'intéressant. Les langues s'appuient l'une sur l'autre et l'aisance avec laquelle Brideau les utilise donne une double rythmique aux textes dans lesquels ils se trouvent unis et pourtant séparés. Point de chiac, seulement deux langues littéraires qui se joignent pour amplifier le chant de la poète.

Geneviève Lévesque

Geneviève Lévesque est née le 9 août 1975 à Tracadie. Après avoir fait son secondaire à Dieppe, elle obtient un diplôme en sciences de la santé de l'Université de Moncton (1994), puis se dirige en médecine à l'Université de Sherbrooke. Après deux ans d'études, elle se réoriente vers la littérature: baccalauréat en études françaises de l'Université de Sherbrooke (2000), maîtrise en création littéraire (2001) et doctorat en études littéraires (2010) de l'Université Laval. De 2001 à 2004, elle est auxiliaire d'enseignement en création littéraire à l'Université Laval. Depuis 2010, elle est travailleuse autonome en littérature au Québec et en Acadie. Elle donne des spectacles de slam et de poésie, et anime des ateliers de création dans ces deux disciplines. Elle vit à Québec.

Dans *Les aurores boréales naissent sous les pierres* (Le Loup de Gouttière, 2003), Lévesque interroge le sens de la vie, sous l'angle d'une vie comme femme et dans une atmosphère baignée par la mer. Dans cette exploration, la narratrice se laisse porter par le jeu des images et des métaphores. Le recueil est un récit en vers qui se divise en trois parties, la troisième donnant la clé aux deux autres. Dans un premier temps, la narratrice plonge dans le passé, énumérant une série d'actions et d'états qui, selon elle, la définissent dans son questionnement, ses errances, ses constats, ses angoisses, ses espoirs. La deuxième partie est celle d'aujourd'hui, le temps d'écriture et d'affirmation de soi dans lequel elle explore intensément les possibles, ses envies, ses désirs. La troisième est un chant d'amour, un hymne à la vie qui s'épanouit dans la relation amoureuse. Ainsi, l'on pourrait imaginer que les deux premières parties sont nées alors qu'elle vivait la troisième et qu'elle éprouve le besoin d'en retracer le parcours, d'où le choix du passé pour évoquer cette période de sa vie.

La mer revient comme un leitmotiv dans *2* (Cornac, 2010). Lévesque continue d'y explorer les possibilités du récit poétique, le menant jusqu'à la frontière du roman, avec personnages, descriptions, états d'âme et dialogues présentés dans une approche onirique teintée de surréalisme. Le recueil se divise en deux parties: «L'autre» comprend une vingtaine de pages et «La maison» en a quatre-vingt-dix. La seconde se subdivise en six unités: «la brisure du temps», «à la source du vide», «la traversée de l'angoisse», «le domaine des âmes», «l'espace du retour» et «le retour», comme autant d'étapes de la démarche de la narratrice. Après un premier dialogue avec «l'autre», celle-ci s'enfonce dans la «maison», lieu des origines, de la foi – une valeur abstraite jamais définie –, des angoisses (aussi nombreuses qu'imprécises), de la mémoire et de ce qu'elle n'arrive pas à nommer. Durant le voyage, elle rencontre différentes facettes de «l'autre» avec qui elle échangera. Ces facettes prennent la forme d'une voix, d'un homme, de deux fillettes, d'un chat, de la maman des fillettes et des membres de la famille de la narratrice.

On est à la limite de la folie. Cette quête initiatique mène la narratrice d'une prise de conscience de sa naissance à son acceptation d'être une femme en société et de son rôle en tant que femme de parole. L'écriture sert non seulement à relater la démarche, mais à la définir, elle, comme personne. La maison n'est autre que l'âme, et une fois acceptée la nature même de la vie, la femme émerge et peut se tourner vers l'autre.

Georgette LeBlanc
Georgette LeBlanc s'inspire de son milieu et de sa famille pour écrire. Elle rend compte aussi bien des destins, des valeurs, du paysage que de la langue de la baie Sainte-Marie, en Nouvelle-Écosse.

Née le 27 avril 1977 à Chicaben (Pointe-de-l'Église, en Nouvelle-Écosse), elle obtient une maîtrise consacrée à l'évolution de la musique de l'Université Sainte-Anne, puis un doctorat en études francophones à l'University of Louisiana at Lafayette. Elle est professeure à l'Université Sainte-Anne depuis 2007.

Dans *Alma* (Perce-Neige, 2006, prix Félix-Leclerc 2007, prix Antonine-Maillet/Acadie Vie 2007), LeBlanc raconte l'histoire d'Alma et de Pierrot, depuis leur naissance la même journée, jusqu'à leur mariage et leur éventuelle séparation quand l'amour a disparu, après qu'ils aient donné naissance à huit enfants. C'est Alma qui se livre, parfois relayée par un narrateur, dans une suite de courts poèmes – vers ou prose –, toujours justes, toujours empreints d'une douce retenue. Poèmes mais aussi récit, qui se construit à partir de petites scènes du quotidien, de retours sur des événements marquants, de courtes réflexions sur le sens de la vie, de l'amour, de la relation à deux. LeBlanc a su transposer poétiquement la langue de sa baie Sainte-Marie, en y préservant les sonorités, le rythme, les expressions et les images. La langue vient donner vie à Alma dans son cheminement, alors qu'elle se rend compte du rôle qu'on l'a contrainte à jouer parce qu'elle était femme. Elle prendra conscience que l'on abuse d'elle, qu'elle n'a plus les moyens de rêver, que son univers se limite à être la servante des autres, de son mari et de sa famille. Elle ne voudra plus être que la chose de Pierrot et, alors qu'il s'éloigne d'elle, elle met fin à leur relation, gagnant ainsi sa liberté.

LeBlanc utilise la même langue dans *Amédé* (Perce-Neige, 2010, prix du chef-d'œuvre de la Lieutenante-gouverneure de la Nouvelle-Écosse 2010, prix Émile-Ollivier 2011), tout en y intégrant des expressions cadiennes, l'action se déroulant en Louisiane. Comme pour faciliter la transition, *Amédé* s'ouvre sur un poème dans lequel «Alma raconte» (c'en est le titre) de façon métaphorique ce qui arrivera dans le récit. La première partie commence par un rappel de la Déportation, suivi de l'arrivée d'Amédé dans le «Village», et se termine par l'inondation qui détruit le village. La seconde partie retrace le long périple d'Amédé et de Lejeune au Texas, leur retour au village une fois reconstruit, et se clôt par la mort violente d'Amédé. Le cheminement de Lejeune donne son unité au texte: c'est lui qui écrira en chansons la tragédie vécue par le village et par Amédé, tragédie que raconte Alma (c'est du moins ce que suggère le premier poème). Lejeune est violoneux, Amédé est chanteur et accordéoniste: la musique est au centre de la démarche, tout comme la poésie est le moyen de relater l'histoire. Par-dessus tout, la musique des mots et des phrases de LeBlanc donne son rythme au récit.

Brigitte Harrison

Née à Montréal le 23 juillet 1968, Brigitte Harrison obtient un baccalauréat du département d'art dramatique de l'Université de Moncton (1991). Tout en pratiquant parfois le métier de comédienne, elle travaille pour le service à la clientèle d'établissements hôteliers en Acadie et en Gaspésie, puis obtient un permis pour piloter les bateaux de pêche et devenir marin. De plus, elle anime des ateliers littéraires. Elle réside tantôt en Acadie, tantôt en Gaspésie.

L'écran du monde (Perce-Neige, 2005, prix Antonine-Maillet/Acadie Vie) brosse en seize parties, comme autant de chaînes de télévision, un sombre portrait de la société occidentale. Le titre de chaque suite comprend l'identification de la chaîne et un sous-titre. Ainsi, le recueil débute avec «Canal

100 % World Beat » pour conclure avec « Canal n° Témoignage »; suit une postface, « Téléréalité », qui résume le recueil, le bulletin de nouvelles devenant une fantaisie où l'histoire vraie rejoint la fiction. Harrison emploie une forme souvent elliptique, groupant des images sans nécessairement compléter la phrase ou l'idée, ce qui contribue à rendre les poèmes non pas obscurs mais denses, les mots s'entrechoquant, à la recherche d'ouverture, d'une respiration moins oppressée. Parfois, la colère éclate mais aussitôt retombe. Univers sombre mais, grâce à la prise de parole et à la beauté formelle de certains textes, l'impression se dégage que tout n'est pas perdu, que le zappage n'est pas inutile, qu'un jour, quelque part, une lueur d'espoir surgira.

Dans *Le cirque solitaire* (Perce-Neige, 2007), le rapport avec le monde passe par la relation à l'autre, en particulier l'être aimé – dont l'ombre plane sur une partie des textes. La relation amoureuse se heurte ici au monde: un monde dominé par la guerre, par les terreurs, un monde sur lequel la narratrice n'exerce aucun contrôle, où elle assiste, impuissante et réduite à l'appréhender par la métaphore du cirque, dans cet espace magique de son enfance. Cet espace la renvoie cependant à ses peurs et à sa solitude alors qu'il prend un tout autre sens. Il se dégage de la lecture une vision de l'humanité qui, pour être pessimiste, n'en est pas pour autant désespérante. Faire face à la réalité – et c'est ce qu'Harrison propose – est une nécessité si l'on veut que naisse l'espoir.

L'écoute des fragments (Perce-Neige, 2011), comme son titre le suggère, se présente en fragments, morceaux épars de ce qui constitue l'univers de la narratrice, un univers dans lequel l'humain ne joue pas le beau rôle. Le recueil comprend deux suites. La première, « Du sang et des poussières », met en scène un clown et une concierge, auxquels s'ajoute une narratrice qui sera l'unique voix de la seconde suite, « Nous sommes des corps de sang ». Le clown représente l'humanité, qui doit se départir de ses artifices si elle veut retrouver son âme, et la concierge représente la conscience sociale. La narratrice décrit un monde sans pitié ni pardon. Paradoxalement, la dureté du monde est transposée dans une poésie très belle, aux images fortes qui captent l'attention et incitent à la réflexion.

La relève en poésie

Daniel Omer LeBlanc est né le 23 février 1968 à Moncton. Il fait des études en cinéma à l'Université Concordia, à Montréal, où il demeurera une dizaine d'années. De retour à Moncton, il travaille dans le milieu culturel. Il est surtout connu pour sa bande dessinée *Acadieman*, écrite en chiac et transposée en dessins animés. Après avoir publié à compte d'auteur un recueil en langue anglaise, *The pimp of revolution* (Mudworld Press, 1993), LeBlanc revient à la poésie avec *Les ailes de soi* (Perce-Neige, 2000). À la fluidité des textes anglais, très narratifs, s'opposent le chaos et la difficulté d'exprimer en français cette réalité que le narrateur observe mais qu'il n'arrive pas à circonscrire. Le recueil convie à une plongée en soi, dans une recherche de sens, avec l'espoir d'y trouver un espace harmonieux qui semble inatteignable. *Omégaville* (Perce-Neige, 2003) est plus épuré. Les poèmes sont courts, incisifs; ils développent les thèmes du précédent recueil et s'inscrivent à la recherche d'un équilibre.

Mathieu Gallant est né le 28 février 1981 à Montréal et a grandi à Moncton. Dans son premier recueil, *Transe migration* (Perce-Neige, 2000), il propose une poésie philosophique qui ne traite pas des rapports entre individus, mais s'attarde plutôt à la perception des enjeux. Réflexions orientées vers les valeurs humaines, les textes touchent le lecteur par leur façon de présenter des concepts comme une expérience profondément personnelle. Après avoir tracé un portrait pessimiste de la société, le narrateur cherche à y trouver sa place; confronté au passage du temps, il fait appel à la spiritualité orientale, dans laquelle il espère trouver réponse à son questionnement. *Sans attendre la pluie* (Perce-Neige, 2007) répond aux interrogations posées dans le premier recueil. Les textes sont volontairement distanciés d'un narrateur: ici, point de « je », point de référence personnelle. Les verbes d'action sont presque tous à l'infinitif, le ton est méditatif. Les poèmes peuvent être interprétés comme des préceptes de vie. Il s'agit, d'une certaine façon, d'un livre sacré, même si

Gallant ne cherche pas à promouvoir de spiritualité précise. La démarche est intérieure et se fonde sur l'unité que l'on doit parvenir à trouver en soi.

Sophie Bérubé est surtout connue pour ses livres pour la jeunesse (voir cette section), mais elle a publié un recueil de poésie, *La trombe sacrée* (Éditions David, 2002, prix France-Acadie). La «trombe» fait ici allusion à la force de la naissance, d'où son caractère sacré. Dans un premier temps, une narratrice y aborde la vie familiale avec conjoint et enfants, puis, dans une section intitulée «Le grondement» – la seule à porter un titre –, elle traite de l'environnement social, culturel et politique. Chaque poème présente un sujet précis: un abuseur sexuel, les attentats du 11 septembre 2001, les enfances déchirées, la faim dans le monde, la protection de l'environnement, la famille, la langue, et quelques autres, y allant même d'un poème humoristique sur l'envie. La dernière partie constitue un hymne à l'enfance, plus particulièrement à celle de ses enfants. Les textes naissent d'une émotion, d'une anecdote, d'une réflexion. Ils sont sobres, musicaux, quelquefois narratifs, rarement abstraits et souvent adressés à des proches: conjoint, enfant, parent, ami. On a le sentiment de plonger dans l'intimité de la narratrice, sans pour autant qu'elle s'épanche. Les élans sont retenus; la parole, mesurée; la pensée, limpide.

La poésie de Pauline Dugas repose sur la beauté des images, sur leur pouvoir évocateur, sur des ambiances un peu floues méticuleusement tramées. Née le 13 juin 1957 à Caraquet, elle obtient un baccalauréat en arts visuels de l'Université de Moncton; elle poursuit depuis une démarche artistique. Elle est membre fondatrice du groupe Existe, regroupement d'artistes professionnels en arts visuels de la région de Caraquet, et du Festival des arts visuels en Atlantique (FAVA), dont elle assume la direction artistique depuis 20 ans. Elle vit à Caraquet. Comme l'annonce le titre, *Fragment d'eau* (Perce-Neige, 2009) se présente en fragments fluides, doux et inspirés par la vie. La recherche des «beaux» mots, ceux qui éveillent des images mentales tant par leur sonorité que par le sens, domine la démarche qui est au cœur de ces textes, tous courts. La nature, et en particulier la mer, s'offre à la narratrice: elle y trouve une harmonie qu'elle tente de reproduire en tableau. L'écriture est visuelle, proche de la démarche du peintre qui aime utiliser les couleurs et qui cherche à évoquer plutôt qu'à décrire. *Charpente matinale* (Perce-Neige, 2012) s'inscrit comme une suite du premier recueil. Ici encore, Dugas explore la vie dans de courts poèmes. Une existence sans grave problème, un espace personnel et familial qui s'écoule en harmonie avec l'environnement. La mer, la grève, les boisés et la maison sont sources des textes parfois anecdotiques, parfois réflexifs et, dans tous les cas, empreints de douceur et de chaleur, été comme hiver.

Dans ses deux recueils, les poèmes de Dominic Langlois introduisent une ambiguïté entre récit autobiographique et personnage inventé. Né en 1973 à Québec, Langlois obtient un baccalauréat en histoire avec une mineure en éducation de l'Université Laval (1997). Sa carrière d'enseignant est brève. Il arrive en Acadie en 1999 comme moniteur de langue seconde puis, à partir de 2005, y travaille comme intervenant dans le milieu culturel. Construit comme une suite fondée sur des souvenirs, *Mener du train* (Perce-Neige, 2010) présente des scènes de la vie quotidienne d'un adolescent épris de Joséphine, admiratif de son grand-père et en conflit avec son père alcoolique. Tout est loin d'être rose dans cet univers. De ce recueil émerge le portrait vivant et imagé d'une enfance douloureuse exorcisée par l'écriture. À l'adolescent succède l'enfant de *La rue en eaux troubles* (Perce-Neige, 2012). Plutôt que d'utiliser l'anecdote, comme dans le premier recueil, Langlois a choisi un mode plus réflexif. La langue familière a cédé le pas à une langue littéraire plus soutenue. Le personnage (un «je») plonge dans ses «eaux troubles», sa difficulté d'être face aux autres, face à lui-même. Les poèmes – dont aucun n'a de titre – forment des suites plus ou moins longues qui s'offrent comme autant d'ouvertures, de plongées dans le passé. Langlois procède par petites touches, éloignant les faits du contingent pour ne retenir que l'impression, l'ambiance, et le sentiment que la réalité brutale, insoutenable, ne pouvait être appréhendée indirectement.

Regard sur le roman et la nouvelle
Antonine Maillet

Madame Perfecta (Leméac, 2001) constitue d'une certaine façon un intermède dans l'œuvre d'Antonine Maillet. Non seulement l'action se situe-t-elle dans sa maison d'Outremont, mais cette autofiction raconte, en de courts chapitres, la vie de sa femme de ménage, surnommée Madame Perfecta, de sa naissance à sa mort, sans que la progression soit absolument chronologique. Un événement « actuel » ouvre chaque chapitre et sert de prétexte à une confidence de l'héroïne: sa jeunesse en Espagne, la guerre entre républicains et franquistes, le mariage, les enfants, l'arrivée au Canada, les emplois de misère, la découverte du bonheur et la satisfaction d'une vie bien et humblement vécue. Le registre des sentiments exprimés est large: on rit, on s'émeut, on sourit. À l'image de celle qu'elle dépeint, l'écriture de Maillet est simple et toujours précise. Les phrases coulent, évocatrices, plus courtes que longues, « respirant » à la façon de Perfecta: elles se font plus piquantes quand elle traite de ceux et celles qui l'ont blessée, plus tendres quand elle rappelle par exemple le rôle de sa poule, qui, durant la guerre, lui fournissait un œuf par jour, essentiel à sa survie et à celle de sa fille. Les nombreux dialogues (Maillet est une dialoguiste dans l'âme) sont étayés par quelques marques orales, donnant ainsi l'illusion de l'accent espagnol. On saura à la fin – mais on le devine peu à peu – que si « Tonine » a choisi Perfecta comme femme de ménage, Perfecta, elle, a choisi « Tonine » l'écrivaine pour témoigner de sa vie. Cette double dimension, ludique et romanesque – déjà présente dans *Chronique d'une sorcière de vent* –, donne son charme au roman.

Dans *Le temps me dure* (2003), le lecteur retrouve Radi et Radegonde. Cette dernière, maintenant septuagénaire, éprouve le besoin de faire le parcours de sa vie, ce qu'elle accomplit avec Radi, plongeant jusqu'à la naissance de l'univers. Ce roman, qui se perd parfois dans des méandres, est porté par une langue vive et inspirée. Et, comme dans plusieurs des œuvres de Maillet, le récit repose davantage sur le chant de la langue que sur l'intrigue. *Pierre Bleu* (2006) se promène entre conte et roman, entre fantastique et réalisme et, encore plus que *Le temps me dure*, repose davantage sur la plume de Maillet et sur sa façon de raconter que sur la qualité même du récit. Ainsi en est-il également du *Mystérieux voyage de Rien* (2008), un conte charmant, qui aurait gagné à être resserré. Fils de « Crayon à mine » et de « Page blanche », Rien veut connaître le monde. Il en fera le tour accompagné du sage Personne et du pragmatique Quelqu'un. Ce conte philosophique présente également une critique de notre société. Comme c'est toujours le cas chez Maillet, la force du verbe, sa capacité d'évocation et la finesse de son style donnent toutes ses couleurs à l'œuvre: il faut se laisser porter par les mots, en lire le plus possible à haute voix.

La quête de l'origine anime toutes les œuvres d'Antonine Maillet, et *L'albatros* (2011) l'exprime de façon originale. On y retrouve les personnages de l'Île-aux-Puces. Raphaël est né au Connecticut d'un père philosophe et alcoolique et d'une mère qui est morte en lui donnant naissance. Arrivé à l'âge de 14 ans, son père, Dieudonné Belliveau, l'enjoint de partir à la recherche de sa famille élargie, dans un village de la côte acadienne du Nouveau-Brunswick au joli nom de Grand-Petit-Hâvre – traduction du mot micmac *Chebooktoosk*, dont dérive Bouctouche. Raphaël quitte donc son père et remonte lentement vers le nord. Il vit de multiples aventures avant d'arriver à la baie Sainte-Marie et, de là, à Grand-Petit-Hâvre, où il s'installera pour une dizaine d'années. Ce village, on le connaît. Il est séparé en deux clans par le chemin de fer: les bien nantis « d'En-haut », les crasseux « d'En-bas ». Le lecteur y trouve les personnages de Maillet avec lesquels il est déjà familier: Don l'Orignal, Noume, Peigne, la vieille Ozite, le vieux Clovis, Katchou, la Piroune, la Catoune et bien d'autres. Et surtout Radi. Une fois de plus, Maillet privilégie la forme du conte, utilisant une langue aussi riche que variée, pleine d'images, et qui vient animer un récit vif et amusant qui aborde le grand thème de la vie. Raphaël cherche à donner un sens à sa vie, à mieux saisir ce qu'il apporte aux autres, ceux de son village adoptif, symbole de l'humanité tout entière. Raphaël (les références à l'archange sont multiples) réussira à réconcilier les deux clans au moment même où la « traque » est enlevée.

Cette unité finalement atteinte est le symbole d'une Acadie unie, tendue vers un même but, seule façon d'assurer la survie. Venu d'ailleurs pour unir les siens, Raphaël retourne «chez lui», disparaît, diront certains, une fois sa mission accomplie.

Dans *Fais confiance à la mer, elle te portera* (Leméac, 2010), Antonine Maillet offre un très bel et touchant essai qui retrace son parcours d'écrivaine. Elle y présente les trois mots clés de son «arsenal»: liberté, imagination et inspiration, précisant que «son premier personnage, qu['elle] le veuille ou non, c'est [elle]».

Louis Haché

Les Éditions d'Acadie ayant fait faillite, la suite de *La Tracadienne*, *Le desservant de Charnissey*, est publiée aux Éditions de la Francophonie en 2001. Un troisième tome, *La maîtresse d'école* viendra clore la trilogie, qui prendra alors le titre général d'*À la recherche de la gâgne*. *Le desservant de Charnissey* met en scène l'abbé Daniel Degrasse, prêtre moderne d'une paroisse montréalaise, syndicaliste et peu porté sur la vie spirituelle. Parce qu'il est perçu comme un fauteur de troubles, l'archevêque de Montréal souhaite l'envoyer ailleurs. Degrasse, qui a été adopté, cherche à retrouver sa mère et, après une brève enquête, il apprend qu'elle serait originaire de la Péninsule acadienne; il obtient de l'évêque son rattachement au diocèse de Chatham dans l'espoir secret de la trouver. Nommé curé de la réserve de Busintac et desservant la colonie de Charnissey (qui jouxte la réserve), Degrasse découvre la misère de ses paroissiens. Les «Indiens» sont oisifs et les colons, démunis, aux prises avec des terres peu propices à l'agriculture. En deux ans, il transforme réserve et colonie en y développant l'industrie forestière – seule source possible de richesse, selon son analyse –, ce, malgré l'opposition de son évêque, plus favorable à l'agriculture. C'est ce qui constitue la trame principale du roman. Les péripéties sont nombreuses, les personnages, vivants et attachants. Syndicaliste mais homme d'affaires parfois peu scrupuleux, défenseur des droits des opprimés tout en espérant faire fortune, incertain de sa vocation et, en même temps, persuadé que la prêtrise lui permettra de réaliser ses objectifs, Degrasse est porteur des conflits moraux et sociaux de son époque. Mais Haché n'a pas tout à fait réussi à rendre sa démesure, sa complexité. Là où l'auteur excelle, c'est dans les scènes qui décrivent la vie des gens. Degrasse rencontrera finalement Peggy Doyle, sans savoir le lien qui l'unit à elle, car la recherche de sa mère ne sera pas totalement fructueuse. Le dernier chapitre annonce la suite: Degrasse quitte sa paroisse et s'engage comme aumônier dans l'armée. Peggy accepte d'être sa marraine de guerre.

Troisième et dernier tome de la série *À la recherche de la gâgne*, le roman *La maîtresse d'école* (Éditions de la Francophonie, 2003, prix Champlain) est le plus touffu des trois. Le premier chapitre, qui se passe en 1943, clôt l'intrigue du *Desservant de Charnissey* alors qu'on comprend que Degrasse est le petit-fils de Peggy et que quelque chose lie Degrasse et Maria, la maîtresse d'école. On ne reverra plus ni Peggy, ni Degrasse. Le deuxième chapitre, qui se passe en 1961, introduit Julie Forbes alors qu'elle entre à la faculté d'éducation à Memramcook et décide d'approfondir dans son mémoire la réflexion qui était au cœur de celui de Marie Duval, dont on apprendra à la fin qu'elle est la tante de Julie. Puis, retour en 1949, alors que commence l'histoire de Maria, fille adoptée par Damien et Clara Savoie. Très tôt, elle se distingue par sa beauté et son intelligence. Elle décide d'être enseignante, mais elle doit abandonner ses études avant la fin de son secondaire. Elle réussira néanmoins à enseigner une année à Miscou, là où personne ne veut aller, ce qui la confortera dans sa décision. Puis elle s'exile à Montréal, rencontre le policier Jos Boulet qui l'introduit à la famille Koutordü, qui l'embauche comme gouvernante de leurs deux enfants. La mère, Marie Duval, lui offre son nom et son diplôme de bachelière, dont on trafique la date, ce qui permet à Maria de suivre à la faculté d'éducation de Memramcook l'année de cours nécessaire à son baccalauréat en éducation, mais sous le nom de Marie Duval. Les péripéties se multiplient alors que la carrière de Maria Savoie (alias Marie Duval et bientôt Marie Duval-Degrasse après avoir reçu un héritage de Degrasse, mort à la guerre) court dans différentes directions. Le lecteur apprendra ainsi qu'on doit à Maria le plaisir de mettre du ketchup sur les frites, les concours de dictée qu'elle crée pour la radio sous le nom de «la dictée enchantée» et le programme d'immersion française dans les écoles anglaises. C'est d'ailleurs une fort intéressante réflexion sur la façon d'enseigner les deux langues officielles aux élèves de l'élémentaire qui anime une bonne partie du roman: le romancier qu'est Haché rejoint le professeur qu'il a été.

Le portrait social qui se dégage de cette trilogie est saisissant et, si l'on peut reprocher à Haché de frôler le mélodrame, il n'en demeure pas moins que sa plume alerte sait faire naître une atmosphère, un paysage et des personnages pleins de vie.

Le dernier gérant des Robin (Éditions de la Francophonie, 2011), la suite d'*Un cortège d'anguilles* (1985), raconte les dernières années de la compagnie Robin à Lamèque. L'intérêt principal du roman réside dans la problématique des pêcheries qu'on y présente. Le roman n'a pas la force des autres œuvres de Haché. Ici, l'écriture est presque nostalgique, portée surtout par la fluidité du style. Un peu comme si l'auteur jetait un regard attendri sur le monde qu'il a animé depuis *Charmante Miscou*, en 1974. Demeurent alors la simplicité de l'action, le caractère sympathique des personnages et cette recréation chaleureuse d'une époque qui annonce ce que vivent les pêcheurs d'aujourd'hui.

Claude Le Bouthillier

Le Bouthillier revient à la science-fiction avec *Babel ressuscitée* (Éditions de la Francophonie, 2001), qui se construit autour d'une Acadie maintenant indépendante (nous sommes en 2040). Le monde entier est alors aux prises avec une invasion orchestrée par des microbes intelligents venus d'autres planètes. Une fois de plus, les Acadiens sauveront la planète! Roman dans lequel on trouve de tout, qui raconte l'histoire d'un monde qui a perdu son équilibre, qui tient davantage de l'esquisse que du roman achevé.

Complices du silence? (XYZ éditeur, 2004) reprend la quête de l'Acadie salvatrice. S'y entremêlent les vies de trois personnages que rien ne semble réunir et dont les noms sont évocateurs de leur destin: Poséidon, l'orphelin balloté de tous côtés, Évangéline, l'adoptée à la recherche de ses origines, et le prince

William, deuxième dans l'ordre de succession au trône d'Angleterre: nous sommes ici en pleine fiction politique. L'intrigue est compliquée, alimentée par la volonté de l'auteur d'effacer les séquelles de la Déportation. Le discours l'emporte sur l'intrigue, et la thèse donne son rythme au roman: au final, l'Acadie recevra, en compensation des torts occasionnés par la Déportation, des milliards de la Couronne britannique, ainsi qu'une contribution de la France, du pape également, tout comme des États-Unis. L'Acadie devient un nouveau «Nunavut acadien». Le rêve! Un rêve qui traverse toute l'œuvre de l'auteur.

Le titre *Karma et coups de foudre* (XYZ éditeur, 2007) annonce déjà le contenu, les relations amoureuses de la lignée maternelle de Vladimir-Xavier ayant été marquées par des «coups de foudre». En vingt pages, l'auteur résume le destin de l'arrière-grand-mère, de la grand-mère et de la mère de Vladimir, puis plonge dans la vie amoureuse de celui-ci, balloté entre sa foi et l'absolu du désir charnel. Tout ça entremêlé d'une intrigue policière menée par Vladimir et dont la résolution lui apporte, enfin, l'harmonie. Comme dans ses autres romans, l'Acadie péninsulaire est perçue comme le paradis et Moncton, comme l'enfer. Ici, c'est la découverte d'un trésor qui relancera «l'économie de l'Acadie rurale».

Dans *Éros en thérapie* (XYZ éditeur, 2010), Le Bouthillier met en scène Victorin d'Amour, dont le nom de famille sert ici de métaphore. Parvenu à un âge vénérable et à une certaine sérénité, Victorin, un Métis acadien, raconte son parcours amoureux et sa quête identitaire. Le roman, sous forme autobiographique, est centré autour de deux quêtes: d'un côté, rencontrer l'âme sœur et espérer résoudre du même coup ses problèmes psychologiques et mettre fin à ses douleurs physiologiques; de l'autre, comprendre puis assumer ses origines micmaques sans pour autant renier ou mettre en cause son identité acadienne. Comme il ne trouve aucune solution à ses problèmes spirituels, sexuels et émotifs, il décide de consulter des thérapeutes, des «gourous» – comme il les appelle – et il en rencontre au moins vingt-deux, dont il traite plus précisément. Tout y passe: théorie de Gendlin, Gestalt, abandon corporel, catharsis, acupuncture, sophrologie, approche corporelle, ostéopathie, chiropractie, phytothérapie, homéopathie... Comme rien ne fonctionne, Victorin critique ces thérapies tout en les enchaînant. Le ton devient satirique: Victorin évalue les compétences de chaque thérapeute, qu'il traite de manière peu flatteuse – magicien, fanatique, faiseur de miracles, guérisseur, larron... La liste des médicaments qu'il ingurgite, et des problèmes qui en découlent, est à la fois troublante et presque drôle. Évidemment, la connaissance qu'a Le Bouthillier de ces thérapies donne de la force à sa dénonciation. Victorin finira par trouver la paix alors qu'il atteint « l'âge d'or » et que ses enfants sont adultes et heureux dans leur choix de vie. L'importance des enfants s'accroît à mesure qu'il vieillit; plus il se rapproche d'eux, mieux il se porte. Cette trame croise les deux principales (femmes, identité) et est toujours perçue comme positive.

Les trois recueils de poésie de Le Bouthillier, *Tisons péninsulaires* (2001), *La mer poivre* (2007) et *La terre tressée* (2011), publiés aux Éditions La Grande Marée, sont davantage intéressants comme faits de société que comme œuvres littéraires: la poésie lui sert d'exutoire pour dénoncer ce qui ne lui convient pas dans la société acadienne, ou encore pour évoquer ce que représente l'Acadie (surtout péninsulaire) à ses yeux.

On dira ce qu'on voudra de l'œuvre de Claude Le Bouthillier – certains aiment, d'autres pas –, mais elle est d'une cohérence sans faille. D'un roman à l'autre, il approfondit sa réflexion sur l'âme humaine, sur l'identité acadienne, sur la société. Il y a du pamphlétaire en lui et c'est ce qui donne force, vigueur et pertinence à sa plume, gommant les défauts au profit de la passion. Nous sommes dans la littérature qui provoque, nourrit et enrichit les débats de société.

Jacques Savoie

Après avoir complété une série de livres pour la jeunesse (publiés à La courte échelle), Savoie renoue avec le roman grand public avec *Les soupes célestes* (Fides, 2005). La tonalité est similaire à celle du cycle d'Hugo et de Marthe, mais les péripéties sont beaucoup plus nombreuses et font rebondir l'action. C'est comme s'il se préparait déjà à introduire Jérôme Marceau, d'autant plus que Montréal est encore plus présente que dans les romans précédents. L'intrigue tourne autour de l'Accueil du Père, un refuge pour itinérants qui évoque la Maison du Père, célèbre refuge de Montréal. L'histoire de famille y est bien ficelée: deux frères aux tempéraments opposés, le cadet (Max), adopté pour servir de petit frère à l'aîné (Alex); un demi-frère (Charles), fils biologique du père (qui est décédé avant le début du roman et dont l'ombre domine toujours la famille); une maîtresse; une mère (Hélène) qui découvre tardivement son autonomie; une religieuse (sœur Brigitte) qui n'en est pas une – ex-junkie de surcroît et responsable des soupes du refuge –; une psychologue ex-anorexique (Iseult) qui n'a pas tout à fait résolu ses propres problèmes affectifs; et un clochard (Achille) anciennement professeur d'économie et sympathisant marxiste, aussi brillant que perdu, qui cite tantôt Adam Smith, tantôt Marx. Dans *Les soupes célestes* comme dans les autres romans de Savoie, l'accent est mis sur la psychologie des personnages et sur leur quête. En appendice, sont présentées quelques recettes de soupe de sœur Brigitte. L'écriture est assurée, le style, vif, les mises en situation, précises, les personnages, bien développés – on en découvre la complexité au fur et à mesure du déroulement de l'intrigue. On y retrouve aussi la même pudeur qui habitait les romans précédents: ce n'est pas chez Savoie qu'on trouvera des scènes torrides. Un peu comme dans les films des années 1950 (et avant), l'amour est discrètement évoqué. Et il y a une grande délicatesse dans la présentation des sentiments et des émotions ainsi que dans la façon dont l'auteur dépeint ses personnages. Ainsi, lentement, il amène le lecteur dans le monde d'Alex, qui, bouleversé par ce qu'il vit, chemine vers une façon d'être qu'il croyait (à tort) contraire à ses valeurs. Ce beau personnage devient le pivot du roman.

Avec *Cinq secondes* (Libre Expression, 2010, prix Saint-Pacôme) et *Une mort honorable* (Libre Expression, 2012), Savoie aborde le roman policier. Bien structurés, habités par des personnages intéressants et complexes, ces romans sont captivants de la première à la dernière page. Enquêteur au Service de police de la

Ville de Montréal, Jérôme Marceau est rattaché à la Section des homicides. Né d'un père noir et d'une mère blanche, il fait partie des minorités visibles sans pour autant se sentir Noir. Sa mère, Florence, ayant consommé de la thalidomide durant sa grossesse, Jérôme est né avec le bras droit atrophié. Florence, qui ne s'est jamais pardonné d'avoir pris ce médicament, est déterminée à ce que son fils obtienne une compensation financière importante, ce qui n'intéresse absolument pas ce dernier – il en a pris son parti. Jérôme est plutôt en colère contre son père, qui a quitté sa mère alors qu'il n'avait que deux ans et n'a jamais assumé sa paternité. Cet état de fait sert de trame de fond à ces deux premiers romans (d'autres suivront) sans pour autant en constituer l'intrigue principale.

Cinq secondes part d'un fait divers: dans une petite salle d'audience du palais de justice, l'accusée Brigitte Leclerc, alias Julie Sanche, s'empare du révolver de l'agent de sécurité, l'abat, avant de tuer le juge, la «victime» et son avocat, et de retourner l'arme contre elle. Mais elle rate son suicide et tombe dans le coma. Le roman se construit dans une alternance de chapitres, les uns consacrés à l'enquête, les autres aux cinq dernières secondes de la vie de Brigitte, qui traverse un «phénomène de mort imminente». Marceau, chargé de l'enquête, dirige une petite équipe composée de Tom O'Leary, Nick Corriveau et Isabelle Blanchet. Les rapports entre eux nourrissent la trame dramatique. Tandis que Marceau réussit à trouver le motif du crime, les «cinq secondes» permettent à Brigitte Leclerc de revivre sa vie et de présenter les motifs qui l'ont poussée à commettre ces meurtres. Condamnée pour un vol à main armée alors qu'elle était mineure, elle cherche à obtenir son pardon, et cette demande n'est pas sans avoir orienté ses actes. Tout se déroule en trois jours alors que sévit une grosse tempête de neige. La quête de Marceau et celle de Leclerc reposent sur les mêmes prémices, mais les moyens qu'ils emploient les mènent sur des chemins opposés: Marceau trouvera la lumière alors que Leclerc ne verra que noirceur. Les deux parcours, bien tracés, donnent son sens à l'œuvre. Marceau ayant travaillé quatre ans à la Sécurité et au contrôle souterrains, il a une connaissance des souterrains de la ville qui va bien au-delà du réseau public, déjà vaste et complexe. À la fois abri sécurisant face à la tempête et aux embouteillages qui en découlent, et plongée dans les profondeurs de la ville, cet espace souterrain pourrait être interprété comme une métaphore de la quête de Jérôme et de celle de Brigitte. Ces souterrains seront au cœur d'*Une mort honorable*.

Au début d'*Une mort honorable*, Jérôme Marceau se trouve en congé de maladie à la suite d'un coup sévère reçu à la tête à la fin de sa précédente enquête (*Cinq secondes*), et il décide de faire un voyage. Comme il n'a pas de voiture, il achète une Pontiac Aztek d'occasion, directement du propriétaire, un certain Sanjay Singh Dhankhar, qui rentre dans son pays après un séjour d'études supérieures à Montréal. Marceau découvre des taches de sang sous le pneu de secours, ce qui l'intrigue, d'autant plus que Dhankhar lui avait semblé un peu bizarre. Parallèlement, 5 000 passeports vierges disparaissent de leur voûte sous la Place Guy-Favreau. Son adjointe, Isabelle Blanchet demande à Marceau de l'accompagner à une réunion à ce sujet, lui indiquant qu'on aura besoin de ses connaissances du réseau souterrain de la ville. La troisième intrigue tourne autour du rapport entre Jérôme et sa mère, Florence. On apprend qu'elle a une tumeur au cerveau et que son état va en empirant; ne pouvant se résoudre à s'éloigner d'elle, Jérôme la convainc de partir avec lui. Comme dans *Cinq secondes*, les intrigues se croisent et se répondent, se nourrissant mutuellement. Cette technique permet de mettre l'accent sur l'humanité des personnages, qui ne sont pas qu'une fonction. En cela, cette œuvre, plus qu'un strict roman policier, relève du portrait social – d'autant plus qu'elle aborde le problème des crimes d'honneur, ce qui n'est pas sans rappeler l'affaire Shafia (d'actualité québéco-ontarienne en 2009).

Melvin Gallant

Melvin Gallant s'attaque à son tour au mythe d'Évangéline dans *Le complexe d'Évangéline* (Éditions de la Francophonie, 2001). Le roman raconte la quête de Nathalie LeBlanc, partie à la recherche de Jean-Paul Robichaud, son amoureux, tout comme l'avait fait avant elle Évangéline, partie retrouver son Gabriel. Nathalie voyagera de New York à la Louisiane sur les traces de celui dont elle se détachera lentement, car il ne l'aime plus. Elle tombera amoureuse de Steve Rosenthal, un richissime homme d'affaires. Même si le roman vire – un peu – au conte de fées, la morale est claire: Nathalie doit faire face à l'avenir plutôt que se réfugier dans le passé. Évangéline représente l'Acadie des origines, du paradis perdu et il est illusoire d'y retourner; il n'y a d'avenir dans la nostalgie ou le regret. Pour se développer, l'Acadie doit tendre vers demain et s'ouvrir aux autres, ce que symbolisent Rosenthal et sa richesse. Malgré certaines longueurs, ce roman est fluide, animé d'une plume alerte. Écrit au présent du point de vue de Nathalie, qui en est la narratrice, on y présente des personnages sympathiques. Comme dans *Le chant des grenouilles*, Gallant excelle dans les anecdotes qui entourent l'intrigue principale. Le lecteur visite New York, Princeton et la Louisiane à travers les yeux de Nathalie. Des discussions et des commentaires sur l'art, la littérature, la nourriture et le sens de la vie donnent au roman une quotidienneté charmante, même si ces dérives ne font pas avancer l'action.

Le Métis de Beaubassin (Éditions de la Francophonie, 2009) raconte le développement, depuis sa fondation en 1677 jusqu'à 1720, de la Seigneurie de Beaubassin, à travers le regard de Michel Larché, dont le nom se transformera en «L'Haché», puis en «L'Haché dit Galant», et enfin en «Haché dit Gallant», un ancêtre de l'auteur. Basé sur une recherche digne de l'universitaire qu'il est, le roman est passionnant dans sa volonté de récréer la vie quotidienne et les aléas politiques fort nombreux qui animent et bouleversent la colonie naissante. On pourrait presque lui apposer comme sous-titre «La vie quotidienne en Acadie à la fin du XVIIe siècle». Les précisions que donne Gallant sur tout ce qui relève de l'ordinaire (alimentation, vêtements), des travaux de construction et des travaux aux champs sont précieuses et toujours bien intégrées au récit. Le désir de «faire vrai» a par contre un effet modérateur sur l'émotion suscitée. On a parfois l'impression que Gallant a adopté le point de vue du documentariste et tout simplement rapporté objectivement ce qu'il voit. Si ce parti pris permet de bien saisir la complexité de l'époque, le récit se dissout, comme si l'historien l'avait emporté sur le romancier. On se surprend à souhaiter que l'auteur se laisse mener par son récit plutôt que de le contrôler autant.

France Daigle

Après *Pas pire* – premier roman à introduire le dialogue dans l'œuvre de France Daigle –, paraissent *Un fin passage* (2001) et *Petites difficultés d'existence* (2002), tous deux chez Boréal après la faillite des Éditions d'Acadie. Les deux sont construits autour de la parole de Terry et de Carmen, héros involontaires de *Pas pire*. Les dialogues – qui y occupent une grande place – sont merveilleusement habités par le chiac que Daigle transforme ici en véritable langue littéraire. Encadrés par une narration en français standard pimentée de couleurs acadiennes, les dialogues sont d'une grande vigueur. On sent Moncton, on vit avec les personnages. À l'instar des romans précédents, ceux-ci sont très structurés et « encadrés » par des contraintes formelles; et ils respirent la vie. Daigle y applique de façon magistrale ce que Denis, un des personnages de *La vraie vie*, tentait de rendre par le cinéma: « [raconter] non pas la vie d'une personne en particulier, mais la vie en général ». Ce n'est pas l'évolution des protagonistes qui intéresse l'auteure, mais leurs déplacements, leurs actes. Les personnages ne sont pas analysés, mais montrés, donnés à voir.

Un fin passage est divisé en « journées »: il s'ouvre sur le jeudi de « l'organisation » et se termine sur le dimanche du « repos ». Cette promenade temporelle se fait aux côtés de l'adolescente Claudia, que l'on accompagne dans son voyage en Israël, où elle retrouve ses parents. D'autre part, on découvre dans son quotidien « la femme qui ne fume qu'en public », qui attend cet « homme qui n'avait pas l'air de lire », personnage central du roman. On fait la rencontre d'un mort qui est « dans l'aile des suicidés exacts », situation qu'il interroge, et de trois personnages issus de *Pas pire*: Hans, qui cherche à se libérer des contraintes que lui impose la société et qui est maintenant à

San Francisco, là où il voulait se rendre; et Carmen et Terry, fascinés par les deltas et qui, lors de leur voyage de noces, visitent celui du Rhône. Carmen, dont on avait appris la grossesse, en est au début de celle-ci. Écrit au présent, ce qui crée un effet cinématographique (on est toujours dans l'action), composé de phrases plus courtes que longues habitées par un vocabulaire simple mais précis ponctué de dialogues vivants, *Un fin passage* est un pur délice à lire. On passe en douceur d'un personnage à l'autre, chaque segment exposant une courte scène bien construite. On se familiarise avec l'univers de chaque personnage par l'intermédiaire des gestes qu'il pose, et qui mènent à des réflexions sur la vie. Les petits événements du quotidien forment le récit, et c'est par ces anecdotes, insignifiantes en elles-mêmes, que les personnages se dévoilent au lecteur en se découvrant eux-mêmes. Il se dégage de l'ensemble un doux bonheur né de la délicatesse des émotions vécues par les personnages. Ici, point d'excès, que des points de broderie.

Petites difficultés d'existence (2002) poursuit l'histoire de Terry et de Carmen, qui ont maintenant un fils d'un peu moins d'un an, et celle du couple Étienne («l'homme qui n'avait pas l'air de lire») et Ludmilla («la femme qui ne fume qu'en public») Zablonsky. Contrairement à *Un fin passage*, Daigle a choisi cette fois de faire du passé le temps de base du récit, ce qui lui donne une plus grande latitude d'invention. La structure de l'œuvre repose sur le Yi-King, art divinatoire que pratique Terry à l'aide de billes. Chaque chapitre s'articule autour d'un des tirages de Terry, qui en livre l'axiome de sagesse qui en découle. Or, à la suite de son dernier tirage, Terry découvre qu'il a utilisé dès le début une bille de divination de trop. Que doit-il en conclure? Terry propose alors une interprétation qui revient à l'essence même du Yi-King: la réalité n'est pas fixe. L'intrigue se compose des petites anecdotes de la vie quotidienne, greffées à un projet de transformer un bâtiment abandonné en lofts, l'ensemble incluant marché fermier et boutiques. Le Moncton «réel» surgit alors – avec ses rues, ses cafés, ses artistes et même le bâtiment abandonné (qui sera démoli dans la réalité) –, pour devenir le décor de ces personnages issus de l'imaginaire de Daigle. Cette amusante fusion donne à l'œuvre une résonance et une tonalité bien particulières. Ainsi, Zed, le responsable du chantier, écoute le plus récent disque des Païens, Terry achète une œuvre de Mathieu Léger, Carmen lit *Je n'en connais pas la fin* de Gérald Leblanc et Pomme admire l'artiste et auteur «Hermé» (Herménégilde Chiasson). L'action principale chemine, nourrie par tout ce que comporte la vie de tous les jours des personnages. L'histoire de la transformation du bâtiment s'amenuise, sans disparaître, avec l'arrivée du couple Zablonsky. Comme Daigle aime bien le faire, l'arrivée du couple introduit une seconde trame dans le roman, avec le mouvement Prizon Art, qu'une des toiles d'Étienne a fait naître (une variante du Prison Creative Arts Project fondé en 1990 à l'Université du Michigan). Tous les personnages remarquent le «beau français» des Zablonsky, et le rapport à la langue devient alors une préoccupation centrale, notamment pour Terry et Carmen. Cela donne lieu à une fine et humoristique réflexion, qui permet à l'auteur d'interroger de l'intérieur ses choix de langue. À la racine du débat, il y a la question de savoir dans quelle langue communiquer avec le petit Étienne (nommé d'après Zablonsky), quelle langue lui apprendre. Voilà aussi l'occasion pour France Daigle de réfléchir, par personnages interposés, sur son écriture.

Après un long silence, tout de même interrompu par les adaptations théâtrales de ses romans *Sans jamais parler du vent* (2004) et *Histoire de la maison qui brûle* (2007) pour le collectif Moncton-Sable, Daigle publie la somme monumentale qu'est *Pour sûr* (Boréal, 2011): 746 pages réparties en 1 728 fragments regroupés en 144 thèmes avec chacun 12 entrées. Chaque fragment porte un numéro, et un index thématique regroupe les entrées. Le multiple de 12 n'a pas été choisi par hasard: il est censé représenter la plénitude, comme le précise l'entrée «156.97.2». C'est à partir de ce jeu de chiffres que se construit l'œuvre. Le premier chiffre indique la place dans le déroulement de l'œuvre. Le deuxième représente le numéro de référence pour le sujet (par exemple, le chiffre «156.97.2» renvoie au 97e thème). Le troisième chiffre précise l'ordre dans lequel le lecteur pourrait parcourir chaque entrée, s'il décidait de la replacer selon la logique inhérente à chaque thème.

Il y a de quoi s'amuser. L'ordre des thèmes apparaît ici aléatoire, ce qui est un peu dommage; pourquoi ne pas y avoir tout simplement préféré l'ordre alphabétique? Terry et Carmen sont maintenant installés dans un des lofts de l'édifice qu'ils ont acheté et rénové dans le roman précédent, et dans lequel on trouve aussi divers commerces, dont la Librairie Didot, qui appartient à Terry et Ludmilla, et le bar Le Babar, qui appartient à Carmen et Josse. Élizabeth y joue un rôle important et Hans, un rôle secondaire. On ne peut pas dire qu'il y ait de véritable intrigue dans le roman. On accompagne les personnages dans leur vie de tous les jours, leurs désirs, leurs réalisations, leurs interrogations et leurs craintes. Le temps passe, enrichi par de petites notations qui donnent l'âme des personnages. Autour d'eux se greffent de multiples thèmes, comme autant de dérives qui parfois nourrissent «l'action», parfois peuvent sembler totalement inutiles, et qui s'avèrent amusants, intéressants ou carrément hors propos. L'ensemble possède un rythme qui accroche. Au-delà des personnages et des thèmes, la question de la langue utilisée à Moncton est peut-être le véritable sujet de l'œuvre. Brodant autour du chiac, Daigle interroge de multiples façons cette langue. La frontière entre fiction et réalité s'efface parfois, et cela aussi apporte une tonalité particulière à l'œuvre. Certaines personnes bien réelles habitent des scènes avec les personnages imaginés. Daigle, elle-même, vient à la rencontre de ses personnages dans des dialogues où se pose la question de la liberté du personnage en regard de son auteure, ou celle du rôle de l'auteure dans son œuvre. Souvent drôle, toujours intéressant, ce roman échappe à toute classification, même dans sa présentation graphique.

Hélène Harbec

Que ce soit dans ses recueils de poésie ou dans ses romans, les œuvres d'Hélène Harbec sont empreintes d'une grande délicatesse. Le roman *Les voiliers blancs* (Perce-Neige, 2004) détaille en de très courts chapitres la vie de trois femmes: Florence, qui devient infirmière auxiliaire, sa fille Céleste, et Rose ou Voisine, ainsi surnommée par Céleste et qui était l'amie de Léa dans *L'orgueilleuse* (1998). Céleste grandira de trois à six ans, Florence vivra une relation amoureuse avec Thomas, qui mourra dans un accident, et Voisine demeurera seule. De petits faits, de petits bonheurs, de grandes tristesses. « Les voiliers blancs » sont les oies blanches qui rythment la vie. Si le roman semble manquer de souffle dans le dernier quart, le lecteur n'en restera pas moins charmé par la fantaisie de Céleste et touché par la manière tout en retenue, mais sans fausse pudeur, dont est conté le travail de Florence avec ses patients.

Dans *Chambre 503* (Éditions David, 2009, prix Champlain), Harbec donne en partage la dernière année de vie de son père, qu'elle a accompagné durant son hospitalisation dans un centre de soins palliatifs. Le récit est fondé sur les notes qu'elle prenait après chacune de leurs rencontres, qu'elle a ensuite transposées pour en créer une émouvante œuvre littéraire. Elle reprend, en l'approfondissant, la façon d'écrire qu'elle avait explorée dans *Les voiliers blancs*. L'écriture est tour à tour chirurgicale, impressionniste, tendre, descriptive, toujours juste. Autour de la chambre 503 gravitent le personnel, toujours dévoué bien que parfois débordé, et d'autres résidents en fin de vie, qu'on apprend à connaître. L'écriture d'Harbec saisit les instants, les fixe et les transcende : l'accompagnement devient ici un témoignage universel d'amour entre un père et sa fille, une réflexion sur la vie et la mort. La fille assiste à la lente dégradation du corps et de l'esprit de son père atteint d'un cancer au cerveau ; elle cherche à comprendre, mais sans se laisser aller à des raisonnements philosophiques ou moralistes. Elle décrit les gestes des infirmières, les selles, les plaies de lit, l'amaigrissement, les repas, ses réactions aux visites, ses rêves éveillés et le monde imaginaire qu'il voit, son désir de rentrer chez lui. Le caractère presque clinique n'est ni répétitif ni ennuyant. Bien au contraire. Toujours, c'est la vie qui anime la plume d'Harbec, et qui permet au lecteur d'accompagner le père, de participer d'une certaine façon à cette mort.

Germaine Comeau

Le projet de *Laville* (Perce-Neige, 2008) est beaucoup plus complexe que celui de *L'été aux puits secs* (1983). Ce roman se développe autour de la narratrice, dont on n'apprendra le nom que vers la fin, et de sa correspondance avec sa fille Ariane. Jouant avec la temporalité comme avec la « réalité », Comeau construit un récit dans lequel s'entrelacent présent, passé et imaginaire, et où la parole est donnée tour à tour à la mère et à sa fille. Différents temps se croisent : le présent et l'évocation du passé de la mère ; « Laville », le roman dans le roman écrit par Ariane ; la correspondance entre la mère et sa fille, qui étudie à Paris ; le dernier chapitre que la mère signe et qui entremêle les deux univers ; et enfin, quelques réflexions sur l'écriture et la langue qui, sans que cela soit clairement affirmé, expriment le point de vue de l'auteure. La langue utilisée se module au gré des différentes strates : utilisation de quelques expressions et formes de l'acadien de la baie Sainte-Marie, expressions anglaises, citations en anglais, mais français standard la plupart du temps. Roman dans le roman, « Laville » occupe un tiers de l'ensemble. De ce roman, Ariane a imaginé une ville francophone de deux millions d'habitants construite sur le bassin des Mines. Comme si l'Acadie n'avait pas connu la Déportation, comme si elle s'était développée en une grande société. Fondée sur la notion des « mondes parallèles » – que l'on retrouve dans certains romans de science-fiction –, l'action se déroule en 2010. L'évocation d'une société acadienne dominante (les Anglais semblent avoir disparu) où l'on mange des croissants achetés au petit matin, où le vin coule à flot, où l'on aime le Ricard, n'est pas sans évoquer le Paris où vit Ariane. Une ville idéale joliment contée. Les liens entre les deux mondes sont nombreux, et c'est ce va-et-vient qui donne une bonne partie de son charme à l'œuvre, même si celle-ci se termine en queue de poisson.

Monique Roy
Après sa carrière comme scénariste et traductrice aux États-Unis, Roy revient au roman avec *Requiem pour Galatée* (Éditions de la Francophonie, 2003) qui s'inspire du mythe grec : le cyclope Polyphème aime Galatée, qui aime Acis. Par jalousie, Polyphème lance un rocher sur Acis, qui est foudroyé. Roy n'en retient que le triangle amoureux et la légende qui explique le nom de l'île : Martin Renaud est marié avec Laure, mais il n'a pas oublié son

premier amour, Céline, avec qui il vivra une ultime aventure alors qu'il est de retour sur son île natale, Acis-sur-Mer, pour réaliser un nouveau film. Arrivé quelque temps avant son équipe, Martin se replonge dans son passé, lui qui a quitté l'île une vingtaine d'années auparavant. S'il y est revenu occasionnellement pour visiter ses parents, il s'agit de son premier long séjour. Une occasion pour lui de se rapprocher de ses parents, chez qui il réside, de vivre au rythme de l'île, de retrouver ses amis d'enfance et surtout Céline. Le séjour, qui devait se limiter à la préparation du tournage, le bouleverse et l'incite à modifier radicalement le scénario prévu. La fiction et la réalité s'entremêlent alors que le protagoniste cherche à mieux comprendre son passé amoureux et son choix de vie. L'arrivée de Laure, qui accompagne l'équipe de tournage, met fin à la relation amoureuse avec Céline et le contraint à clarifier ses sentiments. De nombreuses anecdotes relancent l'action, auxquelles s'ajoutent des extraits du scénario qui ressemble de plus en plus au vécu de Martin. Sur les entrefaites, on apprend que Céline a un cancer foudroyant, qui l'emportera. De nombreuses descriptions des lieux, qui mettent l'accent sur la présence de la mer, viennent enrichir le propos. Le roman, écrit au présent comme un scénario, devient parfois bavard et se perd dans les détails.

Le chant des nuits heureuses (Éditions Prise de parole, 2010) reprend l'intrigue des *Sangliers* (1983), mais dans une forme réaliste. Le roman fait appel aux mythes de Cybèle et des Néréides. Caro, personnage principal et narratrice, vient de recevoir son nouveau roman, *Cybèle et la nymphe*. Celui-ci terminé, elle peut enfin entreprendre un nouveau projet inspiré des événements vécus quelques années auparavant. C'est ce roman, en préparation, qui est donné à lire. Caro vit à Boston, mais passe ses étés dans son chalet de la Péninsule acadienne. Elle est divorcée et a un fils, Serge, dont elle partage la garde avec son ex-mari. Sa sœur Maryse arrive sans s'annoncer. Or, Maryse vit avec Bobby, l'amour de jeunesse de Caro, et cette dernière n'a jamais pardonné à sa sœur de le lui avoir enlevé. La relation entre les deux sœurs demeure conflictuelle, d'autant plus que Maryse semble courtiser Alain, le nouvel ami de Caro (mais qui n'est pas encore son amant), et qu'elle semble cacher quelque chose. Largement construite autour des dialogues, parfois plaqués, et de personnages secondaires bien campés (la colorée femme de ménage, le sympathique curé), l'intrigue suit le fil d'une quotidienneté pimentée d'anecdotes. Au final, une lettre de Maryse annoncera son suicide, dévoilant la tragédie: après avoir tué Bobby et la maîtresse de celui-ci, elle s'est réfugiée chez sa sœur, ce qui confirme les doutes qu'entretenait Caro. Malheureusement, le roman demeure en surface, un peu comme s'il s'agissait d'un scénario où seule la caméra et le jeu révélerait le non-dit.

Martine L. Jacquot
Dans *Masques* (Humanitas, 2003), Jacquot quitte le pays de son enfance, cadre géographique de ses précédentes œuvres, pour la Nouvelle-Écosse et la Louisiane. La photographe et femme d'affaires Virginie, personnage principal, doit se rendre à Lafayette pour donner une conférence. À cause d'une tempête, elle n'arrivera pas à temps, mais profitera de son séjour pour visiter la région. Le bouleversement de ses projets l'entraîne dans une réflexion sur la vie: c'est le sujet du roman. Virginie dresse un bilan, revient sur ses relations insatisfaisantes avec son père et ses amants. Au fil d'une longue introspection construite en une série de retours en arrière, elle parvient à abattre les masques qui, pensait-elle, la protégeaient. Comme Jacquot aime écrire, les phrases s'enchaînent plus par automatisme que par nécessité. Il y avait là la base d'une nouvelle, qu'elle étire inutilement.

Martine L. Jacquot aborde le roman historique avec *Au gré du vent* (Éditions du Grand Pré, 2005), dont l'intrigue se déroule entre 1884 et 1900, principalement en Nouvelle-Écosse. Animées par de nombreuses péripéties, les amours d'Adèle sont loin d'être simples: alors qu'elle est enceinte avant de se marier, son fiancé disparaît, son second amour doit épouser malgré lui une riche héritière et le troisième meurt en mer. La fin du roman réserve une double surprise. Parsemé d'extraits du journal intime d'Adèle et de quelques pièces de correspondance, *Au gré du vent* brosse un portrait intéressant des aspirations, des réalisations et des problèmes des Acadiens à la fin du XIXe siècle. Écrit d'une plume assurée, mais au ton parfois proche du mélodrame, il s'inscrit dans le courant de la littérature populaire.

L'œuvre de Martine L. Jacquot est généreuse, ouverte sur le monde, mais fragile dans sa forme. À la force du jet créateur s'oppose une incapacité à peaufiner le texte.

Le secret de l'île est présenté dans la section Littérature jeunesse.

Edmond L. Landry

Les romans d'Edmond L. Landry n'ont d'autre prétention que de distraire le lecteur et, manifestement, l'auteur prend plaisir à construire des histoires autour de personnages sympathiques.

L'action de *La Charlotte des battures* (Éditions La Grande Marée, 2001, prix France-Acadie 2002) s'ouvre sur un ensoleillé 24 juillet 1924, remonte vers le passé pour retracer l'enfance et la jeunesse de Charlotte – née le 12 juillet 1900 –, revient au présent et se termine fin août 1940 alors qu'enfin, le bonheur est au rendez-vous. Et pour goûter ce bonheur final, Charlotte a payé cher. Des malheurs, elle en a connu même si tout semblait devoir briller pour elle. Enfant unique, Charlotte est dorlotée. Puis les malheurs s'enchaînent: mort du grand-père Paulin, tuberculose de sa mère, ce qui la contraint d'abandonner l'école à 13 ans pour lui servir d'infirmière, mort accidentelle du père... À 15 ans, après le décès de sa mère, la courageuse Charlotte décide de vivre seule dans la maison familiale et de devenir pêcheuse de coques, comme son grand-père. Elle tombe enceinte et la chaîne des malheurs s'accélère, dont, parmi les pires, une accusation de meurtre et la mort de son enfant, qu'elle avait été obligée de confier à l'adoption. Assez mélodramatique, le roman présente aussi quelques inconséquences narratives. Mais qu'importe, elle est belle, cette Charlotte qui lutte sans arrêt pour son droit au bonheur. Et c'est cette beauté qui anime la plume de Landry.

Avec *Tombés du ciel* (Éditions de la Francophonie, 2003), Landry aborde de front le roman d'anticipation – tout en limitant au minimum les nouveautés technologiques – et le roman catastrophe. Le 30 juillet 2025, une gigantesque météorite s'écrase dans les environs de Kedgwick, semant la désolation dans la ville. À bord de son avion biplace (fabriqué par Bombardier), le chirurgien Jean-Claude Dubois est alors en route vers chez lui, à Charlo. La tempête soulevée par la météorite entraîne l'écrasement de l'appareil dans la forêt. Jean-Claude s'en tire sans blessures graves. À peu près au même instant, à quelques kilomètres de là, l'avion de Maurice Hébert s'écrase également. Maurice est gravement blessé, mais son neveu Alexandre, âgé de huit ans, n'est que légèrement blessé. Les trois se rencontreront: c'est leur périple que raconte le roman. Comme dans tous les romans de genre, les péripéties sont nombreuses et dramatiques, et certains chapitres sont consacrés aux familles des disparus, aux recherches et aux répercussions médiatiques de l'événement. Chirurgien lui-même, Landry sait décrire la nature des blessures, leur progression et la façon de les soigner dans un contexte fort différent de la salle d'opération. Écrit sobrement, le récit est bien mené et n'a d'autre prétention que de faire passer un agréable moment aux lecteurs, tout en mettant de l'avant des valeurs d'entraide et d'espérance.

Dans *Les cahiers de Rachel* (Éditions de la Francophonie, 2004), celle-ci, à 75 ans, décide d'écrire son autobiographie, du moins la partie la plus mouvementée, qui se déroule de sa naissance, en 1935, jusqu'en 1976. Abandonnée dès les premiers jours sur le perron d'une maison de Moncton, Rachel sera ballotée d'un endroit à l'autre, aboutissant finalement dans une famille de Sainte-Marie. Les péripéties sont nombreuses: elle est violentée sexuellement par ses frères adoptifs, prostituée (temporairement) à Montréal, puis recueillie par un de ses clients, qui devient son protecteur parce qu'elle lui rappelle une employée maintenant décédée, Geneviève DeMontigny, qu'il avait aimée sans jamais oser le lui dire. Il la traite comme si elle était sa fille et en fait son héritière. Le client lui paye ses études de baccalauréat et de maîtrise, l'encourage à faire carrière – ce qu'elle fera au ministère des Affaires extérieures. Évidemment, ses amours seront compliquées et sa vie, une quête perpétuelle de ses origines. Finalement, elle apprendra qu'elle est la fille de Geneviève. La plume est vive et les personnages, sympathiques: on pourrait même prendre la tenancière du bordel pour une sainte femme! Quelques anachronismes peuvent agacer (par exemple, le *rock and roll*, déjà populaire en

1951), mais ce roman au ton mélodramatique divertit en dépeignant un monde où les bons finissent par gagner.

Gabrielle et son chien Jade est présenté dans la section Littérature jeunesse.

Jean Babineau

Comme c'est le cas pour les autres romans de Jean Babineau, le principal intérêt de *Vortex* (Perce-Neige, 2003, prix Antonine-Maillet/Acadie Vie) ne réside pas dans l'intrigue, mais dans l'écriture, dans la façon dont Babineau raconte l'histoire. André Boudreau, 30 ans, vendeur chez Wallco à Moncton, est plutôt lassé de son emploi. Il rêve d'une boutique à lui. Il profite de ses vacances pour aller en Amérique du Sud afin de repérer les objets d'artisanat qu'il pourrait vendre. En se baignant, il se blesse au pied. L'infection le ramène à Boston, où il a pris l'avion et, de là, chez son frère, où il a laissé sa voiture. La plaie empire; retour forcé à Moncton, guérison, remise sur pied et ouverture de la boutique; retour au Mexique avec Micheline, devenue sa conjointe, expansion de la boutique, fin du roman. La structure du récit repose sur un « vortex », alors que tout bouge dans la vie. Ainsi, André doit faire face aux changements qui s'imposent à lui sans qu'il les ait appelés: il se sent entraîné vers une nouvelle vie, qui prend forme au fur et à mesure qu'il la découvre. Le cheminement d'André se manifeste fondamentalement par la langue. Babineau glisse régulièrement du français à l'anglais puis de nouveau au français, pour mettre en relief une pensée, un sentiment, une impression, comme si l'autre langue était plus évocatrice; le passage d'une langue à l'autre devient un élément de rupture, de surprise. Chiac, donc, d'une grande qualité littéraire, si tant est que cela soit possible.

Sa pièce *Tangentes* est présentée dans la section Théâtre.

Gracia Couturier

Après deux romans fondés sur la théorie du chaos, Gracia Couturier reprend une structure plus traditionnelle dans *Chacal, mon frère* (Éditions David, 2010, prix des lecteurs de Radio-Canada 2011, prix France-Acadie 2012). Le roman commence le

11 septembre 2001 alors que s'écroulent les tours jumelles à New York, entraînant avec elles la fin d'un monde que certains avaient cru éternel. Cette tragédie fait écho à celle que vivront les Bellefleur: après une absence de cinq ans, Bruno, maintenant âgé de trente-trois ans, revient au domicile de ses parents. Ce retour ne plaît en rien à son cadet de cinq ans, Étienne, étudiant à vie qui accumule les diplômes, repoussant ainsi le moment où il aura à diriger la scierie paternelle, que cela lui plaise ou non. Bruno écrit des poèmes qui s'inspirent de son vécu, lui qui souffre d'une maladie mentale dont personne ne parle et qui n'a jamais accepté la naissance de son frère. Le sentiment d'avoir été trahi par sa mère, puis rejeté par son père – qui a fait d'Étienne son successeur désigné –, alimente la haine qu'il a développée envers ce dernier. Cette émotion structure toute la trame du roman et teinte les rapports entre Étienne et les autres personnages. Écrit au présent, le roman est construit comme un suspense nourri de péripéties dramatiques. Quant à Chacal, il s'agit d'un poète que Bruno a fait connaître à Étienne et dont les textes d'une étrange beauté ont suscité mélancolie et angoisse chez ce dernier. Une des clés du roman réside dans l'identité de Chacal, poète dont Louise lisait des textes dans *Je regardais Rebecca*.

Les livres pour la jeunesse de Couturier sont présentés dans la section consacrée à ces ouvrages.

Camilien Roy
Camilien Roy est né en 1963 à Robertville. Il détient un baccalauréat en psychologie de l'Université de Moncton et une maîtrise en sciences de l'orientation de l'Université Laval. Il travaille comme consultant à Bathurst.

La première pluie (Perce-Neige, 1999, prix France-Acadie, prix Antonine-Maillet/Acadie Vie) s'adresse tant aux adultes qu'aux adolescents, en bonne partie parce qu'on y raconte le passage de l'adolescence à l'âge adulte du narrateur. Daniel, un adolescent de 15 ans, quitte le milieu familial pour se rendre en Ontario faire la récolte du tabac. Le récit commence avec son départ et se termine au retour. Il s'agit d'un premier voyage à l'extérieur de sa région natale. Le premier niveau de lecture est descriptif: Daniel raconte son périple en notant minutieusement ce qu'il vit. On a l'impression de lire un journal intime. Le second niveau est analytique: Daniel, plus âgé, mesure les conséquences de ses gestes, annonce l'avenir et commente ce qu'il a vécu, un peu comme s'il avait retrouvé son journal des années plus tard et décidé de le peaufiner en y intégrant sa vision d'adulte. Le deuxième temps de l'écriture vient préciser, par exemple, les valeurs qui sous-tendent la perception du monde et des gens qu'il a eue à l'instant où il «écrivait» son aventure d'adolescent. La façon dont Roy esquisse ses personnages, raconte les découvertes de Daniel, décrit la culture du tabac, est vivante. Sa langue est imagée et évocatrice; il sait décrire les scènes d'action. On pourrait parler d'une écriture cinématographique.

Le second roman de Camilien Roy, *La fille du photographe* (Éditions de la Francophonie, 2005) n'a pas la même force. L'intrigue se fonde sur la quête de Martin DuRepos, qui cherche à recomposer l'histoire de sa famille depuis l'installation du photographe d'origine québécoise Louis-Joseph DuRepos à Robertville (village natal de Roy) à la fin du XIXe siècle. C'est Camille, fille du photographe et grand-mère de Martin, qui est le personnage central du roman, elle qui est tombée enceinte alors que son fiancé partait pour la Seconde Guerre mondiale, où il sera tué lors du débarquement en Normandie. L'histoire est intéressante, les personnages bien campés, mais il manque un petit quelque chose à ce roman qui lui ferait dépasser l'anecdote.

La fille du photographe avait d'abord été publiée à compte d'auteur; Camilien Roy a vu d'autres de ses œuvres être refusées par des éditeurs reconnus, ce qui lui a donné l'idée d'écrire *L'art de refuser un roman*, qu'a retenu, ironiquement, Stanké (2007), un éditeur reconnu. Cet «essai» se compose de 99 lettres de refus qui laissent transparaître, de manière pour le moins confuse, les grandes lignes de l'intrigue d'un «fameux» roman dont personne ne veut: chacun le commente à partir de ce que sa maison souhaite publier et relève ce qui l'intéresse ou non. Les lettres sont courtes, certaines drôles et vraiment réussies, d'autres beaucoup plus faibles. Il s'agit d'un bon gag, sans plus.

Françoise Enguehard

Les romans de Françoise Enguehard, née Reux, s'inspirent de son île d'origine, Saint-Pierre, dans l'archipel français situé au large de Terre-Neuve, où elle est née le 2 janvier 1957. Après des études secondaires (1973), elle opte pour la littérature à Halifax, d'abord à l'Université Dalhousie, puis à l'Université Mount Saint Vincent et, enfin, au campus de Saint-Jean de l'Université Memorial de Terre-Neuve, où elle obtient un baccalauréat en arts avec une majeure en espagnol (1975), ainsi qu'une maîtrise en littérature française (1977). En 1977, Enguehard s'installe à Saint-Jean et travaille dans différents domaines (communautaire, aide aux réfugiés, traduction). En 1992, elle devient journaliste à la radio et à la télévision de la Société Radio-Canada, emploi qu'elle quitte en 2001 pour fonder sa compagnie de relations publiques, Vivat Communications.

Les litanies de l'Île-aux-Chiens (Éditions d'Acadie, 1999, prix Henri-Queffélec du Salon du livre maritime à Concarneau) s'inspire de la vie du couple Marie-Jo Ménard et Victor Lemétayer, les arrière-grands-parents de l'auteure. L'intrigue se développe en trois temps, entre 1887 à 1956. Le premier temps mène le lecteur de la Bretagne – avec les saisons de pêche de Victor sur les Grands Bancs de Terre-Neuve – aux premières années à l'Île-aux-Chiens, une petite île située dans la baie de l'île Saint-Pierre qui sera rebaptisée l'Île aux Marins en 1931. Le deuxième temps raconte la vie sur l'île jusqu'à l'accident de Victor qui entraînera sa mort. Le troisième temps va du décès de ce dernier à celui de Marie-Jo. Comme tous les romans du genre, le récit abonde en événements malheureux qui mettent en relief les rares moments heureux: après tout, le bonheur n'a pas d'histoire alors que les drames mènent à des revirements de situations et à des questionnements sur le sens de la vie. À la dureté de la vie en mer, à l'aridité sauvage du sol de cette île balayée par le vent, s'opposent la détermination sans faille de Victor et la tranquille volonté de Marie-Jo. Le roman est essentiellement écrit au présent et l'utilisation de ce temps donne au récit un dynamisme et un rythme vif. Les phrases sont plus courtes que longues, souvent animées par des verbes d'action. Le style est sobre et l'auteure ne s'éloigne pas du récit qu'elle raconte, laissant le cours d'histoire aux historiens.

L'archipel du docteur Thomas (Éditions Prise de parole, 2009, prix des lecteurs de Radio-Canada 2010) fait découvrir la vie à Saint-Pierre-et-Miquelon au début du XXe siècle. François, architecte célèbre installé à Paris et célibataire d'une cinquantaine d'années, demeure attaché à son île natale. Il y revient régulièrement pour revoir famille et amis. Fille d'un couple d'amis de François, Émilie, une adolescente de 16 ans, rêve de devenir écrivaine tout en étant persuadée que ce choix est hors de sa portée. Une belle amitié lie les deux personnages. Passionné par la photographie, François apprend par Émilie qu'on vient de retrouver de vieilles photos, abandonnées dans un entrepôt, d'un docteur qui a séjourné dans l'archipel il y a longtemps. Ces photos, récupérées par Jacques, un photographe professionnel, témoignent de la vie des habitants de façon sensible et personnelle. François décide alors de découvrir qui est ce docteur Louis Thomas et entraîne Émilie dans l'aventure. Le roman entrelace la vie des deux personnages principaux avec ce qu'ils réussissent à reconstituer de la vie de Thomas. Le présent du roman se situe dans les années 1980, tandis que le docteur – qui a réellement existé et dont les photos sont accessibles dans Internet – a travaillé dans l'archipel de 1912 à 1926. En découvrant l'amour que portait Thomas à l'archipel, François renoue avec ses racines et s'interroge sur son choix de vie, tant le lieu qu'il a choisi d'habiter que sa façon d'exercer la profession. De son côté, Émilie s'inquiète de son avenir alors qu'elle passe son baccalauréat. François l'encouragera à poursuivre son rêve d'écrire, tout comme lui a réalisé le sien en devenant architecte. La plume d'Enguehard est vive et colorée: ses descriptions des lieux, du climat et ses commentaires sur les mœurs et valeurs des habitants contribuent au plaisir de la lecture.

Ses deux romans pour adolescents sont présentés dans la section Littérature jeunesse.

Jules Boudreau

Dramaturge avant tout, Jules Boudreau a publié un roman pour la jeunesse (voir cette section) et deux recueils de contes et nouvelles: *Chroniques d'une île de la côte, tome 1* (Éditions d'Acadie, 1999) et *tome 2* (Éditions de la Francophonie, 2012). Il y raconte les aventures des habitants de cette île imaginaire fortement inspirée par son village de Maisonnette, dans la Péninsule acadienne.

Les histoires du *Tome 1* se déroulent durant les années 1940, alors que la modernité transforme les régions rurales. Mais elles ne sont pas nostalgiques, ces nouvelles, elles sont tout simplement porteuses de la vie de l'île. Boudreau y relate, dit-il, ce qu'on lui a confié lors de son séjour. De l'émouvante «Chiqueuse» qui ouvre le recueil à la tragi-comique «Déserteurs» qui le termine, le conteur fraie son chemin dans sa mémoire, mettant en relief l'esprit d'aventure des frères Arsenault dans «Le voyage de l'impossible»; les amours de Corinne Doiron et du beau Jean-Paul Duguay dans «Le chanteur»; la passion pour le chant grégorien d'Alfred Doiron dans «Le Libera d'Alfred»; l'avarice de Liboire à Dismas dans «La collecte»; le destin tragique de Gervais Comeau et d'Exilda Roussel dans «Le phare».

Les dix nouvelles du *Tome 2* se déroulent durant les années 1950 et ont en commun des personnages regroupés autour des trois grandes familles de l'île, les Doiron, les Haché et les Thériault. Boudreau se faufile dans le récit soit comme témoin, soit parce qu'on lui a rapporté l'histoire. Tout ou presque converge vers le magasin général d'Alphée Doiron, lieu de rencontres, de commérages et, accessoirement, d'achats. Comme dans le *Tome 1*, chaque nouvelle se construit autour d'une anecdote: Pierre Haché écoute religieusement *Le réveil rural* à la radio, on suit la construction du pont qui reliera l'île au continent, on apprend le destin tragique de Jérémie Thériault, le conflit entre Justin Poirier et Olivier Haché, le rêve de Ti-Phrem de posséder une automobile, la visite de Frank de Boston. Chaque fois, après une courte mise en situation, l'action débute, allant de suite à l'essentiel. Les nouvelles sont courtes, bien construites, amusantes à lire et porteuses d'une réflexion sur la vie. Elles sont écrites dans une langue qui fait appel au français acadien, tout en demeurant d'une facture classique. Le petit milieu parfois mesquin sait aussi être généreux et porteur d'une saine vision de la vie. Pour situer le lecteur géographiquement, l'auteur offre une carte détaillée de l'île, ce qui ajoute à la « vérité » de tout ce petit monde.

Son roman pour la jeunesse est présenté dans la section consacrée à cette littérature.

Guildor Michaud

Né le 6 octobre 1935 à Drummond, Guildor Michaud obtient un baccalauréat en arts (1966) de l'Université de Moncton et une maîtrise en arts de l'Université Laval (1968), puis une maîtrise en administration scolaire de l'Université Laval (1979). À partir de 1956, il fait carrière dans l'enseignement et l'administration scolaire, en bonne partie pour la Commission scolaire régionale de Tilly. Il prend sa retraite en 1991 et se consacre depuis au tournage artistique sur bois et à l'écriture.

Le premier roman de Michaud, *Abilène, le monde au féminin* (Éditions La Plume d'Oie, 2001) est un conte philosophique. Ce monde « au féminin » est celui d'une ruche d'abeilles que la reine Odelle Première dirige maladroitement, au grand dam de la vieille et sage Abilène. En voulant protéger ses sujets des malheurs de la vie, Odelle décide qu'ils ne sortiront de la ruche qu'en cas d'extrême besoin, d'autant plus que le dérobeur enfumé vient retirer le miel qu'elles produisent pour leur survie. Mais Abilène ne partage pas son avis : selon elle, chaque espèce s'inscrit à sa façon dans le projet de l'Unique et doit accomplir sa mission, même si elle ne connaît pas ou ne comprend pas les raisons pour qu'il en soit ainsi. Abilène meurt après avoir confié à la vieille Agna la responsabilité de répandre son message, la Parole d'Abilène, aussi bien dans la ruche que dans d'autres parties du « monde ». Éventuellement, Agna fera de la jeune et enthousiaste Flamine sa successeure, qui, à son tour, jettera les bases d'une véritable organisation sociale qui se fonde sur la volonté de l'Unique. On devine sans peine qu'il s'agit d'une variation autour de l'Évangile, les valeurs véhiculées par Abilène et ses disciples y étant fort identiques. Empreint de bonnes intentions, ce roman est à la limite de l'essai.

Très différent d'*Abilène*, *Le Morveux* (Les éditions du

Septentrion, 2006) est un bon roman populaire: des personnages intéressants, suffisamment complexes sans être compliqués; une histoire simple à suivre, agrémentée d'une structure à deux temps (passé et présent); un style sobre et juste (français standard pour la narration, langue populaire pour les dialogues). Simon Francœur, un psychologue, a connu une belle carrière universitaire et une certaine célébrité par ses écrits. Maintenant retraité, il entreprend la rédaction de son autobiographie. Chaque chapitre qu'il compose se divise en deux: une première partie porte sur sa vie actuelle, dans laquelle s'insère un événement ou une pensée qui éveille un souvenir en lui; le souvenir est l'objet de la seconde partie. À l'aisance de sa vie actuelle s'oppose la pauvreté de son enfance (les années 1930 et 1940), tout comme les deux lieux de sa vie: Drummond (au Nouveau-Brunswick) pour l'enfance, la région de Québec pour l'âge adulte. De même, à l'influence qu'il a eu par son travail s'oppose le fait qu'il était le souffre-douleur de sa classe. Ce jeu de contraste définit l'écriture et les sujets abordés. La partie «vie actuelle» est pleine de tendresse, de douceur, bercée par la musique classique, les bons repas, la vie de famille et les quelques problèmes qu'entraîne l'âge. La partie «jeunesse et enfance» est caractérisée par la violence familiale et la pauvreté. Malgré qu'il soit un enfant doué, Simon se heurte aux inégalités sociales: parce qu'il est pauvre, il n'a pas le droit d'être dominant à l'école, ce qu'il apprend de dure façon. Il n'est qu'un «morveux». Attaqué dans son intelligence, Simon est également attaqué par la maladie (la poliomyélite). Sa vie est une longue suite d'abus subis auxquels il oppose une détermination sans faille. Même si le roman se fait par instants mélodramatique, l'ensemble demeure crédible et, surtout, empreint de sensibilité. Michaud réussit à éviter le piège de la caricature, et même ceux et celles qui sont à la source des «malheurs» de Simon sont évoqués avec finesse.

Noooooon! (Éditions de la Francophonie, 2012), une saga de 900 pages, se construit autour du personnage de Jacqueline Sirois, surnommée Jopette par ses parents. Ici aussi, la jeunesse du personnage se passe à Drummond et l'âge adulte, à Québec. Jacqueline est une jeune fille brillante, pianiste d'exception, qui étudie au Collège Notre-Dame d'Acadie et dont les parents sont des cultivateurs aisés. À l'opposé, son frère aîné, Lonzo, souffre d'une maladie mentale jamais identifiée, mais qui limite ses capacités intellectuelles et entraîne chez lui une fixation sexuelle sur sa sœur, qu'il finit par violer. Enceinte à la suite de cette agression, Jacqueline est contrainte d'aller vivre sa grossesse dans une crèche à Québec. Elle y rencontre sœur Marie-Rose, une novice dont le véritable nom est Denise Garnier et qui a aussi été victime d'un viol. Les deux jeunes femmes se lient d'amitié et Denise l'introduit à sa famille: à sa mère pianiste et professeure de musique à l'Université Laval, à son père chirurgien, au frère aîné, Étienne, médecin aussi et – nous sommes en 1942 – enrôlé dans l'armée. Les Garnier l'acceptent telle qu'elle est, sans lui faire porter la responsabilité du viol et sans se soucier du qu'en-dira-t-on, eux qui auraient souhaité que leur fille Denise ne «fuie» pas le monde des hommes à la suite de son agression. Le roman se découpe en quatre parties, qui retracent le cheminement de Jacqueline: «Testostérone» relate les événements qui conduisent au viol; «Torrieux de torrieux», la réaction des personnages, l'opprobre des «bonnes âmes» et du curé, l'incapacité de la mère à accepter le drame, la volonté du père de résister et de permettre à sa fille de vivre sa grossesse parmi les siens; «Labyrinthe», le séjour de Jacqueline à la crèche, les conséquences sur sa famille, la rencontre avec les Garnier et un début de relation entre elle et Étienne; «Affranchissement», le long cheminement vers une vie nouvelle: elle complète ses études en musique, devient une concertiste reconnue, se réconcilie avec ses parents, épouse Étienne et, finalement, retrouve une joie de vivre. Aux mises en situation, aux dialogues toujours écrits dans une langue qui tient compte des personnages (de l'acadien de sœur Clotilde au français soigné de madame Garnier), se greffent les réflexions longuement relatées des principaux personnages. Tout comme dans *Le Morveux*, Michaud oppose le monde sclérosé de Drummond au monde ouvert de Québec. Suivant l'exemple de Jacqueline, Denise quittera sa communauté et réintégrera la vie civile: elle aussi fera face à l'avenir, tout en acceptant sa condition de victime, pour laquelle elle n'avait pas à avoir honte.

Jocelyne Mallet-Parent

Les romans de Jocelyne Mallet-Parent abordent des sujets politiques et sociaux, élaborés à partir de faits divers. Il y a dans ses œuvres une volonté de défendre certaines valeurs et ses histoires se construisent autour de cette idée. Née le 24 janvier 1951 à Tracadie, elle obtient une maîtrise en lettres (1973) et un diplôme d'études supérieures (1974) de l'Université de Moncton. De 1973 à 2000, elle fait carrière dans le monde de l'éducation comme enseignante, directrice d'école et directrice générale de districts scolaires. En 2000, elle est nommée sous-ministre adjointe au ministère de l'Éducation, poste qu'elle occupe jusqu'en 2003, alors qu'elle devient correspondante nationale représentant le Nouveau-Brunswick à la Conférence des ministres de l'Éducation ayant le français en partage (CONFÉMEN), dont le siège social est à Dakar (Sénégal). Parallèlement, elle œuvre comme chargée de projet auprès du Bureau du sous-ministre de l'Éducation. En 2006, elle quitte la haute fonction publique pour se consacrer principalement à l'écriture. Elle vit depuis quelques années en Gaspésie.

Sous le même soleil (Éditions de la Francophonie, 2006, prix France-Acadie 2007) est un roman social sous le couvert d'un roman populaire. Lors d'un vol vers le Sénégal, Jolène Gionet, une haute fonctionnaire du gouvernement du Nouveau-Brunswick, rencontre Khady, Sénégalaise vivant au Canada, qui cherche sa sœur cadette Fatou, disparue il y a une dizaine d'années. Khady comme Fatou ont été des esclaves sexuelles, et si Khady s'en est sortie, personne ne sait ce qui est advenu de Fatou. Le roman prend alors la forme d'une enquête, Jolène se servant de ses relations politiques pour retracer Fatou. Tous les ingrédients pour faire un grand roman d'aventure et d'amitié avec, en toile de fond, le Canada, le Sénégal, l'Île Maurice et la France y sont : les personnages sont attachants, la relation d'amitié entre Jolène et Khady bien transcrite, les retrouvailles avec Fatou émouvantes, les paysages bien décrits. L'histoire est racontée par Jolène, une femme d'action habituée à prendre des décisions. Le rythme du récit est le sien. Le style est direct, sobre, sans fioriture. Le récit est bien construit même si, parfois,

Mallet-Parent ne peut s'empêcher d'introduire des à-côtés qui alourdissent le récit. En privilégiant le mode descriptif qui convient aux péripéties, elle reste à la surface des actions et des émotions, ce qui limite la portée de l'œuvre.

On retrouve les mêmes qualités et les mêmes enjeux dans *Ariane. L'éclaboussure* (Éditions de la Francophonie, 2007), sans toutefois que l'intrigue ait la portée sociale du précédent. Écrit à la troisième personne, le roman raconte l'histoire d'Ariane, aux prises avec une situation qui bouleverse sa vie. Son mari, Romain, vient d'être accusé de blanchiment d'argent et de pornographie juvénile. Comptable, il est devenu malgré lui complice d'une organisation qui le fait chanter. L'arrestation de Romain survient alors qu'Ariane, pédiatre, pose sa candidature au poste de directrice du département de pédiatrie. Le couple a deux enfants. Le roman s'ouvre sur l'arrestation de Romain, qu'Ariane apprend par la radio. De là, elle cherchera à comprendre si les accusations sont fondées et découvrira qu'elle ne connaissait pas véritablement son mari. C'est sur une double trame, l'enquête policière et la vie du couple, que se construit l'œuvre. Le rythme vif, les nombreuses péripéties, l'utilisation systématique du dialogue, la structure en courts chapitres, tout contribue à tenir le lecteur en haleine. Ariane recompose sa vie passée, à la recherche du fil qui unit toutes les pièces du casse-tête, rappel du mythe dont s'est inspirée l'auteure. Si le roman se lit d'un trait, il reste à la surface des choses: on y pose la question de la perception sociale et des préjugés, sans l'approfondir. Ariane sera jugée, non pas pour qui elle est, mais en regard de ce qu'on découvre sur son mari.

Dans la tourmente afghane (Éditions David, 2009) s'ouvre sur le retour d'Afghanistan du journaliste Jonathan Dupuis. Capturé, battu, torturé, laissé pour mort par un groupe de talibans, il ne se souvient que très vaguement de ce qui lui est arrivé: il souffre de stress post-traumatique. Que s'est-il passé entre sa capture et le moment où il a été recueilli par une famille afghane quelque part dans les montagnes? Il sent qu'il a vécu un événement tragique, mais lequel? Le roman raconte sa quête pour reconstituer son passé, alternant entre le quotidien de Jonathan et des réminiscences de plus en plus précises de ce qui s'est produit. À cela s'ajoute sa relation difficile avec son père. Grâce aux soins de Rachida, la belle et jeune Afghane qui s'occupe de lui et dont il ne voit que les yeux noirs, recouverte qu'elle est de sa burqa, et bien soutenu par un psychologue, Jonathan réussira à recomposer les événements et à retrouver la paix. Après avoir reconstitué son passé en Afghanistan et accepté les conséquences qui en découlent, Jonathan sait qu'il n'a plus à se prouver, et il réussit à s'imposer à son père. Le roman offre deux niveaux de lecture, psychologique et social, qui s'imbriquent bien l'un dans l'autre. À travers Rachida, véritable lumière dans cet univers de guerre, Jonathan découvre que le monde n'est pas réductible à deux camps. Que Rachida rêve d'une autre vie, qu'elle soit d'une certaine façon prisonnière elle aussi, ne minimise en rien son dévouement, elle qui ne pourra qu'en subir les conséquences quand son père découvrira qu'elle est trop familière avec l'étranger. Mallet-Parent rend ici vivants les personnages et les situations, et sait utiliser le dialogue.

Celle qui reste (Éditions David, 2011) se construit autour de la quête de Léa Gauvain, qui n'arrive pas à faire le deuil des trois personnes les plus importantes dans sa vie, toutes trois décédées dans des circonstances tragiques. Alors qu'elle joggait avec sa meilleure amie, Audrey, les deux jeunes femmes se font attaquer. Audrey est assassinée et Léa s'en tire. Plusieurs années plus tard, alors qu'elle est venue rejoindre à l'improviste son mari à Mumbai, où il est en mission, Léa arrive en taxi devant l'hôtel au moment où éclate une série de bombes: mourront le chauffeur de taxi, son mari et bien d'autres tandis qu'elle survivra miraculeusement. Trois ans auparavant, Louis, le fils de sa sœur Roxanne, était décédé d'une méningite bactérienne alors qu'il n'avait pas encore cinq ans. Léa a l'impression que chacune de ces morts cache quelque chose. Sur les entrefaites, elle apprend qu'elle a un cancer du sein. L'œuvre se divise en trois parties d'inégale longueur: la première, et de beaucoup la plus longue, tourne autour des trois morts; la deuxième raconte son épisode avec le cancer; la troisième est celle de l'espoir et du changement. Léa trouvera les réponses aux questions qu'elle se pose à propos des trois morts qui la hantent, choisira la vie et guérira de son cancer. S'il est bien écrit et que la lecture en est agréable, le roman n'est pas sans longueurs. Néanmoins, Léa est un personnage attachant et les questions qu'elle soulève au sujet du cancer sont finement amenées.

Lison Beaulieu

Née le 15 août 1965 à Edmundston, Lison Beaulieu obtient un baccalauréat en sciences biologiques, option microbiologie (1987) et un certificat en enseignement des sciences au secondaire (1988) de l'Université de Montréal. Enseignante à la Cité des jeunes A.-M.-Sormany et au campus d'Edmundston de l'Université de Moncton, elle doit changer de carrière après un accident d'automobile. Elle décide alors de se consacrer à l'écriture.

Un thé avec Nathan (Perce-Neige, 2006) se construit autour d'une galerie de personnages colorés, en ciblant principalement trois d'entre eux: Michel, Claire et Nathan. Le roman est divisé en très courts chapitres tour à tour centrés sur Michel et sur Claire. Les faits passent davantage par Michel, tandis que Claire propose un regard plus introspectif. Dans un premier temps, Michel retrace les grandes lignes de sa vie jusqu'à sa rencontre avec Nathan vers 1998; il a alors 30 ans et revient s'installer à Montréal avec Hermine, sa grand-mère, après un séjour à Silicon Valley. Parallèlement, Claire raconte son cheminement, son amitié avec Nathan, qu'elle connaît depuis leur adolescence à Edmundston, où Nathan vit toujours, tandis qu'elle s'est installée à Montréal. Les destins se croisent alors. Par hasard, Michel et Hermine rencontrent Nathan, qui introduit Claire à Hermine. Nathan écrit mais ne veut pas être connu: il propose donc à Michel de devenir son visage public. C'est ainsi que naît Philippe Vigoureux, auteur à succès. Claire aimera Michel en bonne partie à cause des œuvres qu'il signe sous le nom de Philippe Vigoureux, tout en aimant également, et depuis l'adolescence Nathan, véritable auteur des œuvres de Philippe, ce qu'elle ignore. La complémentarité entre Michel et Nathan se reflète dans les sentiments mixtes de Claire. Le roman baigne dans un climat un peu surréel: on y dépeint un monde idéal, nourri d'amour, de joie de vivre et de plaisirs délicats, à peine assombri par la mort et par quelques inévitables problèmes affectifs qui jalonnent une vie.

Dans *Les noces de l'agneau* (Éditions Trois-Pistoles, 2010), Sophie souffre d'un cancer généralisé et sait qu'elle n'en a plus que pour quelques semaines. Elle choisit d'accueillir la mort en s'entourant de ses amants. Sophie, qui exerce de façon originale le plus vieux métier du monde, se décrit comme une « femme entretenue par quatre hommes », chacun d'eux choisi en fonction de ses qualités ou de ses particularismes. Le roman se divise en trois temps, autant d'étapes du cheminement vers la mort, inéluctable et, finalement, librement choisie. En arrière-plan, la souvenance de son grand-père Piaume, figure de l'harmonie qu'elle cherche à maintenir en elle. La première partie raconte la réconciliation avec son frère Jean-Pierre, de dix ans son aîné, qui a choisi de devenir anglophone et de vivre en Jamaïque, rejetant son passé de minoritaire. Puis, ce sera le retour au Madawaska avec Tim, un vieil Irlandais anglophone qui lui rappelle la sagesse de son grand-père. Tim n'exige rien, il est attentif aux besoins de Sophie, l'entourant de sa tendresse. Sa délicatesse un peu brouillonne le rend très important pour elle. Les deux dernières parties se déroulent sur deux jours, alors que Sophie est entourée de Tim et de ses trois autres amants – Steve, le Malécite; Claude M., le médecin de Piaume; et Claude T. –, chacun d'eux choisis pour une raison particulière. Ensemble, ils préparent puis célèbrent le mariage de Sophie avec Tim, mariage qui annonce sa mort. La trame du roman est rompue par de nombreux retours en arrière, au cours desquels Sophie revoit, revit tout ce qui l'a marquée. Elle rassemble les morceaux épars de sa vie pour les lier en un tout cohérent dans sa route vers la mort. Même si la mort habite tout le texte, c'est la vie qui y est chantée, une vie libre, pleinement assumée.

Anne-Marie Couturier

Anne-Marie Couturier est née le 16 décembre 1940 à Saint-Hilaire de Madawaska. Elle obtient un baccalauréat en arts du Collège Maillet d'Edmundston et un baccalauréat en éducation de l'Université de Moncton (1963). Elle a enseigné le français et l'anglais dans différentes institutions, du primaire à l'universitaire selon les contrats, au Nouveau-Brunswick et au Québec. Intéressée par l'écriture, elle suit des ateliers de création littéraire, gagne quelques concours et, à la retraite, choisit de se consacrer à sa passion. Elle vit depuis de nombreuses années à Trois-Rivières.

Pour écrire *L'étonnant destin de René Plourde* (Éditions David, 2008, prix France-Acadie 2009), Couturier s'est inspirée de la vie de son ancêtre. Le jeune René Plourde vit pauvrement dans la France rurale du XVIIe siècle, qui ne lui offre guère d'avenir. Orphelin recueilli par un brave homme, il se sent appelé par un destin que lui inspire son ancêtre, René III, qui avait perdu sa particule nobiliaire pour avoir résisté au roi: c'est ainsi que « de Plour » était devenu « Plourde ». Cet ancêtre rebelle, mousquetaire dépossédé, habite l'âme du jeune homme. En cette année 1685, la Nouvelle-France s'offre comme un paradis, comme un monde de possibilités, même si la traversée se termine par un naufrage à proximité de Rivière-Ouelle. Le roman raconte la vie de René d'un point chronologique: tour à tour prospecteur, colon, père de famille, il s'impose par ses qualités humaines, il inspire la communauté dans laquelle il vit, exemple frappant de ce dont la Nouvelle-France a besoin pour se développer. Un homme idéal, quoi! Autour de lui, les gens sont tout aussi généreux, prêts à s'épauler les uns les autres. Même les deux seigneurs ne déparent pas ce portrait idyllique d'une société en voie de se construire. Bien sûr, les malheurs viennent parfois bouleverser ce petit monde. Les caractères sont brossés à larges traits, les anecdotes, parfois mélodramatiques, les descriptions de la vie quotidienne, longuement étoffées. L'auteure a bien documenté la création et l'organisation des seigneuries ainsi que l'ordinaire des habitants. Elle brode autour de la trame principale des anecdotes secondaires, charmantes en soi, qui recréent avec vivacité la vie, transforment un brave paysan en héros. À trop vouloir le distinguer, cependant, lui donner toutes les qualités, elle retire à René une partie de ce qui le rendrait plus humain, plus attachant – la fragilité et l'imperfection.

Après avoir récréé la vie de son ancêtre René Plourde,

Anne-Marie Couturier brosse le portrait de ses descendants dans *Le clan Plourde, de Kamouraska à Madoueskak* (Éditions David, 2012). Le roman commence là où le précédent se terminait, et se clôt à la fin du XIXe siècle. La mémoire du premier Plourde à s'installer en Nouvelle-France est préservée dans un texte écrit sur des parchemins précieusement conservés dans un coffre. Le roman est divisé en trois parties, chacune centrée sur une génération. La première raconte l'histoire des enfants de René, dont Pierre et Augustin, qui lutteront toute leur vie pour agrandir leurs terres. Ils devront tout recommencer à la suite de la destruction systématique, par les Anglais, des établissements côtiers de la Nouvelle-France durant la guerre qui mènera au traité de Paris. Pierre meurt après Augustin et lègue les parchemins familiaux à Marie-Louise, l'une des filles d'Augustin, plutôt qu'à l'un de ses enfants. Marie-Louise a deux garçons de deux lits différents, tous deux prénommés Pierre. Les deux Pierre, Duperré pour l'un et Lizotte pour l'autre, quitteront les rives du Saint-Laurent pour s'aventurer dans les terres vierges du fleuve Saint-Jean, région qu'on nomme à l'époque le Madoueskak. La deuxième partie du roman retrace leur implantation dans cette région aux frontières floues. Couturier a su rendre passionnantes ces luttes frontalières en plaçant les deux frères au centre des débats. La troisième partie reprend le récit du côté des descendants de Pierre, frère aîné d'Augustin. Pierre-Auguste, arrière-petit-fils de Pierre, s'installe à Madoueskak en 1825 avec sa femme Appolline. Pierre-Auguste rencontre Lizotte à l'occasion de l'enterrement de Duperré. Les deux familles seront séparées par la frontière établie à la suite du traité Webster-Ashburton de 1842, qui divise la région entre le Maine, aux États-Unis, et le Nouveau-Brunswick. Peu avant sa mort, Lizotte, maintenant Américain, lèguera les parchemins, fortement endommagés, à Pierre-Auguste, ce qui ramènera l'héritage du côté canadien. Ici aussi, les Plourde sont au centre du développement économique et social de leur communauté. Couturier mène son récit avec vivacité, mettant en scène des personnages sympathiques, généreux et dynamiques. Malheureusement, les nombreux dialogues sont écrits dans un français standard, bien éloigné de la langue de ces paysans et commerçants qui savent tout juste lire, écrire et compter. On est face à un « effet de réel » plutôt qu'à la recréation de la réalité.

Roméo Savoie

Dans *Le mensonge caméléon* (Perce-Neige, 2010), son unique roman, on retrouve les préoccupations artistiques de Roméo Savoie. Georges Black a acheté une vieille maison au bord de la mer, en Acadie. Dans le tiroir d'une commode abandonnée dans une des chambres, il trouve un manuscrit. Curieux, il le lit: Robert y raconte sa rupture avec Esthèle. Georges est romancier: à partir de ce texte, il imagine un roman. En homme curieux, il décide également de retrouver les deux « personnages » du manuscrit. Il entre en contact puis se lie d'amitié avec eux, et découvre leur histoire. Dans le roman, sa quête est donnée à lire en trois temps: le manuscrit poétique de Robert, l'enquête de Georges racontée par lui-même, et une dernière partie qui dénoue l'intrigue, écrite par un narrateur omniscient. Pour intéressant qu'il soit, en partie par les réflexions sur l'art qui sont en marge de l'intrigue, ce roman ouvre des pistes intéressantes qui sont seulement esquissées.

REGARD SUR LA LITTÉRATURE JEUNESSE

Introduction : Bouton d'or Acadie et les autres maisons

La production littéraire pour enfants est largement dominée par Bouton d'or Acadie, dont l'impact se fait véritablement sentir à partir de l'an 2000. La maison suscite beaucoup d'intérêt.

Les collections de romans jeunesse sont créées à partir de 1998 avec « Météorite » (7 à 9 ans), suivie en 2002 de « Météore » (10 ans et plus). Des collections plus spécifiques verront le jour au fil des années. Le graphisme des pages couverture, assez vieillot, sera renouvelé d'élégante façon en 2007 par Marguerite Maillet.

Si Bouton d'or Acadie est une maison acadienne, cela ne signifie pas que tous les livres traitent de l'Acadie, ni même que les auteurs et illustrateurs en soient tous originaires. Maillet pensait qu'il était important que les enfants acadiens soient en contact avec d'autres cultures. Ainsi s'expliquent notamment le délicieux *Le papillon amoureux* (2000) de Soraya Benhaddad, une Algérienne qui vit maintenant à Montréal, ainsi que *Le caïman solitaire* (2001) et *P'tite Minga* (2005) de Derlemari Nébardoum, qui a entre autres étudié à l'Université de Moncton; il y en aura bien d'autres, dont les albums de Paul Roux, un Français installé au Québec.

Durant la même période, Bouton d'or Acadie a également créé des collections qui répondent à des objectifs plus pédagogiques que littéraires. Ainsi, «Wabanaki», qui présente des légendes ou des contes traditionnels amérindiens; l'édition est trilingue (français, anglais et langue d'origine, micmac ou passamaquoddy). De même, la collection «Tourbillon-jeunesse» présente des œuvres créées par des collectifs d'élèves.

Si les Éditions La Grande Marée et les Éditions de la Francophonie publient occasionnellement des livres pour enfants, les Éditions Karo tentent, en 2008, d'implanter une deuxième maison spécialisée en clientèle jeunesse. Mais l'aventure sera de courte durée, la maison fermant en 2014 sans avoir réussi à produire d'œuvres importantes.

Chenelière éducation, maison québécoise dont la production est orientée vers le scolaire, a publié plusieurs romans d'auteurs acadiens qui s'adressent à des élèves de l'Est du Canada et qui répondent à des paramètres pédagogiques très précis. Dans l'ensemble, ces œuvres sont intéressantes, mais leur objectif pédagogique (niveau scolaire, type d'intrigue, valeurs mises de l'avant) limite leur portée littéraire.

Melvin Gallant

Sa volonté d'actualiser le mythe de Ti-Jean a conduit Melvin Gallant à inventer une Tite-Jeanne, qui sera l'héroïne de trois contes que publiera Bouton d'or Acadie: *Tite-Jeanne et le Prince triste* (1999), *Tite-Jeanne et la pomme d'or* (2000) et *Tite-Jeanne et le prince Igor* (2004). Le style est semblable à celui des *Ti-Jean*; Tite-Jeanne a les mêmes qualités que son alter ego: intelligente, débrouillarde, généreuse et rusée quand il le faut.

Tite-Jeanne et le Prince triste est une féminisation du conte traditionnel de la princesse qui ne rit jamais: ici, un prince retrouvera la joie grâce à Tite-Jeanne et, bien sûr, elle l'épousera. Dans *Tite-Jeanne et la pomme d'or*, elle vainc les obstacles et la méchanceté de ses frères pour finalement se mériter l'héritage de son père (lui qui tenait à le laisser à l'un de ses deux fils) et la main du prince. Remarquons que contrairement à Ti-Jean, Tite-Jeanne épouse chaque fois le prince. Féminisation, mais pas tout à fait autonomisation. Comme la série n'a pas le succès des Ti-Jean, Gallant l'abandonne.

Enfin, il participe avec d'autres auteurs à une aventure «pédagogique» dirigée et publiée par la maison québécoise Chenelière éducation pour le compte de la Fondation d'éducation des provinces atlantiques (ces ouvrages sont présentés ensemble à la fin de cette section).

Denise Paquette

En 1999, Paquette publie quatre albums aux Éditions d'Acadie dans le cadre d'une série commanditée par la Fondation d'éducation des provinces atlantiques. Les ouvrages, au rythme d'un par saison, s'adressent aux enfants de maternelle et de première année. *Une couleur pour la maison* (illustré par Denise Bourgeois) met en scène une famille qui veut repeindre sa maison et qui décide de se rendre au village pour s'inspirer. Les noms de famille sont ceux de la Nouvelle-Écosse, les maisons y sont de toutes sortes de couleur (le pompier a une maison rouge), on mange de la râpure et le texte est en vers rimés. *Rosie* raconte l'histoire d'un caniche rose qui échappe à la surveillance de sa jeune maîtresse durant le Festival acadien du comté d'Évangéline, à l'Île-du-Prince-Édouard. S'engage alors une poursuite folle: Manuel court après Rosie, suivi de près par sa mère, sa sœur, son père et son frère. Les illustrations de Lynne Ciacco rendent bien cette folle course, qui se termine sans incident. Dans *Des graines rouges pour grand-maman*, les enfants cueillent des baies sauvages que leur grand-mère cuisinera ensuite, leur préparant une poutine acadienne, il va de soi. Ils cueillent les fruits, les donnent en cadeau à leur grand-mère, et vendent le surplus à des touristes – qui se trouvent comme par hasard chez la grand-mère. La palette de couleurs des illustrations de Jocelyne Doiron évoque la fin de l'été; visuellement, l'action pourrait se dérouler à Terre-Neuve. Les enfants dans *De la neige pour Noël* s'inquiètent de l'absence de neige alors que Noël approche. Ils décident de faire une enquête auprès de la parenté qui habite d'autres villes du Nouveau-Brunswick. Partout, il y a de la neige sauf chez eux (un endroit qu'on ne nomme pas mais qui, par déduction, serait Memramcook). On se rend rapidement compte des objectifs pédagogiques qui sous-tendent ces quatre ouvrages: des thèmes proches des enfants, des lieux qu'ils connaissent ou qui font partie de l'Acadie de l'Atlantique.

Marguerite Maillet, fondatrice et longtemps animatrice de Bouton d'or Acadie, a toujours eu un faible pour les séries qui soit partageaient un thème, soit mettaient en scène un même personnage. Tel est le cas des albums de la série «Léa et Laurent», qui s'adressent aux enfants de zéro à quatre ans. Les quatre volumes se développent autour d'un thème fondé sur la nature que découvrent Léa, Laurent et leur chien Ricou (qui apparaît dès le deuxième album). Légers, amusants, les albums permettent aux enfants de développer leur conscience de la nature. L'important n'est pas le réalisme de la situation, mais l'exploration. Denise Bourgeois signe les illustrations de la série: un dessin simple, vivant, joyeusement coloré, qui appuie et enrichit le très court texte de Paquette. *La terre à aimer* (2000) est un hymne à la terre nourricière. Les enfants, en visite à la ferme de leurs grands-parents, s'émerveillent devant le labourage, les fruits, les plantes, les insectes et les animaux. Charmant, enchanteur et naïf, l'album permet aux enfants de se familiariser avec la nature. *Une journée à la mer* (2002) respire l'été et la joie d'une journée à la plage en compagnie du chien Ricou, dont les mésaventures ajoutent une touche humoristique aux activités des enfants. *Bonjour la rivière* (2006) reprend la structure de l'album précédent en l'appliquant à la rivière. Ricou mène le bal et permet aux lecteurs de s'amuser avec ses découvertes. *Quatre saisons dans les bois* (2007) explore les douze mois de l'année: une planche pour chaque mois comprenant une activité, une découverte. Les textes sont bien construits, et les dessins d'une belle simplicité mettent en relief les mouvements. L'univers présenté est rural: en cela, il correspond au milieu dans lequel vivent beaucoup d'enfants acadiens.

Mon grand frère le zombi, que Paquette publie aux Éditions Les 400 coups en 2005 (toutes ses autres œuvres sont publiées en Acadie), marque un changement de style dans son œuvre. La narratrice, Léa, six ans, souhaiterait que son frère, Florent, lui accorde plus d'attention. Mais à dix-huit ans, Florent ne vit que pour la musique qu'il fait avec ses amis. Le matin, quand il sort de sa tanière, il ressemble à un zombi. Le portrait des deux personnages est habilement tracé et les superbes illustrations de Jean-Paul Eid dynamisent l'intrigue. La chute est amusante: Léa vivra une sortie avec Florent, mais c'est à sa gardienne, une jolie adolescente, qu'elle la doit.

Gribouillis barbares (1998), premier roman de Paquette, s'adresse aux enfants de neuf à douze ans et se déroule à Grande-Digue. Simon, le narrateur, est un jeune garçon d'une douzaine d'années qui vit avec son père dans une maison bordant la plage. Sa tante Emma s'est mariée récemment avec le père de Benoît, un garçon à peine plus âgé que Simon. Ce dernier vient passer l'été chez son père dans la maison voisine. Évidemment, pour ce jeune montréalais, le choc est grand: il ne se passe pas grand-chose dans ce village de bord de mer. Or, la vie quotidienne de ce petit monde sera bouleversée par l'arrivée de l'estivante Anne-Marie Jeannette DesRuisseaux. Cette dame à l'humeur tatillonne a recouvert sa section de la plage de rochers brise-lame, et cette action a divisé la plage en deux, empêchant les habitués de faire leur promenade au bord de la mer. S'ensuit une série de mésaventures mettant en vedette des personnages colorés. Benoît comprendra alors que la vie peut également être animée en cette région éloignée des trépidations urbaines. La lecture est aisée, le rythme vif, les illustrations de Paquette vivantes et pertinentes. Pour une première fois, les jeunes lecteurs acadiens prendront plaisir à retrouver dans un roman leurs lieux de vie et à établir des correspondances entre les personnages et les gens qu'ils côtoient.

L'intrigue d'*Annie a deux mamans* (2003) aborde avec

beaucoup de finesse l'homosexualité. La narratrice, Fabie, une enfant d'une dizaine d'années, vit avec sa mère, Rolande, depuis que ses parents ont divorcé. Ceux-ci ne s'entendent pas très bien, mais Fabie s'en accommode. Elle se lie d'amitié avec Annie, qui vit avec sa mère, Lorraine. Contrairement à chez Fabie, Lorraine s'entend très bien avec son ex-mari, Vincent, et avec l'épouse de celui-ci, Marie-Ginette, avec qui il a deux jeunes enfants, Mathieu et Bébé Martine, qui vivent tout à côté de chez Annie. Lorraine et Annie vivent depuis quatre ans avec Joëlle. Pendant que Lorraine travaille, Joëlle garde Annie, au grand plaisir de cette dernière. Puisqu'il n'y a que deux chambres à coucher, Fabie en déduit qu'il y en a une pour Lorraine, une pour Annie et que Joëlle doit coucher sur le sofa. Lentement, elle découvre que Lorraine et Joëlle sont amoureuses l'une de l'autre et qu'elles forment un couple. Comme elle n'a pas de préjugés, elle intègre en elle cette nouvelle réalité, tout en se posant des questions sur l'orientation sexuelle, sur le mariage (Lorraine et Joëlle vont se marier), sur le sens de la vie. Il se dégage du récit qui met en scène des familles monoparentales, des familles recomposées, et où personne n'est malheureux, que l'amour est plus fort que tout. Ce roman intelligent et sensible a été interdit à l'époque de sa sortie dans plusieurs écoles des Maritimes, à la suite de plaintes de parents.

Anne-Marie Sirois

Avec *Rose Neige et les six nains* (compte d'auteur, 2000), Anne-Marie Sirois revoit à sa façon le conte traditionnel de Blanche-Neige. Après la faillite de l'entreprise de cure-dents où elle travaillait comme « comptable » (c'est-à-dire qu'elle y compte les cure-dents!), Rose se voit obligée de travailler bénévolement pour sa méchante belle-mère, une fabricante de pommes au caramel. Heureusement pour elle, sa sœur Blanche vient d'épouser le prince charmant et de quitter les nains chez qui elle travaillait comme domestique. Rose décide donc de prendre son emploi. Quant aux nains, ils possèdent une mine de crayon. On est loin ici du conte pour petits enfants dans lequel le texte tient une toute petite place. Il s'agit davantage d'une nouvelle illustrée, mais de format et du nombre de pages (24) habituels, tout comme *Le Petit Chaperon Mauve* (1995). De plus, la satire sociale donne un ton plus adulte (ou adolescent) au récit, qui demeure malgré tout accessible aux jeunes enfants à qui on lira l'œuvre. Le texte est parsemé de phrases et d'expressions à double sens: «tomber dans les pommes», «avoir du pain sur la planche» prennent un sens tantôt propre, tantôt figuré. Les dessins, comme ceux du *Petit Chaperon Mauve*, sont imaginatifs: un raton laveur qui perd son masque, une horloge en forme de pomme, une mine de crayon de couleur. Sans oublier les situations cocasses: la vaisselle sale dans la baignoire, les nains qui portent leur linge à l'envers parce que l'endroit est sale. Toutefois, *Rose Neige...* n'atteint pas la vigueur satirique du *Petit Chaperon Mauve*. Peut-être est-ce le choix du conte. Il y avait dans *Le Petit Chaperon Mauve* une profonde correspondance, voire une ressemblance, entre Sirois et Mauve qui lui donnait toute sa pertinence, ce qu'on ne sent pas dans *Rose Neige...*

Avec *Ma Gribouille tigrée* (2006), Anne-Marie Sirois abandonne le conte pour une histoire réaliste et se joint à Bouton d'or Acadie, où elle illustrera plusieurs albums. Caroline aime dessiner, mais sa chatte Gribouille passe son temps à jouer avec ses crayons. Comme la chatte n'obéit jamais, la fillette se fâche et la chasse. Gribouille disparaît alors, au grand désespoir de Caroline. Heureusement, le lendemain matin, la chatte est revenue. Caroline retient la leçon: elle ne chassera plus Gribouille et partagera ses crayons avec elle. Au texte tout en simplicité parsemé de touches d'humour se greffent des illustrations qui enrichissent le propos et l'éloignent du réalisme, un peu dans le même esprit que ses albums précédents.

Diane Carmel Léger

L'intrigue du *Retour à la butte à Pétard* (Bouton d'or Acadie, 2008) se déroule de juin à août 1994. Sara, la narratrice, a 12 ans. Elle est la fille adoptive de Nancy et Mike, des Américains. Comme elle a le teint foncé, ses parents lui ont donné Sakakawea comme second prénom. Sara est déterminée à découvrir ses origines. Elle fait un rêve récurrent qui met en scène celle qu'elle appelle «Mère-Rêve». Plus jeune, elle avait eu une gardienne, Tante, une Cadienne qui lui parlait français et l'appelait toujours «chère». Or, Mère-Rêve s'adresse à elle en français et utilise la même marque d'affection. Sara se demande alors si elle est cadienne, ce que Tante soupçonne. Le roman se construit autour de cette interrogation. Sara passe le début de l'été en Louisiane, chez Tante et son mari Nonc, où elle se met courageusement à l'apprentissage du français tout en découvrant les Cadiens et leur histoire. Ses rêves lui révèlent lentement qu'il existe un lien entre elle et une femme d'une autre époque. Arrive alors la possibilité de participer au premier Congrès mondial acadien, qui a lieu en août 1994 à Moncton et dans les villages environnants. Tante et Sara décident de s'y rendre. Le roman intègre des éléments réels du Congrès et des éléments fantastiques, qui habitent les visions de Sara. Elle visite la butte à Pétard dont l'histoire lui est racontée par Justin, un jeune acadien de son âge, rencontre Diane Carmel Léger et son père, ainsi que d'autres personnages tout aussi réels, comme Jean Gaudet (que tout le monde, ou presque, connaît en Acadie). Lentement, Sara reconstitue son histoire personnelle. Elle n'apprendra pas qui est sa mère mais elle découvre à quelle lignée elle appartient: Jacqueline, un des personnages de *La butte à Pétard* (1989) est l'ancêtre de sa Mère-Rêve.

Échos de la butte à Pétard (Bouton d'or Acadie, 2011) complète la quête identitaire de Sara. Le roman est divisé en cinq parties, qui marquent chacune un temps précis. La première consiste en un échange épistolaire entre Justin et Sara, la deuxième et la troisième sont formées par les journaux intimes des deux adolescents, la quatrième les voit raconter à tour de rôle leur rencontre en Louisiane, et la cinquième est un échange de deux courtes lettres. Les rêves de Sara, toujours habités par Mère-Rêve, renforcent l'idée de son origine acadienne. Mais Sara ne s'explique toujours pas pourquoi sa mère l'a abandonnée. Différentes circonstances la mèneront, elle et ses parents adoptifs, à passer un an en Louisiane. C'est là que le mystère de sa naissance sera dévoilé. L'occasion est belle pour Léger de mettre en parallèle les deux Acadie et de montrer les liens généalogiques qui les unissent.

Pour ce faire, elle introduit dans le récit l'historien cadien Richard Guidry, fait vivre à ses personnages le Mardi gras, leur fait visiter Saint-Martinville, et ainsi de suite. De son côté, Justin est attristé de constater que son «pépére» se meurt, non sans lui avoir légué l'amour de sa vallée et de l'histoire acadienne. Comme dans le précédent, le roman glisse ici vers l'essai et le cours d'histoire, mais de façon telle que cela s'intègre parfaitement au fil du récit. Évidemment, nos deux adolescents en sont à leurs premiers émois amoureux. Leur amitié se transforme lentement et leur relation occupe une bonne partie de leurs journaux intimes. Le récit, très aéré, est centré sur le vécu et les sentiments des deux personnages; or, les adolescents ne présentent guère de différence dans leur façon d'écrire, ce qui donne à l'ensemble un caractère un peu factice. Il demeure que le va-et-vient entre fiction et réalité (historique ou contemporaine) donne son charme au roman.

Diane Carmel Léger a également écrit plusieurs albums. Dans ceux publiés par Chenelière éducation/McGraw-Hill, elle répond aux contraintes pédagogiques de la Fondation d'éducation des provinces atlantiques (ces ouvrages sont présentés à la fin de cette section).

Les trois albums qu'elle a fait paraître aux Éditions des Plaines (Saint-Boniface, au Manitoba) sont plus personnels. *L'arbre de Maxine* (2005), d'abord publié en anglais en 1990, et *Qui est dans l'arbre de Maxine?* (2006) racontent les aventures de cette enfant. Dans le premier, Maxine contribue à sauver une forêt d'une coupe à blanc: une belle histoire bien illustrée, quoique de façon conventionnelle, par Dar Churcher. Dans le second album, illustré par Darlene Gait (une mise en plan intéressante), Maxine rend visite à son arbre, «la plus large épinette Sitka de la vallée de Walbran». Surprise: un guillemot marbré y a fait son nid. Deux histoires écologiques, bien menées.

Le grenier d'Emily Carr (2006), d'abord publié en anglais en 1991, est un hommage à la célèbre peintre (1871-1945). Paul et sa mère ont loué un des appartements de l'ancienne propriété d'Emily Carr à Victoria. Monsieur Tweedie, le propriétaire, permet à Paul d'aller jouer dans le grenier. C'est là qu'il retrouvera la «ménagerie» de l'artiste peintre, dont il fait des dessins qu'il remet chaque jour à Monsieur Tweedie. Bien sûr, tout se passe dans l'imaginaire de Paul, dans ses jeux. En même temps, on découvre les animaux que possédait et affectionnait Emily Carr. Les dessins aux couleurs pastel de Michel Léger, frère de l'auteure, sont empreints d'une grande délicatesse et rendent un bel hommage aux animaux de compagnie d'Emily.

Dans les romans comme dans les albums, on sent la préoccupation de Léger pour la nature et pour le respect des valeurs humaines. Il y a là non pas une leçon de morale, mais une leçon de vie.

Marguerite Maillet

Marguerite Maillet s'est lancée dans l'écriture de contes traditionnels pour enfants avec l'idée de leur redonner une nouvelle vie et, ce faisant, de leur permettre d'atteindre un nouveau lectorat. Née le 17 mars 1924, Maillet entre chez les Religieuses de Notre-Dame-du-Sacré-Cœur en 1943 et obtient son brevet d'enseignement en 1945 au couvent Saint-Joseph de Memramcook, où elle enseigne de 1945 à 1949. Elle enseigne ensuite au Collège Notre-Dame d'Acadie (Moncton), de son ouverture en 1949 jusqu'en 1964, puis dans différentes écoles. En 1968, elle quitte la congrégation et est engagée comme professeur de littérature française à la nouvelle École normale de Moncton, jusqu'en 1970. Elle découvre la littérature canadienne-française dans le cadre de sa maîtrise à l'Université de Moncton, qu'elle obtient en 1971. Elle s'inscrit alors au doctorat à l'Université d'Ottawa. Son directeur de thèse, le professeur René Dionne, l'oriente vers un sujet acadien: elle soutient son doctorat en 1982 et en publie l'essentiel sous le titre *Histoire de la littérature acadienne: de rêve en rêve* (1983), qui complète l'*Anthologie de textes littéraires acadiens, 1606-1975* qu'elle avait préparée avec Gérard LeBlanc et Bernard Émont (1979). En 1973, elle est engagée par l'Université de Moncton pour créer le premier cours en littérature acadienne. En 1987, elle y devient titulaire de la Chaire d'études acadiennes. Elle prend sa retraite en 1990. Constatant la rareté des livres acadiens pour la jeunesse, elle fonde avec Judith Hamel les Éditions Bouton d'or Acadie, qu'elle cède à Louise Imbeault et Marie Cadieux en 2012.

Quatre des contes écrits par Marguerite Maillet font partie de la collection «Émeraude». *La petite chatte blanche* (1996) et *Les trois pommes d'or* (1998) reprennent des aventures de Ti-Jean. *Le petit chaperon rouge* (2000) est une version néo-écossaise et adoucie du conte de Perrault. On sent que l'auteure cherche à y donner une tonalité qui respecterait la tradition dont elle s'inspire, mais il lui manque la souplesse stylistique qui fait le charme des textes de Melvin Gallant. Les illustrations de Jocelyne Doiron sont figuratives sans être réalistes (elle joue beaucoup avec des aplats et des effets de perspective) et son choix de couleurs, souvent des ocres, ajoute de la texture au dessin et lui donne une grande douceur. *La douce fille et la grosse bête* (2004) raconte la destinée d'une jeune fille aux prises avec le mauvais sort. Loïs de Cornulier, jeune illustrateur français qui avait effectué un stage chez Bouton d'or Acadie, crée un univers étrange dont les personnages pourraient être des marionnettes; le lettrage évoque le Moyen Âge.

Maillet publie aussi huit contes dans la collection «Chrysalide». *Le renard et le loup* (1996) relate comment les rouerie du renard entraîneront la mort du loup. Le texte contient une violence que les illustrations de Joan Gregory ne réussissent pas à transposer. Le résultat est fade. *L'ours et le petit garçon* (1998) adapte un conte traditionnel que l'auteure-compositrice Léah Maddix (d'Abram-Village, sur l'Île-du-Prince-Édouard) avait livré à l'historien Georges Arsenault en 1973. Bien illustré par Denise Bourgeois, l'ouvrage aborde l'amitié qui unit un petit garçon et un bébé ours. Comme le veut la nature, l'ours devenu grand choisira de regagner son milieu naturel. Un récit sans prétention, d'une belle simplicité, et avec juste ce qu'il faut de magie. *L'ours et la petite fille* (1999) relate l'histoire d'une petite qui a failli être dévorée par un ours. Les illustrations de Denise Bourgeois sont vivantes et sobres.

Le ciel tombe (2001) est particulièrement réussi. L'histoire est celle de la poule qui, après avoir reçu une pomme sur la tête, pense que le ciel tombe. Aussitôt, elle court prévenir la reine, entraînant à sa suite le chat, le chien, la brebis. Le renard les aperçoit et leur dit qu'il sait où habite la reine. Il les conduit alors dans son terrier, les y enferme et les dégustera tour à tour. La reine ne saura jamais le danger qui la guette. Dans *La petite merlêche* (2003), un renard vient en aide à la merlêche en rouant de coups un chat qui mange les œufs de l'oiseau. La chute du récit est toutefois ambiguë, et c'est ce qui en fait toute la saveur: si la merlêche peut enfin couver ses œufs en paix, le dernier regard du renard pourrait indiquer qu'il a en tête un projet futur, à moins qu'il s'agisse simplement d'un coup d'œil amusé. Les illustrations humoristiques et savoureuses d'Anne-Marie Sirois sont tout à fait dans le même esprit que ses albums personnels.

Maillet a déniché le conte du *Chien et ses maîtres* (2008) dans la collection du père Anselme Chiasson, grand folkloriste, qui l'avait recueilli en 1958 de Louise Chiasson (de Chéticamp, en Nouvelle-Écosse). Comme de nombreux contes, celui-ci raconte une histoire assez horrible, mais qui se termine bien pour les héros. Un fermier et sa femme n'ont presque plus rien à manger. Ils décident de tuer leur chien parce qu'il mange trop. Le chien s'enfuit, au grand soulagement du couple. Bien plus tard, alors que leur situation financière est meilleure, le couple et leur jeune garçon sont capturés par des voleurs, qui les séquestrent. Heureusement, le chien qui doit les garder, c'est le leur, et il avait été dressé pour tuer les «visiteurs». Quand les voleurs reviennent, le chien les attaque et les tue. Le chien retourne alors à «sa» maison et le couple jure de ne plus jamais l'abandonner, même en cas de situation difficile. Illustré de façon sobre et un peu trop timide par Fabrice de Bruyne, le conte peut donner des frissons aux jeunes enfants. Mais la morale qu'il recèle est importante. Un peu de suspense et d'incertitude, assaisonné d'un brin d'inquiétude, le tout tamisé par le fait qu'il s'agit d'un conte traditionnel, peut s'avérer un riche enseignement.

Marguerite Maillet reprend *Le poney et les enfants* (2005) et *Les trois petits cochons* (2009) en se fondant sur des versions colligées par le Centre d'études acadiennes. *Le poney et les enfants* raconte l'histoire d'un paysan qui achète un poney pour mener ses enfants à l'école. Chemin faisant, les enfants se font attaquer par un lion, que le poney tue. Quand un riche marchand offre d'acheter le poney, le paysan refuse: la sécurité de ses enfants importe avant tout. La version des *Trois petits cochons* est fidèle à ce qui a toujours été conté: les trois maisons (paille, bois, brique) que le loup essaie de faire tomber, jusqu'à ce qu'il aboutisse dans la marmite. Les deux albums sont illustrés par Mélanie Albert, dont les dessins aux couleurs franches manquent d'imagination tant dans le graphisme que dans la mise en images. Un peu en marge de sa production, Maillet se fait poète dans *De la tourmente au doux vent* (2004). Réjean Roy a insufflé rythme, vigueur et couleurs au poème, véritable chant de vie qui utilise les éléments naturels comme source de métaphore.

Jamais en panne d'inspiration, Maillet a l'idée de publier un album sans texte. Pour ce faire, elle écrit un scénario de Noël, que Jocelyne Doiron illustrera en utilisant le même type de dessins et la même palette de couleurs que dans ses albums précédents. Le titre sera trilingue: *Noël, Christmas, Noeleoimg* (2001). C'est au lecteur de donner un sens aux 16 images en commençant, suggère l'éditrice, par « Une petite fille marche avec », mais rien n'empêche une autre amorce. À la fin du livre, quelques pages blanches que l'enfant pourra utiliser pour écrire trois différentes histoires et les accompagner d'une photo ou d'un dessin, et qu'il pourra imaginer à des époques différentes. Une idée amusante et, de fait, un ensemble d'images qui se prête bien à l'invention.

Maillet répète l'expérience avec *On attend un bébé, A baby is coming, Estamos esperando un bebé* (2007). Les illustrations de Denise Paquette présentent une famille multiethnique (père noir, mère blanche, fillette blanche et bébé à naître noir) de la fin de la grossesse aux premiers mois vécus avec le nouveau-né. Dessins réalistes, images composées simplement, récit linéaire avec un petit saut temporel, un peu maladroit, pour éviter de montrer l'accouchement lui-même (le père laisse la mère à l'hôpital, sous-entendant son absence au moment de la naissance). L'album est néanmoins une bonne façon de préparer tout aîné à l'arrivée de son cadet.

Enfin, Maillet a écrit un des contes de la collection

« Wabanaki », *Comment la rivière Petitcodiac devint boueuse, Ta'n Tel-kisi-siskuapua'qsepp Petikotiak Sipu, How the Peticodiac River Became Muddy* (2005), illustré par le peintre Raymond Martin, dont le style est caractérisé par l'utilisation de larges traits qui délimitent les formes et d'un dessin d'inspiration naïve. La légende est belle et les tableaux sont bien liés au récit.

Marguerite Maillet est surtout une animatrice et une initiatrice. Ses œuvres répondent d'abord à une fonction pédagogique, ce qui ne signifie pas qu'elles soient dénuées de charme, mais cela en limite la portée littéraire.

Judith Hamel

Judith Hamel a créé avec l'illustratrice Lisa Lévesque une série d'albums, tous publiés par Bouton d'or Acadie, autour du personnage de Modo, un ourson intrigué par les astres. Ce sera *Modo et la lune* (1996), puis *Modo et l'étoile Polaire* (1998), *Modo et la planète Mars* (2000), *Modo et le soleil* (2002) et, finalement, *Modo et la Terre* (2003) dans la collection « Améthyste », qui s'adresse aux enfants de trois à cinq ans. Le récit est joliment poétique et invite au rêve. Dans le premier album, Modo perd tuque, mitaines et foulard. Dans le second, il retrouve tuque et mitaines et, dans le troisième, son foulard, ce qui lie ces trois albums l'un à l'autre. À chaque album, l'astre déjà visité sert de « guide » pour aller rejoindre le nouvel astre. Les enfants prendront plaisir à ce « jeu », qui reprend la forme de la chanson en laisse. Les deux albums suivants sont moins intéressants. La formule est devenue répétitive: l'objectif « pédagogique », de montrer aux petits enfants certaines constituantes de l'Univers (ce qui en soi est louable) a eu préséance sur l'intrigue. Chaque album ajoute une connaissance. Ainsi, l'étoile Polaire permet de situer le pôle Nord, Mars considère la Terre chanceuse d'avoir de l'eau, le Soleil souligne qu'il est essentiel d'apprendre à faire de bons choix, et la mer enseigne que le cycle des marées est déterminé par la Lune et le Soleil. Les illustrations aux teintes chaudes et aux formes rondes conviennent bien au texte. L'ourson qui parle aux astres est tout en rondeurs et en cylindres, formes amples qui donnent le goût de s'en servir comme d'un oreiller. Le dessin de Lisa Lévesque est vivant et techniquement réussi, mais il gagnerait à surprendre davantage: la façon dont elle cadre ses actions est quelquefois trop prévisible.

Hamel a publié deux autres albums dans la même collection. Plus imaginatif tant du côté du texte que du côté des illustrations d'Angélique Depienne (une Belge nouvellement employée chez Bouton d'or Acadie), *Un joli mouton tout rond, tout rond* (2002) met en scène une petite fille qui trouve un mouton bien rond et bien beau, pour découvrir à la fin que le mouton est une brebis, qui a donné le jour à un bel agneau. Une histoire toute simple, une chute amusante, des dessins fantaisistes aux cadrages imaginatifs et aux décors enchanteurs. *Matin mouvementé pour Fipon* (2004) met en scène un chat qui, au réveil, croit que son poil est maintenant tout frisé. Dans un premier temps, il veut se cacher, mais en vain. Puis il décide d'aller vérifier son état devant un miroir: pour s'apercevoir que tout cela était un mauvais rêve. Un texte humoristique illustré dans le même esprit par Anne-Marie Sirois, qui met l'accent sur les mouvements du chat, limitant les arrière-plans au minimum.

Temps pour un câlin (2005) s'adresse aux tout-petits. Le narrateur est un enfant dont la vie est ponctuée par le temps. Chaque double page introduit une action située à différents moments de la journée. Le texte, bien construit, permet d'aborder la notion du temps avec l'enfant: temps réel, temps rêvé, temps qui file, etc. Par contre, les illustrations de Lynne Ciacco se limitent à imager le texte, sans plus.

Avec *Respire par le nez* (2004), Hamel aborde le roman pour les lecteurs de huit à onze ans. Le roman met en scène deux souris, Tari et Astri, qui se rencontrent par hasard alors qu'Astri fait des exercices de respiration et d'assouplissement. Or, Tari ne sait ni respirer ni faire d'exercice et elle s'essouffle rapidement: elle n'est pas bien dans son corps. Astri l'entraîne alors dans une quête initiatique de la sagesse. Elles franchissent la forêt du doute et traversent la rivière de l'abandon avant de grimper la montagne qui mène à l'Honorable Chat sage, qui leur remettra sur un parchemin le «Traité de l'inspiration et de l'expiration».

Ponctuée de péripéties, la quête leur permet d'atteindre l'équilibre mental et corporel. Le message est clair: tout passe par la respiration, par l'engagement à faire régulièrement des exercices. Mais le message est un peu trop appuyé, au détriment de l'histoire d'une amitié naissante entre deux souris que tout séparait au départ.

Nicole Daigle

Nicole Daigle est née le 13 décembre 1970 à Saint-Louis-de-Kent, au Nouveau-Brunswick, où elle habite toujours. Elle obtient un baccalauréat en sciences (majeure en biologie, mineure en géographie) de l'Université de Moncton (1993). Depuis, elle travaille au parc national de Kouchibouguac, d'abord comme interprète de la nature puis comme agente de développement de produits. Dans les ateliers qu'elle présente dans les écoles, elle incarne AmiSoleil, personnage central de cinq romans regroupés dans la collection éponyme chez Bouton d'or Acadie. Empreints de respect pour la vie végétale et animale, ces courts romans, qui s'adressent aux jeunes de huit et neuf ans, sont une invitation à partir à la découverte de différents milieux naturels et à apprendre à les aimer. Tout y est beau et serein, mais les dangers qui menacent l'environnement sont bien réels et clairement décrits. Les textes sont bien écrits, les dialogues – car AmiSoleil peut parler avec les animaux – sont vivants et relancent l'intérêt. Les quatre premiers ouvrages de la série sont joliment et sobrement illustrés par Denise Paquette, le plus récent, par Mélanie Daigle.

Cristalo sur la dune de Kouchibouguac (1999) permet de faire la connaissance de certains «habitants» de la dune. AmiSoleil raconte l'histoire de Cristalo le grain de sable et de ses rencontres sur la dune: Luna la lunatie, Saturne la sterne pierre-garin, Rigadou le renard et Ammophile l'herbe des dunes.

Dans *À la rescousse de Ti-Bleu* (2000), AmiSoleil et Gribou, le crabe des roches, contribuent à sauver Ti-Bleu, un bébé baleine bleue empêtré dans un filet de pêche. L'intrigue est bien construite et la présentation de faits écologiques (mœurs du crabe des roches et de la baleine bleue) s'intègre d'une manière à peine didactique à l'action.

Dans *La symphonie du marécage* (2002), AmiSoleil visite le marécage de son voisinage et rencontre un rat musqué, une grenouille, un canard et un raton laveur, tous aussi sympathiques les uns que les autres et tous conscients qu'ils sont à la fois chasseur et proie, sauf le raton laveur, qui semble ne se considérer que chasseur.

Avec *Un pin blanc m'a dit...* (2004), AmiSoleil quitte le bord de la mer pour la forêt. Dans le journal, elle a lu que de nombreuses espèces d'animaux et de plantes sont en péril. À la nuit tombante, elle se réfugie au pied de son pin préféré et, tandis que les animaux se rassemblent tout autour, l'arbre prend la parole pour défendre l'écosystème. Un discours empreint de grandeur et de tendresse pour la terre. AmiSoleil s'endort au pied de l'arbre et se réveille déterminée à faire sa part pour protéger la nature. Un récit simple et juste.

Pour sa cinquième aventure, on retrouve *AmiSoleil aux îles de la Madeleine* (2009). Elle y croise Picotée, une puce de sable, Saturne la sterne et Piplo, un bébé pluvier siffleur qui en est à ses premiers pas. AmiSoleil insiste sur la fragilité des écosystèmes où nichent les pluviers et sur le fait que cette espèce est menacée. Même si Picotée et Piplo se parlent, Piplo n'est pas sans observer qu'il mange «de petites bestioles» qui ressemblent beaucoup à Piplo. Ce ne sont pas les aléas de la chaîne alimentaire qui forment le propos, mais bien la diversité des «habitants» de cette dune.

Avec *Le mystère des terres noires* (2006), Nicole Daigle quitte l'interprétation de la nature pour le roman d'aventure, dont l'action se passe dans le parc de Kouchibouguac et qui s'adresse aux lecteurs de neuf à onze ans. Les frères Samuel et Olivier pensent qu'un trésor a été enfoui par un pirate, quelque part sur ces terres noires, il y a 300 ans. Avec l'aide d'Alix, une touriste qui «subit» les vacances annuelles de sa famille en ce lieu qu'elle souhaiterait ne plus visiter, ils mèneront une enquête. Les trois jeunes adolescents vivront une belle aventure, toujours en harmonie avec la nature. Et trouveront le trésor. En arrière-plan, le vieux Jopi, descendant du fameux pirate, la rivière que l'on parcourt en kayak, la beauté du parc. Daigle sait créer une ambiance, laisser flotter l'ambiguïté nécessaire au genre, et mettre en scène des personnages dans une nature qu'elle connaît mieux que quiconque, le tout avec une plume vive et précise.

Sophie Bérubé
Sophie Bérubé est née le 9 janvier 1962 à Québec et habite dans la vallée de la rivière de Gaspereau, en Nouvelle-Écosse (à proximité de Wolfville). Elle a notamment étudié à l'École internationale de théâtre Jacques Lecoq, à Paris. Elle évolue dans le milieu du théâtre pour enfants, où elle dirige et coécrit des pièces, et anime des ateliers d'écriture pour étudiants en anglais et en français. Pendant plusieurs années, elle a présenté des spectacles de théâtre pour enfants.

L'action du *Chef-d'œuvre de Lombrie* (Bouton d'or Acadie, 1999, prix Lilla Stirling), un « conte biologique », se déroule sur les bords du lac Gaspereau. Une grand-mère peintre raconte à sa petite-fille l'histoire du tableau sur lequel elle travaille, celle d'un ver de terre qui construit le chef-d'œuvre de sa vie. Le récit souligne l'importance de chaque être vivant et son rôle particulier dans l'écosystème: ici, l'histoire de Lombrie permet d'expliquer le rôle des vers de terre dans l'aération et la fertilisation des sols. Comme la grand-mère peint tout en racontant, on assiste à une double création, au rappel du lien nature et culture. Joliment illustré par Jocelyne Doiron, ce beau conte s'adresse aux enfants de huit à onze ans.

La truelle magique (Guérin éditeur, 2001) est un conte plus traditionnel. La lutine Fleur a trouvé une truelle magique qui lui permet de réaliser tous ses vœux: il lui suffit de creuser un trou et de réciter la formule magique. Elle la garde jalousement, de peur qu'on la lui vole. Mais la truelle attise son désir de possession: tour à tour, elle enterre les étoiles, la Lune et enfin le Soleil, plongeant l'univers des lutins dans un noir total. Elle se rend compte alors de son erreur et de son égoïsme. Le hibou, qui veille sur les lutins, récupèrera la truelle et verra à ce que la nature retrouve ses éléments. Ce conte écologique est moins réussi que *Le chef-d'œuvre de Lombrie*, son moralisme étant plus appuyé. Les illustrations de Mylène Gauthier servent bien le propos, mais elles ne se démarquent pas par leur originalité.

Avec *Le projet Persée* (Les Éditions du soleil de minuit, 2010), Bérubé aborde le roman réaliste tout en accordant une large part à la nature. Élise prévoit passer l'été chez elle, à Québec, avec sa meilleure amie Sandra: elles font le projet d'observer ensemble les Perséides au mois d'août. Les deux jeunes filles fantasment sur les étoiles et elles se sont donné des noms secrets qui correspondent à des constellations: Cassiopée pour Élise, et Orion pour Sandra. Mais les parents d'Élise décident qu'elle passera l'été en Nouvelle-Écosse chez sa tante Diane. Que peut-on faire quand on a 12 ans? On obéit, tout en rechignant. Diane l'accueille et l'amène dans sa «résidence» d'été: une cabane, sans électricité ni eau courante et avec bécosse, en pleine forêt à proximité de la baie de Fundy. Adieu commodités et ordinateur! Lentement, Élise découvre son nouveau milieu et participe aux fouilles archéologiques du curieux voisin de Diane, Prudent, qui cherche des restes de fondations de maisons acadiennes d'avant la Déportation. La nature est belle et il y a des étoiles comme elle n'en a jamais vu. Le cœur du roman illustre son apprivoisement. Elle assistera à la nuit des Perséides qui, cette année-là, coïncide avec le 15 août, favorisant ainsi une réconciliation entre elle et ses origines acadiennes. Les personnages sont attachants et bien construits. Écrit à la troisième personne, le texte est habité par le vocabulaire «cosmique» que Cassiopée/Élise et Orion/Sandra ont développé. Ce choix donne tout son charme au récit. Touchant, voire émouvant par endroits, le roman est empreint de tout l'amour que porte Sophie Bérubé à son milieu d'adoption et du respect qu'elle a pour tout ce qui le compose.

Édith Bourget

Édith Bourget est née le 6 février 1954 à Lévis. Elle obtient un baccalauréat en arts visuels de l'Université Laval en 1982, puis, en 1990, un certificat en création littéraire de la même institution. Elle s'installe dans la région d'Edmundston au début des années 1990 et enseigne comme chargée de cours la communication graphique au campus d'Edmundston de l'Université de

Moncton. Elle fait ensuite le choix de vivre de son art. Elle se fait d'abord connaître par sa production en art visuel, exposant tant en solo qu'en groupe, au Nouveau-Brunswick, au Québec et à l'étranger. Elle lie l'écriture à sa démarche en art visuel et publie en 1999 *Une terre bascule*, un recueil de poésie qui réunit les textes des expositions de la période 1992-1997, les accompagnant de quelques reproductions d'œuvres. Mais ce sont ses ouvrages pour la jeunesse qui constituent le cœur de son œuvre.

Autour de Gabrielle (Soulières éditeur, 2003, prix France-Acadie), son premier recueil de poésie pour la jeunesse, met en scène le personnage de Gabrielle, une enfant d'une dizaine d'années, qui écrit des poèmes. Comme l'indique le titre, Gabrielle explore et expose ce qui l'entoure dans les quatre parties du recueil: dans «Mon monde», elle décrit les membres de sa famille et traite de ce qu'elle ressent vis-à-vis d'eux en des poèmes qui ne dépassent pas une page. Les sections suivantes élargissent son point de vue: «À quelques pas de chez moi», «Dans le vaste monde» et «Autour du monde».

Les saisons d'Henri (Soulières éditeur, 2006) présente le petit frère de Gabrielle, qui doit avoir huit ou neuf ans. La technique d'écriture et le style demeurent les mêmes: Henri décrit son univers et comment il s'y sent. On a parfois l'impression qu'il s'adresse au lecteur, tout comme sa sœur le faisait, ce qui établit une relation d'intimité. Le recueil est divisé en quatre parties. Dans «Les saisons du cœur», Henri présente les membres de sa famille, ses amis et annonce que sa mère est enceinte. De petits faits quotidiens dévoilent ici un garçon au cœur tendre. «Les saisons d'aventure» se construit autour de l'été et de ses activités. «Les saisons des récréations» sont celles des jeux et du plaisir d'écouter les bruits de la maison alors qu'il est dans sa chambre. «La saison des délices» s'ouvre sur le printemps et se termine sur le temps des Fêtes et la naissance des jumeaux, qu'on retrouvera dans leurs propres aventures.

Le discours, s'il est naïf, sait aussi être touchant, amusant et juste. Les poèmes sont irréguliers, les vers peuvent rimer, mais pas nécessairement. Rythmes et sonorités colorent les vers et viennent illustrer les images, les sentiments, les réflexions et les descriptions. Ces deux recueils – comme les deux suivants – sont joliment illustrés par Geneviève Côté.

Poèmes des villes et *Poèmes des champs* (Soulières éditeur, 2009) poursuit la démarche poétique amorcée avec *Autour de Gabrielle* et *Les saisons d'Henri*. *Poèmes des villes* présente des textes écrits par Florence, alors que *Poèmes des champs* regroupe ceux de Frédéric, deux enfants d'une dizaine d'années, dont l'âge correspond au lectorat cible. Les deux « recueils » sont placés tête-bêche, et l'ordre de lecture logique implique que l'on commence par *Poèmes des villes*: Florence reçoit son cousin Frédéric, qui l'accueille à son tour la semaine suivante. On découvre ce qui les enchante et combien ils aiment leurs lieux de vie, pourtant si différents. Chaque recueil comprend trois parties. Florence présente son quartier et les gens du voisinage. Frédéric raconte sa journée dans son environnement campagnard, lui qui vit dans une fermette, tandis que la soirée voit le feu de joie et la présence de la famille de Florence. Simplicité, vers libres parfois rimés, beau sens du rythme, jolies images et, surtout, enthousiasme de chacun des deux « poètes » pour ce qu'ils vivent, colorent les textes et donnent tour à tour le goût de vivre en ville et à la campagne. On sent parfois qu'elle applique ici une recette qui a fait le succès de ses précédents recueils. La fraîcheur des poèmes antérieurs a cédé la place à une technique, bien maîtrisée toutefois.

Poèmes des mers et *Poèmes des terres* (Soulières éditeur, 2012) reprend la même technique. Les « poèmes des mers » sont l'œuvre d'Océane, tandis que ceux « des terres » sont d'Adam; ils ont pour objet de chanter les merveilles de la nature. Les textes d'Océane sont regroupés en trois parties: « Tous à la mer » présente les plaisirs de la plage à Cap-Pelé, son village natal, et le métier de son père, pêcheur de homard; « Le jardin marin » met en relief les multiples merveilles de la mer; dans « Au fil de l'eau », Océane rêve de visiter un jour la France de ses ancêtres. Les poèmes d'Adam obéissent à la même structure en trois parties: dans « Mon petit bout de terre », il décrit ce qu'est la terre pour lui, à partir de sa ville, Québec; « Ici et ailleurs » rend compte de sa compréhension du monde et des problèmes nés des guerres, en les situant par rapport à sa situation d'enfant favorisé; « La terre et moi » prolonge la réflexion abordée dans la partie précédente. Adam comprend qu'il partage la terre avec les autres: sa famille, ses amis, les animaux, la faune et la flore. Bourget sait construire ses œuvres et si Adam est Québécois, Océane est Acadienne. Ainsi, l'auteure tient compte de son lectorat, tout en incitant les deux peuples à mieux se connaître, sans jamais en faire un thème explicite. La lecture est savoureuse et les poèmes, bien construits.

Édith Bourget aborde avec son roman *Le roi de la cour* (Bouton d'or Acadie, 2007), qui s'adresse aux jeunes de sept à onze ans, le sujet délicat de la violence faite aux enfants. Le récit, fondé sur des témoignages recueillis par des professionnels, donne la parole à quatre enfants. Pour donner une unité à son intrigue, Bourget a imaginé que les enfants ont construit une statue qu'ils ont nommé le Roi de la cour et que c'est à lui qu'ils racontent à tour de rôle ce qu'ils ont vécu. Trois types de violence familiale sont présentés: les frères Paulo et Sam ont été aux prises avec un père violent, Pierrot est confronté à son beau-père (problématique de la famille recomposée), et Maria a été abusée sexuellement par son père. Le lourd passé est perçu comme une épouvantable expérience, pourtant surmontable. Le récit est tendu vers l'avenir, et la douleur issue du passé, toujours évoquée délicatement, est tempérée par le bonheur vécu aujourd'hui. Dans le cinquième chapitre, le Roi de la cour souligne les qualités de chacun, alors qu'ils sont maintenant dans une situation saine. Un épilogue, signé par les quatre enfants, offre des conseils aux lecteurs victimes d'abus. Un récit simple et émouvant sans être mélodramatique.

Dans *Lola et le fleuve* (Bouton d'or Acadie, 2009), une famille française désire passer une année au Canada. Le père de Lola s'est trouvé un emploi de chef cuisinier dans un restaurant d'Edmundston. Comme la mère est écrivaine et journaliste pigiste, les parents peuvent vivre leur rêve. Mais Lola n'est guère enthousiaste à l'idée de quitter ses amis, son Paris et, surtout, sa Seine, à qui elle confie ses joies et ses peines. Or, à quatorze ans, on n'a pas le choix: on suit. De retour à Paris, Lola écrit ce qu'elle a vécu durant cette année qui l'a transformée. Aux anecdotes s'intègrent des réflexions nées du regard qu'elle porte sur cette nouvelle expérience. En s'éloignant de la narration au présent, souvent utilisée dans les romans pour la jeunesse, l'écriture devient plus introspective. Le lien entre la vie à Paris et celle à Edmundston passe par les deux fleuves. Autant Lola se confiait à la Seine, autant le fleuve Saint-Jean lui a permis de garder ce contact avec son intériorité, et ainsi de vivre harmonieusement cette année qui s'annonçait difficile. Et puis, durant cette année de ses 15 ans, elle a découvert l'amour. Le dépaysement géographique devient une métaphore du dépaysement intérieur, alors qu'elle se découvre autrement. La jeune parisienne note les différences culturelles, ce qui contribue à la rendre vivante, tant au niveau du caractère que du vocabulaire. Édith Bourget a réussi un beau petit roman, sympathique et attachant, qui s'adresse aux jeunes de dix à treize ans.

Un merle au royaume (Éditions du Phœnix, 2009) présente les jumeaux Camille et Léo, âgés de huit ans, cadets de Gabrielle et d'Henri. L'intrigue est simple: il s'agit de sauver un jeune merle tombé du nid. Le récit se déroule dans une famille heureuse et joyeuse. Écrit simplement, ce petit roman est un hymne à la vie, au respect de la vie. Dans *Camille et Léo à la belle étoile* (Éditions du Phœnix, 2011), le merle Merlin est toujours dans les parages en cet été dont profitent les enfants. Camille convainc Léo de dormir dehors afin d'observer les étoiles filantes tout en mangeant du popcorn. On est au moment des Perséides, ce qui permet à l'auteure d'expliquer le phénomène. Camille et Léo passeront la soirée à regarder les étoiles filantes et s'endormiront, heureux. L'histoire est racontée par Camille dans un style simple, vivant et animé par sa bonne humeur. Le tout est bien mis en scène et nourri par les nombreux souhaits de Camille, étoiles filantes obligent. La série plaira aux enfants de sept à neuf ans.

Contre vents et marées (Soulières éditeur, 2011) aborde le thème de la résilience en mettant en scène trois adolescentes. Enfant, Angéline a eu un accident qui a mené à l'amputation de l'un de ses bras. Elle a donc «un bras de robot», qu'elle n'a jamais accepté. Elle se sent mal dans son corps, se demandant si un garçon pourrait l'aimer. Elle chante pourtant, si bien qu'elle souhaite devenir cantatrice, tout en ayant la crainte de ne pas en être capable en raison de son handicap, qui l'inhibe. Elle participe à une chorale, où elle rencontre Céleste, qui vit un autre drame: son père a quitté sa mère pour vivre son homosexualité. Or, son père a le sida et il se meurt. Elle n'accepte pas cette mort à venir, même si son père fait tout pour l'en aider. Arrive ensuite dans la chorale Marie-Ange, qui chante plutôt faux, mais qui est déterminée à apprendre. Elle porte en elle les séquelles des agressions sexuelles que lui a fait subir son père. Le roman se construit à partir de la parole d'Angéline, à l'exception de deux chapitres où Céleste puis Marie-Ange prennent la parole. La grande qualité de l'œuvre réside dans la façon dont l'auteure aborde les problèmes vécus par les personnages. Tout est exprimé avec une retenue qui cherche à explorer l'impact de ces situations sur les jeunes filles. Les trois trouveront le chemin de la résilience. Angéline réussira à développer son talent de chanteuse, prenant conscience que son handicap n'affecte pas sa capacité de chanter; Céleste accompagnera son père durant ses derniers instants, lui communiquant sa joie de vivre; Marie-Ange verra son père et lui accordera son pardon alors que ce dernier suit une thérapie. Émouvant et touchant, *Contre vents et marées* confirme le beau talent d'Édith Bourget dans ce type d'écriture.

Le royaume de Nedji (Les Éditions du soleil de minuit, 2011) s'inspire du tremblement de terre qui a dévasté Haïti le 12 janvier 2010. Cet album grand format raconte une journée dans la vie de Nedji, une enfant de sept ou huit ans (âge du lectorat), une vie sans histoire, heureuse: son père est peintre, sa mère vend des mandarines au marché de Port-au-Prince, elle a une petite sœur. Les illustrations de Bourget appuient la beauté des lieux et le calme qui s'en dégage. Les couleurs sont chaudes, la mise en plan est sobre. Le texte est donné en français et en créole. Puis, à la dernière page, la terre tremble, la maison s'écroule. Et c'est tout. Pas de morale, mais le sentiment de perte. Aux parents de rappeler la tragédie à leurs enfants.

Des oiseaux et des plumes (Éditions de l'Isatis, 2012) est un très bel album grand format qui s'adresse aux enfants de quatre à onze ans, mais qui plaira également aux adultes. Clin d'œil amusant à la nature, le recueil présente des poèmes inspirés par des oiseaux de toutes les couleurs et de toutes les formes. Les oiseaux sont très originaux, tant dans ce qu'ils racontent que dans leurs formes. Les aquarelles de Bourget, aux couleurs brillantes et vives, présentent des portraits d'une grande beauté. Dans ses histoires, Bourget joue avec les rimes, moins par respect pour un classicisme poétique que pour le jeu des sonorités. Ainsi, dans « Les oiseaux tonnerre », toutes les rimes sont en « ère ». De quoi s'amuser avec les sons, faire des jeux de mots et agrémenter les textes d'un charmant humour.

D'un livre à l'autre, Édith Bourget renouvèle formes et thèmes tout en demeurant fidèle à la portée sociale de son œuvre. Textes et illustrations, toujours, demeurent porteurs de ses questionnements, de ses valeurs. Et c'est de cette fusion entre fond et forme que naît toute la richesse de ses œuvres.

Marie-France Comeau
Marie-France Comeau est née le 5 juillet 1961 à Free Grant, un petit village du nord du Nouveau-Brunswick. Après son secondaire, elle occupe différents emplois, notamment dans le domaine de la restauration. Elle s'inscrit au Collège communautaire de Bathurst en 1990, où elle obtient un diplôme d'éducatrice de la petite enfance (1992), puis suit le cours d'animatrice radiophonique et télévisuelle au Collège C.A.R.T. de Sainte-Foy (1993). Elle travaille en garderie, à la radio, puis retourne en cuisine dans une résidence pour personnes âgées. Depuis 2004, elle vit à Dalhousie.

Dans *L'étoile dans la pomme* (Bouton d'or Acadie, 2005), Comeau « explique » pourquoi le cœur des pommes ressemble à une étoile. Une pomme jaune dans un pommier de pommes rouges était amoureuse d'un rayon de lune. En rejoignant la lune, elle a éclaté et l'étoile de son cœur est retombée sur toutes les pommes de toutes les couleurs du monde, les transformant à tout jamais. Ce charmant conte, malheureusement, est illustré de façon trop timide par Gilles Cormier, dont le dessin manque d'originalité.

Diego l'escargot (Bouton d'or Acadie, 2006) est originaire de la Bourgogne, comme il se doit. Il se rend en Acadie à la recherche de l'être aimé. Il y rencontre une limace, une petite fille, un héron (qui voudrait le croquer), le cuisinier du Jardin botanique du Nouveau-Brunswick (qui, après avoir pensé le faire cuire, décide de le laisser filer) et finalement, Stella, une escargot, bien évidemment. Les illustrations aux crayons de couleur de Gilles Cormier appuient bien le récit.

Au pays de Joffrey (Bouton d'or Acadie, 2007), la neige dure toute l'année et change de couleur à chaque saison. Ainsi, au printemps, la neige est rouge et les moustaches des animaux prennent également cette couleur. Le conte cherche à explorer la notion de différence mais il n'y arrive pas. Une fois posée la spécificité du pays, le récit dévie vers le fait qu'il n'a pas de nom et qu'il faut donc lui en trouver un. Ce qui mène à un véritable concours, les lecteurs étant invités à envoyer leurs suggestions à l'adresse qui est donnée à la fin de l'album. Les illustrations de Gilles Cormier se fondent sur le rouge, le bleu, le jaune et le vert, couleurs vives, mais les dessins demeurent d'un classicisme un peu surfait.

Les rayures du tigre (Éditions de l'Isatis, 2008) s'inspire d'un conte vietnamien. Cette histoire de ruse met en scène un tigre, curieux de savoir ce qui distingue l'humain des animaux: l'intelligence. Or, au moment où commence l'histoire, le tigre a une fourrure jaune unie. Pensant tromper l'homme, il lui propose un marché: il ne le mangera pas, même s'il meurt de faim, à condition que l'homme lui donne un peu de cette chose qui explique pourquoi le buffle a accepté d'être domestiqué. Pour l'empêcher de succomber à la tentation de manger le buffle, l'homme convainc le tigre de se laisser attacher à un arbre, le temps qu'il aille chez lui chercher de l'intelligence afin de la lui donner. Trop cupide, le tigre accepte. L'homme revient avec de la braise fixée au bout d'une perche. Il brûle la corde, le tigre se détache, mais l'aventure lui laisse les rayures qui, dorénavant, le caractériseront. Le tigre en retient une méfiance de l'homme; mais sa nouvelle fourrure lui permet de passer presque inaperçu dans la végétation. Magnifiquement illustré par Pierre Houde, tant dans la mise en plan que dans le choix des couleurs chaudes et des atmosphères, écrit de façon sobre et fondé sur le dialogue, ce conte pose diverses questions philosophiques sur la place de l'humain dans la nature et sur la relation qu'il entretient avec les animaux qui l'entourent. Les enfants de plus de quatre ans et les adultes l'apprécieront.

Le départ de Julie (Bouton d'or Acadie, 2009) est une fine évocation de la Déportation. Julie, une jeune mère, vit heureuse dans la simplicité de sa vie. Les premières pages illustrent ce bien-être au rythme du lavage, du pétrissage du pain, de l'attention que Julie porte à la nature. L'inquiétude naît d'une fourmi ailée, qui joue la morte. Arrive alors la menace, métaphorique, avec la transformation de la fourmi en reine, qui installe sa colonie sur la pâte à pain, puis par la couleur rouge, dont on ne sait pas sur le coup ce qu'elle peut signifier. Julie se retrouve sur un bateau avec sa fille, séparée de son mari. La page suivante la montre en Pennsylvanie, coupant une pomme en deux, faisant ainsi apparaître l'étoile jaunâtre de son cœur, évocation de l'étoile du drapeau de l'Acadie: l'espoir vient de rentrer en Acadie. L'étoile rappelle celle du premier album de Comeau, *L'étoile dans la pomme*. Les tableaux de Réjean Roy enrichissent le récit de teintes pastel et de cette délicatesse si caractéristique de l'aquarelle. Un beau récit empreint de douceur.

L'histoire d'*Une amitié au temps des sucres* (Éditions La Grande Marée, 2012) est simple: une jeune Française vient passer une semaine dans la famille du grand-père de Maxime, qui exploite une érablière. C'est l'occasion de présenter les différentes étapes de la récolte de l'eau d'érable et de sa transformation en sirop. La volonté pédagogique est évidente, mais cela n'enlève rien au charme de l'album. Les illustrations de Gilles Cormier sont minimalistes: elles servent le propos, mais n'apportent rien de plus au récit. Le texte est long et s'adresse à des lecteurs déjà à l'aise avec la lecture, à moins que les parents ne la fassent pour eux.

Denis M. Boucher

Denis M. Boucher s'est inspiré de ses lectures de jeunesse, en particulier les romans de Bob Morane, pour se lancer dans l'écriture. Ses romans entremêlent aventures, intrigue policière, fantastique, toujours situées de façon explicite en Acadie. Né le 18 septembre 1961 à Shippagan, Boucher obtient un baccalauréat (1983) et une maîtrise en psychologie (1987) à l'Université de Moncton. Il travaille en psychologie dans les écoles de la région de Moncton pendant quelques années, puis, avec quelques amis, il crée Abaco, une entreprise de formation en informatique sur Macintosh. Il rejoint ensuite une société de communications. En 2002, il devient directeur du recrutement étudiant à l'Université de Moncton. Il vit à Dieppe.

Les quatre premiers romans de Denis M. Boucher mettent en scène un groupe d'amis qui prend le nom des « Trois Mousquetaires » : l'intellectuelle Ania, le curieux Gabriel, le calme Mamadou et Dali, un chien samoyède, blanc comme neige, évidemment. Les quatre sont réunis au sein de leur agence de détectives.

Dans *Le monstre du lac Baker* (Éditions de la Francophonie, 2006, prix littéraire Hackmatack le choix des jeunes 2007), les trois amis se confrontent à une bande de trafiquants de drogue, dont ils favorisent la capture grâce, en bonne partie, aux inventions futuristes du professeur Jarnigoine. Ce professeur à la retraite (un croisement entre le professeur Tournesol et le comte de Champignac) est un inventeur de gadgets de toutes sortes fort utiles aux mousquetaires.

Dans *Les soucoupes de la Péninsule* (Éditions de la Francophonie, 2007), les Trois Mousquetaires suivent la piste d'extraterrestres qui sont en contact avec le professeur. Le roman s'est inspiré de la soucoupe volante qui se serait écrasée à Roswell, aux États-Unis, en 1947, événement que le gouvernement américain aurait occulté. Partant du principe que les extraterrestres existent, le roman entraîne le lecteur dans une aventure rocambolesque tout en demeurant résolument inscrit dans la réalité de Dieppe, lieu de vie des adolescents, et de la Péninsule acadienne, lieu de l'aventure : par exemple, ils mangent au Dixie Lee, fréquentent la librairie Pélagie et y rencontrent Jules, son propriétaire (qui dans la réalité s'appelle Julien). Toute l'aventure débute à l'observatoire astronomique de l'Université de

Moncton. Cette volonté de réalisme vient enraciner le caractère fantastique du récit.

La prophétie de la Terre creuse (Éditions de la Francophonie, 2009) marque un changement dans la vie des Trois Mousquetaires: en cette rentrée scolaire, ils entrent au secondaire (devenant les petits, eux qui étaient les grands de leur ancienne école). Qu'importe, ils sont capables de faire face à n'importe quel défi. Dès leur arrivée à l'école, ils se heurtent à Billy la Terreur, petit monstre spécialisé en intimidation, dont l'oncle est le méchant Jujube que nos mousquetaires ont fait arrêter lors de leur première aventure. En classe, leur enseignante demande un travail de groupe sur un sujet libre. Les trois amis choisissent la spéléologie, en bonne partie parce que Gabriel fantasme sur le film *Voyage au centre de la Terre*. Grâce au professeur Jarnigoine, les trois amis et leur chien iront visiter les « Cavernes blanches », des cavernes de gypse et de calcaire à dix minutes d'Hopewell Rocks, dans la région de Hillsborough, un village à proximité de Dieppe. Une compagnie en offre un tour de trois heures. C'est ce tour que vivent nos trois aventuriers. Gabriel a lu un livre que lui a prêté Jarnigoine sur la « Terre creuse », mythe qui a nourri tant de romanciers: il ne lui en faut pas plus pour imaginer un monde enfoui au centre de la Terre. Bien sûr, la scientifique Ania le tourne en ridicule, mais leur visite des cavernes ne se déroulera pas tout à fait comme prévu. Commence alors le récit qui mène le lecteur dans un royaume étrangement semblable à celui en surface. Ils y rencontrent notamment Bouli, qui ressemble comme deux gouttes d'eau à Billy la Terreur. Ils y apprennent qu'une prophétie annonçait leur visite et qu'ils ont quatre jours pour vaincre les ennemis du royaume. Et là se termine le « premier livre » de cette saga.

La vengeance de Groroth (Éditions de la Francophonie, 2010) raconte la lutte des mousquetaires, qui, avec la princesse Ysäne, vaincront le vilain Groroth, non sans avoir à surmonter de multiples obstacles. Constituée de chapitres courts et animés, l'intrigue se déroule à vive allure, de rebondissement en rebondissement. Boucher reprend à son compte plusieurs des éléments constitutifs de ce genre d'aventure: un monde moyenâgeux, des sorcières (bonnes et méchantes), des mages, un traître, des philtres, des monstres marins (inspirés d'une légende amérindienne), des dragons, un roi et une jolie princesse. L'originalité ne réside pas là, même si Boucher réussit à bien doser ses effets. Elle tient dans la description de ce monde, qui est une réplique déphasée de celui des mousquetaires. Enfoncés dans la caverne de Hillsborough, ils se retrouvent à Illèsboro, ville où le roi Théodore s'est réfugié depuis que Groroth occupe la capitale du royaume de Brounsouïk, Monkodör (Moncton). Les références géographiques sont nombreuses et amusantes pour qui connaît la région. Leur périple les amène à traverser la Petikotiak (Petitcodiac), à rejoindre la vallée de Mémère Amcouke (Memramcook), non sans avoir passé par Sanyozëf (Saint-Joseph). Le tout est rythmé par la recherche de quatrains, qui leur dictent chaque étape à suivre, comme dans un jeu de piste. De plus, les personnes qu'ils rencontrent ont des ressemblances troublantes avec celles qu'ils connaissent. Par exemple, le mage Jarmigue-le-blanc semble être une réplique du professeur Jarnigoine, tout comme Groroth rappelle le père de Billy la Terreur.

D'un roman à l'autre, le caractère des mousquetaires se précise sans jamais véritablement se modifier: Ania s'impose comme chef du groupe, Gabriel a la fâcheuse manie de faire des gaffes qui les mettent dans le pétrin, Mamadou est dominé par son appétit insatiable et Dali ressemble de plus en plus à Milou. La plume de Boucher est vive, précise, et il sait animer les dialogues et les scènes d'action.

Avec *Un extraterrestre à l'école* (Éditions de la Francophonie, 2012), Boucher abandonne (temporairement) ses trois mousquetaires et introduit le lecteur au monde de Sofia, une « grande » de deuxième année, de sa sœur Émilie, une brave élève de maternelle et de leurs amis Ysane, Olivia et Olivier. À la radio, on annonce qu'on aurait peut-être aperçu des soucoupes volantes dans le ciel de Dieppe. Il n'en faut pas plus pour que nos amis s'inquiètent et décident d'ouvrir une enquête. De petits indices en grandes découvertes, nos détectives trouvent dans leur école des « preuves » qu'un extraterrestre s'y cache. L'action ne dure qu'une journée et se termine de façon tout à fait logique, alors que les enfants sont ramenés à la plate réalité. Cet ouvrage, contrairement aux précédents qui s'adressaient aux dix ans et plus, conviendra aux huit à dix ans. Ici aussi, quelques références à la réalité régionale contribuent à enraciner le récit. Ainsi, Olivia est la fille de l'animateur de radio matinal dont on ne donne que le prénom, Michel: une référence directe à Michel Doucet, de Radio-Canada.

Tous ces romans n'ont d'autre prétention que de distraire intelligemment les lecteurs et, surtout, de leur faire vivre des aventures qui se déroulent chez eux, fait rare.

DES AUTEURS « GRAND PUBLIC » QUI S'AVENTURENT EN LITTÉRATURE JEUNESSE

Pour différentes raisons, certains auteurs qui s'adressent au grand public décident de plonger dans la littérature jeunesse. Souvent, ils le font à la demande d'un éditeur, comme cela a été le cas avec Serge Patrice Thibodeau et Herménégilde Chiasson, qui ont répondu à l'invitation de La courte échelle de participer à sa collection « Poésie », créée en 2002. Marguerite Maillet (Bouton d'or Acadie) a également encouragé des auteurs « grand public » à s'aventurer dans l'écriture pour la jeunesse, mais avec un succès relatif.

Serge Patrice Thibodeau

La convention d'écriture qui sous-tend la collection « Poésie » de La courte échelle implique que l'auteur crée une suite poétique inspirée de sa jeunesse. *Du haut de mon arbre* (2002) s'ouvre sur un désir: celui de grimper « au sommet du vieux pin », de là s'envoler et voir le monde en entier. Or, nous sommes en hiver. Et la vie de l'adolescent est tout autre: elle ne dépasse pas le cadre familial, bien loin de l'envol rêvé. L'une des maisons de la montagne brûle et le narrateur assiste au désastre, impuissant, tout comme les pompiers. Il retrouve en classe l'un des enfants qui habitait la maison et, percevant sa tristesse, lui offre son amitié. Le printemps ramène la vie et l'espoir, tandis que le père construit une nouvelle maison. Avec l'été, l'adolescent peut grimper sur son arbre et, enfin, s'imaginer le monde qui s'étend bien plus loin que là où son regard porte. Il s'enchante de la liberté qu'il découvre au sommet, sans trop savoir où cela le mènera. L'automne arrive et, avec lui, le retour au sol. Tandis que le pin s'endort, lui se prépare à sa vie d'adulte.

Les estampes de Jacinthe Thériault semblent dessiner des cartes géographiques, des espaces infinis, des paysages à investir. L'espoir, le désir, la beauté du monde sont au cœur des poèmes. On se laisse porter par le poète, qui se souvient non pas avec nostalgie, mais avec tendresse.

Herménégilde Chiasson

Dans *L'oiseau tatoué* (La courte échelle, 2003), Chiasson plonge dans son adolescence. La trame narrative se déroule en 12 heures, de la tombée du jour au petit matin, par une soirée de doux temps en plein milieu de l'hiver, alors que la pluie rythme sa réflexion. Le recueil s'ouvre sur une question existentielle et se termine sur la volonté d'agir. Entre les deux, le lecteur aura accompagné l'adolescent dans sa quête de sens, lui qui s'ouvre à tout ce qu'il découvre.

Au cœur de la démarche, la recherche de son identité: il est dans un pays de mer, relié au reste du monde par les médias, où les « stars » l'interpellent depuis les revues où elles se présentent, figées. Il en reçoit les images du téléviseur, la musique insipide par la radio. Mais il y a aussi son globe terrestre, les livres, qui lui ouvrent le passé et lui donnent le goût d'aller plus loin. En arrière-plan, la misère sociale qu'il ne s'explique pas mais qu'il questionne, et une jeune fille qui l'habite et qu'il ne rejoindra pas. Une simple promenade de la maison au dépanneur, où la caissière a un oiseau bleu tatoué sur le bras, une nuit trop courte à la recherche de la musique à naître et qu'il cherche en vain sur sa guitare. Les principaux thèmes de Chiasson sont là, mais teintés de la naïveté propre à l'adolescence. Les estampes de David Lafrance mettent en relief des personnages et une atmosphère teintés de mysticisme, de mystère, peut-être aussi d'angoisse, d'inquiétude.

Dans la chaleur de l'amitié (Éditions Karo, 2009) est né d'un concours d'illustrations qui s'adressait aux jeunes de neuf à treize ans. Lancé dans les écoles francophones des provinces atlantiques, ce concours invitait les élèves à soumettre des dessins sur huit thèmes reliés aux grandes valeurs humaines. Les dessins gagnants ont ensuite été remis à Herménégilde Chiasson, qui avait accepté de s'en inspirer pour écrire sept nouvelles, la huitième devant illustrer la page couverture. Le tout a été rassemblé dans un livre de format album. Les textes, relativement longs, ont été mis en page sur deux colonnes. Chacun d'eux s'ouvre sur une reproduction en couleur de l'œuvre avec, sur la page opposée, une petite photographie de l'artiste accompagnée d'un court texte dans lequel il explique le sens de son œuvre. Le livre est un bel objet. Chiasson se devait de respecter le thème et de créer une histoire qui mette en scène des jeunes à partir de celui-ci. Chaque nouvelle s'ouvre sur la mise en situation d'un problème, se développe ensuite autour d'une crise, pour se conclure sur une morale: le héros ou l'héroïne a su vaincre la difficulté qu'il rencontrait ou encore le défaut qui le rendait désagréable à ses semblables. Tous les dessins montrent une scène heureuse, conclusion de la nouvelle. Or, ici, la morale gouverne parfois trop le récit. Si les personnages sont bien campés, si leur milieu est tout aussi bien évoqué, si les textes sont fort bien écrits, si la base du conflit est toujours intéressante, l'intrigue devient, d'une nouvelle à l'autre, un peu mécanique: chaque enfant vit une difficulté qu'il résoudra à la suite d'un événement marquant. Il y aurait eu là autant de romans plus complexes à écrire plutôt que de leçons à donner. L'intention pédagogique l'emporte sur la création littéraire.

Françoise Enguehard

Françoise Enguehard poursuit les mêmes objectifs dans ses livres pour la jeunesse que dans ses romans pour le grand public: évoquer l'histoire, que ce soit celle de Saint-Pierre-et-Miquelon ou celle de sa province d'adoption, Terre-Neuve.

Dans *Le trésor d'Elvis Bozec* (Bouton d'or Acadie, 2002), Elvis, onze ans, se passionne pour les histoires vraies que lui raconte son papy Bozec, dont celle de l'île Rouge, qui fut un établissement permanent de pêche au XIXe siècle, abandonné au tournant du XXe siècle. Cette île fait face au village de la Grand'Terre, où vit Elvis: nous sommes dans la péninsule de Port-au-Port, sur la côte de Terre-Neuve. Avec l'aide de sa petite sœur Anne et du vieux monsieur «*I guess* que oui» Lecointre, Elvis effectuera une fouille archéologique sur l'île et trouvera le trésor qu'est la fondation de la boulangerie. Cette découverte initiera d'autres fouilles, dirigées cette fois par de «véritables» archéologues. Écrit dans une langue vivante dont les dialogues retiennent l'anglicisation des locuteurs, posant par le fait même la problématique de la réappropriation du français par les habitants de cette péninsule, ce roman se lit agréablement bien. Comme il s'appuie sur une bonne documentation, il permet aussi de mieux comprendre la situation des francophones de cette région.

Avec *Le pilote du Roy* (Bouton d'or Acadie, 2007), Françoise Enguehard renoue avec son île natale. Xavier Sire pilote les voiliers qui entrent dans le havre de Saint-Pierre. En ce 31 décembre 1822, il embarque avec son fils Alexandre sur un bateau qui arrive de France. La tempête se lève, le vaisseau est repoussé au large et doit retourner en France, échappant de justesse au naufrage. Sur l'île, Marie, la femme de Xavier, et Victoire, l'amie d'Alexandre, espèrent qu'ils s'en sont tirés. L'hiver passe. Au printemps, Xavier et Alexandre sont sur un des premiers voiliers à accoster à l'île. L'intrigue est très bien menée et, surtout, la vie d'époque est rendue de façon vivante. Enguehard connaît bien le passé de son île, les problèmes liés à la survie de ses habitants et la façon dont ils y ont vécu. Et le tout est écrit d'une plume évocatrice.

Léonard Forest

La poésie de Léonard Forest est toute en douceur et en finesse. C'est ce qui crée le charme du conte *Les trois pianos* (Bouton d'or Acadie, 2003). À une époque lointaine et non précisée, trois pianos sont abandonnés dans la cour d'une auberge. Personne n'en joue jusqu'au jour où arrivent trois jeunes gens. L'un d'entre eux, Wolfgang, s'installe au piano et joue tellement bien que le temps est suspendu. Ses deux amis partent, lui laissant la facture, qu'il honore avant de les rejoindre à Salzbourg. Bien évidemment, Wolfgang ne peut-être que Mozart. Ce beau conte est un hommage à la musique; la musicalité des phrases fait écho à celle du piano. Les illustrations stylisées de Jocelyne Doiron, en noir et blanc, appuient le texte sans chercher à le répéter.

Ni queue ni tête (Bouton d'or Acadie, 2004), qui s'adresse aux lecteurs de huit à dix ans, est à l'origine un conte que Forest narrait à ses enfants alors qu'ils vivaient en France. Cette histoire amusante d'un chien «si long que pendant que son nez était à Paris, sa queue était à Marseille» n'a «ni queue ni tête», mais une saine morale. Le roi trouve son chien trop long et le fait couper en deux par le bourreau. Les deux morceaux du chien font le tour de monde à quelques reprises, se rencontrent et remarquent alors que l'autre est un drôle de chien à qui il manque décidément quelque chose. Le roi, qui s'ennuie de son chien, envoie le bourreau récupérer les deux parties. Mais si tête-chien aboie, queue-chien ne s'agite pas, et inversement, queue-chien s'agite sans que tête-chien aboie. Le roi demande alors au bourreau de recoller les deux parties et le chien est de nouveau complet: mieux vaut un chien long mais complet, que deux demi-chiens. Les illustrations en noir et blanc d'Anne-Marie Sirois sont tout à fait dans l'esprit fantaisiste du texte.

Edmond L. Landry

Edmond L. Landry aborde pour la première et unique fois le conte jeunesse avec *Gabrielle et son chien Jade* (Éditions de la Francophonie, 2009). Gabrielle, une adolescente de douze ans, découvre dans un champ près de chez elle un chien âgé et fort mal en point. Sa famille décide de le faire soigner et de le recueillir. Une tendre amitié unira la jeune fille et la bête. Trois ans plus tard, Gabrielle et Jade – car c'est le nom qu'elle a donné à son chien – retournent là où elles se sont trouvées. Le chien prend alors la parole pour raconter sa vie, une vie difficile, mélodramatique par instants. Le ton général de ce conte, plutôt fleur bleue, permet de faire sentir ce que peut être «une vie de chien». Écrit simplement, l'ouvrage offre aussi une leçon quant à la façon de nous comporter avec les animaux qui nous entourent. Gentiment anthropomorphique, il est touchant dans sa naïveté et s'adresse à des lecteurs et lectrices de neuf à onze ans.

Évelyne Foëx
L'humour et la fantaisie habitent les quinze comptines de *Si Annabelle avait des ailes* (Bouton d'or Acadie, 2012) d'Évelyne Foëx, joliment mises en images par Denise Paquette. Ces petites histoires sont nées de façon spontanée, nous apprend la quatrième de couverture, alors que Foëx animait une activité de lecture auprès d'enfants de deuxième année. Chacune d'elle raconte une anecdote que vit un personnage dont le nom déclenche le poème: Annabelle souhaite avoir des ailes, Maya a des chats, Pierre est sur son dromadaire, Tristan admire l'éléphant, une rime intérieure rythmant ainsi le premier vers de chaque poème... Elles sont charmantes et imaginatives, et le réalisme en est bien loin, l'important étant de jouer avec les mots et les images. Les illustrations ajoutent de multiples détails qui sont autant d'occasions de s'amuser avec les enfants.

Chenelière éducation : littérature et pédagogie
Les livres pour enfants qui traitent de sujets acadiens ou dont l'action se passe dans les provinces atlantiques sont rares. Seul Bouton d'or Acadie cherche à combler ce manque. Toutefois, la maison québécoise Chenelière éducation a produit au début des années 2000, en collaboration avec la Fondation d'éducation des provinces atlantiques, une série comprenant quatre albums et huit romans qui s'adressent aux élèves du primaire et dont l'action se situe dans l'une ou l'autre des quatre provinces, et qui répondent aux contraintes des programmes scolaires.

Tous publiés en 2002, les albums donnent le ton: on vit *La chandeleur de Robert* à la Grand'Terre (Terre-Neuve), on accompagne *Élise à Louisbourg* (Nouvelle-Écosse), on découvre le parc Victoria de Charlottetown (Île-du-Prince-Édouard) avec *Charlotte et la Dame aux corbeaux* et la vallée de Memramcook (Nouveau-Brunswick) avec *Cédric et le porc-épic*. Des histoires amusantes, bien écrites et illustrées: les deux premiers textes sont de Gracia Couturier, les deux autres de Diane Carmel Léger, et les illustratrices sont bien connues – dans l'ordre des albums: la douceur de Denise Bourgeois, les personnages fantaisistes de Suzanne Dionne-Coster et la simplicité aux couleurs vives de Lynne Ciacco pour les deux derniers. Toutefois, les contraintes pédagogiques pèsent sur ces albums.

Dans les huit romans publiés entre 2001 et 2004, le ton général est au beau fixe. Les enfants vivront des aventures plus ou moins extraordinaires, frôlant parfois le drame, mais tout se terminera bien. Les familles sont traditionnelles: papa, maman, un ou deux enfants, à deux exceptions près. Les enfants sont tous charmants, doués, obéissants, et toutes ces familles ont des revenus satisfaisants. Bref, un monde sans problème. Les textes sont en français standard coloré de quelques régionalismes (toujours identifiés et dont on donne la «traduction» en bas de page). On sent la mission pédagogique. On y sent aussi la vie, comme quoi les auteurs ont su s'adapter aux multiples obligations de ce qui servira de livre scolaire. Si le nombre de pages, la grosseur du caractère d'imprimerie et les illustrations varient en fonction de l'âge du lectorat visé, la structure des romans est identique: table des matières et identification des personnages dans les premières pages, carte des lieux identifiés et visités en dernière page, courtes biographies de l'auteur et de l'illustrateur. Les aventures sont de tout ordre.

Patrick l'internaute (3e année) de Melvin Gallant raconte comment Patrick (huit ans), à force de détermination, parviendra à réaliser son rêve. L'action se passe dans la région Évangéline de l'Île-du-Prince-Édouard. Comme dans tous les romans qui s'adressent aux élèves de 3e et de 4e année, c'est le personnage principal qui raconte l'aventure. Le fait que les parents soient séparés est fort bien amené et donne une richesse psychologique à Patrick. Il est l'unique personnage principal de sexe masculin dans les romans destinés aux élèves de 3e, 4e et 5e année: manifestement, il y a là une volonté de discrimination positive.

Accident au lac Virot (3e année) d'Albert Roy se passe au Labrador. L'excursion en motoneige de Nancy et de son père a failli mal tourner mais, grâce à la présence d'esprit de Nancy (huit ans) et à l'aide de Dalie, la chienne Labrador, tout se terminera bien. Le rythme du roman est vif, le suspense bien mené, la nature bien décrite.

Un tintamarre dans ma tête de Gracia Couturier (4e année) se promène entre Edmundston et Cap-Pelé. Geneviève (neuf ans) se voit offrir le rôle de Malobiannah dans une pièce qui raconte cette légende. Sur les entrefaites, son père meurt d'une crise cardiaque, ce qui la bouleverse. Le récit raconte comment elle finira par assumer son deuil. Une belle et touchante histoire.

Fortune de mer (4e année) d'Alain Raimbault (un Français qui vivait à l'époque en Nouvelle-Écosse et qui réside maintenant au Québec) est un véritable roman d'aventure. Parce qu'ils ont gagné le premier prix de l'expo-sciences de leur école, Nathalie (de Saint-Joseph-du-Moine, au Cap-Breton) et sept autres enfants participent à une expédition scientifique à bord de la goélette *Le Dauphin*, qui les mène de Chéticamp à la baie de Fundy. Mais une tempête survient qui met à mal le voilier. Le rythme du récit est vif, les notations scientifiques intéressantes.

Marie-Ève a une passion: les bateaux. Le jour de ses 11 ans, le 11 décembre, elle fait le vœu de faire un voyage en bateau dans les 11 prochains jours. Mais tout au long de cette aventure créée par Gracia Couturier, elle se demandera: *Le vœu en vaut-il la chandelle?* C'est qu'elle accompagne son oncle camionneur dans un voyage, d'abord terrestre de Moncton à North Sydney (Nouvelle-Écosse), puis sur le traversier (ce sera son voyage en bateau) qui les mène à Port-aux-Basques (Terre-Neuve). De là, ils roulent jusqu'à Stephenville, puis font une excursion au Boutte du Cap et à l'Anse-aux-Canards où une tempête de neige les contraint à passer Noël là. Une histoire tendre, qui s'adresse aux élèves de 5e année, délicatement émouvante avec ses évocations justes du passé.

Le secret de l'île de Martine L. Jacquot (5e année) est le dernier de la série qui fait de l'héroïne la narratrice. La bande à Boucane, un superbe setter anglais, dirigée par Stéphanie (10 ans), connaît une « autre » grande aventure d'été grâce à l'oncle René, « spécialiste » des jeux de piste. De Halifax, on ira à Meteghan (Nouvelle-Écosse) avant de découvrir Summerside

(Île-du-Prince-Édouard). Et s'il le désire, le lecteur peut tenter de décoder les indices.

Le mystère de la maison grise (6ᵉ année) de Jules Boudreau est un récit de fantôme et, surtout, une quête historique qui mène Michel (11 ans) de Saint-Léolin (Nouveau-Brunswick) à Miscouche (Île-du-Prince-Édouard). L'aspect historique est le point fort de ce livre.

Intrigues à St-John's (6ᵉ année) de Michel Savard (né à Rivière-du-Loup et installé à Terre-Neuve) raconte l'épopée de l'équipe de hockey atome, les Rafales de Dartmouth (Nouvelle-Écosse), vers leur conquête du championnat de l'Atlantique qui a lieu à Saint-Jean (Terre-Neuve). Une intrigue policière viendra se tisser autour de l'équipe, mais c'est surtout d'amitié qu'il est question dans ce roman, qui met en scène trois personnages principaux, Jason (11 ans), Lucie (11 ans) et Patricia (10 ans). L'enquête est un peu tirée par les cheveux; par contre, la façon dont les sentiments sont décrits est très juste.

Regard sur le théâtre

Théâtre populaire d'Acadie (TPA): intervenir dans le milieu

Le TPA continue à présenter des pièces du répertoire, s'aventurant aussi bien du côté de Marivaux (*Le jeu de l'amour et du hasard*, 2002) que d'Alfred Jarry (le collage *Ubu sur la table*, 2008) ou de Tchekhov (*Trois farces*, 2010), avec un bonheur inégal. On aborde le théâtre social et politique avec *Ma famille* (2002) de l'Uruguayen Carlos Liscano et *Le collier d'Hélène* (2003) de la Québécoise Carole Fréchette; la biographie avec *Tenter le destin* du Terre-Neuvien Robert Chafe (2008) dans une traduction de Marie Cadieux. On s'attaque à des textes contemporains, comme le monologue *Novecento: pianiste* (2005) d'Alessandro Baricco interprété par René Cormier; on reprend *Grace et Gloria* (2006) de Tom Ziegler dans la traduction de Michel Tremblay, avec Viola Léger et Danielle Grégoire, une coproduction avec le Théâtre de l'Île (dont Grégoire est la directrice artistique); on monte le provocant *L'année du Big-Mac* (2006) du Manitobain Marc Prescott, ce qui n'empêche pas d'aborder le théâtre de boulevard avec *Le magnolia* (2013) du Belge Jacques de Decker.

Les coproductions sont de plus en plus fréquentes. En sus de *La grande séance* (2004) avec le théâtre l'Escaouette, ces créations ouvrent différents horizons et circuits de tournée au TPA. Ainsi, *Puisque le monde bouge* du Québécois Michel Nadeau réunit le Théâtre Niveau Parking (Québec), le Théâtre de la Vieille 17 (Ottawa) et le Théâtre du Frêne (Paris). La très belle et touchante pièce pour enfants *La petite ombre* (2002) réunit une équipe d'écriture et de jeu sous la direction du Belge Bernard Chemin, de la Québécoise Louise Allaire et du Néo-Brunswickois René Cormier. *Rafales* (2008), un texte de la Québécoise José Babin inspiré librement des nouvelles de Maurice Arsenault, José Babin, Albert Belzile, Brigitte Harrison, Alain Lavallée et Christiane Saint-Pierre, est une coproduction avec le Théâtre Incliné de Montréal, l'Usine (lieu conventionné dédié aux arts de la rue) et le Festival international de formes animées Marionnettissimo, tous deux de Tournefeuille, à proximité de Toulouse (France). Le défi bien relevé de *La ville en rouge* (2012), une pièce pour enfants de Marcelle Dubois, réunit le TPA, le Théâtre du Gros Mécano et le Théâtre Pupulus Mordicus, deux compagnies de Québec.

Durant cette période, le TPA cherche à développer des complicités avec des auteurs acadiens. D'Emma Haché, la compagnie crée la superproduction *Les défricheurs d'eau* (2004, une coproduction avec le Théâtre de la Dame de Cœur, d'Acton Vale, au Québec) et *Murmures* (2005); de Marcel Romain Thériault, *Le filet – une tragédie maritime* (2007), *Disponibles en librairie – une comédie désespérément romantique* (2008) et *La persistance du sable* (2011); de Mathieu Chouinard, *Mouving* (2009), *BOUFFE* (2011, en coproduction avec Satellite Théâtre, de Moncton – fondé par Chouinard –, et Houppz! Théâtre – compagnie française proche de Chouinard) et *Aurel aux quatre vents* (2011, écrit en collaboration avec Mélanie Léger en coproduction avec Satellite Théâtre).

Dès l'an 2000, le TPA se cherche une salle dans laquelle présenter ses pièces et accueillir d'autres compagnies dans des conditions optimales. Le TPA loge alors (avec d'autres organismes culturels) dans une ancienne école, La Nacelle. L'aménagement projeté du lieu comprend une salle de spectacle. La Nacelle devient en 2003 le Centre culturel de Caraquet, et la salle est inaugurée en 2004 avec une présentation de *La grande séance*.

Maurice Arsenault, chargé de projets au TPA depuis trois ans, succède en octobre 2005 à René Cormier comme directeur artistique et général. Il est le seul à avoir assumé la direction artistique des deux principales compagnies de théâtre acadiennes. Le TPA continue de présenter ses pièces aussi bien à Caraquet qu'en tournée, et il crée, en 2007, le Festival de théâtre tout public en Acadie, qui devient l'Estival l'année suivante. Durant l'été, la compagnie organise une série d'activités qui animent le milieu. L'aventure dure six ans puis s'éteint. Le Festival de théâtre jeunesse en Acadie, qui réunit des troupes scolaires chaque printemps pour une fin de semaine d'ateliers et de représentations, a atteint sa 14e édition en 2012.

Théâtre l'Escaouette: développer des auteurs

La saison 2000-2001 est placée sous le thème de l'ouverture au monde, thème qui caractérisera l'ensemble de la décade. L'expérience d'*Exils* a convaincu la coopérative de l'importance des coproductions avec des compagnies de l'extérieur de l'Acadie, ce qui a pour effet de favoriser la création de textes d'auteurs d'ailleurs et de mettre en relief la difficulté de trouver des textes acadiens suffisamment forts pour être portés à la scène.

Sur les quatorze productions proposées entre 2000 et 2012, quatre seulement sont le fait de l'Escaouette. La diffusion des trois créations grand public – *Tangentes* (2006) de Jean Babineau, *Des nouvelles de Copenhague* (2009) et *La vieille femme près de la voie ferrée* (2012) d'Herménégilde Chiasson – se limitera d'ailleurs aux environs de Moncton, alors que seule la pièce pour adolescents, *Vie d'cheval* (2008) d'André Roy et Mélanie Léger, connaîtra une large diffusion. Les coproductions, quant à elles, seront diffusées dans les régions des coproducteurs et, selon la qualité de la réception critique, dans d'autres régions et provinces. Cinq de ces textes sont écrits par des Acadiens: *Le Christ est apparu au Gun Club* (2003) et *La grande séance* (2004) par Herménégilde Chiasson; *Roger Roger* (2005) et *Je... Adieu* (2010) par Mélanie Léger; et *Wolfe* (2011) par Emma Haché. Trois autres sont coécrites: *Univers* (2000) par Herménégilde Chiasson, le Franco-Ontarien Robert Marinier et la Québécoise Dominick Parenteau-Lebeuf; *Le cœur de la tempête* (2002) par Herménégilde Chiasson et Louis-Dominique Lavigne; *Les trois exils de Christian E* (2010) par Christian Essiambre et le Québécois Philippe Soldevila. Enfin, *Willy Graf* (2003) est une œuvre du Franco-Ontarien Michel Ouellette, et *Nature morte dans un fossé* (2009) est signée par l'Italien Fausto Paravidino dans une adaptation du Québécois Paul Lefebvre. Cette programmation reflète bien la rareté des auteurs dramatiques acadiens, problème récurrent en théâtre: six des textes produits sont signés ou cosignés par Herménégilde Chiasson et trois par Mélanie Léger.

Dans le but de développer la dramaturgie, l'Escaouette crée en 2001 le Festival à haute voix, qui a pour objectif de donner à des auteurs la possibilité de travailler avec des comédiens à la mise en lecture publique d'un texte en développement. Ils peuvent ainsi vérifier où ils en sont dans leur démarche d'écriture. Au Québec, le Centre des auteurs dramatiques (CEAD) joue un rôle essentiel dans le développement dramaturgique: une de ses activités les plus efficaces est justement celle de la mise en rapport de comédiens et d'auteurs autour d'un texte. En Acadie, il n'existe aucun organisme équivalent, ce qui peut s'expliquer par le faible bassin de population. La première expérience est un succès, et l'Escaouette décide d'en faire un événement bisannuel (dont l'impact croîtra avec les années). Au festival se greffe un atelier d'écriture dramatique d'une durée de dix jours, animé par Louis-Dominique Lavigne et offert d'abord toutes les années paires, puis chaque année. Plusieurs textes émergeront de ces festivals et certains seront produits professionnellement: *L'intimité* et *Wolfe* d'Emma Haché, *Alors, tu m'aimes?* de Monique Snow, *Tangentes* de Jean Babineau, *Le filet – une tragédie maritime* et *La persistance du sable* de Marcel-Romain Thériault, *Roger Roger* de Mélanie Léger et *La vieille femme près de la voie ferrée* d'Herménégilde Chiasson.

Comme le TPA l'a fait pour Caraquet, l'Escaouette veut se doter d'une salle à Moncton dans laquelle présenter une véritable saison de théâtre. Si l'idée de départ est d'aménager la salle au troisième étage du Centre culturel Aberdeen, la coopérative chemine rapidement vers un lieu qui lui appartiendrait. Elle arrête son choix sur l'édifice de la Légion royale canadienne, voisin du Centre. Profitant de la même politique d'infrastructure culturelle des gouvernements fédéral et provincial, elle emménage dans cet édifice complètement rénové à l'automne 2004.

MONCTON-SABLE

Même si les moyens financiers de Moncton-Sable sont plus que réduits, le collectif continue son exploration du mouvement, des formes, des sons et de l'espace. Une dizaine de créations voient le jour dans les années 2000, dont toutes, sauf une, seront présentées devant un public aussi restreint qu'enthousiaste. L'exception vient d'une coproduction avec le Théâtre Vert (du Bénin) et le Petit Théâtre (de Sherbrooke) avec lequel Louise Lemieux a des liens: *Les grenouilles piégées* (2005) de l'auteur québécois et sherbrookois Michel Garneau traite du racisme et s'adresse aux douze ans et plus. La pièce a profité d'une large diffusion ailleurs qu'en Acadie. Le collectif travaille à nouveau avec Michel Garneau pour *Cuisine coquine* (2009): Garneau a sélectionné et traduit des textes de douze poètes américains et conçu un spectacle qui recrée un menu.

Paul Bossé

Les trois pièces du poète et cinéaste Paul Bossé créées par Moncton-Sable sont caractéristiques de la démarche du collectif. *Empreintes* (2002) laisse libre cours à la fantaisie et à l'humour de son auteur tout en favorisant la recherche formelle propre au collectif. L'intrigue s'inscrit dans le courant de la science-fiction: dans un futur lointain, les Ordinos dominent désormais le monde pour le bien des humains, ceux-ci ayant été incapables de gérer adéquatement la planète. Or, dans une salle où travaille l'humain David Beaumont sous la direction d'Ordino Aline-9000, un événement viendra révéler la faille de cette organisation: aux abus des humains ont succédé ceux des Ordinos. Le texte, qui aurait gagné à être retravaillé, sert ici d'appui à la mise en scène plutôt que l'inverse.

Linoléum (2005) repose sur une idée aussi simple que commune: on se décide à rénover une vieille maison et, sous l'horrible tapis du salon, se cache un linoléum, qui lui-même recouvre un plancher de bois franc. Trois étapes, qui correspondent aux relations amoureuses d'une femme. Mais le texte n'arrive pas à rendre justice au projet. Par contre, la scénographie épurée de l'artiste Mathieu Léger et des éclairages précis viennent enrichir le jeu des comédiens.

Pellicule (2009) permet à Bossé de lier théâtre et cinéma. L'histoire est complexe, tout comme le dispositif scénique. Bossé s'amuse à multiplier les références cinématographiques qui dédoublent les personnages: Max G. Maillet (la compagnie MGM) accueille à l'aéroport de Motown (Moncton) la célèbre comédienne Mona Caviti (Monica Vitti) et sa réalisatrice Elizabet von Mani Velle (Erich von Stroheim), pour ce qu'il souhaite être le grand événement de son «Cinéma MGM Cinema». Parallèlement, la pilote de l'avion de la compagnie Air Néanleer Alma Ûhlman (Liv Ullmann) profitera de cette escale pour assumer sa seconde carrière, celle d'agente d'Imperpol chargée de traquer les pirates de films. Deux autres personnages s'ajoutent: Pipo – de son vrai nom Pierre Poirier –, le cinéaste toujours insatisfait de ses films et projectionniste au MGM, et Big Dipper (Big Bopper), le fantôme d'un chanteur disparu dans un accident d'avion et dont on dira que «ce jour-là, la musique est morte» (référence à la chanson *American Pie*). Ce jeu référentiel, auquel s'ajoutent d'autres éléments, n'arrive pas à camoufler les failles du texte. Ici encore, la technique domine la production: une série de six grands écrans sont disposés des deux côtés de la scène, avec des praticables en pente douce au pied des écrans; au fond, un autre écran et une plateforme constituent l'espace de jeu central. Des projections sur les écrans accompagnent, enrichissent, commentent chacune des scènes. Défi technique bien relevé, qui plonge le spectateur dans une interrogation sur le rapport entre cinéma et théâtre. Le va-et-vient entre scène et écran donne à l'intrigue une portée qu'elle n'aurait pas eu sans cela.

France Daigle

L'univers et la forme des premiers romans de France Daigle se prêtaient bien à la recherche formelle menée par Moncton-Sable. Dans un premier temps, le collectif transpose sur scène *Sans jamais parler du vent* (2004), et il répète la démarche avec *Histoire de la maison qui brûle* (2007). Chaque fois, le groupe répartit l'intégralité du texte entre des personnages qui n'existent pas vraiment dans le roman, ce qui a pour effet de proposer une interprétation précise de ces œuvres. Le résultat met en relief la qualité de la langue de Daigle et sa capacité à créer des atmosphères. Entre ces deux créations, Moncton-Sable avait offert un laboratoire public qui réunissait trois monologues de Daigle: *En pelletant de la neige, En regardant la neige se faire pelleter* et *En regardant la salle d'attente* (2004). Le travail a porté sur la musicalité des textes, les comédiens agissant comme s'ils étaient des instrumentistes. Le collectif n'a pas poursuivi cette recherche, pourtant originale.

Autres pièces de Moncton-Sable

Alors, tu m'aimes? (2005), un court texte de Monique Snow, avait séduit les spectateurs lors d'une lecture publique au Festival à haute voix. Moncton-Sable présente trois versions de ce dialogue entre deux personnages. Le groupe fait appel à la sculpteure Gerry Collins pour créer une installation scénographique qui rehausse le texte et le jeu.

Papier (2006) reprend ses explorations d'éléments concrets, à partir de cinq textes écrits par autant d'auteurs sur ce sujet. Avec un bonheur inégal, Paul Bossé, Isabelle Cauchy, Gracia Couturier, Michel Garneau et Sonya Malaborza ont répondu à la commande. Une fois de plus, la production est mise en valeur par ce qui enveloppe le texte: la musique, l'éclairage et, surtout, l'originalité de la scénographie et des costumes: tout est en papier.

Un peu en marge du mandat de recherche du collectif, *On travaille pas pour des pinottes!* (2008) est une intervention créée par Annik Landry, Annie Laplante et Janie Mallet, sous la direction de Louise Lemieux en collaboration avec la Coalition pour l'équité salariale et le Conseil consultatif sur la condition de la femme au Nouveau-Brunswick. L'objectif devient social.

La plus récente expérience de Moncton-Sable est une collaboration entre Paul Bossé et Isabelle Cauchy. *Trahisons* (2010) lie texte et art visuel, cherchant à développer l'intertextualité entre images et mots. Présentée comme un laboratoire dans une galerie d'art de Moncton, la démarche s'arrêtera là.

D'une création à l'autre, Moncton-Sable se heurte aux deux mêmes obstacles: ses moyens financiers sont insignifiants et, par conséquent, le collectif ne peut compter que sur le bénévolat de ses membres et sur leur inventivité; à l'exception des deux romans de France Daigle, les textes auraient mérité une réécriture pour les mener au bout de leur potentialité. Moncton-Sable s'éteindra lentement au début des années 2010, tout simplement parce que le collectif se dissoudra.

Herménégilde Chiasson

Si l'identité est au centre de l'œuvre d'Herménégilde Chiasson, elle ne se limite pas à la question nationale. Dans *Le Christ est apparu au Gun Club* (2003), il met en scène un personnage qui pense que l'Évangile est sa planche de salut et qui en fait un absolu; or, il en détourne le sens. L'intrigue s'articule autour de Conrad Thériault qui, un soir, rejoint son ami Simon Gauvin au Gun Club. Le hasard fait que Véronica Boudreau, son ex-petite amie, y est à la fois serveuse et chanteuse western. Conrad a appris par cœur l'Évangile et, lors de cette soûlerie qui le conduira à sa mort, il en récite des versets, croyant qu'ils viennent appuyer sa vision du monde. Or, il ânonne le texte, un peu comme un enfant récite le catéchisme sans comprendre sa signification et l'engagement qu'il contient. Tragiquement burlesque, Conrad est un pantin qui se désarticule, suscitant tantôt le rire, tantôt la pitié. Son travail comme installateur de distributrices des produits de Coca-Cola ne lui apporte rien d'autre qu'un salaire et une insatisfaction chronique, causée en bonne partie par la conscience qu'il a de son peu d'éducation. Ses relations amoureuses ne sont pas satisfaisantes avec Nicole, sa femme, ou avec Véronica, sa grande passion – elle aussi, d'une misérable médiocrité, engluée qu'elle est dans l'impossible rêve d'être un jour une chanteuse western célèbre. Il ne reste à Conrad que l'Évangile, espoir d'un au-delà dont il ne saisit pas le sens. Il vivra une dernière nuit, véritable chemin de croix – le découpage de la pièce suit celui de la Passion –, avant de rencontrer sa mort. Mais une mort vaine, non rédemptrice, contrairement à celle de son modèle.

Chiasson ne pouvait pas rester à l'écart des fêtes du 400e anniversaire de la fondation de l'Acadie, et il n'aura pas été le seul à penser ainsi: le 27 août 2003, il est nommé 29e lieutenant-gouverneur du Nouveau-Brunswick. Il écrit *Traversées*, le livret de l'opéra de Ludmila Knezkova-Hussey qui sera créé à l'occasion des célébrations, en 2004. Mais il est également critique de la façon dont on veut souligner cet anniversaire, qui tend à faire du passé un moment paradisiaque.

La grande séance (2004) est une comédie qui tente d'établir le lien entre passé, présent et avenir en racontant l'histoire d'un village. Un comité de bénévoles a décidé de fêter le 400e de l'Acadie en organisant une parade de chars allégoriques, chacun d'eux reprenant un des grands moments de l'histoire acadienne. L'intérêt de la pièce réside dans les «couches» de sens. L'intrigue de base montre des personnages aux prises avec leurs ambitions, le pouvoir qu'ils exercent et le prestige qu'ils espèrent gagner en participant à l'organisation du défilé. La deuxième trame est celle des répétitions – théâtre dans le théâtre –, dans laquelle se croisent les crises et les plaisirs des villageois devenus comédiens, aux prises avec un metteur en scène imbu de son rôle. La troisième trame, plus onirique, met en scène des villageois/comédiens qui rêvent à leur personnage et ont l'impression qu'ils sont réels. Une fois de plus chez Chiasson, les «hommes» du village sont plus fidèles au passé que les femmes. Ainsi, la jeune villageoise qui interprète Évangéline – car évidemment, Évangéline doit tenir une place d'honneur aux côtés des grands de l'histoire acadienne –, a décidé que son personnage aurait un bébé naissant dans les bras, ce à quoi s'opposent tous les hommes: on ne peut dénaturer ainsi la figure virginale de la belle déportée. Mais la jeune villageoise impose son point de vue: c'est son bébé, et il sera du spectacle. Après tout, Évangéline n'a jamais existé, alors on peut en faire ce qu'on veut. Ce discours, bien évidemment naïf, illustre cependant l'idée principale de la pièce: le passé n'est pas absolu, la tradition doit être vivante, sinon elle n'est que folklore, figée dans le temps. On peut bien organiser des défilés de chars allégoriques, mais il faut qu'ils servent à dynamiser le présent plutôt qu'à présenter un passé devenu absolu et sclérosé. Ce thème est récurrent chez Chiasson, mais c'est la première fois qu'il l'aborde aussi directement.

Herménégilde Chiasson a fondé son théâtre sur une interprétation de l'histoire acadienne, mais aussi sur les préoccupations sociales contemporaines. *Des nouvelles de Copenhague* (2009) se construit autour d'un événement et sur l'incapacité de certains des personnages à surmonter l'épreuve. Tout se passe dans la salle commune d'une usine de fabrication de gilets de sauvetage, quelque part en Acadie, usine qui appartient au groupe danois HAV (qui signifie « mer »). Elle met en scène les cols blancs de l'usine et se déroule en quatre temps: l'insouciance, suivi de la déconfiture qui survient à l'annonce de la fermeture de l'usine, de la révolte et de l'impuissance, puis, de nouveau, de l'insouciance, les employés s'étant trouvés de nouveaux emplois. *Des nouvelles de Copenhague* est une comédie noire, grinçante et pessimiste. En cela elle rejoint *Laurie ou la vie de galerie*, *Le Christ est apparu au Gun Club* et *La grande séance*, trois pièces de Chiasson qui traitent de problématiques sociales. Curieusement, les pièces qui se fondent sur l'interprétation de l'histoire, comme *Aliénor* et *Pour une fois*, laissent percer un espoir. On pourrait en déduire que si les Acadiens, comme peuple, parviennent à s'affirmer culturellement, ils ne savent pas encore comment transformer cet élan en force économique – du moins, pas dans la Péninsule acadienne, lieu de l'action de la plupart des pièces. Chiasson pose crûment la problématique de la ruralité et de la dépendance économique de ces régions, ce qui donne aux

Nouvelles de Copenhague et à ses autres pièces une dimension universelle.

La vieille femme près de la voie ferrée (2012) s'inscrit d'une certaine façon à la suite des grands drames de Chiasson: *L'exil d'Alexa, La vie est un rêve, Aliénor* et *Pour une fois*. Ces cinq pièces ont en commun un questionnement sur l'avenir collectif de son peuple. Cette pièce, peut-être davantage que les autres, est complexe dans sa façon de présenter les préoccupations de Chiasson. L'intrigue est simple en soi: la vieille Blanche ne veut pas vendre sa terre alors que sa fille Anne le souhaiterait et que son fils Marc accepte sa décision. Mais les élus municipaux sont déterminés à mettre la main sur cette forêt située en plein cœur de la ville, une communauté en pleine expansion. Pour Anne, la question est financière: on obtiendra un meilleur prix par la négociation que par l'expropriation. Avec l'argent, Blanche pourra faire ce qu'elle veut. Elle convainc Marc de l'appuyer. Blanche n'acceptera jamais de signer et elle sera expropriée. On peut y lire une métaphore de l'Acadie, mais aussi de la pression d'une civilisation orientée vers le profit sur une autre plus respectueuse de la nature. Ou encore, sur un plan philosophique, une métaphore de l'intégrité et de la spiritualité mises à mal par la société axée sur le matérialisme. Ici encore, tradition et modernité s'opposent, un thème récurrent de Chiasson.

Emma Haché

Emma Haché est née à Lamèque. Elle étudie pendant deux ans au département d'art dramatique de l'Université de Moncton (1997-1999), puis déménage à Montréal, où elle suit des ateliers auprès de l'École de mime corporel (1999-2004) ainsi que différentes formations en écriture théâtrale. Son cheminement est entièrement orienté autour de l'écriture dramatique.

Sa première pièce, *Lave tes mains*, remporte le prix Antonine-Maillet/Acadie Vie (jeunesse) 2002. Une version remaniée sera montée par le Théâtre du Double Signe de Sherbrooke en 2005. Déterminée à gagner sa vie de sa plume, elle écrit une comédie de circonstances, *La vieille fille à marier* (2003) pour le souper-spectacle la Cuisine à Mémé, un lieu touristique acadien de l'Île-du-Prince-Édouard. Dans un registre plus sérieux, elle écrit *Fort Latour: l'horizon à s'en crever les yeux* pour le Théâtre du Trémolo de Saint-Jean (2004), qui relate la vie de Françoise-Marie Jacquelin (1601-1645). En l'absence de son mari, Charles de La Tour (1593-1666), gouverneur de l'Acadie, Jacquelin prend la tête du détachement pour défendre le fort qui est attaqué. La pièce, non chronologique, met de l'avant la détermination de cette Française qui meurt peu après la chute du fort.

Entre ces trois pièces, Haché a publié chez l'éditeur belge Lansman *L'intimité* (2003), qui raconte une confrontation à la mort d'un drôle de couple habité de douleurs qu'il ne peut pas assumer, avec comme arrière-plan la Seconde Guerre mondiale. Une pièce étrange, statique et émouvante. Le soldat canadien Alex a rencontré l'Allemande Frauke peu après la fin de la guerre. Les deux sont profondément blessés par ce qu'ils ont vécu. Alex retourne au Canada, mais Frauke est enceinte: elle l'y rejoindra. Le périple est secondaire au climat créé par Haché: un univers noir, enfumé, d'autant plus que les deux fument cigarette sur cigarette. La fumée devient la métaphore de ce qu'ils vivent. La pièce remporte le prix du Gouverneur général en 2004 et sera produite à l'automne, dans une mise en scène de Francine Alepin, par le Théâtre Omnibus de Montréal, où Haché suit des ateliers de mime corporel.

Invitée par le TPA à écrire un spectacle à grand déploiement dans le cadre du 400e anniversaire de l'Acadie, elle crée *Les défricheurs d'eau*, que le TPA produit avec le Théâtre de la Dame de Cœur d'Upton, au Québec. Dotée d'un généreux budget, cette superproduction réunissant huit comédiens professionnels et plus de 50 figurants est présentée en juillet et août 2004 à l'extérieur, sur le site du Village historique acadien, afin de pouvoir accommoder les marionnettes géantes. Le Théâtre de la Dame de Cœur est une compagnie spécialisée dans les marionnettes géantes et dispose d'un théâtre à la mesure de ses marionnettes; ce n'est pas le cas dans la Péninsule. La pièce présente les moments clés de l'histoire de l'Acadie, avec effets spéciaux, chansons écrites et composées par Denis Richard, qui en fera un album: le texte sert de prétexte, l'atmosphère crée l'événement. Le spectacle sera présenté durant trois étés puis abandonné parce qu'il n'arrivait plus à faire ses frais. Il en résultera un documentaire réalisé et produit par l'association française Acadie Naissance d'un Peuple, de Loudun, pour France 3. Haché collabore à nouveau avec le Théâtre de la Dame de Cœur en 2005, signant les dialogues du conte *La chambre des rêves*, sur un scénario écrit par un collectif dont elle fait partie, et le texte de *Rat des villes et rat des champs*, une intervention présentée dans le cadre de la Foire des villages 2007, organisée par Solidarité rurale du Québec.

Murmures (2005) reprend le sujet de *Lave tes mains*. L'histoire est celle du lazaret de Tracadie, ouvert en 1849 et fermé peu après la mort du dernier lépreux, en 1965. La pièce procède par fragments et, lentement, la tragédie se reconstitue. Ursule, son bébé et ses deux sœurs, Olek l'aveugle, Athanase et d'autres symbolisent le peuple; c'est par eux que le drame est raconté. Personnages ordinaires, démunis, prisonniers du « mur » à l'intérieur duquel on les enferme dès que la maladie se déclare. Pour eux, pas de lutte possible, seulement la colère face à ce qui arrive d'ailleurs. Car la maladie est venue de l'étranger, de l'inconnu. Autour d'eux, le médecin et l'architecte du mur: le premier, plutôt compatissant, le second, fier de son mur et complètement inconscient de sa signification. C'est moins l'histoire du lazaret qui est racontée que celle des exclus que l'on s'empresse d'isoler parce qu'ils représentent, pense-t-on, un danger qu'on n'arrive pas à circonscrire. Un danger diffus, qui ronge dans ce cas-ci le corps – mais est-ce seulement, surtout, le corps? La pièce maintient l'ambiguïté. Un chœur élargit le discours, en parlant de la Grande Muraille de Chine qui devait protéger le pays de potentiels envahisseurs. Malgré tout ce dont elle est porteuse, et peut-être parce qu'elle essaie de trop en dire, *Murmures* demeure une pièce inachevée.

Azur, publiée chez Lansman (2007), n'a jamais dépassé le stade des lectures publiques. Cette pièce pour enfants raconte l'histoire d'un enfant à l'article de la mort. Celle-ci y est présentée comme un voyage nécessaire, éloignant le tragique du propos, ce qui l'affaiblit.

Puis, Emma Haché renoue avec les marionnettes (pas les

géantes) avec son adaptation de *La tempête* (2009), de Shakespeare, pour le Théâtre de la Petite Marée de Bonaventure, en Gaspésie. Comme toutes les autres pièces de cette compagnie, celle-ci s'adresse à une clientèle familiale et est présentée dans une salle qui borde la plage.

Trafiquée (2010) s'attaque au délicat sujet de la prostitution des femmes. Écrite à la demande du théâtre Le Trunk Collectif de Montréal, dont les productions traitent de problématiques sociales, la pièce se fonde sur une solide recherche livresque et auprès des collectifs de femmes qui interviennent dans le milieu de la prostitution. Dans un bureau, une jeune femme répond aux questions qu'un autre (sans doute un inspecteur de police), qu'on ne voit ni n'entend, lui pose. Elle racontera sa vie de prostituée. La pièce est précédée d'images vidéo de « présentation de la marchandise », c'est-à-dire du corps de la femme. Avec minutie et un sens du détail chirurgical, la jeune femme se raconte, du miroir aux alouettes qu'on lui a présenté jusqu'à sa révolte – qui l'a conduite au meurtre d'un de ses « clients » – et au soulagement douloureux qu'elle éprouve maintenant. Le texte est bouleversant, émouvant et dur comme ce qu'elle a vécu. L'écriture de Haché parvient à exprimer la douleur, la richesse, la complexité de la vie de cette femme avec une telle intensité qu'on a l'impression d'assister à un témoignage, mais l'histoire est scénarisée comme dans un documentaire. Le texte a été publié chez Lansman.

Coproduite par le théâtre l'Escaouette et le Centre national des arts d'Ottawa, *Wolfe* (2011) s'inspire des événements qui ont conduit aux expropriations à Kouchibouguac lors de la création du parc fédéral et, en particulier, de l'action de Jackie Vautour, principal résistant, qui vit toujours illégalement dans le parc. Plutôt que d'être fidèle à l'Histoire, Haché a voulu saisir la portée philosophique et initiatique des événements. La pièce s'articule autour de trois niveaux d'action et d'autant de types de jeu. Au centre, Apolline, une jeune femme, et sa volonté de rencontrer Jackie Vautour. De chaque côté d'elle, deux mondes parallèles mais intimement liés: d'un côté, Gonzague et Rosilda, un vieux couple d'expropriés, déçus de leur nouveau destin; de l'autre, Jackie et Yvonne Vautour, qui luttent toujours. Mais ce n'est pas le caractère réaliste de la pièce qui importe le plus. Pour retrouver Jackie Vautour, Apolline doit suivre une source (qui deviendra le lieu de sa renaissance). Ce faisant, elle rencontrera Wolfe, qui symbolise la force négative en chaque personne. Wolfe s'oppose à Apolline – force positive –, l'une étant indissociable de l'autre. L'intrigue se joue autour de la quête du paradis, qu'il soit perdu, pour les personnages de Kouchibouguac, ou à trouver, pour Apolline. Le temps s'intériorise et la pièce est non chronologique. Elle illustre plutôt le cheminement d'Apolline face à elle-même et à ses fantômes.

L'éclaireur (2011) est une pièce pour enfants créée par le Théâtre Les Amis de Chiffon, de Chicoutimi, une des compagnies de marionnettistes les plus anciennes (fondée en 1974) et les plus importantes du Québec. Bernard L'Ermite accumule les objets, cherchant celui qui lui convient le mieux. Il vit seul, comme son nom l'indique, et il est bougon. Arrive Hippolyte, un cheval de mer amical, qui veut l'amadouer. Il y réussit, mais est aussitôt capturé par un filet de pêche. Bernard hésite: il veut secourir son nouvel ami, mais il ne veut pas quitter ses biens. Trop alourdi par ce qu'il veut emporter avec lui, il se voit obligé de choisir, et il se libère de ses objets. Sur sa route, il croise des bouées parlantes, un poisson volant, un fou de Bassan et, au fil de ces rencontres, il chemine: la pièce est une quête de soi et de la conscience de l'autre. Bernard retrouvera Hippolyte, libre parce qu'il aura affronté ses peurs et dépassé ses limites.

Les œuvres d'Emma Haché naissent des circonstances et des commandes. On peut y discerner des préoccupations sociales et écologiques, une orientation féministe et un grand respect pour l'Acadie. Sa détermination de faire de l'écriture théâtrale son gagne-pain explique le nombre de ses pièces, la diversité de ses sujets et des façons dont elle les traite.

Marcel-Romain Thériault

S'il avait écrit sa première pièce dans le cadre de ses études au département de théâtre de l'Université de Moncton (*J'avais dix ans*, 1983), pièce dont la seconde version a été créée par le

Théâtre populaire d'Acadie (*Le pont Rouge*, 1986), c'est avec *Le filet – une tragédie maritime* (2007) que Marcel-Romain Thériault s'affirme comme auteur dramatique.

Né le 4 octobre 1958 à Bertrand, il fait des études en littérature et linguistique (1976-1979), change d'orientation et obtient un baccalauréat en art dramatique de l'Université de Moncton (1983), puis fait une année en mise en scène à l'École nationale de théâtre (1985-1986). Alors qu'il était encore au secondaire, il joue dans *Cérémonie* (1974), la première pièce des Productions de l'Étoile. Il joue ensuite dans plusieurs productions du TPA et y signe quelques mises en scène. Il s'installe à Montréal en 1988, où il travaille dans le domaine théâtral et en scénarisation, tout en étant parfois chargé de cours au département d'art dramatique de l'Université de Moncton (2000-2003) ou en donnant des cours particuliers. En 2006, il complète une maîtrise en théâtre de l'Université du Québec à Montréal. En 2014, il déménage à Moncton, où il travaille dans le domaine culturel, notamment comme chargé de cours de théâtre à l'université.

Créé par le TPA, *Le filet – une tragédie maritime* s'inspire de la révolte des crabiers à Shippagan, en 2003. Construite comme un huis clos, la pièce met en scène le conflit entre les trois membres d'une famille propriétaire d'un permis de pêche au crabe. Le vieil Anthime est un homme de tradition: pour lui, le permis se transmet de génération en génération au garçon aîné de la famille. Lionel, son fils aîné, est mort à la suite du naufrage de son bateau, et même si Léo, son fils cadet, est capitaine du nouveau bateau, le permis doit être légué à Étienne, fils unique de Lionel, qui a maintenant terminé ses études universitaires. Anthime souhaite acheter une usine fermée de transformation de crabe et d'autres espèces, et dont il souhaite confier la direction à Léo. Cette décision ne convient ni à Léo – qui veut demeurer capitaine parce qu'il a développé un lucratif commerce d'importation de drogue dont son père ignore tout –, ni à Étienne – qui a une tout autre idée de son avenir. La fin sera tragique. Ce texte apporte une critique sociale pertinente et pose de nombreux enjeux quant à l'avenir de la Péninsule acadienne, en particulier, et des milieux ruraux en général.

Disponibles en librairie – une comédie désespérément romantique (2008) à deux personnages, est d'une facture tout aussi classique que *Le filet – une tragédie maritime*. Construite autour de retours en arrière racontés par Pierre, qu'on pense être un client, l'action se déroule dans la librairie d'Ophélie. Chaque scène avec cette dernière est précédée d'une mise en situation donnée par Pierre. On est donc systématiquement situé dans le passé, les commentaires de Pierre annonçant ce qui va arriver tout en tirant la conclusion de ce qui a eu lieu. Le procédé est un peu répétitif et peut-être pas toujours nécessaire. Le lien amoureux entre les deux personnages se développe lentement et, tout aussi lentement, on apprendra qu'ils ont plus en commun que le soupçonne Ophélie. Par petites touches, on découvre ce qui les lie et ce qui entraînera leur incapacité à devenir le couple qu'ils auraient souhaité former.

La persistance du sable (2011) offre une relecture des événements qui ont eu lieu lors de la création du parc national de Kouchibouguac, alors que les habitants du lieu en ont été expropriés. Alors qu'il était jeune diplômé de l'Université de Moncton, Joyal a participé aux côtés de sa mère, Mérilda, à la lutte contre les expropriations. Mais il n'est pas l'extrémiste qu'elle aurait souhaité qu'il soit. Il a plutôt choisi de temporiser avec les fonctionnaires, espérant en vain leur arracher un accord. Pour Mérilda, il est un faible qui est parti « la queue entre les jambes à l'autre bout du monde ». Car Joyal a choisi l'exil, devenant coopérant international au Mali. Vingt ans se sont écoulés. Il revient en Acadie alors que sa mère est mourante. La pièce se construit à partir de la confrontation entre la mère et le fils, la première toujours amère, le second prêt à la réconciliation. La mère mourra dans sa colère, le fils retournera au Mali. À cette dimension se greffe le travail de Joyal au Mali et sa relation amoureuse avec Djénéba, et le rétablissement d'un lien affectif entre lui et son frère Augustin. Si Joyal a connu l'échec à Kouchibouguac, il vit la concrétisation de ses rêves de solidarité et de réalisation sociale au Mali. La lutte qu'il mène avec d'autres pour sauver le village où il vit se termine positivement. Kouchibouguac n'est pas la finalité de la pièce, mais l'illustration de toutes les luttes populaires et de la difficulté de l'action communautaire.

Mélanie Léger

Née le 26 mars 1983 à Fredericton, Mélanie Léger grandit à Shédiac. Elle obtient un baccalauréat en art dramatique de l'Université de Moncton (2005) et une maîtrise en théâtre de l'Université du Québec à Montréal (2013). Parallèlement au théâtre, où elle travaille comme comédienne et auteure, elle s'intéresse à la vidéo, scénarisant et réalisant de courts métrages dont *Drôle de chapeau* (fiction, 2007) et *Emma fait son cinéma* (documentaire, 2013).

Sa première pièce, *Roger Roger* (2005), indique ce que sera son théâtre: humour, charme, fantaisie, absurde et poésie. L'intrigue en est simple et classique: Annie et Roger sont deux jeunes adultes, timides, peu sûrs d'eux. Ils s'aimeront et auront des jumeaux. Fin de la pièce. Mais là n'est pas le principal intérêt: tout se joue dans la tonalité, dans le jeu de l'écriture théâtrale et dans la fantaisie qui nous transporte de l'autre côté du réel. Nous sommes dans le registre de la caricature et pas très loin du burlesque. Le jeu a préséance, certes, mais le sens n'est pas évacué. Dans ce délire, une vision délurée, joyeuse, impertinente, même critique par instants, de notre société apparaît. La pièce est produite par le théâtre l'Escaouette en collaboration avec le Théâtre Alacenne – dont le nom évoque sa situation financière –, que Léger vient de fonder avec Anika Lirette, une autre diplômée du département d'art dramatique de l'Université de Moncton.

Produite par le Théâtre Alacenne et les Productions l'Entrepôt, *Floconville... à 5 heures du matin* (2007) met en scène trois adultes qui vivent difficilement la fin de leur vingtaine: rien, tant au niveau personnel que professionnel, ne semble faire sens. Ils se rencontreront un jour de tempête de neige, et finiront par comprendre qui ils sont et ce qu'ils doivent faire pour demeurer fidèles à eux-mêmes. *Floconville... à 5 heures du matin* est un hymne à la vie, à la joie de vivre, qu'il faut savoir non seulement préserver mais enrichir. Si les pistes sont riches, le texte de Léger n'est pas vraiment achevé: nous sommes face à un travail en évolution. L'intrigue gagnerait à s'éclaircir et, en même temps, à approfondir la recherche sur l'enfance et le sens de la vie.

Écrite avec André Roy (né le 8 décembre 1979 à McLeods), comédien fondateur des Productions l'Entrepôt et lui aussi diplômé du département d'art dramatique de l'Université de Moncton, *Vie d'cheval* (2008) s'adresse aux adolescents. Créée par le théâtre l'Escaouette, la pièce met en scène quatre jeunes: Julie, organisatrice hors pair et imbue d'elle-même; Marie-Dominique, l'amie servile de Julie; Frankirick, sportif conscient de sa supériorité; et enfin Paul, timide quasi-esclave de Frankirick. Au début, ces personnages sont présentés davantage comme des archétypes que de véritables caractères, mais ils auront à changer, devenant plus complexes à mesure que la pièce progresse. L'intrigue tourne autour de deux événements. La chaîne de restauration rapide «Coucoun'in» organise un concours pour trouver l'adolescent qui sera sa mascotte publicitaire. Julie en fait la promotion et, bien sûr, pense le remporter. En parallèle se prépare la danse annuelle de l'école, occasion de présenter le garçon et la fille les plus populaires. Julie, qui est à la tête de l'organisation, pense être choisie. S'ajoute le fait que Paul est amoureux de Julie, et que Marie-Dominique n'est pas insensible au charme de Frankirick. La pièce se construit autour d'une série de numéros qui explorent les relations entre les personnages. Les situations sont claires, les enjeux bien présentés. En soi, l'idée d'explorer les relations humaines, de souligner l'importance de la modestie, du partage, de l'écoute de l'autre, la difficulté de trouver sa place, la confusion qui peut entourer le désir de plaire, est louable, mais la pièce glisse sur ces thèmes. Les auteurs ont privilégié l'humour, tantôt léger sourire, tantôt franchement caricatural; ils sont demeurés à la surface du propos plutôt que d'approfondir la réflexion.

C'est autour de l'amour que Mélanie Léger a conçu *Je... Adieu* (2010), que le théâtre l'Escaouette et le Théâtre de Quartier (Montréal) coproduisent. Nous sommes le 14 février, jour de la Saint-Valentin, et l'on se prépare à fêter dans cette école secondaire semblable à toutes les autres. Lili s'occupe du décor, tout heureuse du grand amour qu'elle vit avec JP, le beau garçon le plus populaire de l'école. De son côté, Sarah a déjà été amoureuse 43 fois, sans succès, et elle espère un jour rencontrer le grand amour. La pièce dure le temps d'une journée, rythmée par les rêves et les drames vécus par ces adolescents. Autour d'eux, professeurs, parents, camarades viendront tour à tour animer la scène et leurs vies. Tous les personnages sont interprétés par les trois mêmes comédiens. Une journée mouvementée, qui ne se déroulera pas comme prévu. Mélanie Léger a le don de créer des univers où réalité et fantaisie s'entremêlent, dans lesquels l'intériorité des personnages s'exprime. Si amusante que soit cette pièce – et elle l'est! –, elle offre de surcroît une intéressante réflexion sur les premiers amours et sur les rapports entre adolescents.

Première production en solo du Théâtre Alacenne, *Banane fête* (2011) s'adresse aux enfants de trois à sept ans, première création acadienne à s'adresser à cette tranche d'âge. L'intrigue est simple et très bien développée: Mimi a décidé de faire un gâteau aux bananes pour souligner l'anniversaire d'Adoré, son poisson rouge. Adoré, une amusante marionnette, est profondément assoupi, comme en témoigne le mouvement de son corps et son ronflement. Qu'importe, Mimi est déterminée. Apparaît alors, au sommet du castelet, un «bébé» qui réagit par une série de «Banane!» Si le corps du personnage est une marionnette, la tête est celle du comédien. À partir de là, la situation se complique pour Mimi, aux prises avec cet affamé dont le vocabulaire se réduit à ce seul mot, «banane», qu'il répète inlassablement, peu importe ce que tente Mimi. L'intérêt ne réside pas tant dans l'intrigue que dans la façon dont elle est traitée et qui réussit à maintenir l'intérêt des enfants. En arrière-plan, les thèmes de l'amitié et de la rencontre avec l'inconnu.

Léger a également écrit, en collaboration avec Mathieu Chouinard, *Aurel aux quatre vents* (voir Mathieu Chouinard).

Mathieu Chouinard

Mathieu Chouinard se démarque par sa démarche clownesque, développée au cours d'un apprentissage effectué en trois temps: baccalauréat en art dramatique de l'Université de Moncton

(2003), diplôme d'études professionnelles de l'École internationale de théâtre Jacques Lecoq (Paris, 2005) et maîtrise en théâtre de l'Université du Québec à Montréal (2007), auxquels s'ajoutent de nombreux stages de perfectionnement. Chouinard a joué et offert diverses formations en théâtre sur quatre continents, enrichissant par la même occasion sa démarche d'influences diverses (jeu masqué, nô, butô, nihon buyô, danses africaines, marionnettes).

Avec deux comédiens également formés à l'École Jacques Lecoq, le Français Étienne Bayard et l'Ontarien Dan Watson, il fonde la compagnie internationale Houppz! Théâtre, qui crée *SplasH$_2$O* en 2005. Ce spectacle est composé d'une série de sketchs sur le thème de l'eau. L'ensemble est franchement drôle, mais tient davantage de l'exercice de style, en ce qu'il permet aux comédiens d'explorer et de tester ce qu'ils ont appris durant leur formation.

Le Houppz! Théâtre étant français, Chouinard a l'idée d'en fonder une contrepartie acadiano-québécoise avec le Québécois Marc-André Charron, un autre finissant de l'École Jacques Lecoq. Ainsi naît Satellite Théâtre, dont le siège social aura été brièvement à Montréal avant d'être déménagé à Moncton. La première création, *Mouving, petits et grands dérangements* (2009), est une coproduction avec Houppz! Théâtre, en collaboration avec le TPA. Aux deux fondateurs se joignent le couple de la chanteuse-comédienne Isabelle Roy et du musicien Claude Fournier (d'anciens membres du groupe Beausoleil Broussard). L'intrigue est complètement secondaire: trois personnages attendent l'autobus, qui finira par arriver sous forme de voilier, et qui emportera nos trois compères vers un autre monde, départ qui signifiera au passage que le spectacle est terminé. Ici, pas de tension dramatique, pas de psychologie, pas de dialogues, mais un enchaînement magique de situations toutes plus fantaisistes les unes que les autres. L'interaction quasi organique entre le mouvement des corps et la musique des trois clowns, ainsi que l'utilisation fine des objets que chacun apporte avec lui dans ce voyage, caractérisent la production. Le parti pris est fondamentalement ludique: tout est mis au service du jeu. On a parfois l'impression d'une application de ce que Chouinard et Charron ont appris à l'École Jacques Lecoq. Même le titre n'est pas sans évoquer le titre anglais d'un ouvrage de Lecoq, *The Moving Body (Le corps poétique)*, tout comme on saisit mieux le type de jeu choisi en se référant à ce qu'il appelle «l'attitude».

Avec BOUFFE (2010), Chouinard et Charron poursuivent l'exploration clownesque, tout en ajoutant un contenu social. Mortadel (Chouinard) et Bazil (Charron) sont des jumeaux fort différents physiquement, l'un est grand, l'autre petit, ce qui leur permet de développer certains jeux et qui contribue au climat absurde de la pièce. Les deux invitent trois spectateurs à prendre place à une table placée sur un côté de la scène, à qui ils donneront différents mets à déguster. De vrais mets. Lentement, le spectateur comprend que les trois personnes choisies sont là pour être engraissées, afin de devenir de délicieux ragoûts ou d'autres plats finement préparés: nos deux cuisiniers ont découvert les plaisirs de l'anthropophagie, seule viande qui demeure encore saine selon eux. La pièce présente une critique latente à la fois du système d'élevage des animaux destinés à l'abattage et des conditions sociales et politiques qui créent des famines endémiques sur la planète. La volonté de faire réfléchir le spectateur s'oppose au caractère ludique et fou qui anime la pièce. Les personnages sont caricaturaux, tant du point de vue physique que par leur drôle d'accent italien, tandis que l'intrigue passe au second plan et court tous azimuts. Cela dit, ce spectacle très drôle est un feu roulant de facéties qui frôlent le grotesque.

Écrit en collaboration avec Mélanie Léger, *Aurel aux quatre vents* (2011) est une coproduction du TPA et de Satellite Théâtre. Aurel, un vieil homme, perd la mémoire. Pour se souvenir, il accroche des Post-it un peu partout sur les meubles et les murs de sa maison. Mais les Post-it ont tendance à tomber, ce qui le rend encore plus confus. Il possède un géranium bleu, qu'il a nommé Adèle en souvenir de l'enfant qui le lui a donné, il y a bien longtemps. Adèle le rattache à la vie, mais elle est en train de faner. Un jour de tempête de vent, un oiseau enlève Adèle. Aurel part à sa recherche. Ce spectacle pour enfants réunit autour du comédien de nombreuses marionnettes. Le public est entraîné dans un monde où les oiseaux se prennent pour des pirates, où les poissons vont à la pêche et où les mécaniciens ne réparent rien. Sans que le texte le mentionne, on peut déduire qu'Aurel souffre de la maladie d'Alzheimer et que son long voyage – qui le conduit à la montagne, où il peut enfin planter Adèle afin qu'elle revive – correspond à sa propre mort.

Jean Babineau

Première pièce de Jean Babineau et – jusqu'à ce jour – la seule à avoir été créée professionnellement, la comédie *Tangentes* (2006) met en scène deux couples de la classe moyenne acadienne: l'un formé de Thomas, un comptable frustré, et Claire, une enseignante; l'autre de Lenny, copropriétaire de la firme comptable où travaille Thomas, et Lisa, une «*interior designer*». Entre Claire et Thomas, l'entente repose sur l'amour, mais le conflit naît des décisions que prend Thomas des suites de la jalousie maladive qu'il éprouve envers Lenny. Entre Lisa et son riche conjoint Lenny, à la richesse un peu clinquante, l'entente repose sur l'aisance financière, et les malentendus proviennent de leur incapacité à partager autre chose que la richesse. Les quatre personnages sont bien typés, bien différenciés, et un peu caricaturés, ce qui favorise l'humour. Ces conflits, qui devraient être porteurs de l'intrigue, n'arrivent cependant pas à éclore. Ils sont là, bien identifiés, mais les anecdotes prennent le dessus, gravitant autour de Claire et de Thomas, les deux autres personnages devenant des figures secondaires. L'intrigue est réaliste, avec quelques incursions dans l'absurde; la langue des personnages est familière, un français acadien truffé de chiac.

Autres compagnies et auteurs

D'autres compagnies de théâtre sont actives durant cette période, mais elles n'atteignent pas la qualité et la cohérence des compagnies «officielles». Un collectif s'organise sous le nom de Production de la Mouvance autour du poète et chanteur Marc Joseph Edgar Poirier (né le 10 avril 1973 à Moncton), le temps d'une pièce: *Le mythe du masque à Ray* (1999). Le comédien et chanteur Robin-Joël Cool (né le 15 mars 1980 à Saint-Isidore) est l'initiateur de la création collective *Le poil public* (2000), présentée par Le Masque de Neptune (de courte durée), et de *Pardonnez-moi si je décompose* (2005), qu'il écrit et met en scène pour le théâtre l'Eskabel, dont c'est l'unique création.

Plus consistante est l'expérience du Théâtre du Bocage durant les années 1990 et le début des années 2000, qui présente l'été des pièces légères, dont plusieurs écrites par le comédien et humoriste Robert Gauvin (né le 22 juillet 1968 à Shippagan), par exemple *Au tour de Zénobie* (1998) et *Mafia du bon Dieu* (2002).

Gauvin a également écrit des pièces pour les Productions l'Entrepôt, textes qui s'inscrivent dans une démarche plus populaire que littéraire. Ainsi, *La peau de l'autre* (2008) et *Plus que parfait* (2010 en collaboration avec André Roy) s'apparentent au théâtre burlesque: une exagération des situations, une certaine grivoiserie, une vivacité dans les répliques, et souvent une latitude laissée aux comédiens, qui peuvent ainsi improviser à partir du texte de base. L'objectif est de distraire les spectateurs. Dans certaines créations pour enfants ou pour tous, comme *Conventions* (2011) de Gauvin, les acteurs intègrent des éléments qui s'insèrent bien dans les programmes scolaires.

Le Pays de la Sagouine
Gauvin et Roy sont des comédiens du Pays de la Sagouine, où ils interprètent respectivement Noume et Peigne, deux personnages tirés de l'œuvre d'Antonine Maillet, à qui ce «Pays» rend hommage.

Le nom de l'Île-aux-Puces est évoqué une première fois dès 1962 dans le roman *On a mangé la dune*. Il s'agit alors d'une «petite île où se rendent les enfants pour jouer aux pirates». Dans la pièce *Les Crasseux* (1968), et dans le roman *Don l'Orignal* (1972), l'île est habitée par le peuple des Puçois. En 1992, le Pays de la Sagouine voit le jour à Bouctouche – village natal de Maillet, faut-il le rappeler – grâce à des subventions gouvernementales visant à donner un coup de pouce à l'industrie touristique du coin tout en valorisant l'expression littéraire et théâtrale, et surtout pour rendre hommage à l'œuvre de Maillet, un peu comme le site de Green Gables et la comédie musicale tirée de l'œuvre de Lucy Maud Montgomery attirent les touristes à l'Île-du-Prince-Édouard.

Sur l'îlot de foins salés sis dans la baie de Bouctouche, on construit un petit village de cabanes colorées, qu'on relie à la terre ferme par une passerelle. Lors de son ouverture, le Pays de la Sagouine compte quelques bâtiments, et il met en scène un personnage incontournable, la Sagouine, interprété comme toujours par Viola Léger, et des figurants. Dès le début, le site attire aussi bien les habitants de la région que les touristes: l'œuvre d'Antonine Maillet, en particulier sa *Sagouine*, déborde largement les «frontières» de l'Acadie.

Le site s'agrandit rapidement et les activités théâtrales s'y multiplient. En collaboration étroite avec Maillet, la direction choisit la gamme de personnages issus principalement des œuvres qui précèdent *Pélagie-la-Charrette*: Mariaagélas, une contrebandière et bootleggeuse; Noume, une espèce de *capitan* tiré de la commedia dell'arte; la Sainte, une grenouille de bénitier; Citrouille, le fils de la Sainte, un jeune homme aux couleurs de Candide; Michel-Archange, un beau parleur fier comme un coq; Peigne, un innocent aventureux; enfin, les Chicaneuses, qui portent bien leur nom, Séraphine et Zélica. D'autres personnages s'ajoutent ou disparaissent selon les saisons, tandis que d'autres ont pour mission d'animer les maisons des personnages principaux, qui n'y vont d'ailleurs (presque) jamais.

Au départ, les personnages du Pays de la Sagouine utilisent le monologue comme premier moyen d'expression. Empruntant la forme du conte, ils livrent leurs aventures sur la scène extérieure placée au cœur du «village». Les personnages de Maillet «quittent» l'œuvre qui les a vus naître pour communiquer directement avec les visiteurs. Toute la dynamique du Pays repose sur la complicité entre les personnages et ceux qui viennent les voir.

Alors qu'Antonine Maillet écrit chaque année de nouveaux textes pour les personnages, textes qui se greffent aux anciens et qui viennent enrichir et renouveler leur discours, constituant à la longue un répertoire dans lequel ils puisent en fonction de différents critères, elle n'a jamais ajouté de texte au répertoire de la Sagouine. Et si tous les personnages interagissent avec le public, la Sagouine reste dans les limites de ses textes. Avec les années s'ajoutent des dialogues, des scènes à trois, ainsi que des pièces présentées en soirée et en tournée durant les saisons où le site est fermé. Depuis quelques années, Maillet accepte que des textes s'inspirant de ses personnages soient écrits par certains des artistes qui travaillent au Pays... Il en va ainsi de *Peigne... était une fois* (2011) de Robert Gauvin, une pièce pour enfants qui a remporté un vif succès.

En 1996, Antonine Maillet publie *L'Île-aux-Puces*, qui réunit des textes des personnages du Pays de la Sagouine qui « existaient » alors, dont plusieurs ont disparu depuis et ont été remplacés pour différentes raisons. À la lecture de cet ouvrage, on mesure la différence entre les œuvres littéraire et populaire. Ainsi, quand Mariaagélas prend la parole pour la première fois, elle qui « arrive » au Pays à l'été 1996, elle commence son monologue en invitant les spectateurs à acheter les livres qui parlent d'elle à la boutique placée, comme il se doit, à l'entrée du site. Les personnages s'extraient, dans le rire et la farce, des livres qui les ont vus naître et de l'époque à laquelle ils appartiennent. Ils intègrent ce qui se passe aujourd'hui, un aujourd'hui qui est celui de l'actualité immédiate. Les anachronismes affluent, source d'humour et de complicité avec le public. Ainsi, Michel-Archange pense pouvoir faire un Acadien de Preston Manning. Quant à la Sainte, tout en dénonçant le péché d'envie, elle affirme ne pas reprocher à la Sagouine d'aller laver les planchers de la compagnie l'Assomption et de Radio-Canada.

Mais cette « fluidité du temps » n'altère en rien le caractère des personnages, qui, comme ceux de la commedia dell'arte, se fondent dans le milieu qui les reçoit, utilisant toute l'information qui leur paraît utile, sans jamais changer. Les personnages du Pays de la Sagouine ne peuvent en aucun temps « sortir » de ce qu'ils sont; et ils vivent éternellement une même année. Bien sûr, avec le temps et les nouveaux textes écrits pour chaque saison touristique et dont ils sont porteurs, les personnages s'approfondissent, s'enrichissent, voire se complexifient, mais ils ne peuvent échapper à leur situation originelle.

Là se trouvent la qualité et la faille de *La comédie des amoureux* (2006), écrite par Maillet et mettant en vedette Citrouille, Noume et Mariaagélas, une des pièces créées et produites par le Pays. La situation est simple: Citrouille et Noume courtisent tous deux Mariaagélas, mais le premier est incapable d'exprimer ses émotions, et le second joue les matamores. Quant à Mariaagélas, elle aime d'amitié, simplement, ses deux courtisans. L'amour n'est pas ici sensuel, érotique, il est enfantin. Les attitudes pseudo-sensuelles de Noume ne dépassent pas le cliché des mains baladeuses, et sont aussitôt rabrouées par Mariaagélas – qui le sert dans son bar –, et toujours avec un large sourire. Mais le public « connaît » la relation un peu ambiguë entre ces deux personnages; il sait qu'il s'agit d'un jeu sans conséquence et que Mariaagélas ne peut pas se sentir harcelée. La fin de la pièce renvoie au départ: Mariaagélas ne choisira pas entre les deux, qui demeureront les meilleurs amis du monde, alors que les sentiments resteront les mêmes. Tout peut recommencer, et les textes antérieurs, ceux que l'on va (re)voir et (ré)entendre au Pays, sont toujours pertinents. Place alors aux situations cocasses. L'action de la pièce se déroule sur la terrasse du Bootlegueux, le bar du Pays, lieu en principe clandestin. Qu'importe si la police se manifeste: Mariaagélas la contrebandière ramasse ses bouteilles et les cache. C'est tout. L'affiche demeure. L'action continue. Antonine Maillet est une magicienne du verbe et une excellente humoriste: jeux de mots et scènes fondées sur des jeux physiques, dans les deux cas fort réussis. Les spectateurs rient, sans se poser de questions. Ce théâtre fait du surplace du point de vue des idées, et il conforte: comme dans la pièce, rien ne doit ni ne peut changer. Les autres pièces ont les mêmes qualités et les mêmes limites.

En 2007, Pélagie arrive au Pays de la Sagouine, mais elle ne se rendra pas jusqu'à l'Île-aux-Puces. Ce qui est dans l'ordre des choses, puisque Pélagie n'appartient pas au monde des Puçois. Elle s'installe sur la scène extérieure du site, sur la terre ferme avec l'Île-aux-Puces comme fond de scène. *Pélagie-la-Charrette* est un spectacle multidisciplinaire à grand déploiement présenté à l'extérieur, agrémenté d'effets pyrotechniques, et, dans l'ensemble, interprété avec justesse par les comédiens du Pays de la Sagouine, bien appuyés par une cinquantaine de figurants, tous bénévoles.

Un autre spectacle théâtral à grand déploiement, écrit lui aussi par Antonine Maillet pour cette scène extérieure, *L'Odyssée 1604-2004: la marche d'un peuple*, aura connu un véritable succès pendant les trois saisons précédentes – 2004 (année du 400e anniversaire de l'Acadie), 2005 (année du 250e anniversaire de la Déportation) et 2006.

Le défi est grand de transposer le roman *Pélagie-la-Charrette* dans ce spectacle estival. L'intrigue passe alors au second plan, les péripéties ne dépassant guère l'anecdote, et les grands combats épiques se limitant à une escarmouche entre les républicains et les forces loyalistes. Par contre, l'invention stylistique et la richesse du verbe créent le mythe de Pélagie. Pour les besoins du spectacle, Antonine Maillet invente un nouveau personnage, Histoire. Faisant office de narrateur, il devient l'interlocuteur de Pélagie. Le spectacle théâtral raconte la lutte de Pélagie contre l'histoire officielle, celle qui ne relate jamais le destin des petits. Aux yeux d'Histoire, la Déportation a entraîné la disparition du territoire de l'Acadie et de ses habitants, qui se sont fondus dans les milieux où ils ont été dispersés. Dans le livre de l'Histoire du monde, Histoire a donc rayé d'un trait final et le territoire et les Acadiens. La quête de Pélagie se fera, par conséquent, à contresens de l'histoire. L'intrigue devient alors lumineuse et la faiblesse des anecdotes, toutes reprises du roman, s'amenuise face à cette confrontation entre Pélagie et Histoire. Évidemment, Pélagie gagnera, et Histoire reconnaîtra sa victoire, réintégrant l'Acadie dans son grand livre. Par contre, ce qui fait la difficulté – et la richesse – du roman disparaît sous ce traitement. Le programme du spectacle, remis au public avant la représentation, contribue à en rendre le propos limpide en donnant un résumé de chaque scène, ce qui a l'avantage de faire comprendre au public le rôle du personnage Histoire. La version théâtrale ramène la Pélagie du prix Goncourt dans le giron de la tradition de l'écriture populaire, pour un auditoire composé de gens qui, pour la plupart, découvrent l'œuvre dont ils ont entendu parler sans l'avoir lue. La signification de Pélagie dépasse son propre destin : elle est devenue un mythe, comme Évangéline. Mais alors qu'Évangéline représente le passé et, à la limite, la disparition (puisqu'elle meurt sans descendants), Pélagie est un symbole de la lutte victorieuse des Acadiens. Ses descendants – et c'est la scène finale de la pièce – sont nombreux et déterminés à affirmer leur identité : l'avenir leur appartient.

Avec les pièces créées pour le Pays de la Sagouine, comme avec ce qu'elle écrit pour les personnages qui habitent l'Île-aux-Puces, Antonine Maillet rend hommage à ceux et celles qui ont nourri son œuvre littéraire. Le Pays remporte un immense succès. Loin des discours de l'institution littéraire, les gens du milieu prennent leur « billet de saison », écoutent fièrement les textes, battent la mesure des chansons des deux orchestres de la maison, mangent leur poutine râpée et leur fricot au poulet, prennent une bière au Bootlegueux, se payent un souper-spectacle au restaurant l'Ordre du Bon Temps et n'oublient jamais d'y fêter Noël en assistant à la présentation d'une nouvelle pièce au souper-théâtre du temps des Fêtes. Et les touristes, nombreux, savent qu'ils y auront du plaisir. L'entreprise commerciale qu'est le Pays de la Sagouine, sans être richissime, est prospère. Un budget annuel qui frôle les deux millions de dollars, 120 employés durant la saison touristique, dont les musiciens et interprètes, et plus de 70 000 entrées de visiteurs. Pas étonnant que Noume rêve d'en faire le Disneyland de l'Acadie, même si Michel-Archange lui explique qu'il vaut mieux être ce qu'on est que de chercher à être quelqu'un d'autre. Et l'on ne peut que lui donner raison.

5. CONCLUSION

Aujourd'hui, les écrivains acadiens s'inscrivent dans la mouvance québécoise et canadienne. S'ils s'affirment Acadiens, ils ne ressentent plus le besoin de brandir le drapeau bleu, blanc, rouge marqué de l'étoile jaune. Certains fréquentent le chiac, parfois avec parcimonie, parfois plus généreusement, d'autres utilisent une langue qu'on dit « standard », quitte à la truffer d'expressions et de tournures de phrases issues de l'acadien « traditionnel » ou de la langue orale, en particulier dans les dialogues. Les thèmes et les genres dépendent aussi bien des choix, politique, social et culturel, propres à chacun que de l'air du temps. Il en va de même dans tous les arts, et la chanson en est sans doute l'exemple le plus révélateur, alors qu'on assiste à un véritable engouement au Québec et ailleurs au Canada pour les auteurs-compositeurs-interprètes acadiens. Ainsi en est-il pour Fredric Gary Comeau, Marie-Jo Thério, Radio Radio, Jean-François Breau, Wilfred LeBouthillier, Lisa LeBlanc, Joseph Edgar, les Hay Babies, Caroline Savoie et quelques autres.

L'Acadie dispose aussi d'institutions bien établies, que viennent appuyer des organismes « nationaux », qu'ils soient canadiens ou québécois. La démarcation entre, d'un côté, les Québécois et, de l'autre, les Canadiens français et les Acadiens, est importante. Il ne s'agit pas d'une rivalité stérile, mais d'une conscience que les intérêts des uns ne coïncident pas nécessairement avec ceux des autres. Le Québec dispose de programmes qui s'adressent aux artistes et organismes de son territoire. Si certains organismes québécois ont un mandat « canadien », comme le Centre des auteurs dramatiques (CEAD) ou l'Union des écrivaines et des écrivains québécois, c'est davantage en théorie qu'en pratique. Les distances, le budget restreint, la membriété sont autant de facteurs qui limitent les interventions de ces organismes aussi bien au Canada que dans les régions du Québec.

L'Association acadienne des artistes professionnel.le.s du Nouveau-Brunswick (AAAPNB) agit comme catalyseur du monde culturel – à la fois comme organisme de représentation et intervenant dans le milieu culturel –, que ce soit par des tables de concertation ou par l'organisation des prix Éloizes (qu'elle a créés en 1998), principale manifestation bisannuelle de l'ensemble des arts en Acadie de l'Atlantique. L'événement se déroule durant quelques jours dans la ville hôtesse et culmine avec une soirée de gala, diffusée par Radio-Canada.

De son côté, le Conseil provincial des sociétés culturelles a créé, en 1982, Contact-Acadie, un marché des arts de la scène francophones qui, à son tour, a donné naissance en 1985 au Réseau de diffusion de spectacles francophones – qui en s'élargissant à l'ensemble des provinces de l'Atlantique est devenu le Réseau atlantique des arts de la scène (Radarts). Radarts est aujourd'hui l'organisme responsable de la FrancoFête, qui a vu le jour en 1997 pour succéder à Contact-Acadie. Liée aux autres marchés du spectacle du Canada et du Québec, la FrancoFête a une incidence fondamentale sur la diffusion des artistes acadiens, une incidence accrue par la Stratégie de promotion des artistes acadiens sur la scène internationale (SPAASI) de la Société Nationale de l'Acadie (SNA).

Pour répondre à leurs besoins de concertation et d'échanges, les Canadiens français et les Acadiens se sont dotés d'organismes créés à partir des années 1970 et qui se sont véritablement développés depuis les années 1990. Les premiers étaient généralistes et cherchaient à regrouper l'ensemble des organismes intervenant au Canada : créée en 1975, la Fédération des francophones hors-Québec devient en 1991 la Fédération des communautés francophones et acadienne du Canada (FCFA). Celle-ci regroupe les associations provinciales et territoriales porte-parole des communautés et les organismes nationaux représentant divers secteurs d'activités et clientèles. Créée en 1977, la Fédération culturelle canadienne-française (FCCF) regroupe les organismes culturels des provinces et des territoires.

Plusieurs organismes sectoriels s'ajoutent dans le domaine culturel: parmi eux, l'Association des théâtres francophones du Canada (1984), le Regroupement des éditeurs canadiens-français (1989), l'Alliance des radios communautaires du Canada (1991), l'Association des groupes en arts visuels francophones (1993), l'Alliance des producteurs francophones du Canada (1999, cinéma, vidéo), le Réseau national des Galas de la chanson (2002) et le Front des réalisateurs indépendants du Canada (2004).

Quand on regarde l'ensemble des œuvres des écrivains acadiens créées depuis la publication de *L'anti-livre*, on ne peut qu'en constater la richesse, la diversité et la pertinence culturelle et sociale. Malgré un destin contraire, les Acadiens ont réussi l'impossible, eux que la Déportation devait faire disparaître: s'installer et vivre sur une terre qu'ils façonnent en fonction de leurs besoins et de leurs rêves. La question des frontières de l'Acadie perd de sa pertinence alors qu'elle est bousculée par la détermination des Acadiens à faire leur les lieux et les provinces où ils vivent. C'est cette volonté qui anime aussi bien les artistes et les écrivains que l'ensemble des Acadiens. Comme toute littérature nationale, fut-elle de l'exiguïté, cette littérature est ancrée dans une histoire, un paysage, et rend compte de son pays et de son peuple, en l'imaginant, le magnifiant, le critiquant et le chantant.

BIBLIOGRAPHIE
DES ŒUVRES PRÉSENTÉES

En plus des œuvres publiées, cette bibliographie recense les pièces de théâtre qui ont été produites. Dans ce cas, je donne le nom de la ville, de la compagnie et l'année de la création.

ARSENAULT, Guy, *Acadie Rock*, poésie, Moncton, Éditions d'Acadie, 1973, 75 p. Nouvelle édition avec préface d'Herménégilde Chiasson et postface de Gérald Leblanc, Moncton/Trois-Rivières, Éditions Perce-Neige/Écrits des Forges, 1994, 99 p. Édition du 40ᵉ anniversaire, Moncton, Éditions Perce-Neige, 2013, 104 p.
____, *Y'a toutes sortes de personnes*, poésie, Moncton, Michel Henry Éditeur, 1988, 64 p.
____, *Jackpot de la pleine lune*, poésie, Moncton, Éditions Perce-Neige, 1997, 83 p.
ARSENEAU, Marc, *À l'antenne des oracles*, poésie, Moncton, Éditions Perce-Neige, 1992, 58 p.
____, *L'éveil de Lodela*, poésie, Moncton, Éditions Perce-Neige, 1998, 72 p.
____, *Avec l'idée de l'écho*, poésie, Moncton, Éditions Perce-Neige, 2002, 129 p.
AUCOIN, Réjean et Jean-Claude TREMBLAY (texte), Herménégilde CHIASSON (illustrations), *Le tapis de Grand-Pré*, album, Pointe-de-l'Église, Centre provincial de ressources pédagogiques, 1986, 52 p. Prix France-Acadie 1987. Nouvelle édition, Lévis, Éditions de la Francophonie, 2002, 53 p.
BABINEAU, Jean, *Bloupe*, roman, Moncton, Éditions Perce-Neige, 1993, 200 p.
____, *Gîte*, roman, Moncton, Éditions Perce-Neige, 1998, 124 p.
____, *Vortex*, roman, Moncton, Éditions Perce-Neige, 2003, 227 p. Prix Antonine-Maillet/Acadie Vie 2004.
____, *Tangentes*, théâtre, Moncton, L'Escaouette, 2006.

Beaulieu, Lison, *Un thé avec Nathan*, roman, Moncton, Éditions Perce-Neige, 2006, 162 p.

____, *Les noces de l'agneau*, roman, Trois-Pistoles, Éditions Trois-Pistoles, 2010, 225 p.

Bérubé, Sophie (texte) et Jocelyne Doiron (illustrations), *Le chef-d'œuvre de Lombrie*, conte, Moncton, Bouton d'or Acadie, coll. «Météorite», 1999, 49 p. Prix Lilla Stirling 2002.

____ (texte) et Mylène Gauthier (illustrations), *La truelle magique*, roman jeunesse, Montréal, Guérin éditeur, 2001, 39 p.

____, *La trombe sacrée*, poésie, Ottawa, Éditions David, 2002, 86 p. Prix France-Acadie 2003.

____, *Le projet Persée*, roman jeunesse, Saint-Damien-de-Brandon, Les Éditions du soleil de minuit, 2010, 269 p.

Bossé, Paul, *Un cendrier plein d'ancêtres*, poésie, Moncton, Éditions Perce-Neige, 2001, 126 p.

____, *Empreintes*, théâtre, Moncton, Collectif Moncton-Sable, 2002.

____, *Averses*, poésie, Moncton, Éditions Perce-Neige, 2004, 103 p.

____, *Linoléum*, théâtre, Moncton, Collectif Moncton-Sable, 2005.

____, *Saint-George/Robinson*, poésie, Moncton, Éditions Perce-Neige, 2007, 64 p.

____, *Pellicule*, théâtre, Moncton, Collectif Moncton-Sable, 2009.

____, *Continuum*, poésie, Moncton, Éditions Perce-Neige, 2011, 67 p.

Boucher, Denis M., *Le monstre du lac Baker*, roman jeunesse, Lévis, Éditions de la Francophonie, 2006, 175 p. Prix Hackmatack le choix des jeunes 2008.

____, *Les soucoupes de la Péninsule: une aventure des trois mousquetaires*, roman jeunesse, Lévis, Éditions de la Francophonie, 2007, 184 p.

____, *La prophétie de la Terre creuse* (*Les chroniques de la Terre creuse, livre 1*), roman jeunesse, Lévis, Éditions de la Francophonie, 2009, 169 p.

____, *La vengeance de Groroth* (*Les chroniques de la Terre creuse, livre 2*), roman jeunesse, Lévis, Éditions de la Francophonie, 2010, 244 p.

____, *Un extraterrestre à l'école*, roman jeunesse, Lévis, Éditions de la Francophonie, 2012, 60 p.

Boudreau, Jules, *La Bringue*, théâtre, Maisonnette, Les Élouèzes, 1973. Caraquet, Théâtre populaire d'Acadie, 1979.

____ (texte) et Calixte Duguay (chansons), *Louis Mailloux*, comédie musicale, Caraquet, Théâtre populaire d'Acadie, 1975. Livret accompagnant le disque de la pièce, Saint-Bruno, Éditions du Kapociré, 1980, n.p. Nouvelle édition, Moncton, Éditions d'Acadie, 1994, 110 p.

____, *Cochu et le soleil*, théâtre, Théâtre populaire d'Acadie, 1977. Moncton, Éditions d'Acadie, 1979, 84 p.

____, *Mon théâtre: des techniques et des textes* (trois pièces: *L'agence Belœil Inc.*, *Mon prince charmant*, *La reine Horse*), théâtre, Moncton, Éditions d'Acadie, 1992, 143 p. *L'agence Belœil Inc.*, Maisonnette, Les Élouèzes, 1973; *La reine Horse*, radiothéâtre, Moncton, Radio-Canada, 1985.

____, Bernard Dugas et Bertrand Dugas, *Les bessons*, théâtre, Caraquet, Théâtre populaire d'Acadie, 1983.

____ et Calixte Duguay, *La Lambique*, théâtre, Festival acadien de Caraquet, 1983.

____, *Images de notre enfance*, théâtre, Caraquet, Théâtre populaire d'Acadie, 1985.

____ et Jeannine Boudreau Dugas, *Des amis pas pareils*, théâtre, Caraquet, Théâtre populaire d'Acadie, 1991.

____, *Chroniques d'une île de la côte*, nouvelles, Moncton, Éditions d'Acadie, 1999, 125 p.

____, *Le mystère de la maison grise*, roman jeunesse, Montréal, La Chenelière éducation/McGraw-Hill, 2001, 119 p.

____, *Théâtre* (huit pièces: *Cochu et le soleil, Louise et le soldat, La Bringue, Poker électrique, Requiem pour Florian, Mon prince charmant, Des amis pas pareils, Images de notre enfance*), théâtre, Tracadie-Sheila, Éditions La Grande Marée, 2008, 561 p. Prix spécial France-Acadie 2010 pour l'ensemble de son œuvre.

____, *Chroniques d'une île de la côte, tome 2*, nouvelles, Lévis, Éditions de la Francophonie, 2012, 128 p.

Bourgeois, Georges, *Les îles Fidji dans la baie de Cocagne*, poésie, Moncton, Éditions Perce-Neige, 1986, 50 p.

____, *Les mots sauvages*, poésie, Moncton, Éditions d'Acadie, 1994, 84 p.

____, *L'E muet*, poésie, Moncton, Éditions d'Acadie, 1998, 70 p.

Bourgeois, Huguette, *Les rumeurs de l'amour (1980-1983)*, poésie, Moncton, Éditions Perce-Neige, 1984, 55 p.

____, *L'enfant-fleur*, poésie, avant-propos de Maurice Raymond, Moncton, Éditions d'Acadie, 1987, 68 p. Prix France-Acadie 1988.

____, *Espaces libres*, poésie, Moncton, Éditions d'Acadie, 1990, 84 p.

Bourget, Édith, *Une terre bascule*, poésie jeunesse, Tracadie-Sheila, Éditions La Grande Marée, 1999, 191 p.

____ (texte) et Geneviève Côté (illustrations), *Autour de Gabrielle*, poésie jeunesse, Montréal, Soulières éditeur, 2003, 72 p. Prix France-Acadie 2004.

____ (texte) et Geneviève Côté (illustrations), *Les saisons d'Henri*, poésie jeunesse, Montréal, Soulières éditeur, 2006, 88 p.

____, *Le roi de la cour*, roman jeunesse, Moncton, Bouton d'or Acadie, coll. «Météorite», 2007, 63 p.

____, *Lola et le fleuve*, roman jeunesse, Moncton, Bouton d'or Acadie, coll. «Météore», 2009, 110 p.

____ (texte) et Geneviève Côté (illustrations), *Poèmes des villes* et *Poèmes des champs*, poésie jeunesse, Saint-Lambert, Soulières éditeur, 2009, 112 p.

____ (texte) et Nadia Berghella (illustrations), *Un merle au royaume, Camille et Léo*, roman jeunesse, Montréal, Éditions du Phœnix, 2009, 52 p.

____ (texte) et Nadia Berghella (illustrations), *Camille et Léo à la belle étoile*, roman jeunesse, Montréal, Éditions du Phœnix, 2011, 59 p.

____, *Contre vents et marées*, roman jeunesse, Saint-Lambert, Soulières éditeur, 2011, 126 p.

____, *Le royaume de Nedji, Wayom Nedji a*, album, Saint-Damien-de-Brandon, Les Éditions du soleil de minuit, 2011, 23 p.

____, *Des oiseaux et des plumes*, album, Montréal, Éditions de l'Isatis, 2012, s. p.

____, *Poèmes des mers* et *Poèmes des terres*, poésie jeunesse, Saint-Lambert, Soulières éditeur, 2012, 83 p.

BRIDEAU, Sarah Marylou, *Romanichelle*, poésie, Moncton, Éditions Perce-Neige, 2002, 104 p.

____, *Rues étrangères*, poésie, Moncton, Éditions Perce-Neige, 2004, 96 p.

____, *Cœurs nomades*, poésie, Sudbury, Éditions Prise de parole, 2013, 108 p.

BRUN, Christian, *Tremplin*, poésie, Moncton, Éditions Perce-Neige, 1996, 66 p.

____, *Hucher parmi les bombardes*, poésie, Moncton, Éditions Perce-Neige, 1998, 94 p.

____, *Parade casaque*, poésie, Moncton, Éditions Perce-Neige, 2001, 96 p.

____, *L'évolution des contrastes*, poésie, Moncton, Éditions Perce-Neige, 2009, 128 p.

BRUN, Régis, *La Mariecomo*, roman, Montréal, Éditions du Jour, 1974, 129 p. Théâtre, adaptation de Réjean Poirier, Théâtre populaire d'Acadie, 1980. Nouvelle édition revue et corrigée, Moncton, Éditions Perce-Neige, 2006, 100 p.

____, *Cap-lumière*, roman, Moncton, Michel Henry Éditeur, 1986, 74 p.

CHIASSON, Herménégilde, *Mourir à Scoudouc*, poésie, Moncton, Éditions d'Acadie, 1974, 62 p. 2ᵉ édition, coédition avec Montréal, l'Hexagone, 1979, 62 p. Nouvelle édition, Moncton, Éditions Perce-Neige, 2017, 96 p.

____, *Becquer bobo*, théâtre, Moncton, Département d'art dramatique, Université de Moncton, 1975.

____, *L'amer à boire*, théâtre, Caraquet, Théâtre populaire d'Acadie, 1976.

____, *Rapport sur l'état de mes illusions*, poésie, illustrations de l'auteur, Moncton, Éditions d'Acadie, 1976, 69 p.

____, *Au plus fort la poche*, théâtre, Moncton, Département d'art dramatique, Université de Moncton, 1977.

____, *Histoire en histoire*, théâtre, Moncton, L'Escaouette, 1980.

____ et Roger LEBLANC, *Mine de Rien*, théâtre jeunesse, Moncton, L'Escaouette, 1980.

____, *Cogne Fou*, théâtre, Moncton, L'Escaouette, 1981.

____ et Roger LEBLANC, *L'étoile de Mine de Rien*, théâtre jeunesse, Moncton, L'Escaouette, 1982.

____, *Évangéline, mythe ou réalité*, théâtre, Moncton, L'Escaouette, 1982.

____, *Atarelle et les Pakmaniens*, théâtre jeunesse, Moncton, L'Escaouette, 1983. Moncton, Michel Henry Éditeur, 1986, 58 p.

____, *Renaissances*, théâtre, Moncton, L'Escaouette, 1984.

____, *Prophéties*, poésie, dessins originaux de l'auteur, Moncton, Michel Henry Éditeur, 1986, 77 p.

____, *Y'a pas que des maringouins dans les campings*, théâtre, Moncton, L'Escaouette, 1986.

____ (en collectif), *L'amour fou*, théâtre jeunesse, Moncton, L'Escaouette, 1988.

____, *Ed(d)ie*, théâtre, Moncton, Les Productions Océan, 1989.

____, *Pierre, Hélène et Michael*, théâtre jeunesse, Moncton, L'Escaouette, 1990, avec la collaboration du Centre national des arts. Publié avec *Cap Enragé*, Sudbury, Éditions Prise de parole, 2012, 159 p.

____, *Existences*, poésie, dessins originaux de l'auteur, Moncton/Trois-Rivières, Éditions Perce-Neige/Écrits des Forges, 1991, 65 p.

____, *Vermeer (toutes les photos du film)*, poésie, conception graphique et photos de l'auteur, Moncton/Trois-Rivières, Éditions Perce-Neige/Écrits des Forges, 1992, 104 p.

____, *Vous*, poésie, dessins originaux de l'auteur, Moncton, Éditions d'Acadie, 1991, 170 p. Prix France-Acadie 1992 pour l'ensemble de son œuvre.

____, *Cap Enragé*, théâtre jeunesse, Moncton, L'Escaouette, 1992. Publié avec *Pierre, Hélène et Michael*, Sudbury, Éditions Prise de parole, 2012, 159 p.

____, *Le manège des anges*, théâtre jeunesse, Moncton, L'Escaouette, 1993.

____, *L'exil d'Alexa*, théâtre, Moncton, L'Escaouette, 1993. Moncton, Éditions Perce-Neige, 1993, 80 p.

____, *La vie est un rêve*, théâtre, Moncton, L'Escaouette, 1994.

____ (collage et textes d'enchaînement), *À vrai dire*, théâtre, Moncton, L'Escaouette, 1995.

____, *Miniatures*, poésie, illustrations de l'auteur, Moncton, Éditions Perce-Neige, 1995, 125 p. Prix des Terrasses Saint-Sulpice 1995.

____, *Climats*, poésie, Moncton, Éditions d'Acadie, 1996, 127 p.

____, *Aliénor*, théâtre, Moncton, L'Escaouette, 1997. Moncton, Éditions d'Acadie, 1998, 104 p.

____, *Laurie ou la vie de galerie*, théâtre, Moncton, L'Escaouette, et Caraquet, Théâtre populaire d'Acadie, 1998. Sudbury/Tracadie-Sheila, Éditions Prise de parole/Éditions La Grande Marée, 2002, 120 p. Nouvelle édition, Sudbury, Éditions Prise de parole, 2013, 107 p.

____, *Conversations*, poésie, Moncton, Éditions d'Acadie, 1998, 154 p. Prix du Gouverneur général 1999. Nouvelle édition, préface de Pierre Nepveu, Sudbury, Éditions Prise de parole, coll. «BCF», 2006, 181 p.

____, *Pour une fois*, théâtre, Moncton, L'Escaouette, et Caraquet, Théâtre populaire d'Acadie, 1999. Prix Éloizes en théâtre 2000.

____, *Brunante*, récits, Montréal, XYZ Éditeur, 2000, 136 p. Prix Éloizes en littérature 2000.

____, *Légendes*, récits, photographies de divers artistes, Québec, Éditions J'ai VU, 2000, 46 p.

____, *Actions*, poésie, photographies de Raymonde April, Montréal, Éditions Trait d'union, coll. «Filigranes», 2000, 138 p.

____, Robert MARINIER et Dominick PARENTEAU-LEBEUF, *Univers*, théâtre, Moncton, L'Escaouette, Sudbury, Théâtre du Nouvel-Ontario, et Ottawa, Théâtre français du Centre national des Arts, 2001. Masque de la meilleure production franco-canadienne 2003.

____ et Louis-Dominique LAVIGNE, *Le cœur de la tempête*, théâtre jeunesse, Moncton, L'Escaouette, et Montréal, Théâtre de Quartier, 2001. Sudbury, Éditions Prise de parole, 2010, 104 p.

____, *Émergences*, poésie, préface de Raoul Boudreau, réédition de *Mourir à Scoudouc* et de *Rapport sur l'état de mes illusions*, Ottawa, Éditions L'Interligne, coll. « BCF », 2003, 113 p.
____, *Répertoire*, poésie, Trois-Rivières/Chaillé-sous-les-Ormeaux, Écrits des Forges/Le dé bleu, 2003, 133 p.
____, *L'oiseau tatoué*, poésie, Montréal, La courte échelle, coll. « Poésie », 2003, 39 p.
____, *Le Christ est apparu au Gun Club*, théâtre, Moncton, L'Escaouette, 2003. Sudbury, Éditions Prise de parole, préface de David Lonergan, 2005, 105 p.
____, *La grande séance*, théâtre, Moncton, L'Escaouette, 2004.
____, *Parcours*, poésie, Moncton, Éditions Perce-Neige, 2005, 88 p.
____, *Béatitudes*, poésie, Sudbury, Éditions Prise de parole, 2007, 132 p. Prix Champlain 2008.
____, *Dans la chaleur de l'amitié*, nouvelles jeunesse, Moncton, Éditions Karo, 2008, 61 p.
____, *Des nouvelles de Copenhague*, théâtre, Moncton, L'Escaouette, 2009.
____, *Solstices*, poésie, Sudbury, Éditions Prise de parole, 2009, 134 p.
____, *La vieille femme près de la voie ferrée*, théâtre, Moncton, L'Escaouette, 2012.
CHOUINARD, Mathieu, Étienne BAYARD et Dan WATSON, *SplasH$_2$O*, théâtre, Strasbourg, Houppz! Théâtre, 2005.
____, Marc-André CHARRON et Isabelle ROY, *Mouving, petits et grands dérangements*, théâtre, Moncton/Strasbourg, Satellite Théâtre, Houppz! Théâtre, en collaboration avec Caraquet, Théâtre populaire d'Acadie, 2009.
____ et Marc-André CHARRON, *BOUFFE*, théâtre, Moncton, Satellite Théâtre, Strasbourg, Houppz! Théâtre, et Caraquet, Théâtre populaire d'Acadie, 2010.
____ et Mélanie LÉGER, *Aurel aux quatre vents*, théâtre jeunesse, Caraquet, Théâtre populaire d'Acadie, 2011.
COMEAU, Fredric Gary, *Stratagèmes de mon impatience*, poésie, Moncton, Éditions Perce-Neige, 1991, 86 p.
____, *Intouchable*, poésie, Moncton, Éditions Perce-Neige, 1992, 88 p.
____, *Ravages*, poésie, Moncton/Trois-Rivières, Éditions Perce-Neige/Écrits des Forges, 1994, 70 p.
____, *Trajets*, poésie, Moncton, Éditions Perce-Neige, 1996, 57 p.
____, *Routes*, poésie, Trois-Rivières, Écrits des Forges, 1997, 57 p.
____, *Fuites*, poésie, Trois-Rivières, Écrits des Forges, 2000, 70 p.
____, *Oleajes/Vagues*, poésie, édition bilingue en français et en espagnol, Trois-Rivières/Guadalajara, Écrits des Forges/Mantis editores, 2004, 113 p.
____, *Naufrages*, poésie, Moncton, Éditions Perce-Neige, 2005, 88 p.
____, *Aubes*, poésie, Moncton, Éditions Perce-Neige, 2006, 80 p.
____, *Vérités*, poésie, Moncton, Éditions Perce-Neige, 2009, 112 p.
____, *Souffles*, poésie, Trois-Rivières, Écrits des Forges, 2011, 70 p.

Comeau, Germaine, *L'été aux puits secs*, roman, Moncton, Éditions d'Acadie, 1983, 176 p. Prix France-Acadie 1984. Nouvelle édition revue et corrigée, Moncton, Éditions Perce-Neige, 2007, 162 p.

____, *Loin de France*, roman jeunesse, Moncton, Éditions d'Acadie, 1997, 216 p.

____, *Laville*, roman, Moncton, Éditions Perce-Neige, 2008, 273 p. Prix Antonine-Maillet/Acadie Vie 2009.

Comeau, Marie-France (texte) et Gilles Cormier (illustrations), *L'étoile dans la pomme*, album, Moncton, Bouton d'or Acadie, coll. «Améthyste», 2005, 24 p.

____ (texte) et Gilles Cormier (illustrations), *Diego l'escargot*, album, Moncton, Bouton d'or Acadie, coll. «Améthyste», 2006, 24 p. Nouvelle édition comprenant un CD, Moncton, Bouton d'or Acadie, 2014, 24 p.

____ (texte) et Gilles Cormier (illustrations), *Au pays de Joffrey*, album, Moncton, Bouton d'or Acadie, coll. «Cassette d'or», 2007, 32 p.

____ (texte) et Pierre Houde (illustrations), *Les rayures du tigre*, album, Montréal, Éditions de l'Isatis, coll. «Argo», 2008, 24 p.

____ (texte) et Réjean Roy (illustrations), *Le départ de Julie*, album, Moncton, Bouton d'or Acadie, 2009, 24 p.

____ (texte) et Gilles Cormier (illustrations), *Une amitié au temps des sucres*, album, Tracadie-Sheila, Éditions La Grande Marée, 2012, 24 p.

Cool, Robin-Joël, *Le poil public*, théâtre, Tracadie-Sheila, Le Masque de Neptune, 2000.

____, *Pardonnez-moi si je décompose*, théâtre, Tracadie-Sheila, Théâtre l'Eskabel, 2005.

Cormier, Éric, *À vif tel un circoncis*, poésie, Moncton, Éditions Perce-Neige, 1997, 131 p.

____, *Le flirt de l'anarchiste*, poésie, Moncton, Éditions Perce-Neige, 2000, 72 p.

____, *L'hymne à l'apocalypse*, poésie, Moncton, Éditions Perce-Neige, 2001, 96 p.

____, *Coda*, poésie, Moncton, Éditions Perce-Neige, 2003, 152 p.

Couturier, Anne-Marie, *L'étonnant destin de René Plourde. Pionnier de la Nouvelle-France*, roman, Ottawa, Éditions David, 2008, 414 p. Prix France-Acadie 2009.

____, *Le clan Plourde. De Kamouraska à Madoueskak*, roman, Ottawa, Éditions David, 2012, 284 p.

Couturier, Gracia, *La couche aux fesses*, théâtre, Shippagan, Théâtre de Saisons, 1981.

____, *Et le filet n'est pas percé!...*, théâtre, Shippagan, Théâtre de Saisons, 1982.

____, *Les enfants, taisez-vous!*, théâtre, Shippagan, Théâtre de Saisons, 1983.

____, *Les ordinatrices*, théâtre, Shippagan, Théâtre de Saisons, 1984.

____, *Le gros ti-Gars*, théâtre jeunesse, Moncton, L'Escaouette, 1986. Moncton, Michel Henry Éditeur, 1986, 54 p.

____, *Les ans volés*, théâtre jeunesse, Département d'art dramatique, Université de Moncton, 1986. Moncton, Michel Henry Éditeur, 1988, 76 p.

____, *Mon mari est un ange*, théâtre, production indépendante, 1987. Téléthéâtre, Moncton, Radio-Canada, 1989. Moncton, Michel Henry Éditeur, 1988, 48 p.

____, *Enfantômes suroulettes*, théâtre jeunesse, Moncton, L'Escaouette, 1989. Moncton, Michel Henry Éditeur, 1989, 56 p.

____, *L'antichambre*, roman, Moncton, Éditions d'Acadie, 1997, 136 p.

____, *Je regardais Rebecca*, roman, Moncton, Éditions d'Acadie, 1999, 284 p.

____ (texte) et Denise BOURGEOIS (illustrations), *La Chandeleur de Robert*, album jeunesse, Montréal, La Chenelière éducation/McGraw-Hill, 2002, 24 p.

____ (texte) et Suzanne DIONNE-COSTER (illustrations), *Élise à Louisbourg*, album jeunesse, Montréal, La Chenelière éducation/McGraw-Hill, 2002, 24 p.

____, *Un tintamarre dans ma tête*, roman jeunesse, Montréal, La Chenelière éducation/McGraw-Hill, 2003, 73 p.

____, *Le vœu en vaut-il la chandelle?*, roman jeunesse, Montréal, La Chenelière éducation/McGraw-Hill, 2003, 89 p.

____, *Chacal, mon frère*, roman, Ottawa, Éditions David, 2010, 270 p. Prix des lecteurs Radio-Canada 2011, prix France-Acadie 2012.

DAIGLE, France, *Sans jamais parler du vent. Roman de crainte et d'espoir que la mort arrive à temps*, roman, Moncton, Éditions d'Acadie, 1983, 141 p.

____, *Film d'amour et de dépendance. Chef-d'œuvre obscur*, roman, Moncton, Éditions d'Acadie, 1984, 120 p.

____, *Histoire de la maison qui brûle. Vaguement suivi d'un dernier regard sur la maison qui brûle*, roman, Moncton, Éditions d'Acadie, 1985, 108 p.

____, *Variations en B et K. Plans, devis et contrat pour l'infrastructure d'un pont*, roman, Montréal, La Nouvelle Barre du jour, 1985, 44 p.

____ et Hélène HARBEC, *L'été avant la mort*, poésie, Montréal, Éditions du Remue-ménage, 1986, 77 p.

____, *La beauté de l'affaire. Fiction autobiographique à plusieurs voix sur son rapport tortueux au langage*, roman, Moncton/Montréal, Éditions d'Acadie/ La Nouvelle Barre du jour, 1991, 58 p.

____, *La vraie vie*, roman, Moncton/Montréal, Éditions d'Acadie/Éditions de l'Hexagone, 1993, 72 p.

____, *1953. Chronique d'une naissance annoncée*, roman, Moncton, Éditions d'Acadie, 1995, 166 p. Nouvelle édition, Sudbury, Éditions Prise de parole, coll. «BCF», 2014, 198 p.

____, *Moncton sable*, théâtre, Moncton, Collectif Moncton-Sable, 1997.

____, *Pas pire*, roman, Moncton, Éditions d'Acadie, 1998, 169 p. Prix Éloizes 1998, prix France-Acadie 1998, prix Antonine-Maillet/Acadie Vie 1999. Nouvelle édition, Montréal, Éditions du Boréal, coll. «Boréal compact», 2002, 210 p.

____, *Craie*, théâtre, Moncton, Collectif Moncton-Sable, été 1999.

____, *Foin*, théâtre, Moncton, Collectif Moncton-Sable, 2000.

____, *Bric-à-brac*, théâtre, Moncton, Collectif Moncton-Sable, 2001.

____, *Un fin passage*, roman, Montréal, Éditions du Boréal, 2001, 130 p. Prix Éloizes 2002.

____, *Petites difficultés d'existence*, roman, Montréal, Éditions du Boréal, 2002, 188 p.

____, *Sans jamais parler du vent*, théâtre (adaptation du roman du même nom), Moncton, Collectif Moncton-Sable, 2004.
____, *En pelletant de la neige*, théâtre, Moncton, Collectif Moncton-Sable, 2004.
____, *Histoire de la maison qui brûle*, théâtre (adaptation du roman du même nom), Moncton, Collectif Moncton-Sable, 2007.
____, *Pour sûr*, roman, Montréal, Éditions du Boréal, 2011, 752 p. Prix Antonine-Maillet/Acadie Vie 2012, prix Champlain 2012, prix du Gouverneur général 2012.
____, *Sans jamais parler du vent* suivi de *Film d'amour et de dépendance* et de *Histoire de la maison qui brûle*, roman, préface de Benoit Doyon-Gosselin, Sudbury, Éditions Prise de parole, coll. «BCF», 2013, 381 p.
____, *Variations en B & K* suivi de *La beauté de l'affaire* suivi de *La vraie vie*, roman, Sudbury, Éditions Prise de parole, coll. «BCF», 2016, 216 p.
DAIGLE, Nicole, *Cristalo sur la dune de Kouchibouguac*, roman jeunesse, Moncton, Bouton d'or Acadie, coll. «AmiSoleil», 1999, 69 p.
____, *À la rescousse de Ti-Bleu*, roman jeunesse, Moncton, Bouton d'or Acadie, coll. «AmiSoleil», 2000, 55 p.
____, *La symphonie du marécage*, roman jeunesse, Moncton, Bouton d'or Acadie, coll. «AmiSoleil», 2002, 59 p.
____, *Un pin blanc m'a dit...*, roman jeunesse, Moncton, Bouton d'or Acadie, coll. «AmiSoleil», 2004, 62 p.
____, *Le mystère des terres noires*, roman jeunesse, Moncton, Bouton d'or Acadie, coll. «Météore», 2006, 99 p.
____, *AmiSoleil aux îles de la Madeleine*, roman jeunesse, Moncton, Bouton d'or Acadie, coll. «AmiSoleil», 2009, 71 p.
DESPRÉS, Ronald, *Silences à nourrir de sang*, poésie, Montréal, Éditions d'Orphée, 1958, 105 p.
____, *Les cloisons en vertige*, poésie, Montréal, Beauchemin, 1962, 94 p.
____, *Le scalpel ininterrompu*, roman, Montréal, Éditions À la page, 1962, 137 p. Nouvelle édition, présentation de Maurice Raymond, Moncton, Éditions Perce-Neige, coll. «Mémoire», 2002, 172 p.
____, *Le balcon des dieux inachevés*, poésie, Québec, Éditions Garneau, 1968, 62 p.
____, *Paysages en contrebande... à la frontière du songe, choix de poèmes 1956-1972*, poésie (tirés des trois recueils publiés: *Silences à nourrir de sang*, *Les cloisons en vertige*, *Le balcon des dieux inachevés*) suivi de trois inédits et d'une étude de Laurent Lavoie, illustrations d'Herménégilde Chiasson, Moncton, Éditions d'Acadie, 1974, 140 p.
____, *À force de mystère. Œuvre poétique 1958-1974*, poésie, Moncton, Éditions Perce-Neige, 2009, 211 p. Édition des œuvres complètes: *Silences à nourrir de sang* (1958), *Les cloisons en vertige* (1962), *Le balcon des dieux inachevés* (1968) et derniers poèmes (1972, 1974).
DESPRÉS, Rose, *Fièvre de nos mains*, poésie, dessins de Louise Després-Jones, Moncton, Éditions Perce-Neige, 1982, 60 p.
____ et Henri-Dominique PARATTE (dir.), *Poésie acadienne contemporaine/Acadian Poetry Now*, anthologie, Moncton, Éditions Perce-Neige, 1985, 235 p.

____, *Requiem en saule pleureur*, poésie, Moncton, Éditions d'Acadie, 1986, 52 p.

____, *Gymnastique pour un soir d'anguilles*, poésie, Moncton, Éditions Perce-Neige, 1996, 46 p.

____, *La vie prodigieuse*, poésie, Moncton, Éditions Perce-Neige, 2000, 119 p. Prix Antonine-Maillet/Acadie Vie 2001.

____, *Si longtemps déjà*, poésie, Sudbury, Éditions Prise de parole, 2009, 61 p. Prix Éloizes 2010.

____, *Fièvre de nos mains* suivi de *Requiem en saule pleureur*, de *Gymnastique pour un soir d'anguilles* et de *La vie prodigieuse*, poésie, préface de David Lonergan, Sudbury, Éditions Prise de parole, coll. «BCF», 2012, 323 p.

Dugas, Daniel, *L'hara-kiri de Santa-Gougouna*, poésie, Moncton, Éditions Perce-Neige, 1983, 55 p.

____, *Les bibelots de tungstène*, poésie, Moncton, Michel Henry Éditeur, 1989, 64 p.

____, *Le bruit des choses*, poésie, Moncton, Éditions Perce-Neige, 1995, 158 p.

____, *La limite élastique*, poésie, Moncton, Éditions Perce-Neige, 1998, 94 p.

____, *Même un détour serait correct*, poésie, Sudbury, Éditions Prise de parole, 2006, 80 p.

____, *Hé!* suivi d'*Icônes*, poésie, Sudbury, Éditions Prise de parole, 2010, 73 p.

____, *Au large des objets perdus*, poésie, Sudbury, Éditions Prise de parole, 2011, 88 p.

Dugas, Pauline, *Fragment d'eau*, poésie, Moncton, Éditions Perce-Neige, 2009, 63 p.

____, *Charpente matinale*, poésie, Moncton, Éditions Perce-Neige, 2012, 56 p.

Enguehard, Françoise, *Les litanies de l'Île-aux-Chiens*, roman, Moncton, Éditions d'Acadie, 1999, 352 p. Prix Henri-Quéffelec 2001. Nouvelle édition, Sudbury, Éditions Prise de parole, 2006, 422 p.

____ (texte) et Denise Paquette (illustrations), *Le trésor d'Elvis Bozec*, roman jeunesse, Moncton, Bouton d'or Acadie, coll. «Météore», 2002, 112 p.

____ (texte) et Réjean Roy (illustrations), *Le pilote du Roy*, roman jeunesse, Moncton, Bouton d'or Acadie, coll. «Météore», 2007, 87 p.

____, *L'archipel du docteur Thomas*, roman, Sudbury, Éditions Prise de parole, 2009, 206 p. Prix Antonine-Maillet/Acadie Vie 2010, prix des lecteurs Radio-Canada 2010.

Foëx, Évelyne, *Voyages sans retour... parfois*, nouvelles, Moncton, Éditions d'Acadie, 1994, 142 p.

____, *Quelques saisons avec elles*, roman, Tracadie-Sheila, Éditions La Grande Marée, 2004, 194 p.

____ (texte) et Denise Paquette (illustrations), *Si Annabelle avait des ailes*, album, Moncton, Bouton d'or Acadie, 2012, 30 p.

Forest, Léonard, *Saisons antérieures*, poésie, dessins de François-Xavier Chamberland, Moncton, Éditions d'Acadie, 1973, 105 p.

____, *Comme en Florence*, poésie, dessins de François-Xavier Chamberland, Moncton, Éditions d'Acadie, 1979, 108 p. Prix France-Acadie 1980.

____, *La jointure du temps*, essais, Moncton, Éditions Perce-Neige, préface d'Anne-Marie Robichaud, 1997, 97 p. Prix Champlain 1999. Nouvelle édition revue, corrigée et augmentée, préparée par Violaine Forest, Moncton, Éditions Perce-Neige, 2012, 124 p.

____, *Le pommier d'août*, poésie, réédition de *Saisons antérieures* et de *Comme en Florence* à laquelle s'ajoutent des poèmes inédits, préface de Gabrielle Poulin, Moncton, Éditions Perce-Neige, 2001, 244 p.

____ (texte) et Jocelyne DOIRON (illustrations), *Les trois pianos*, conte, Moncton, Bouton d'or Acadie, 2003, 35 p.

____ (texte) et Anne-Marie SIROIS (illustrations), *Ni queue ni tête*, conte, Moncton, Bouton d'or Acadie, coll. « Lune montante », 2004, 38 p.

GALLANT, Mathieu, *Transe migration*, poésie, Moncton, Éditions Perce-Neige, 2000, 58 p.

____, *Sans attendre la pluie*, poésie, Moncton, Éditions Perce-Neige, 2007, 112 p.

GALLANT, Melvin (texte) et Bernard LEBLANC (illustrations), *Ti-Jean, contes acadiens*, conte jeunesse, Moncton, Éditions d'Acadie, 1973, 166 p.

____ (texte et photos), *Caprice à la campagne*, album jeunesse, Moncton, Éditions d'Acadie, 1982, 16 p.

____ (textes et photos), *L'été insulaire*, poésie, Moncton, Éditions d'Acadie, 1982, 64 p.

____ (texte et photos), *Le chant des grenouilles*, roman, Moncton, Éditions d'Acadie, 1982, 158 p. Prix France-Acadie 1983.

____ (texte et photos), *Caprice en hiver*, album jeunesse, Moncton, Éditions d'Acadie, 1984, 16 p.

____, *Ti-Jean-le-Fort*, conte jeunesse, Moncton, Éditions d'Acadie, 1991, 252 p.

____, *Tite-Jeanne et le prince triste*, conte jeunesse, Moncton, Bouton d'or Acadie, coll. « Météorite », 1999, 48 p.

____, *Tite-Jeanne et la pomme d'or*, conte jeunesse, Moncton, Bouton d'or Acadie, coll. « Météorite », 2000, 78 p.

____, *Le complexe d'Évangéline*, roman, Lévis, Éditions de la Francophonie, 2001, 241 p.

____, *Patrick l'Internaute*, roman jeunesse, Montréal, La Chenelière éducation/McGraw-Hill, 2003, 55 p.

____, *Tite-Jeanne et le prince Igor*, conte jeunesse, Moncton, Bouton d'or Acadie, coll. « Météorite », 2004, 71 p.

____, *Ti-Jean-le-Brave*, conte jeunesse (nouvelle édition avec des modifications de certains des contes parus dans *Ti-Jean*), Moncton, Bouton d'or Acadie, 2005, 187 p.

____, *Ti-Jean-le-Rusé*, conte jeunesse (nouvelle édition avec des modifications de certains des contes parus dans *Ti-Jean*), Moncton, Bouton d'or Acadie, 2006, 220 p. Prix Hackmatack 2008.

____, *Ti-Jean-l'Intrépide*, conte jeunesse (nouvelle édition avec des modifications de certains des contes parus dans *Ti-Jean*), Moncton, Bouton d'or Acadie, 2007, 237 p.

____, *Ti-Jean-Tête-d'Or*, conte jeunesse (nouvelle édition avec des modifications de certains des contes parus dans *Ti-Jean*), Moncton, Bouton d'or Acadie, 2010, 200 p.

____, *Le Métis de Beaubassin*, roman, Lévis, Éditions de la Francophonie, 2009, 328 p.

GAUVIN, Robert, *La peau de l'autre*, théâtre, Dieppe, Productions l'Entrepôt, 2008.

____, *Plus que parfait*, théâtre, Dieppe, Productions l'Entrepôt, 2010.

____, *Conventions*, théâtre jeunesse, Dieppe, Productions l'Entrepôt, 2011.

____, *Peigne... était une fois*, théâtre jeunesse, Bouctouche, Pays de la Sagouine, 2011.

GOUPIL, Laval, *Tête d'eau*, théâtre, Moncton, Les Feux Chalins, 1974. Moncton, Éditions d'Acadie, 1974, 64 p.

____, *Le Djibou ou l'ange déserteur*, théâtre, Moncton, Éditions d'Acadie, 1975, 96 p. Caraquet, Théâtre populaire d'Acadie, 1975. Nouvelle version, Théâtre populaire d'Acadie, 1997. Nouvelle édition, Tracadie-Sheila, Éditions La Grande Marée, 1997, 140 p.

____, *Ti-Jean*, théâtre jeunesse, d'après un conte de Majorique Duguay, Moncton, L'Escaouette, 1978.

____, *Jour de grâce*, théâtre, Tracadie-Sheila, Éditions La Grande Marée, 1995, 106 p.

____, *James le Magnifique*, théâtre, Tracadie-Sheila, Éditions La Grande Marée, 2000, 116 p.

HACHÉ, Emma, *Lave tes mains*, théâtre, 2002. Prix Antonine-Maillet/Acadie Vie (jeunesse) 2002. De cette pièce naîtra *Murmures*.

____, *La vieille fille à marier*, théâtre, souper-spectacle la Cuisine à Mémé (Île-du-Prince-Édouard), 2003.

____, *L'intimité*, théâtre, Carnières-Morlanwelz (Belgique), Lansman Éditeur, 2003, 46 p. Montréal, Théâtre Omnibus, 2004. Prix du Gouverneur général 2004, prix Éloizes 2004 (Artiste de l'année en littérature et Découverte de l'année).

____, *Fort LaTour: l'horizon à s'en crever les yeux*, théâtre, Saint-Jean (Nouveau-Brunswick), Théâtre du Trémolo, 2003.

____, *Les défricheurs d'eau*, théâtre, Caraquet, Théâtre populaire d'Acadie, et Upton, Théâtre de la Dame de Cœur, 2004.

____, *La chambre des rêves*, théâtre, Upton, Théâtre de la Dame de Cœur, 2005.

____, *Murmures*, théâtre, Caraquet, Théâtre populaire d'Acadie, 2005.

____, *Azur*, théâtre jeunesse, Carnières-Morlanwelz (Belgique), Lansman Éditeur, 2007, 48 p.

____, *La tempête*, d'après Shakespeare, théâtre, Bonaventure, Théâtre de la Petite Marée, 2009.

____, *Trafiquée*, théâtre, Montréal, Trunk Collectif, 2010. Carnières-Morlanwelz (Belgique), Lansman Éditeur, 2010, 48 p. Prix Antonine-Maillet/Acadie Vie 2011.

____, *Wolfe*, théâtre, Moncton, L'Escaouette, 2011.

____, *L'éclaireur*, théâtre, Chicoutimi, Théâtre Les amis de Chiffon, 2011.

HACHÉ, Louis, *Charmante Miscou*, récits, dessins d'Herménégilde Chiasson, Moncton, Éditions d'Acadie, 1974, 115 p. Nouvelle édition, *Charmante Miscou Island*, Lévis, Éditions de la Francophonie, 2006, 102 p.

____, *Adieu, p'tit Chipagan*, roman, Moncton, Éditions d'Acadie, 1978, 141 p. Prix France-Acadie 1979.

____, *Tourbes jersiaises*, nouvelles, Moncton, Éditions d'Acadie, 1980, 181 p.

____, *Un cortège d'anguilles*, roman, Moncton, Éditions d'Acadie, 1985, 224 p.

____, *Le guetteur*, récits, Moncton, Éditions d'Acadie, 1991, 128 p.

____, *La Tracadienne*, roman, Moncton, Éditions d'Acadie, 1996, 321 p. Nouvelle édition, Lévis, Éditions de la Francophonie, 2003, 322 p.

____, *Le desservant de Charnissey*, roman, Lévis, Éditions de la Francophonie, 2001, 426 p.

____, *La maîtresse d'école*, roman, Lévis, Éditions de la Francophonie, 2003, 248 p. Prix Champlain 2004.

____, *Le grand môme*, nouvelles (reprise de nouvelles du *Guetteur* et de deux inédites), Lévis, Éditions de la Francophonie, 2006, 102 p.

____, *Le dernier gérant des Robin*, récits, Lévis, Éditions de la Francophonie, 2011, 188 p.

HAMEL, Judith, *En chair et en eau*, poésie, Moncton, Éditions Perce-Neige, 1993, 56 p.

____ (texte) et Lisa LÉVESQUE (illustrations), *Modo et la lune*, album, Moncton, Bouton d'or Acadie, coll. «Améthyste», 1996, 24 p. Nouvelle édition bilingue en français et en créole, *Modo et la lune/Modo ak lalin nan*, Moncton, Bouton d'or Acadie, coll. «Améthyste», 1997, 23 p.

____ (texte) et Lisa LÉVESQUE (illustrations), *Modo et l'étoile Polaire*, album, Moncton, Bouton d'or Acadie, coll. «Améthyste», 1998, 24 p.

____ (texte) et Lisa LÉVESQUE (illustrations), *Modo et la planète Mars*, album, Moncton, Bouton d'or Acadie, coll. «Améthyste», 2000, 24 p.

____ (texte) et Lisa LÉVESQUE (illustrations), *Modo et le soleil*, album, Moncton, Bouton d'or Acadie, coll. «Améthyste», 2002, 24 p.

____ (texte) et Angélique DEPIENNE (illustrations), *Un joli mouton tout rond, tout rond*, album, Moncton, Bouton d'or Acadie, coll. «Améthyste», 2002, 24 p.

____ (texte) et Lisa LÉVESQUE (illustrations), *Modo et la Terre*, album, Moncton, Bouton d'or Acadie, coll. «Améthyste», 2003, 24 p.

____ (texte) et Anne-Marie SIROIS (illustrations), *Matin mouvementé pour Fipon*, album, Moncton, Bouton d'or Acadie, coll. «Améthyste», 2004, 24 p.

____ (texte) et Lynne CIACCO (illustrations), *Respire par le nez!*, roman jeunesse, Moncton, Bouton d'or Acadie, coll. «Météorite», 2004, 94 p.

____, *Onze notes changeantes*, poésie, Moncton, Éditions Perce-Neige, 2003, 104 p.

____ (texte) et Lynne CIACCO (illustrations), *Temps pour un câlin*, album, Moncton, Bouton d'or Acadie, coll. «Cassette d'or», 2005, 24 p.

HARBEC, Hélène et France DAIGLE, *L'été avant la mort*, poésie, Montréal, Éditions du Remue-ménage, 1986, 77 p.

Harbec, Hélène, *Le cahier des absences et de la décision*, poésie, Moncton, Éditions d'Acadie, 1991, 94 p. Nouvelle édition avec modifications, Moncton, Éditions Perce-Neige, 2009, 93 p.

____, *L'orgueilleuse*, roman, Montréal, Éditions du Remue-ménage, 1998, 134 p.

____, *Va*, poésie, Moncton, Éditions Perce-Neige, 2002, 140 p. Prix Antonine-Maillet/Acadie Vie 2002.

____, *Les voiliers blancs*, roman, Moncton, Éditions Perce-Neige, 2004, 222 p.

____, *Le tracteur céleste*, poésie, Moncton, Éditions Perce-Neige, 2005, 112 p.

____, *Chambre 503*, récits, Ottawa, Éditions David, 2009, 312 p. Prix Champlain 2010, prix Éloizes 2012.

Harrison, Brigitte, *L'écran du monde*, poésie, Moncton, Éditions Perce-Neige, 2005, 97 p. Prix Antonine-Maillet/Acadie Vie 2006.

____, *Le cirque solitaire*, poésie, Moncton, Éditions Perce-Neige, 2007, 76 p.

____, *L'écoute des fragments*, poésie, Moncton, Éditions Perce-Neige, 2011, 63 p.

Jacquot, Martine L., *Les terres douces*, roman, Edmundston, Éditions Quatre Saisons, 1988, 151 p.

____, *Route 138*, poésie, Wolfville/Edmundston, Éditions du Grand Pré/Éditions Quatre Saisons, 1989, 65 p.

____, *Fleurs de pain*, poésie, Ottawa, Éditions du Vermillon, 1991, 75 p.

____, *Les nuits démasquées*, poésie, Wolfville/Edmundston, Éditions du Grand Pré/Éditions Quatre Saisons, 1991, 72 p.

____, *Sables mouvants*, nouvelles, préface de Gaétan Brulotte, Wolfville, Éditions du Grand Pré, 1994, 109 p.

____, *Les Glycines*, roman, Ottawa, Éditions du Vermillon, 1996, 208 p.

____, *Des oiseaux dans la tête*, nouvelles, Brossard, Humanitas, 1998, 102 p.

____, *Étapes. Poèmes choisis, 1982-1995*, poésie, Brossard, Humanitas, 2001, 112 p.

____, *Points de repère sur palimpseste usé*, poésie, Québec, Le Loup de Gouttière, 2002, 54 p.

____, *Le secret de l'île*, roman jeunesse, Montréal, La Chenelière éducation/McGraw-Hill, 2003, 85 p.

____, *Masques*, roman, Brossard, Humanitas, 2003, 118 p.

____, *Au gré du vent...*, roman, Wolfville, Éditions du Grand Pré, 2005, 423 p. Nouvelle édition revue et corrigée, Tracadie-Sheila, Éditions La Grande Marée, 2015, 357 p.

Landry, Edmond L., *Alexis*, roman, Moncton, Éditions d'Acadie, 1992, 228 p. Nouvelle édition, Lévis, Éditions de la Francophonie, 2003, 228 p.

____, *La dernière bataille*, roman, Tracadie-Sheila, Éditions La Grande Marée, 1999, 195 p.

____, *La Charlotte des battures*, roman, Tracadie-Sheila, Éditions La Grande Marée, 2001, 269 p. Prix France-Acadie 2002.

____, *Tombés du ciel*, roman, Lévis, Éditions de la Francophonie, 2003, 224 p.

____, *Les cahiers de Rachel*, roman, Lévis, Éditions de la Francophonie, 2004, 233 p.

____, *Gabrielle et son chien Jade*, roman jeunesse, Lévis, Éditions de la Francophonie, 2009, 108 p.

LANDRY, Ulysse, *Tabous aux épines de sang*, poésie, Moncton, Éditions d'Acadie, 1977, 58 p.

____, *Si on avait su*, théâtre jeunesse, Moncton, L'Escaouette, 1988.

____, *L'espoir de te retrouver*, poésie, Moncton, Éditions Perce-Neige, 1992, 64 p.

____, *Sacrée montagne de fou*, roman, Moncton, Éditions Perce-Neige, coll. « Prose », 1996, 238 p. Prix France-Acadie 1997.

____, *La danse sauvage*, roman, Moncton, Éditions Perce-Neige, 2000, 190 p.

____, *L'éclosion*, poésie, Moncton, Éditions Perce-Neige, 2001, 96 p.

LANGLOIS, Dominic, *Mener du train*, poésie, Moncton, Éditions Perce-Neige, 2010, 54 p.

____, *La rue en eaux troubles*, poésie, Moncton, Éditions Perce-Neige, 2012, 65 p.

LEBLANC, Daniel Omer, *The pimp of revolution*, poésie, Moncton, Mudworld Press, 1993, s. p.

____, *Les ailes de soi*, poésie, Moncton, Éditions Perce-Neige, 2000, 100 p.

____, *Omégaville*, poésie, Moncton, Éditions Perce-Neige, 2003, 97 p.

____, *Acadieman 1. Ses origines*, bandes dessinées, Moncton, Éditions Court-Circuit, 2007, s. p.

____, *Acadieman 2*, bandes dessinées, Moncton, Éditions Court-Circuit, 2008, s. p.

____, *Acadieman 3*, bandes dessinées, Moncton, Éditions Court-Circuit, 2009, s. p.

LEBLANC, Georgette, *Alma*, poésie, Moncton, Éditions Perce-Neige, 2006, 95 p. Prix Félix-Leclerc de la poésie 2007, prix Antonine-Maillet/Acadie Vie 2007. Nouvelle édition, Moncton, Éditions Perce-Neige, 2008, 114 p.

____, *Amédé*, poésie, Moncton, Éditions Perce-Neige, 2010, 81 p. Prix littéraire Émile-Ollivier 2010.

LEBLANC, Gérald (poèmes), Laurent COMEAU (photographies), Louis COMEAU (dessins), Yvon LEBLANC (photographies), Roberthe MÉLANSON (dessins) et Danyèle MYRE (photographies), *Emma I*, poésie, Moncton, Éditions d'Acadie, 1976, 24 p.

LEBLANC, Gérald, *Comme un otage du quotidien*, poésie, Moncton, Éditions Perce-Neige, 1981, 38 p.

____, *Sus la job avec Alyre*, monologue théâtral, Moncton, Galerie sans nom, 1982.

____, *Les sentiers de l'espoir*, théâtre jeunesse, Moncton, L'Escaouette, 1983.

____, *Géographie de la nuit rouge*, poésie, Moncton, Éditions d'Acadie, 1984, 48 p.

____, *Lieux transitoires*, poésie, Moncton, Michel Henry Éditeur, 1986, 48 p.

____, *L'extrême frontière, poèmes, 1972-1988*, poésie, préface d'Herménégilde Chiasson, Moncton, Éditions d'Acadie, 1988, 164 p. Prix littéraire de la Ville de Moncton 1990. Nouvelle édition, préface de Pénélope Cormier, Sudbury, Éditions Prise de parole, coll. « BCF », 2015, 202 p.

____, *Les matins habitables*, poésie, illustrations de Tristan Wolski, Moncton, Éditions Perce-Neige, 1991, 68 p.

____, *Complaintes du continent, poèmes 1988-1992*, poésie, Moncton/Trois-Rivières, Éditions Perce-Neige/Écrits des Forges, 1993, 88 p. Prix de poésie Terrasses Saint-Sulpice de la revue *Estuaire* 1993. Nouvelle édition, Moncton, Éditions Perce-Neige, 2014, 89 p.

____, *Éloge du chiac*, poésie, Moncton, Éditions Perce-Neige, 1995, 120 p. Nouvelle édition, Moncton, Éditions Perce-Neige, 2015, 144 p.

____, *Moncton mantra*, roman, Moncton, Éditions Perce-Neige, 1997, 144 p. Nouvelle édition, préface d'Herménégilde Chiasson, Sudbury, Éditions Prise de parole, coll. «BCF», 2012, 167 p.

____, *Je n'en connais pas la fin*, poésie, Moncton, Éditions Perce-Neige, 1999, 100 p.

____, *Le plus clair du temps*, poésie, Moncton, Éditions Perce-Neige, 2002, 90 p.

____, *Géomancie*, poésie, préface de Raoul Boudreau (nouvelle édition de *Comme un otage du quotidien*, *Géographie de la nuit rouge* et *Lieux transitoires*), Ottawa, Éditions L'Interligne, coll. «BCF», 2003, 127 p.

____, *Techgnose*, poésie, Moncton, Éditions Perce-Neige, 2004, 88 p.

____, *Poèmes new-yorkais*, poésie, Moncton, Éditions Perce-Neige, 2006, 58 p.

LeBlanc, Raymond Guy, *Cri de terre*, poésie, dessins d'Herménégilde Chiasson, Moncton, Éditions d'Acadie, 1972, 58 p. Nouvelle édition revue et corrigée, préface de Pierre L'Hérault et analyse critique de Murielle Belliveau, Moncton, Éditions d'Acadie, 1992, 94 p. Édition du 40e anniversaire suivie de la reproduction de manuscrits, tapuscrits et photos, Moncton, Éditions Perce-Neige, 2012, 102 p.

____, *As-tu vu ma balloune?*, théâtre, Moncton, Département d'art dramatique, Université de Moncton, 1974.

____, *Tchissé qui mène icitte*, théâtre jeunesse, Moncton, La Gang Asteur, 1976.

____, *Fonds de culottes*, théâtre jeunesse, Moncton, L'Escaouette, 1981.

____, *Chants d'amour et d'espoir*, poésie, illustrations d'Herménégilde Chiasson, Moncton, Michel Henry Éditeur, 1988, 63 p.

____, *La mer en feu, poèmes 1964-1992*, poésie, présentation de Gérald Leblanc, Moncton/Amay (Belgique), Éditions Perce-Neige/L'Orange Bleue éditeur, 1993, 204 p.

____, *Archives de la présence*, poésie (nouvelle édition de *Cri de terre* et choix de poèmes tirés de *Chants d'amour et d'espoir* et de *La mer en feu*, avec quelques inédits), avant-propos de Serge Patrice Thibodeau, poème et présentation de Gérald Leblanc, Moncton, Éditions Perce-Neige, 2005, 87 p. Prix France-Acadie 2006 pour l'ensemble de son œuvre. Prix Éloizes 2007, artiste de l'année en littérature.

____, *Empreintes*, poésie, Moncton/Amay, Éditions Perce-Neige/L'Orange Bleue éditeur, 2011, 44 p.

Le Bouthillier, Claude, *L'Acadien reprend son pays*, roman d'anticipation, Moncton, Éditions d'Acadie, 1977, 128 p.

____, *Isabelle-sur-mer*, roman, Moncton, Éditions d'Acadie, 1979, 156 p.
____, *C'est pour quand le paradis...*, roman, Moncton, Éditions d'Acadie, 1984, 246 p.
____, *Le feu du mauvais temps*, roman, préface de Louis Caron, Montréal, Éditions Québec Amérique, 1989, 451 p. Prix Champlain 1990, prix France-Acadie 1990. Nouvelle édition revue et modifiée, Montréal, Éditions Québec Amérique, coll. «QA», 1994, 357 p. Nouvelle édition, Montréal, XYZ éditeur, 2004, 384 p.
____, *Les marées du Grand Dérangement*, roman, préface d'Angèle Arsenault, Montréal, Éditions Québec Amérique, 1994, 367 p. Nouvelle édition, Montréal, XYZ éditeur, coll. «Romanichels poche», 2008, 438 p.
____, *Le borgo de l'écumeuse*, roman, Montréal, XYZ éditeur, 1998, 225 p. Prix Éloizes 1999. Nouvelle édition, Montréal, XYZ éditeur, coll. «Romanichels poche», 2008, 225 p.
____, *Tisons péninsulaires*, poésie, Tracadie-Sheila, Éditions La Grande Marée, 2001, 89 p.
____, *Babel ressuscitée*, roman, Lévis, Éditions de la Francophonie, 2001, 172 p.
____, *Complices du silence?*, roman, Montréal, XYZ éditeur, 2004, 216 p.
____, *La mer poivre*, poésie, Tracadie-Sheila, Éditions La Grande Marée, 2007, 75 p.
____, *Karma et coups de foudre*, roman, Montréal, XYZ éditeur, 2007, 128 p.
____, *Éros en thérapie*, roman, Montréal, XYZ éditeur, 2010, 291 p.
____, *La terre tressée*, poésie, Tracadie-Sheila, Éditions La Grande Marée, 2011, 109 p.
LÉGER, Diane Carmel, *La butte à Pétard*, roman jeunesse, Moncton, Éditions d'Acadie, 1989, 106 p. Nouvelle édition revue et augmentée, Moncton, Bouton d'or Acadie, coll. «Météore», 2004, 119 p. Prix Hackmatack 2006.
____ (texte) et Lynne CIACCO (illustrations), *Cédric et le porc-épic*, album, Montréal, La Chenelière éducation/McGraw-Hill, 2002, 24 p.
____ (texte) et Lynne CIACCO (illustrations), *Charlotte et la dame aux corbeaux*, album, Montréal, La Chenelière éducation/McGraw-Hill, 2002, 24 p.
____ (texte) et Dar CHURCHER (illustrations), *L'arbre de Maxine*, album, Saint-Boniface, Éditions des Plaines, 2004, 32 p.
____ (texte) et Michel LÉGER (illustrations), *Le grenier d'Emily Carr*, album, Saint-Boniface, Éditions des Plaines, 2006, 32 p.
____ (texte) et Darlene GAIT (illustrations), *Qui est dans l'arbre de Maxine?*, album, Saint-Boniface, Éditions des Plaines, 2006, 32 p.
____ (texte) et Lorraine MATTEAU (illustrations), *Retour à la butte à Pétard*, roman jeunesse, Moncton, Bouton d'or Acadie, coll. «Météore», 2008, 185 p.
____ (texte) et Réjean ROY (illustrations), *Échos de la butte à Pétard*, roman jeunesse, Moncton, Bouton d'or Acadie, coll. «Météore», 2011, 241 p.
LÉGER, Dyane, *Graines de fées*, poésie, Moncton, Éditions Perce-Neige, 1980, 88 p. Prix France-Acadie 1981.
____, *Sorcière de vent!*, poésie, Moncton, Éditions d'Acadie, 1983, 77 p.

____ (poèmes) et Corinne Gallant (photos), *Visages de femmes*, poésie, Moncton, Éditions d'Acadie, 1987, 58 p.

____, *Les anges en transit*, poésie, Moncton/Trois-Rivières, Éditions Perce-Neige/Écrits des Forges, 1992, 86 p.

____, *Comme un boxeur dans une cathédrale*, poésie, Moncton, Éditions Perce-Neige, 1996, 149 p.

____, *Le dragon de la dernière heure*, poésie, Moncton, Éditions Perce-Neige, 1999, 128 p.

____ et Paul Savoie, *L'incendiaire*, poésie, Côte Saint-Luc, Éditions du Marais, 2008, 71 p.

Léger, Mélanie, *Roger Roger*, théâtre, Moncton, L'Escaouette, 2005. Sudbury, Éditions Prise de parole, préface de Louis-Dominique Lavigne, 2009, 121 p.

____, *Floconville... à 5 heures du matin*, théâtre, coproduction Moncton, Théâtre Alacenne et Dieppe, Productions l'Entrepôt, 2007.

____ et André Roy, *Vie d'cheval*, théâtre jeunesse, Moncton, L'Escaouette, 2008. Publié avec *Je... adieu*, Sudbury, Éditions Prise de parole, 2011, 121 p.

____, *Je... adieu*, théâtre jeunesse, Moncton, L'Escaouette, 2010. Publié avec *Vie d'cheval*, Sudbury, Éditions Prise de parole, 2011, 121 p.

____ et Mathieu Chouinard, *Aurel aux quatre vents*, théâtre jeunesse, Caraquet, Théâtre populaire d'Acadie, 2011.

____, *Banane fête*, théâtre jeunesse, Moncton, Théâtre Alacenne, 2011.

Léger, Ronald, *Roadkill à 30 kilomètres par seconde*, poésie, Moncton, Éditions Perce-Neige, 2000, 72 p.

____, *tachyAcadie*, poésie, Moncton, Éditions Perce-Neige, 2003, 79 p.

____, *Les poissons s'arêtent*, poésie, Moncton, Éditions Perce-Neige, 2007, 94 p.

Lévesque, Geneviève, *Les aurores boréales naissent sous les pierres*, poésie, Québec, Le Loup de Gouttière, 2003, 53 p.

____, *2*, poésie, Québec, Éditions Cornac, 2010, 120 p.

Maillet, Antonine, *Entr'acte*, théâtre, Moncton, Collège Notre-Dame d'Acadie, 1957.

____, *Poire-Âcre*, théâtre, Moncton, Collège Notre-Dame d'Acadie, 1958.

____, *Pointe-aux-Coques*, roman, Montréal/Paris, Fides, 1958, 127 p. Prix Champlain 1961. Nouvelle édition, Montréal, Leméac, coll. «Les Classiques Leméac», 1972, 174 p.

____, *On a mangé la dune*, roman, Montréal, Éditions Beauchemin, 1962, 182 p. Nouvelle édition, Montréal, Leméac, 1977, 186 p.

____, *Les Crasseux*, théâtre, présentation de Jacques Ferron, Montréal, Holt, Rinehart et Winston ltée, 1968, 69 p. Nouvelle édition, Montréal, Leméac, 1973, 116 p.

____, *Rabelais et les traditions populaires en Acadie*, étude, Québec, Les Presses de l'Université Laval, coll. «Les Archives du folklore», 1971, 201 p.

____, *La Sagouine. Pièce pour une femme seule*, théâtre, Montréal, Leméac, 1971, 106 p. Moncton, Les Feux Chalins, 1971, Montréal, Théâtre du Rideau vert, 1972, 1974. Nouvelle édition, Montréal, Leméac, 1994, 168 p.

____, *Don l'Orignal*, roman, Montréal, Leméac, 1972, 149 p. Prix du Gouverneur général 1972. Nouvelle édition, Montréal, Leméac, 1993, 176 p.

____, *Par-derrière chez mon père*, contes, illustrations de Rita Scalabrini, Montréal, Leméac, 1972, 93 p. Nouvelle édition, Montréal, Leméac, coll. «Poche Québec», 1972, 192 p.

____ et Rita SCALABRINI, *L'Acadie pour quasiment rien : Guide historique, touristique et humoristique d'Acadie*, essai et guide touristique, Montréal, Leméac, 1973, 133 p.

____, *Gapi et Sullivan*, théâtre, présentation d'Yves Dubé, Montréal, Leméac, 1973, 80 p.

____, *Mariaagélas*, roman, Montréal, Leméac, 1973, 236 p. Montréal, Théâtre du Rideau vert, 1974.

____, *Emmanuel à Joseph à Dâvit*, récits, Montréal, Leméac, 1975, 148 p.

____, *Évangéline Deusse*, théâtre, présentation d'Henri-Paul Jacques, Leméac, 1975, 136 p. Montréal, Théâtre du Rideau vert, 1976.

____, *Gapi*, théâtre, présentation de Pierre Filion, Montréal, Leméac, 1976, 112 p. Montréal, Théâtre du Rideau vert, 1976, Caraquet, Théâtre populaire d'Acadie, 1982.

____, *Les Cordes-de-Bois*, roman, Montréal, Leméac, 1977, 351 p.

____, *La veuve enragée*, théâtre, introduction de Jacques Ferron, Montréal, Leméac, 1977, 177 p. Montréal, Théâtre du Rideau vert, 1977.

____, *Emmanuel à Joseph à Dâvit*, théâtre, Montréal, Théâtre du Rideau vert, 1978.

____, *Pélagie-la-Charrette*, roman, Montréal, Leméac, 1979, 351 p. Prix Goncourt 1979.

____, *Cent ans dans les bois*, roman, Montréal, Leméac, 1981, 358 p. Édition française sous le titre de *La Gribouille*, Paris, Éditions Grasset, 1982, 276 p.

____, *La contrebandière*, théâtre, Montréal, Leméac, 1981, 179 p. Montréal, Théâtre du Rideau vert, 1981.

____, *La joyeuse criée*, théâtre, Montréal, Théâtre du Rideau vert, 1982.

____, *Les drolatiques, horrifiques et épouvantables aventures de Panurge, ami de Pantagruel*, théâtre, Montréal, Leméac, 1983, 138 p. Montréal, Théâtre du Rideau vert, 1983.

____, *Crache à Pic*, roman, Montréal, Leméac, 1984, 376 p.

____, *Garrochés en paradis*, théâtre, Montréal, Leméac, 1986, 112 p. Montréal, Théâtre du Rideau vert, 1986.

____, *Le huitième jour*, roman, Montréal, Leméac, 1986, 292 p.

____, *Margot la folle*, théâtre, Montréal, Leméac, 1987, 126 p. Montréal, Théâtre du Rideau vert, 1987.

____, *L'oursiade*, roman, Montréal, Léméac, 1990, 240 p.

____, *Les confessions de Jeanne de Valois*, roman, Montréal, Leméac, 1992, 344 p.

____, *L'Île-aux-Puces*, théâtre (édition de certains des monologues des personnages du Pays de la Sagouine), Montréal, Leméac, 1996, 224 p.

____, *Le chemin Saint-Jacques*, roman, Montréal, Leméac, 1996, 376 p.

____, *Chronique d'une sorcière de vent*, roman, Montréal, Leméac, 1999, 288 p.
____, *Madame Perfecta*, roman, Montréal, Leméac, 2001, 164 p. Nouvelle édition, Montréal/Paris, Leméac/Actes Sud, 2002, 156 p.
____, *Le temps me dure*, roman, Montréal/Paris, Leméac/Actes Sud, 2003, 262 p.
____, *Pierre Bleu*, roman, Montréal/Paris, Leméac/Actes Sud, 2006, 288 p.
____, *Le mystérieux voyage de Rien*, roman, Montréal/Paris, Leméac/Actes Sud, 2008, 311 p.
____, *Fais confiance à la mer, elle te portera*, essai, Montréal, Leméac, 2010, 229 p.
____, *L'albatros*, roman, Montréal, Leméac, 2011, 272 p.
MAILLET, Marguerite, Gérard LeBlanc et Bernard Émont, *Anthologie de textes littéraires acadiens, 1606-1975*, anthologie, Moncton, Éditions d'Acadie, 1979, 624 p.
MAILLET, Marguerite, *Histoire de la littérature acadienne: de rêve en rêve*, histoire littéraire, Moncton, Éditions d'Acadie, 1983, 262 p.
____ (texte) et Jocelyne Doiron (illustrations), *La petite chatte blanche*, album, Moncton, Bouton d'or Acadie, coll. «Émeraude», 1996, 24 p.
____ (texte) et Joan Gregory (illustrations), *Le renard et le loup*, album, Moncton, Bouton d'or Acadie, coll. «Chrysalide», 1996, 24 p.
____ (texte) et Denise Bourgeois (illustrations), *L'ours et le petit garçon*, album, Moncton, Bouton d'or Acadie, coll. «Chrysalide», 1998, 24 p.
____ (texte) et Jocelyne Doiron (illustrations), *Les trois pommes d'or*, album, Moncton, Bouton d'or Acadie, coll. «Émeraude», 1998, 32 p.
____ (texte) et Denise Bourgeois (illustrations), *L'ours et la petite fille*, album, Moncton, Bouton d'or Acadie, coll. «Chrysalide», 1999, 24 p.
____ (texte) et Jocelyne Doiron (illustrations), *Le petit chaperon rouge*, album, Moncton, Bouton d'or Acadie, coll. «Émeraude», 2000, 24 p.
____ (texte) et Anne-Marie Sirois (illustrations), *Le ciel tombe*, album, Moncton, Bouton d'or Acadie, coll. «Chrysalide», 2001, 24 p.
____ (texte) et Jocelyne Doiron (illustrations), *Noël, Christmas, Noeleoimg*, album, Moncton, Bouton d'or Acadie, coll. «Étagère Poussette», 2001, 32 p.
____ (texte) et Anne-Marie Sirois (illustrations), *La petite merlêche*, album, Moncton, Bouton d'or Acadie, coll. «Chrysalide», 2003, 24 p.
____ (texte) et Réjean Roy (illustrations), *De la tourmente au doux vent*, album, Moncton, Bouton d'or Acadie, coll. «Étagère Tout-terrain», 2004, 32 p.
____ (texte) et Loïs de Cornulier (illustrations), *La douce fille et la grosse bête*, album, Moncton, Bouton d'or Acadie, coll. «Émeraude», 2004, 24 p.
____ (texte), Serena M. Sock (texte), Allison Mitcham (texte) et Raymond Martin (illustrations), *Comment la rivière Petitcodiac devint boueuse/Ta'n Telkisi-siskuapua'qsepp Petikotiak Sipu/How the Petitcodiac River Became Muddy*, album, Moncton, Bouton d'or Acadie, coll. «Wabanaki», 2005, 24 p.
____ (texte) et Mélanie Albert (illustrations), *Le poney et les enfants*, album, Moncton, Bouton d'or Acadie, coll. «Chrysalide», 2005, 24 p.

____ (texte) et Denise PAQUETTE (illustrations), *On attend un bébé/A baby Is Coming/Estamos esperando un bebé*, album, Moncton, Bouton d'or Acadie, 2007, 24 p.

____ (texte) et Fabrice DE BRUYNE (illustrations), *Le chien et ses maîtres*, album, Moncton, Bouton d'or Acadie, coll. «Chrysalide», 2008, 24 p.

____ (texte) et Mélanie ALBERT (illustrations), *Les trois petits cochons*, album, Moncton, Bouton d'or Acadie, coll. «Chrysalide», 2009, 24 p.

MALLET-PARENT, Jocelyne, *Sous le même soleil*, roman, Lévis, Éditions de la Francophonie, 2006, 212 p. Prix France-Acadie 2007.

____, *Ariane. L'éclaboussure*, roman, Lévis, Éditions de la Francophonie, 2007, 253 p.

____, *Dans la tourmente afghane*, roman, Ottawa, Éditions David, 2009, 222 p.

____, *Celle qui reste*, roman, Ottawa, Éditions David, 2011, 190 p.

MELANSON, Laurier, *Zélica à Cochon Vert*, roman, Montréal, Leméac, 1981, 159 p.

____, *Otto de la veuve Hortense*, roman, Montréal, Leméac, 1982, 207 p.

____, *Aglaé*, roman, Montréal, Leméac, 1983, 181 p.

____, *Zélica à Cochon Vert*, théâtre (texte qui se fonde sur *Zélica à Cochon Vert* et *Otto de la veuve Hortense*), Caraquet, Théâtre populaire d'Acadie, 1986, s. p.

MICHAUD, Guildor, *Abilène, le monde au féminin*, roman, Berthier-sur-Mer, La Plume d'Oie Édition, 2001, 264 p.

____, *Le morveux*, roman, Québec, Les éditions du Septentrion, 2006, 385 p.

____, *Noooooon!*, roman, Lévis, Éditions de la Francophonie, 2012, 899 p.

MORIN ROSSIGNOL, Rino, *Le pique-nique*, théâtre, Moncton, Éditions Perce-Neige, 1982, 71 p. Moncton, Théâtre Laurie-Henri, 1984. Nouvelle édition revue et augmentée, Moncton, Éditions Perce-Neige, coll. «Théâtre», 2001, 90 p.

____, *Les boas ne touchent pas aux lettres d'amour*, poésie, Moncton, Éditions Perce-Neige, 1988, 47 p.

____, *Rumeur publique*, essais, préface et annotations d'Anne-Marie Robichaud, Moncton, Éditions d'Acadie, 1991, 240 p.

____, *La rupture des gestes*, poésie, Moncton, Éditions d'Acadie, 1994, 164 p.

____, *Catastrophe(s)*, roman, Moncton, Éditions d'Acadie, 1998, 161 p.

____, *L'éclat du silence*, poésie, Trois-Rivières, Écrits des Forges, 1998, 80 p.

____, *Intifada du cœur*, poésie, Moncton, Éditions Perce-Neige, 2006, 99 p.

____, *Pixels de chair*, poésie, Moncton, Éditions Perce-Neige, 2012, 86 p.

OUELLET, Jacques P., *Ippon*, roman, Tracadie-Sheila, Éditions La Grande Marée, 1993, 227 p.

____, *La promesse*, roman, Tracadie-Sheila, Éditions La Grande Marée, 1996, 357 p.

____, *La revanche du pékan*, roman, Tracadie-Sheila, Éditions La Grande Marée, 2000, 302 p. Prix France-Acadie 2001.

____, *Des violettes en août*, roman, Tracadie-Sheila, Éditions La Grande Marée, 2005, 236 p.

Paquette, Denise (texte et illustrations), *Une promenade en girafe*, album jeunesse, Moncton, Éditions d'Acadie, 1989, 24 p.

____ (texte et illustrations), *Souris Baline part en bateau*, album jeunesse, Moncton, Éditions d'Acadie, 1990, 24 p.

____ (texte et illustrations), *Souris Baline et son ami Georges-Henri*, album jeunesse, Moncton, Éditions d'Acadie, 1993, 24 p.

____ (texte et illustrations), *Gribouillis barbares*, roman jeunesse, Moncton, Bouton d'or Acadie, coll. « Météore », 1998, 69 p.

____ (texte) et Jocelyne Doiron (illustrations), *Des graines rouges pour grand-maman*, album, Moncton, Éditions d'Acadie, 1999, 24 p.

____ (texte) et Denise Bourgeois (illustrations), *De la neige pour Noël*, album, Moncton, Éditions d'Acadie, 1999, 24 p.

____ (texte) et Lynne Ciacco (illustrations), *Rosie*, album, Moncton, Éditions d'Acadie, 1999, 24 p.

____ (texte) et Denise Bourgeois (illustrations), *Une couleur pour la maison*, album, Moncton, Éditions d'Acadie, 1999, 24 p.

____ (texte) et Denise Bourgeois (illustrations), *La terre à aimer*, album, Moncton, Bouton d'or Acadie, coll. « Léa et Laurent », 2000, 24 p.

____ (texte) et Denise Bourgeois (illustrations), *Une journée à la mer*, album, Moncton, Bouton d'or Acadie, coll. « Léa et Laurent », 2002, 24 p.

____, *Annie a deux mamans*, roman jeunesse, Moncton, Bouton d'or Acadie, coll. « Météore », 2003, 131 p.

____ (texte) et Jean-Paul Eid, *Mon grand frère le zombi*, album, Montréal, Éditions Les 400 coups, coll. « Les petits albums », 2005, 32 p.

____ (texte) et Denise Bourgeois (illustrations), *Bonjour la rivière*, album, Moncton, Bouton d'or Acadie, coll. « Léa et Laurent », 2006, 24 p.

____ (texte) et Denise Bourgeois (illustrations), *Quatre saisons dans les bois*, album, Moncton, Bouton d'or Acadie, coll. « Léa et Laurent », 2007, 24 p.

Pelletier, Charles, *Cœur de clown*, théâtre, Edmundston, Théâtre Nouveau, 1977.

____, *Errance*, théâtre, Edmundston, Théâtre Nouveau, 1978.

____, *Dame Bulle*, théâtre, Edmundston, Théâtre Nouveau, 1978; Moncton, L'Escaouette, 1987.

____, *Malobiana*, théâtre, Edmundston, Théâtre Nouveau, 1983.

____, *Oasis*, roman, Moncton, Éditions d'Acadie, 1993, 139 p.

____, *Étoile filante*, roman, Moncton, Éditions Perce-Neige, 2003, 234 p. Prix Antonine-Maillet/Acadie Vie 2003.

Péronnet, Jean, *La drôle de chasse de Pépère Goguen*, théâtre, Moncton, Les Feux Chalins, 1971. Nouvelle version, album, Moncton, Éditions d'Acadie, 1984, 28 p.

____, *Le père Noël a la grippe*, théâtre, Moncton, Les Feux Chalins, 1972.

____, *Le bonhomme de neige a disparu*, théâtre, Moncton, Les Feux Chalins, 1973.

____, *Le perroquet de Kouchibouguac*, théâtre, Moncton, Les Feux Chalins, 1973.

____, *Pépère Goguen et les ratons voleurs*, album, Moncton, Éditions d'Acadie, 1975, 28 p.
____, *Pépère Goguen en ville*, théâtre, Moncton, Les Feux Chalins, 1976.
____, *Pépère Goguen loup de mer*, album, Moncton, Éditions d'Acadie, 1987, 48 p.
____, *Pépère Goguen, gardien de phare*, adaptation à la scène, théâtre, Moncton, L'Escaouette, 1996.
____, *Pépère Goguen l'hiver*, album, Moncton, Éditions d'Acadie, 1993, 48 p.
PICHETTE, Robert, *Chimères*, poésie, Moncton, Éditions d'Acadie, 1982, 46 p.
____, *Bellérophon*, poésie, Moncton, Éditions d'Acadie, 1987, 47 p.
PÎTRE, Martin, *À s'en mordre les dents*, poésie, illustrations de Louis Comeau, Moncton, Éditions Perce-Neige, 1982, 52 p.
____, *La morsure du désir*, poésie, dessins de Roméo Savoie, Moncton, Éditions d'Acadie, 1993, 98 p.
____, *L'ennemi que je connais*, roman, Moncton, Éditions Perce-Neige, 1995, 123 p. Prix France-Acadie 1996.
____ (texte) et Roméo SAVOIE (illustrations), *Pommette et le vent*, album jeunesse, Moncton, Éditions d'Acadie, 1995, 24 p.
POIRIER, Marc, *Le mythe du masque à Ray*, théâtre, Production de la Mouvance, 1999.
RAÎCHE, Jean-Philippe, *Le marchand de mémoire*, théâtre jeunesse, Moncton, L'Escaouette, 1992.
____, *Une lettre au bout du monde*, poésie, Moncton, Éditions Perce-Neige, 2001, 80 p.
____, *Ne réveillez pas l'amour avant qu'elle ne le veuille*, poésie, Moncton, Éditions Perce-Neige, 2007, 82 p.
RAIMBAULT, Alain, *Fortune de mer*, roman jeunesse, Montréal, La Chenelière éducation/McGraw-Hill, 2003, 73 p.
RAYMOND, Maurice, *Implorable désert*, poésie, Moncton, Éditions d'Acadie, 1988, 88 p.
____, *La soif des ombres*, poésie, Moncton, Éditions Perce-Neige, 1994, 73 p.
ROY, Albert, *Fouillis d'un Brayon*, poésie, Moncton, Éditions d'Acadie, 1980, 78 p.
____, *Comme à la vraie cachette*, roman jeunesse, Edmundston, Éditions Marévie, 1990, 125 p.
____, *Au mitan du Nord*, poésie, Edmundston, Éditions Marévie, 1991, 98 p.
____, *La mer en écrits*, poésie, Edmundston, Éditions Marévie, 1995, 111 p.
____, *Accident au lac Virot*, roman jeunesse, Montréal, La Chenelière éducation/McGraw-Hill, 2003, 55 p.
____, *Témiscouata Blues*, poésie, Témiscouata-sur-le-Lac, Le Dompteur de mots, 2011, 109 p.
ROY, Camilien, *La première pluie*, roman, Moncton, Éditions Perce-Neige, 1999, 203 p. Prix France-Acadie 2000, prix Antonine-Maillet/Acadie Vie 2000.
____, *La fille du photographe*, roman, Lévis, Éditions de la Francophonie, 2005, 262 p.
____, *L'art de refuser un roman*, essai, Montréal, Stanké, 2007, 128 p.

Roy, Christian, *Pile ou face, à la vitesse de la lumière*, poésie, Moncton, Éditions Perce-Neige, 1998, 96 p.

____, *Infarctus parmi les piétons*, poésie, Moncton, Éditions Perce-Neige, 2000, 95 p.

____, *Chroniques d'un mélodramaturge*, poésie, Moncton, Éditions Perce-Neige, 2002, 129 p.

____, *Personnes singulières*, poésie, Moncton, Éditions Perce-Neige, 2005, 128 p.

____, *Gènes et genèses*, poésie, Moncton, Éditions Perce-Neige, 2011, 72 p.

Roy-Gans, Monique, *Les sangliers*, roman, Montréal, Éditions de la Presse, 1983, 198 p.

Roy, Monique, *Requiem pour Galatée*, roman, Lévis, Éditions de la Francophonie, 2003, 290 p.

____, *Le chant des nuits heureuses*, roman, Sudbury, Éditions Prise de parole, 2010, 242 p.

Saint-Pierre, Christiane, *Sur les pas de la mer*, nouvelles, illustrations de Martine Thériault Allain, Moncton, Éditions d'Acadie, 1986, 104 p. Prix France-Acadie 1987.

____, *Absente pour la journée*, roman, Moncton, Éditions d'Acadie, 1989, 180 p. Nouvelle édition, Moncton, Éditions Perce-Neige, 2015, 175 p.

____, *Mon cœur a mal aux dents*, théâtre jeunesse, Moncton, Éditions d'Acadie, 1991, 66 p. Moncton, L'Escaouette, 1991.

____, *Hubert ou comment l'homme devient rose*, théâtre, Moncton, Éditions d'Acadie, 1994, 74 p. Caraquet, Les Productions du Tréteau, 1992; en collaboration avec le Théâtre populaire d'Acadie, Caraquet, 1993.

Savard, Michel, *Intrigues à St-John's*, roman jeunesse, Montréal, La Chenelière éducation/McGraw-Hill, 2004, 121 p.

Savoie, Jacques (poèmes), Gilles Savoie (photographies) et Herménégilde Chiasson (mise en boîte), *L'étoile magannée*, poésie, Moncton, l'Imprimerie acadienne ltée, 1972, 96 p.

____, *Raconte-moi Massabielle*, roman, Moncton, Éditions d'Acadie, 1979, 153 p. Prix de l'Association francophone internationale pour un premier roman (France) 1980. Nouvelle édition, Montréal, Groupe Librex, coll. «10/10», 2010, 160 p.

____, *Les portes tournantes*, roman, Montréal, Éditions du Boréal, coll. «Boréal Express», 1984, 159 p. Prix France-Acadie 1985. Nouvelle édition, Montréal, Éditions du Boréal, coll. «Boréal compact», 1990, 162 p.

____, *Le Récif du Prince*, roman, Montréal, Éditions du Boréal, 1986, 159 p. Nouvelle édition, Montréal, Groupe Librex, coll. «10/10», 2010, 132 p.

____, *Une histoire de cœur*, roman, Montréal, Éditions du Boréal, 1988, 240 p. Nouvelle édition, Montréal, Groupe Librex, coll. «10/10», 2009, 216 p.

____, *Le cirque bleu*, roman, Montréal, La courte échelle, 1995, 158 p. Nouvelle édition, Montréal, Groupe Librex, coll. «10/10», 2010, 174 p.

____ (texte) et Geneviève Côté (illustrations), *Toute la beauté du monde*, roman jeunesse, Montréal, La courte échelle, coll. «Roman Jeunesse», 1995, 96 p.

____ (texte) et Geneviève Côté (illustrations), *Les fleurs du capitaine*, roman jeunesse, Montréal, La courte échelle, coll. «Roman Jeunesse», 1996, 96 p.

____ (texte) et Geneviève Côté (illustrations), *Une ville imaginaire*, roman jeunesse, Montréal, La courte échelle, coll. «Roman Jeunesse», 1996, 96 p.

____, *Les ruelles de Caresso*, roman, Montréal, La courte échelle, coll. «Roman 16/96», 1997, 192 p. Nouvelle édition, Montréal, Groupe Librex, coll. «10/10», 2011, 228 p.

____ (texte) et Geneviève Côté (illustrations), *Les cachotteries de ma sœur*, roman jeunesse, Montréal, La courte échelle, coll. «Roman Jeunesse», 1997, 96 p.

____ (texte) et Geneviève Côté (illustrations), *Le plus beau des voyages*, roman jeunesse, Montréal, La courte échelle, coll. «Roman Jeunesse», 1997, 96 p.

____ (texte) et Geneviève Côté (illustrations), *La plus populaire du monde*, roman jeunesse, Montréal, La courte échelle, coll. «Roman Jeunesse», 1998, 96 p.

____, *Un train de glace*, roman, Montréal, La courte échelle, coll. «Roman 16/96», 1998, 224 p. Nouvelle édition, Montréal, Groupe Librex, coll. «10/10», 2011, 234 p.

____, *Les soupes célestes*, roman, Montréal, Fides, 2005, 275 p. Nouvelle édition, Montréal, Groupe Librex, coll. «10/10», 2009, 280 p.

____, *La vraie histoire de la série Les Lavigueur*, scénario, Montréal, Stanké, 2008, 328 p.

____, *Cinq secondes*, roman, Montréal, Libre Expression, 2010, 310 p. Prix Saint-Pacôme du meilleur roman policier 2010.

____, *Une mort honorable*, roman, Montréal, Libre Expression, 2012, 309 p.

Savoie, Roméo, *Duo de démesure*, poésie, Moncton, Éditions d'Acadie, 1981, 102 p.

____ (poèmes et illustrations), *Trajets dispersés*, poésie, Moncton, Éditions d'Acadie, 1989, 87 p.

____, *L'eau brisée* suivi des *17 poèmes de l'errance*, poésie, Moncton, Éditions d'Acadie, 1992, 82 p.

____ (poèmes), Sylvie Davidson, Jocelyne Fortin, Louise Guertin et Lise René (œuvres picturales), *L'humain recto-verso*, poésie, Trois-Rivières, Atelier Papyrus, 1993, 63 p.

____, *Dans l'ombre des images*, poésie, Moncton, Éditions d'Acadie, 1996, 61 p.

____, *Une lointaine Irlande*, poésie, Moncton, Éditions Perce-Neige, 2001, 87 p.

____, *Le mensonge caméléon*, roman, Moncton, Éditions Perce-Neige, 2010, 145 p.

Sirois, Anne-Marie (texte et illustrations), *Le Petit Chaperon Mauve*, album, Moncton, autoédition, 1995, 24 p.

____ (texte et illustrations), *Rose Neige et les six nains*, album, Moncton, autoédition, 2000, 23 p.

____ (texte et illustrations), *Ma Gribouille tigrée*, album, Moncton, Bouton d'or Acadie, coll. «Cassette d'or», 2006, 24 p.

THÉRIAULT, Marcel-Romain, *J'avais dix ans*, théâtre, Département d'art dramatique, Université de Moncton, 1983.

____, *Le pont Rouge*, théâtre, Caraquet, Théâtre populaire d'Acadie, 1987.

____, *Le filet: une tragédie maritime*, théâtre, Caraquet, Théâtre populaire d'Acadie, 2007. Sudbury, Éditions Prise de parole, 2009, 127 p.

____, *Disponibles en librairie – une comédie désespérément romantique*, théâtre, Caraquet, Théâtre populaire d'Acadie, 2008.

____, *La persistance du sable*, théâtre, Caraquet, Théâtre populaire d'Acadie, 2011. Sudbury, Éditions Prise de parole, 2011, 124 p.

THÉRIAULT, Mario, *Échographie du nord*, poésie, Moncton, Éditions Perce-Neige, 1992, 48 p.

____, *Vendredi saint*, poésie, Moncton, Éditions Perce-Neige, 1994, 59 p.

____, *Terre sur mer*, nouvelles, Moncton, Éditions Perce-Neige, 1997, 137 p. Prix France-Acadie 1999.

THIBODEAU, Serge Patrice, *La septième chute, poésie, 1982-1989*, poésie, Moncton, Éditions d'Acadie, 1990, 181 p. Prix France-Acadie 1991.

____, *Le passage des glaces* suivi de *Lamento*, poésie, Moncton/Trois-Rivières, Éditions Perce-Neige/Écrits des Forges, 1992, 99 p.

____, *Le cycle de Prague*, poésie, Moncton, Éditions d'Acadie, 1992, 156 p. Prix Émile-Nelligan 1992.

____, *Le quatuor de l'errance* suivi de *La traversée du désert*, poésie, Montréal, l'Hexagone, 1995, 252 p. Grand prix Québecor du Festival international de la poésie 1996 et prix du Gouverneur général 1996.

____, *Nous, l'étranger*, poésie, Trois-Rivières/Echternach (Luxembourg), Écrits des Forges/Éditions Phi, 1995, 85 p. Grand prix Québecor du Festival international de la poésie 1996.

____, *Nocturnes*, poésie, Trois-Rivières, Écrits des Forges, 1997, 102 p.

____, *Dans la Cité* suivi de *Pacifica*, poésie, Montréal, l'Hexagone, 1997, 182 p.

____, *La disgrâce de l'humanité*, essai, préface de Pierre Sané, Montréal, VLB éditeur, 1999, 208 p.

____, *Le roseau*, poésie, Moncton, Éditions Perce-Neige, 2000, 83 p. Prix Éloizes 2001.

____, *Du haut de mon arbre*, poésie, Montréal, La courte échelle, 2002, 39 p.

____, *Seuils*, poésie, Moncton, Éditions Perce-Neige, 2002, 144 p.

____, *Que repose*, poésie, Moncton, Éditions Perce-Neige, 2004, 111 p. Prix Éloizes 2005, prix Antonine-Maillet/Acadie Vie 2005.

____, *Lieux cachés*, récits, Moncton, Éditions Perce-Neige, 2005, 162 p.

____, *Seul on est*, poésie, Moncton, Éditions Perce-Neige, 2006, 53 p. Prix du Gouverneur général 2007, prix Éloizes 2008.

____, *Les sept dernières paroles de Judas*, poésie, Montréal, Éditions de l'Hexagone, 2008, 78 p.

BIBLIOGRAPHIE DES SOURCES

Depuis 1994, j'ai publié de nombreux articles sur la littérature acadienne dans *L'Acadie Nouvelle* (plus de 1 000 portent sur la production culturelle acadienne) et pour d'autres revues culturelles (dont *Nuit blanche* et *Liaison*). J'ai également écrit quelques articles «scientifiques». À ceux-ci s'ajoutent mes quatre essais publiés aux Éditions Prise de parole. Plutôt que de me paraphraser, j'ai préféré reprendre certaines de mes phrases ou expressions.

Et puis, j'ai suivi des cours, assisté à plusieurs colloques, épluché systématiquement revues littéraires et journaux de 1970 à 2012, lu de nombreux articles et ouvrages sur la littérature et la culture acadiennes ainsi que ceux qui interrogeaient l'institution littéraire.

Certains m'ont davantage marqué. Les voici:

Essais

Bourdieu, Pierre, *Les règles de l'art*, Paris, Éditions du Seuil, 1992, 480 p.
Dionne, René, *La littérature régionale aux confins de l'histoire et de la géographie*, Sudbury, Éditions Prise de parole, 1993, 87 p.
Gallant, Janine et Maurice Raymond (dir.), *Dictionnaire des œuvres littéraires de l'Acadie des Maritimes – XXe siècle*, Sudbury, Éditions Prise de parole, 2012, 318 p.
Moisan, Clément, *Qu'est-ce que l'histoire littéraire?*, Paris, PUF, 1987, 265 p.
____, *L'histoire littéraire*, Paris, PUF, coll. «Que sais-je?», 1990, 127 p.
____, *Le phénomène de la littérature*, Montréal, l'Hexagone, 1996, 272 p.
Paré, François, *Les littératures de l'exiguïté*, Hearst, Le Nordir, 1992, 175 p.
____, *Théories de la fragilité*, Ottawa, Le Nordir, 1994, 158 p.

Runte, Hans R., *Writing Acadia. The Emergence of Acadian Literature 1970-1990*, Amsterdam, Rodopi, 1997, 243 p.
Veyne, Paul, *Comment on écrit l'histoire. Essai d'épistémologie*, Paris, Éditions du Seuil, 1971, 350 p.
____, *Les Grecs ont-ils cru à leurs mythes? Essai sur l'imagination constituante*, Paris, Éditions du Seuil, 1983, 161 p.
Viau, Robert, *Antonine Maillet, 50 ans d'écriture*, Ottawa, Éditions David, 2008, 349 p.

Histoire de l'Acadie

Actes de colloque, *L'ère Louis J. Robichaud, 1960-1970*, Moncton, Institut canadien de recherche sur le développement régional, coll. «Maritimes», 2001, 216 p.
Chiasson, Euclide *et al.*, *Manifeste du Parti acadien*, Petit-Rocher, s. n., 1972, 153 p.
Chiasson, Zénon, *Répertoire chronologique des productions théâtrales en Acadie: 1973-1993*, Moncton, Département d'études françaises, Université de Moncton, 1993, 55 p.
Comeau, Phil, Warren Perrin et Mary Broussard Perrin (dir.), *L'Acadie hier et aujourd'hui. L'histoire d'un peuple*, Tracadie-Sheila/Opelousas, Éditions de la Grande Marée/Andrepont Publishing, 2014, 528 p.
Cormier, Michel et Achille Michaud, *Richard Hatfield: un dernier train pour Hartland*, Montréal/Moncton, Libre Expression/Éditions d'Acadie, 1991, 315 p.
Cormier, Michel, *Louis J. Robichaud. Une révolution si peu tranquille*, Lévis, Éditions de la Francophonie, 2004, 302 p.
Couturier, Jacques Paul, en collaboration avec Wendy Johnston et Réjean Ouellette, *Un passé composé. Le Canada de 1850 à nos jours*, Moncton, Éditions d'Acadie, 2ᵉ édition, 2000, 419 p.
Daigle, Jean (dir.), *L'Acadie des Maritimes*, Moncton, Chaire d'études acadiennes, 1993, 908 p.
Doucet, Michel, *Le Discours confisqué*, Moncton, Éditions d'Acadie, 1995, 238 p.
Hautecœur, Jean-Paul, *L'Acadie du discours. Pour une sociologie de la culture acadienne*, Québec, Les Presses de l'Université Laval, 1975, 351 p.
Landry, Nicolas et Nicole Lang, *Histoire de l'Acadie*, Québec, Les éditions du Septentrion, 2014, 467 p.
Laxer, James, *The Acadians: In Search of a Homeland*, Toronto, Anchor Canada, 2007, 336 p.
Lee, Philip, *Frank: La vie et la politique de Frank McKenna*, Lévis, Éditions de la Francophonie, 2001, 393 p.
Ouellette, Roger, *Le Parti acadien. De la fondation à la disparition, 1972-1982*, Moncton, Chaire d'études acadiennes, coll. «Mouvange», vol. 3, 1992, 119 p.
Pedneault, Marjorie, *Un coup de cœur s'est fait entendre. Biographie politique de Jean-Maurice Simard*, Lévis, Éditions de la Francophonie, 2011, 264 p.

Roy, Michel, *L'Acadie perdue*, Montréal, Éditions Québec Amérique, 1978, 203 p.

____, *L'Acadie des origines à nos jours. Essai de synthèse historique*, Montréal, Éditions Québec Amérique, 1981, 340 p.

Articles arbitrés (les ouvrages dans lesquels mes textes publiés font partie de mes sources)

« Le Pays de la Sagouine: quand la littérature devient populaire », dans Marie-Linda Lord (dir.), *Lire Antonine Maillet à travers le temps et l'espace*, Moncton, Institut d'études acadiennes, 2010, p. 153-165.

« Herménégilde Chiasson: une Acadie insaisissable mais réelle », dans Marie-Linda Lord et Denis Bourque (dir.), *Paysages imaginaires d'Acadie. Un atlas littéraire*, Moncton, Institut d'études acadiennes et Chaire d'études acadiennes, 2009, p. 60-73.

« Acadie. Une littérature de l'affirmation », dans Aurélien Boivin et Bruno Dufour (dir.), *Les identités francophones*, Les Publications Québec français, 2008, p. 15-27.

« Histoire et identité dans le théâtre d'Herménégilde Chiasson: le sens de l'histoire », dans Carlo Lavoie (dir.), *Lire du fragment: analyses et procédés littéraires*, Québec, Éditions Nota bene, coll. « Terre américaine », 2008, p. 153-170.

« Le théâtre l'Escaouette: la création au service de l'Acadie », dans Hélène Destrempes, Janine Gallant et Jean Morency (dir.), *L'œuvre littéraire et ses inachèvements*, Longueuil, Groupéditions, 2007, p. 207-226.

« Gérald Leblanc, poète de l'extrême frontière », dans Ghislain Clermont et Janine Gallant (dir.), *La modernité en Acadie*, Moncton, Chaire d'études acadiennes, coll. « Mouvange », 2005, p. 53-63.

« Poésie acadienne et institution: de 1990 à aujourd'hui », dans Robert Yergeau (dir.), *Itinéraires de la poésie. Enjeux actuels en Acadie, en Ontario et dans l'Ouest canadien*, Ottawa, Le Nordir, 2004, p. 63-82.

Avec James De Finney et Carole Boucher, « L'institution littéraire acadienne: ouverture et pluralisation », dans André Magord (dir.), *L'Acadie plurielle. Dynamiques identitaires collectives et développement au sein des réalités acadiennes*, Poitiers/Moncton, Institut d'études acadiennes et québécoises de l'Université de Poitiers/Centre d'études acadiennes de l'Université de Moncton, 2003, p. 409-422.

« A History of Acadian Theatre in Five Plays? Why Not? », dans Glen Nichols (sélection, édition et traduction), *Angels & Anger, Five Acadian Plays*, Toronto, Playwrights Canada Press, 2003, p. vii-xii.

« Acadie: un théâtre à la recherche d'auteurs », dans Hélène Beauchamp et Gilbert David (dir.), *Théâtres québécois et canadiens-français au XXe siècle*, Sainte-Foy, Presses de l'Université du Québec, 2003, p. 221-235.

« L'émergence du théâtre professionnel en Acadie: le Théâtre populaire d'Acadie et le théâtre l'Escaouette », dans Hélène Beauchamp et Joël Beddows (dir.), *Les théâtres professionnels du Canada francophone: Entre mémoire et rupture*, Ottawa, Le Nordir, 2001, p. 27-47.

«La critique dans un petit milieu telle que vécue par un praticien», dans Robert Dickson, Annette Ribordy et Micheline Tremblay (dir.), *Toutes les photos finissent-elles par se ressembler?*, Sudbury, Éditions Prise de parole et Institut franco-ontarien, 1999, p. 288-294.

«La culture au quotidien: petit portrait des arts dans l'Acadie d'aujourd'hui», dans Joseph Yvon Thériault (dir.), *Francophonies minoritaires du Canada. L'état des lieux*, Moncton, Éditions d'Acadie, 1999, p. 511-536.

INDEX

A

Arsenault, Guy, 14, 19, 32, 57, 112, 130, 142, 169, 229
Arseneau, Marc, 141, 142
Aucoin, Réjean, 87, 94

B

Babineau, Jean, 161, 261, 317, 318, 337
Beaulieu, Lison, 273
Bérubé, Sophie, 238, 294, 295
Bossé, Paul, 203, 227, 319, 321, 322
Boucher, Denis M., 303, 304
Boudreau, Jules, 44, 46, 91, 95, 96, 181, 265, 315
Bourgeois, Georges, 69
Bourgeois, Huguette, 69
Bourget, Édith, 295, 298, 299, 300, 301
Bouton d'or Acadie, 114, 115, 144, 173, 174, 203, 277, 278, 280, 287, 291, 312
Brideau, Sarah Marylou, 231
Brun, Christian, 145, 222, 223
Brun, Régis, 38, 91

C

Carmel Léger, Diane, 86, 88, 283, 284, 285, 313
Chiasson, Herménégilde, 14, 18, 19, 28, 30, 33, 44, 52, 57, 58, 64, 87, 91, 92, 94, 98, 100, 112, 115, 184, 185, 186, 187, 188, 189, 192, 193, 203, 204, 206, 253, 307, 308, 309, 317, 319, 322, 324
Chouinard, Mathieu, 316, 334
Comeau, Fredric Gary, 14, 112, 135, 219, 345
Comeau, Germaine, 49, 83, 180, 255
Comeau, Marie-France, 301
Cormier, Éric, 146, 223
Couturier, Anne-Marie, 274, 276
Couturier, Gracia, 90, 93, 102, 171, 203, 261, 313, 314, 321

D

Daigle, France, 14, 79, 80, 82, 138, 154, 194, 196, 203, 251, 253, 321, 322
Daigle, Nicole, 292, 293
Després, Ronald, 17, 18, 20, 21, 28, 30
Després, Rose, 57, 64, 112, 127, 203, 208, 212
Dugas, Bertrand, 91, 93, 181, 182, 184
Dugas, Daniel, 57, 65, 129, 203, 212
Dugas, Pauline, 238

E

Éditions d'Acadie, 18, 19, 37, 40, 55, 56, 60, 86, 102, 112, 113, 114, 173, 174, 202, 203
Éditions David, 203

Éditions de la Francophonie, 202, 278
Éditions du Grand Pré, 114
Éditions Karo, 278
Éditions La Grande Marée, 114, 164, 174, 278
Éditions Marévie, 114
Éditions Perce-Neige, 55, 60, 61, 112, 114, 115, 132, 139, 202, 203, 204, 229
Éditions Prise de parole, 203
Enguehard, Françoise, 264, 309, 310

F

Foëx, Évelyne, 166, 167, 312
Forest, Léonard, 14, 17, 19, 30, 35, 57, 64, 111, 202, 310

G

Gallant, Janine, 13
Gallant, Mathieu, 203, 237
Gallant, Melvin, 19, 40, 41, 54, 55, 56, 68, 79, 86, 96, 202, 249, 278, 287, 313
Goupil, Laval, 40, 43, 44, 45, 46, 90, 96, 183, 196, 197

H

Haché, Emma, 316, 318, 325, 327, 329
Haché, Louis, 37, 73, 150, 242
Hamel, Judith, 115, 144, 145, 174, 287, 290
Harbec, Hélène, 82, 138, 139, 172, 202, 203, 221, 254
Harrison, Brigitte, 203, 235, 316
Houppz ! Théâtre, 316, 335

J

Jacquot, Martine L., 114, 139, 158, 258, 259, 314

L

La Chenelière éducation, 278, 312
Landry, Edmond L., 159, 259, 311
Landry, Ulysse, 58, 94, 141, 168
Langlois, Dominic, 239
LeBlanc, Daniel Omer, 203, 237
LeBlanc, Georgette, 203, 234
Leblanc, Gérald, 14, 55, 57, 60, 61, 91, 104, 112, 123, 124, 125, 137, 142, 169, 203, 204, 207, 208, 253
LeBlanc, Raymond Guy, 14, 19, 28, 29, 30, 35, 45, 52, 57, 64, 91, 103, 112, 118, 169, 210
Le Bouthillier, Claude, 39, 74, 76, 151, 196, 202, 203, 244, 246
Léger, Dyane, 14, 57, 59, 112, 121, 203
Léger, Mélanie, 316, 317, 318, 319, 332, 333, 334, 336
Léger, Ronald, 226
Le Masque de Neptune, 338
Lévesque, Geneviève, 232

M

Ma gang asteur, 103
Maillet, Antonine, 14, 17, 18, 20, 21, 26, 28, 34, 38, 40, 44, 45, 54, 71, 76, 78, 80, 91, 104, 114, 148, 149, 150, 183, 240, 241, 242, 277, 338, 339, 340, 341, 342, 343
Maillet, Marguerite, 13, 17, 54, 115, 144, 173, 174, 277, 280, 286, 287, 288, 290, 307
Mallet-Parent, Jocelyne, 270
Melanson, Laurier, 77, 92
Michaud, Guildor, 267
Michel Henry Éditeur, 56
Moncton-Sable, 157, 194, 195, 253, 319, 321, 322
Morin Rossignol, Rino, 93, 105, 119, 173, 183, 203, 215

N

Normand, Claire, 181, 182, 184

O

Ouellet, Jacques P., 114, 164

P

Paquette, Denise, 86, 88, 279, 289, 292, 312
Pays de la Sagouine, 24, 338, 339, 340, 341, 343
Pelletier, Charles, 94, 104, 163
Péronnet, Jean, 42, 43, 86, 188
Pichette, Robert, 70
Pitre, Martin, 130, 167, 179
Production de la Mouvance, 337

Productions de l'Étoile, 43, 44, 330
Productions l'Entrepôt, 332, 333, 338

R

Raîche, Jean-Philippe, 112, 185, 186, 203, 229
Raimbault, Alain, 314
Raymond, Maurice, 13, 70
Roy, Albert, 68, 114, 179, 313
Roy, Camilien, 262, 263
Roy, Christian, 147, 224
Roy, Monique, 83, 84, 256

S

Saint-Pierre, Christiane, 84, 182, 183, 185, 186, 316
Satellite Théâtre, 316, 335, 336
Savard, Michel, 315
Savoie, Jacques, 18, 75, 77, 151, 152, 174, 246
Savoie, Roméo, 57, 66, 90, 125, 131, 179, 180, 202, 203, 211, 277
Sirois, Anne-Marie, 178, 282, 283, 288, 291, 311
Snow, Monique, 318, 321

T

Théâtre Alacenne, 332, 334
Théâtre des Élouèzes de Maisonnette, 44
Théâtre du Bocage, 338
Théâtre du Rideau vert, 24, 26
Théâtre l'Escaouette, 37, 40, 46, 57, 87, 88, 89, 90, 91, 92, 93, 94, 95, 98, 100, 101, 102, 103, 104, 105, 163, 184, 185, 186, 187, 188, 189, 207, 229, 316, 317, 318, 319, 328, 332, 333
Théâtre Les Feux Chalins, 24, 42, 43
Théâtre l'Eskabel, 338
Théâtre populaire d'Acadie, 38, 40, 43, 44, 48, 49, 78, 88, 90, 91, 92, 93, 94, 95, 98, 180, 181, 182, 183, 185, 187, 188, 189, 315, 316, 317, 319, 326, 330, 336
Thériault, Marcel-Romain, 92, 202, 318, 329, 330
Thériault, Mario, 143, 170
Thibodeau, Serge Patrice, 14, 131, 203, 216, 307
TPA. Voir Théâtre populaire d'Acadie
Tremblay, Jean-Claude, 87, 94

TABLE DES MATIÈRES

Remerciements 7
Avant-propos..9
1. 1972 à 1978: un cri de terre en Acadie...15
   Introduction 15
      Culture 17
      Les Éditions d'Acadie 18
   Regard sur Ronald Després et Antonine Maillet 20
      Ronald Després..20
      Antonine Maillet..21
   Regard sur la poésie et le roman 28
      Raymond Guy LeBlanc..28
      Léonard Forest 30
      Guy Arsenault 32
      Herménégilde Chiasson 33
      Louis Haché 37
      Régis Brun...38
      Claude Le Bouthillier 39
   Regard sur la littérature pour la jeunesse......................................40
      Le lent développement de la littérature pour la jeunesse 40
      Melvin Gallant..40
      Jean Péronnet..42
   Regard sur le théâtre 43
      Les débuts du théâtre professionnel:
         Le Théâtre populaire d'Acadie 43
      Laval Goupil..45

  Jules Boudreau 46
  Germaine Comeau...49
2. 1978 à 1991: l'Acadie à l'heure de la parole 51
 Introduction 51
  Culture 54
 Regard sur la poésie...57
  Herménégilde Chiasson 57
  Ulysse Landry..58
  Dyane Léger..59
  Gérald Leblanc 60
  Rose Després 64
  Daniel Dugas..65
  Roméo Savoie...66
  Autres poètes 68
 Regard sur le roman et la nouvelle..71
  Antonine Maillet...71
  Louis Haché..73
  Claude Le Bouthillier...74
  Jacques Savoie..75
  Laurier Melanson 77
  Melvin Gallant 79
  France Daigle..79
  Germaine Comeau..83
  Monique Roy 83
  Christiane Saint-Pierre...84
 Regard sur la littérature jeunesse..86
  Melvin Gallant 86
  Jean Péronnet...86
  Réjean Aucoin et Jean-Claude Tremblay 87
  Denise Paquette..88
  Diane Carmel Léger...88
 Regard sur le théâtre 89
  Le développement du théâtre professionnel......................................89
  Jules Boudreau 95
  Laval Goupil...96
  Herménégilde Chiasson 98
  Gracia Couturier 102
  Les autres auteurs de théâtre 103

3. 1991 à 2000: diversification de la prise de parole 107
   Introduction 107
      Culture 110
      La relance de Perce-Neige 112
      La faillite des Éditions d'Acadie 113
      Les autres maisons d'édition 114
   Regard sur la poésie 115
      Herménégilde Chiasson 115
      Raymond Guy LeBlanc 118
      Rino Morin Rossignol 119
      Dyane Léger 121
      Gérald Leblanc 123
      Roméo Savoie 125
      Rose Després 127
      Daniel Dugas 129
      Martin Pître 130
      Serge Patrice Thibodeau 131
      Fredric Gary Comeau 135
      Hélène Harbec 138
      Martine L. Jacquot 139
      Ulysse Landry 141
      Marc Arseneau 141
      Mario Thériault 143
      Judith Hamel 144
      Christian Brun 145
      Éric Cormier 146
      Christian Roy 147
   Regard sur le roman et la nouvelle 148
      Antonine Maillet 148
      Louis Haché 150
      Claude Le Bouthillier 151
      Jacques Savoie 151
      France Daigle 154
      Martine L. Jacquot 158
      Edmond L. Landry 159
      Jean Babineau 161
      Charles Pelletier 163
      Jacques P. Ouellet 164
      Évelyne Foëx 166

    Martin Pître 167
    Ulysse Landry 168
    Gérald Leblanc 169
    Mario Thériault 170
    Gracia Couturier 171
    Hélène Harbec 172
    Rino Morin Rossignol 173
  Regard sur la littérature pour la jeunesse 173
    Les Éditions d'Acadie et Bouton d'or Acadie 173
    Jacques Savoie 174
    Anne-Marie Sirois 178
    Autres ouvrages pour la jeunesse 179
  Regard sur le théâtre 180
    TPA: le répertoire plutôt que la création 180
    Théâtre l'Escaouette: cap sur la création 185
    Herménégilde Chiasson 189
    Le collectif Moncton-Sable 194
    France Daigle 194
    Laval Goupil 196

4. 2000 à 2012: réorganisation et diffusion 199
  Introduction 199
    Culture 202
  Regard sur la poésie 204
    Herménégilde Chiasson 204
    Gérald Leblanc 207
    Raymond Guy LeBlanc 210
    Roméo Savoie 211
    Rose Després 212
    Daniel H. Dugas 212
    Rino Morin Rossignol 215
    Serge Patrice Thibodeau 216
    Fredric Gary Comeau 219
    Hélène Harbec 221
    Christian Brun 222
    Éric Cormier 223
    Christian Roy 224
    Ronald Léger 226
    Paul Bossé 227
    Jean-Philippe Raîche 229

Sarah Marylou Brideau	231
Geneviève Lévesque	232
Georgette LeBlanc	234
Brigitte Harrison	235
La relève en poésie	237
Regard sur le roman et la nouvelle	240
Antonine Maillet	240
Louis Haché	242
Claude Le Bouthillier	244
Jacques Savoie	246
Melvin Gallant	249
France Daigle	251
Hélène Harbec	254
Germaine Comeau	255
Monique Roy	256
Martine L. Jacquot	258
Edmond L. Landry	259
Jean Babineau	261
Gracia Couturier	261
Camilien Roy	262
Françoise Enguehard	264
Jules Boudreau	265
Guildor Michaud	267
Jocelyne Mallet-Parent	270
Lison Beaulieu	273
Anne-Marie Couturier	274
Roméo Savoie	277
Regard sur la littérature jeunesse	277
Introduction: Bouton d'or Acadie et les autres maisons	277
Melvin Gallant	278
Denise Paquette	279
Anne-Marie Sirois	282
Diane Carmel Léger	283
Marguerite Maillet	286
Judith Hamel	290
Nicole Daigle	292
Sophie Bérubé	294
Édith Bourget	295
Marie-France Comeau	301
Denis M. Boucher	303

Des auteurs « grand public »
   qui s'aventurent en littérature jeunesse... 307
   Serge Patrice Thibodeau 307
   Herménégilde Chiasson 308
   Françoise Enguehard 309
   Léonard Forest... 310
   Edmond L. Landry 311
   Évelyne Foëx.. 312
Chenelière éducation: littérature et pédagogie.. 312
Regard sur le théâtre 315
   Théâtre populaire d'Acadie (TPA): intervenir dans le milieu 315
   Théâtre l'Escaouette: développer des auteurs... 317
   Moncton-Sable 319
      Paul Bossé 319
      France Daigle 321
      Autres pièces de Moncton-Sable... 321
   Herménégilde Chiasson 322
   Emma Haché 325
   Marcel-Romain Thériault 329
   Mélanie Léger 332
   Mathieu Chouinard.. 334
   Jean Babineau 337
   Autres compagnies et auteurs 337
   Le Pays de la Sagouine 338

5. Conclusion... 345
Bibliographie des œuvres présentées 349
Bibliographie des sources 375
   Essais 375
   Histoire de l'Acadie 376
   Articles arbitrés (les ouvrages dans lesquels mes textes publiés
      font partie de mes sources).. 377
Index... 379

www.ingramcontent.com/pod-product-compliance
Lightning Source LLC
Chambersburg PA
CBHW070307230426
43664CB00015B/2656